物流系统分析

主　编　何岩松　王宪彬

副主编　温　文　孙赫迎

参　编　姜　湄　邓红星　高　远

机械工业出版社

本书将物流系统分成多个项目，每个项目涵盖了不同的任务，包括物流系统概论、物流系统分析与需求预测、物流系统业务流程、物流系统网络设计、物流园区规划、物流空间布局规划与优化方法、物流系统控制与仿真、物流系统绩效评价、运输系统决策和仓储系统规划及优化等方面。

通过任务驱动的学习方式，读者可以逐步学习物流系统的概念、结构和优化方法，掌握物流分析和需求预测的技术，了解业务流程优化与物流网络设计原则，掌握物流系统仿真技术，并学会物流系统绩效评价和运输系统决策方法等内容。同时，本书通过丰富的案例分析和实训题，帮助读者将理论知识应用于实际问题的解决中，提升实践能力和综合素质。

本书可以作为高等院校物流和交通运输相关专业的本科教材，也可作为企业、研究院所工程技术人员的参考书。

图书在版编目（CIP）数据

物流系统分析 / 何岩松，王宪彬主编. --北京：
机械工业出版社，2024. 12. -- ISBN 978-7-111-77505
-8

Ⅰ. F252

中国国家版本馆CIP数据核字第202441E7Y7号

机械工业出版社（北京市百万庄大街22号　邮政编码100037）

策划编辑：巩高铄　　　　　　责任编辑：巩高铄　章承林
责任校对：梁　园　陈　越　封面设计：马精明
责任印制：张　博

北京建宏印刷有限公司印刷

2025年2月第1版第1次印刷

184mm×260mm·18.25印张·402千字

标准书号：ISBN 978-7-111-77505-8

定价：59.90元

电话服务　　　　　　　　　　网络服务
客服电话：010-88361066　　机 工 官 网：www.cmpbook.com
　　　　　010-88379833　　机 工 官 博：weibo.com/cmp1952
　　　　　010-68326294　　金 书 网：www.golden-book.com
封底无防伪标均为盗版　　机工教育服务网：www.cmpedu.com

前 言

在全球化进程加速推进以及我国产业结构持续深刻变革的大背景下，物流行业作为支撑现代经济的重要基础产业，扮演着至关重要的角色。本书旨在帮助读者更好地理解和应用物流系统分析的理论与方法。

本书从物流系统的概念入手，系统介绍了物流系统的特征、构成要素、优化原理等内容，旨在让读者全面了解物流系统的基本概念和结构。在此基础上，本书进一步深入介绍物流系统分析与需求预测、业务流程、网络设计、物流园区规划等实践应用领域，涵盖了物流系统分析与优化的全过程。

本书由哈尔滨职业技术学院何岩松、东北林业大学王宪彬担任主编，哈尔滨职业技术学院温文、东北林业大学孙赫迎担任副主编，哈尔滨职业技术学院姜湄、东北林业大学邓红星、东北林业大学高远参编。其中，项目一由何岩松编写，项目二、项目四由温文编写，项目三、项目六由邓红星编写，项目五由孙赫迎编写，项目七由姜湄编写，项目八由高远编写，项目九、项目十由东北林业大学王宪彬编写，最后由王宪彬统稿。本书在编写过程中，广泛参考了国内外许多文献资料，借鉴了许多专家学者的学术观点和最新研究成果，在此，谨向这些文献资料的作者表示衷心的感谢和敬意。

通过本书的学习，读者将能够掌握物流系统分析的理论基础、方法技巧以及实践操作，本书也能为未来从事物流管理及相关领域的人才提供必要的知识支持和指导。

由于编者学识有限，书中难免存在不足之处，恳请广大读者批评指正。

目 录

项目九　运输系统决策

项目十　仓储系统规划及优化

物流系统分析

 # 项目一　物流系统概论

 ## 学习目标

知识目标

- 理解系统的概念和特征以及物流系统的概念、分类、要素。
- 掌握物流系统的结构及其优化原理。

能力目标

- 能阐述物流系统的结构相关内容，分析现代物流企业中的物流系统结构。
- 能够描述物流系统要素、优化原理，使其整体得到优化，提高效率，降低成本。

素质目标

- 培养创新意识，推动物流系统模式的创新。
- 物流系统的运作需要具有团队合作精神。
- 物流系统的功能结构需要根据生产和流通的模式和需求不断创新，因此需树立终身学习的意识。
- 物流系统的优化需要考虑其成本及经济效益，需保证其可持续发展。

导入案例

中国物流75年：砥砺奋进 跨越发展——以宝钢为例

新中国成立至今，我国物流业取得了举世瞩目的成就，物流基础设施条件显著改善，物流服务水平大幅提升，行业发展环境不断优化，从理念传播到实践探索，从一路追赶到并跑领跑的历史性变革，为国民经济的持续健康发展提供了有力支撑。

改革开放初期，我国经济百废待兴，寻求加快经济发展路径成为当时一代人努力的目标。一批为我国物流概念引进、"拓荒"的可敬学者，他们的辛勤劳动为我们开启了认识、认知现代物流的窗口。喝水不忘挖井人，我们的物流有今天的发展成就，应该给这批"拓荒者"点赞！

现阶段，我们的物流业进入了提质增效期，在一系列国家政策的推动下，我国物流业发展环境显著改善，物流基础设施体系更加完善，大数据、云计算等先进信息技术广泛应用，物流新模式、新业态加快发展，物流业转型升级步伐明显加快，发展质量和效率显著

提升。目前，不仅国家重视物流的发展，并将其作为降本、增效、提质的重要手段，企业更是认识到物流对竞争力提升的重要作用。

在跟随经济发达国家不断应用供应链物流管理与服务进程中，在互联网、物联网、云计算、大数据等现代信息技术广泛应用的时代背景下，我国创新了电子商务与物流结合、融合的发展模式，也在创新的道路上越走越通畅。

宝山钢铁股份有限公司（以下简称宝钢）作为"拓荒者"之一，是改革开放的成果，是我们新中国成立以来引进技术最多、装备水平最高的现代化超大型钢铁企业。目前，宝钢在物资管理模式、服务及管理系统方面均有所创新。首先，宝钢在物资管理模式方面采取物资集中一贯管理，即从总的物资管理职能看，物资管理的权力和业务集中于宝钢的物资归口管理部门，后者以"一竿子插到底"的方式实行管理和服务到现场。从物资管理职能来看，物资归口管理部门的集中管理贯穿生产、维修、技术改造所需物资的供应全过程和回收全过程。从物资管理与服务的对象来看，包括从物料进厂到成品出厂的整个生产系统的厂、部用户，做到职能机关面向基层和生产现场，管好主体，服务主体。而该模式的实现主要靠宝钢对主体生产线全面实行集中一贯管理，宝钢原物资部和后来的物资贸易公司已做到了统一编制、统一采购、统一仓储、统一配送、统一物资的现场管理，统一回收为在辅助材料与铁合金管理上，实行宝钢推出的一系列改革措施，其主要包括坚持送料到现场、供应站制订计划、一级仓储体制、取消机旁备料等。

其次，宝钢提供了"双优"服务，即物资供应商为用户提供优质服务，机关为基层提供优质服务。从1996年开始，宝钢全面推行"CS"战略和开展"CS"活动。简单地说，"CS"的含义就是为用户服务，让用户满意。从企业内部来讲，就是上工序要使下工序满意，辅助要使主体满意，机关要使基层满意。

同时，宝钢目前也在提高员工素质、走市场化道路方面做出了改善。在提高员工素质方面，宝钢建立了主辅岗位制，强化"双优"服务的思想教育，全面开展提高员工为用户服务水平的技能培训。在走市场化道路方面，宝钢利用无形资产价值，发展多种联合，形成社会供货保障体系，具体包括建立物资联营公司，形成自筹货源与运力的供媒体系，建立废钢供应基地和网点，利用社会仓库直接送料等。

最后，宝钢建立了计算机辅助管理系统。1995年7月，宝钢已完全实现了取消手工计划、手工单据、手工记账的目标。现在已建设为为宝钢供应物流提供全面辅助管理的综合管理系统。在此发展下，其供应物流在确保生产正常运行和规模扩张以及多方位提高物资经济效益方面取得了显著成效。

案例思考题

1. 宝钢的物流管理理念、管理方法等均为我国传统大型钢铁企业提供了诸多经验，请你从以上案例中指出宝钢产业的现代化管理的特点及启示。

2. 当前我国创新电子商务与物流相结合、融合的发展模式的机遇与挑战是什么？

任务一 认识系统

一、系统的概述

系统思想源远流长，其概念根植于人类漫长的社会实践，古代哲学中就已有简单的系统概念存在。"系统"一词最早出现在古希腊语中，原意是指部分组成的整体，所谓"系"是指关系、联系；"统"是指有机统一，"系统"则指有机联系和统一。

古代朴素唯物主义哲学思想中虽然蕴含了对自然界整体性和统一性的关注，但其对于整体各个细节的认知能力较为有限，因而对整体性和统一性的理解存在着不完善之处。然而，19世纪上半叶的自然科学取得了巨大的进展，特别是实现了三大重要发现：能量守恒、细胞论和进化论。这些成就大幅提升了人类对自然界各种过程之间相互联系的认识水平。

当今，系统性思维已渗透至社会、政治、经济以及技术等各个领域。系统性的观点和方法为我们提供了更为清晰的视野和全新的思考方式，已经成为分析和解决问题的核心理念和方法。面对世界的复杂多样性，我们需要从多个层面来理解研究对象，必须对影响其的各种因素及其相互关系进行全面、系统的分析研究，才能在整体和变化之中找到问题的解决方案。

针对"系统"的定义，还有以下其他表述。

1）系统是一个有机整体，由相互作用、相互连接、相互依赖的多个组件结合而成，具有某些特定的功能，也是一个更大系统的子系统。

2）系统是由若干要素有机结合而成的整体，旨在达成共同目标，强调各要素协作共同实现目标，建立相互协调的合作关系。

从定义的角度来看，系统具备三个核心特征：第一，系统由两个以上的要素（部分、元素）构成，这些要素是系统的基本组成单位，也是系统存在的基础和实体，若缺少其中任一要素，系统将无法成立；第二，要素之间存在相互联系，导致系统在内外形成一定的结构或秩序，同时，任何系统都是更大系统的一部分；第三，任何系统都有特定的功能，即整体具有不同于构成要素的新功能。元素是构成系统的最小组分或基本单元，即不可再细分或无须再细分的组成部分。对于人文社会系统，由于其较为复杂和模糊性较高，无法将其划分为具有明确边界的单一要素，因此，称要素为宜。

事实上，系统无处不在，生活中我们很难找到一个不是系统的对象。非系统分为两类：一类是没有构成元素的事物；另一类是没有特定联系的对象群体，但严格意义上的非系统是不存在的。总而言之，非系统与系统相比较而存在，与非系统相比较，能更好地揭示系统的内涵。在现实世界中，系统是绝对的、普遍的；非系统是相对的、非普遍的。任何事物都能被看作系统。

二、系统的特征

1. 整体性

系统的整体性是指系统由两个或两个以上不同的要素组成，并按一定的方式和目的有序地排列，系统效果不是各部分简单叠加，而是产生新功能，实现"1+1>2"的效果。

系统的整体性表明，任何要素都不能脱离整体进行研究，要素间的关系也不能独立考虑，若脱离了整体，要素的功能和元素间的相互关系将失去原有意义，更不能得到关于整体的结论。在系统中，即使每个要素并不完善，但它们通过相互协调和综合的方式，可以形成具有良好整体功能的系统。这意味着系统的整体性不仅取决于各个要素的优劣，还取决于它们之间的协调性和相互作用。相反地，即使系统中的每个要素都很好，但如果它们之间缺乏协调和相互作用，系统也无法发挥良好的整体功能。这突显了系统整体性的非叠加性，即组成整体的要素之间的相互关系和互动产生了新的功能。

2. 相关性

系统的相关性是指系统中各个要素之间以及要素与系统、系统与环境之间存在相互联系和相互作用的关系。相关性的存在意味着系统中的各个要素是相互依存的，彼此之间的变化会互相影响。举例来说，在物流系统中，采购系统和仓储系统是密切相关的两个子系统。采购策略的确定会直接影响到仓储系统中的库存水平。如果采购决策导致大批量采购，这将增大仓储系统中的库存水平（要素与要素之间的相关性），那么企业的绩效往往也会受到影响（要素和系统之间的相关性）。

3. 层次性

系统的层次结构是根据系统所含元素及元素之间的相互作用关系来划分和组织系统的一种方式。根据系统的复杂程度和要求，系统可以被分解为一系列的子系统，并形成层次结构。对于简单的系统，它们可以通过有效地组织各个基本元素来达到系统的目标，此时无须划分层次。而对于复杂的系统，由于其元素之间的复杂性和多样性，需要将系统分解为不同的层次。这些层次之间存在着包含与被包含的关系，或者领导与被领导的关系。上层次的子系统包含、领导或控制下层次的子系统，并通过相互作用和相互影响来达到整体系统的目标和功能。这揭示了系统与系统之间存在着包含、隶属、支配、权威、服从的关系。

4. 涌现性

系统涌现性是由系统整体的涌现性和系统层次间的涌现性组成的。当系统的各个部分相互协作和相互作用形成整体时，系统会展现出新的特性和功能，这些特性和功能是各个部分原来所没有的。例如，一台安装好的机器具有它的全部零件总和所没有的功能。

5. 目的性

系统的目的是指系统所要达到的结果和意愿。在研究系统时，需要明确系统作为一个整体所体现的目的与功能。一个系统通常有明确的总目标，而各个子系统则以完成整个系统总目标为导向进行协调工作。同时，子系统也可以有自己的分目标，这些分目标应当与总目标相一致或者相补充。较为复杂的社会经济系统一般都有多个目标，通常需要用一个指标体系来描述系统的目标。指标体系由各个指标组成，这些指标在一定程度上可以相统一，但有时也会相互矛盾。这就要从整体目的出发，以获得整体最优为目的，要求各指标相互协调，寻求平衡和折中方案。

6.环境适应性

系统是存在于外部的事物（物质、能量、信息）的总称，如图1-1所示。任何开放系统，都在一定的环境中存在和发展，各系统及子系统和环境之间不断地进行物质、能量、信息的沟通。若环境发生变化，为适应环境、继续发展，各系统及子系统的结构和功能也会随之改变。

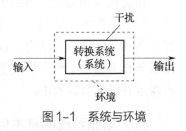

图1-1 系统与环境

任务二 认识物流系统

物流是一个动态的复杂大系统，它包含了系统的特征和自身的特殊性。系统的思想和方法已经在物流领域中广泛应用，指导着物流的规划、设计、管理、组织和运营。

在当代社会，每个人无法独立生产满足自身需求的所有物品，现代社会是一个人们相互交换产品和服务的社会。由于每个人的需求通常是多样的，而且满足同一需求的产品或服务也是多样的，加上许多产品的构成相对比较复杂，所以，人们除了参与到直接产品交换之外，还会参与到间接产品交换之中。一般地，经济被认为由三个领域组成，分别是生产、流通和消费。

流通包括商流（交易流通，指所有权发生的变化）、物流（指物的流通）、资金流（指货币的流通）和信息流（指信息的流通）。商流涉及物品所有权的转移，而物流关注的是物品的物理活动。资金流通常是商流的必要条件，而信息流为物流的运作提供了方向指引。

企业的生产通常基于外部需求，为了满足外部需求，特别是在竞争环境下满足外部需求，企业需要推销产品，这必然带来运输、储存等需求，而运输、储存等需求会带来包装、装卸搬运、库存管理等需求。同时，这也会带来物流信息处理、流通加工、配送等需求。

消费通常是指企业在生产和运营过程中使用的各种资源和服务的支出，例如原材料和能源消耗、设备和工具的使用、市场推广和销售费用以及员工福利和劳动力成本等。而消费的目的就是支持生产活动的顺利进行和企业业务的持续发展，而这些消费行为将会对企业的整体成本和利润产生直接影响。

一、物流系统概念和构成

物流系统是指由物流的各个要素组成的综合体，这些要素之间存在有机联系，共同实现物流总体功能的合理化。物流系统是社会经济系统的一个子系统或组成部分。

一般地，物流系统指的是一定时间和空间范围内，由需要物品运输和服务的物、提供服务的设备（包括包装设备、装卸搬运机械、运输工具、仓库设施）、组织服务的人员和信息等多个相互制约的动态要素构成的有机整体。

物流系统由多个子系统组成，包括运输、储存、包装、装卸、搬运、配送、流通加工、信息处理等。这些子系统接受来自运输、储存、装卸、搬运、包装、物流信息、流通加工等环节所需的劳动力、设备、材料等资源作为输入，并通过处理和转化，最终提供物流服务作为输出。整个物流系统是一个复杂的大系统，各个子系统间相互协作，以满足客户需求并优化资源利用。

二、物流系统的基本模式

物流系统一般具有输入、转换和输出三大功能，并通过输入和输出与社会环境进行交互，使系统和环境相互依存。物流系统的基本模式如图1-2所示，转换是物流系统带有特点的系统功能。在物流系统中，系统本身以及各子系统在不同的时间及环境条件下，其目的往往不同。因此，在不同的时间和环境条件下，物流系统具体的输入、输出和转换内容会有所不同。

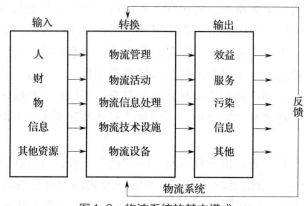

图1-2 物流系统的基本模式

三、物流系统的环境因素

物流系统处于特定的环境中，受到内部环境和外部环境的影响和限制，这些环境因素对物流系统的发展和运行会产生重要影响。环境因素有两类：第一类是内部环境或组织环境（Organizational Environment），如生产系统、财务系统及销售系统等；第二类是外部环境或宏观环境（Macro-Environment），如市场地理环境、科技因素、经济和产业结构等。

1. 内部环境

内部环境下的物流系统会受到销售系统、生产系统以及财务系统的影响，改变其运行效率。

（1）销售系统

销售系统和物流系统是密切相关的，它们之间存在着相互影响和相互依赖的关系。销售系统是企业用于进行市场调研、分析、预测、产品发展、定价、推广、交易和实体配销等活动的过程。通过销售系统，企业可以挖掘市场需求、扩大市场份额，从而获得经济利益。销售系统的运作会直接影响到物流系统的需求和运作。

（2）生产系统

生产系统的运作过程具体如图1-3所示。

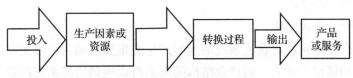

图1-3　生产系统的运作过程

生产过程中的变化对物流系统有着直接的影响，因此，生产系统一旦发生变化，就需要物流系统相应地进行调整和改变。这种变化可能涉及厂房规模的扩大或缩小、设备布置的优化以及厂址的迁移等多个方面。这些变化直接影响着物流系统中的仓储管理、运输安排以及供应链设计等诸多环节。举例而言，厂房规模的扩大或缩小会带来对仓储空间需求的调整，设备布置的优化可能会改变货物的装卸流程，而厂址的迁移可能需要重新规划运输路径和供应链网络。因此，当生产系统发生变化时，物流系统必须灵活应对，及时调整其运作模式和布局，以确保生产资料能够高效地转化为产品并顺利地流向市场。

（3）财务系统

企业的财务系统是用于支持和促进生产、销售和物流活动的重要后勤活动。它不仅涉及投资决策、资金结构和融资政策等方面，还包括资金的运用效率、成本控制以及财务风险管理等内容。这些方面的决策和政策对物流系统产生直接和间接的影响。直接来说，财务决策影响着物流资源的投入和配置，比如，对运输设施和仓储设备的投资以及供应链管理系统的建设。间接来说，资金结构和融资政策的变化可能影响企业的资金流动，从而影响着物流成本和资金周转速度。因此，财务系统作为企业重要的内部组织环境，对物流系统的运作和发展起着至关重要的作用。企业需要在财务决策中考虑物流运作的需求，以实现财务与物流的良性互动，从而提高整体运营效率和降低成本。

2. 外部环境

外部环境对厂商及其与市场交易有关的因素和机构产生的影响，大致包含以下几方面。

（1）市场地理环境

市场所处的地理环境，包括气候、地形以及生产地区的位置等因素，对物流成本、物流方案的选择及仓储点的决策有着重要影响。

（2）政府政策及法规

政府政策及法规会对市场产生重要影响，其中包括能源利用的规定、汇率问题、贸易保护主义以及区域经济圈整合等议题。

（3）社会文化环境

社会文化环境主要包括社会各阶层的关系，如人口老龄化、国民收入增长以及消费水平的变化等。

（4）竞争策略

企业之间的相互竞争将对物流系统有着直接或间接的限制，其竞争策略主要有产品策略、价格策略、推广策略以及配送销售策略四个方面。

（5）技术设备系统

技术设备系统主要指的是铁路、公路、航空以及水路运输设施，它对于物流系统线路和方式的选择也会有所影响。

（6）经济条件及产业结构

经济条件和产业结构都对物流系统的发展产生着重要影响。经济发展的良好与否直接关系到物流市场的规模和需求，而产业结构的形态将影响到物流系统的竞争环境和交易方式。物流企业需要根据不同的经济条件和产业结构来制定相应的发展策略，并灵活应对市场变化，以促进物流系统的发展。

（7）科技因素

科学技术的不断发展对物流系统的发展起到了间接但重要的影响。它推动了物流技术、信息化和服务的创新，提高了物流系统的效率、可靠性和灵活性，为物流企业在竞争中获得优势提供了有力支持。

（8）管理教育

通过提供培训和教育，物流企业能够提高员工的管理能力和专业技能，提升团队合作和决策能力，从而提升物流系统的运作效率和质量，并提高客户满意度，还可以帮助企业适应市场变化和应对竞争挑战。

任务三　认识物流系统的分类

一、按物流发生的位置分类

按物流发生的位置，物流系统可划分为企业内部物流系统和企业外部物流系统。

1. 企业内部物流系统

例如，制造企业所需原材料、能源、配套协作件的购进、储存加工直至形成半成品和成品的物流流动全过程。

2. 企业外部物流系统

例如，制造企业的外部物流系统涵盖了从供应商到制造企业仓库的物流过程，以及从成品库到各级经销商，最后送达最终用户的物流过程。

二、按物流运行的性质分类

按物流运行的性质，物流系统可划分为供应物流、生产物流、销售物流、逆向物流和废弃物物流。

1. 供应物流

供应物流（Supply Logistic）是指从供应商处获取所需物料和协作件的物流活动，是物资从生产者、持有者到最终使用者的流动过程。对于制造企业而言，供应物流涉及从供应商处采购原材料、燃料、半成品等物资，并将其供应给生产线，以支持生产活动。这包括了从供应商处订购所需物资、安排运输、接收货物、进行质量检查和存储等环节。对于流通企业来说，供应物流则涉及在交易过程中，买方所产生的物流活动。这包括了订单下达、货物运输、收货验收以及库存管理等环节。通过有效的供应物流管理，企业能够确保所需物资及时到达，并满足生产或销售的需求，从而保障生产运营的顺利进行，提高企业的竞争力和效率。

2. 生产物流

生产物流（Production Logistic）是指制造企业内部的物流活动，主要涉及将原材料、半成品和零部件在生产过程中进行运输和存储的过程。这包括了工厂内部的物流流程，例如原材料的采购、运输、入库，以及在生产线上的运作、加工、装配等环节。生产物流的目标是确保生产过程的顺畅进行，以满足生产计划按时进行和订单需求。

生产物流与生产过程是密切相关的，两者是同步发生的。如果生产物流出现中断或者不畅，就会导致生产过程的停滞和生产效率的下降，进而影响到企业的生产能力和竞争力。因此，生产物流的高效运作对于保障企业生产过程的连续性和生产效率的提升至关重要。

生产物流的管理包括对生产过程中的物流活动进行规划、组织、协调和控制，以确保原材料和半成品能够及时、准确地到达生产线上，同时最大限度地降低物流成本和提高物流效率。通过优化生产物流，制造企业能够实现生产过程的精益化、高效化，从而提升竞争力并满足市场需求。

3. 销售物流

销售物流（Distribution Logistic）是指企业在销售商品过程中产生的物流活动，这种物流活动涉及从商品生产者或持有者到最终消费者的物流流动。无论是生产企业还是流通企业，在销售产品时都会涉及销售物流的活动。对于生产企业而言，销售物流包括了将生产完成的商品从生产地点运送到销售地点，以满足市场需求。这涉及商品的包装、装运、运输等环节，以确保商品能够准时、安全地送达销售点。对于流通企业而言，销售物流主要指在商品交易过程中，卖方所需进行的物流活动，这包括了订单处理、库存管理、包装、配送等环节，以满足客户订单的及时交付和满足客户需求。

销售物流的高效运作对于企业的销售业绩和客户满意度至关重要。通过优化销售物流流程，企业能够提高订单处理速度，缩短交付周期，降低运输成本，提升客户服务质量，从而增强竞争力并实现持续增长。因此，对销售物流的管理和优化是企业营销战略的重要组成部分。

4. 逆向物流

逆向物流（Reverse Logistic）指的是物品从消费者或用户处返回生产企业或供应链的过程。这种物流活动涵盖了一系列环节，包括退货、售后服务、产品返修以及包装回收等。逆向物流的主要目标是最大限度地回收和再利用产品和材料，以减少浪费并降低对环境的不利影响。在逆向物流的实践中，退货处理是其中一个重要的环节，消费者可能因为产品质量问题、不符合其预期或者其他原因而需要将产品退回。此外，售后服务也是逆向物流的重要组成部分，包括产品维修、更换以及客户支持等服务。另外，逆向物流还涉及对已使用的包装材料进行回收和再利用，以减少资源浪费和环境污染。

通过有效管理逆向物流过程，企业可以实现多方面的益处。首先，合理处理退货和售后服务可以提升客户满意度，增强品牌信誉。其次，回收和再利用产品和材料有助于降低生产成本，提高资源利用效率。最后且最重要的是，逆向物流的实施有助于企业履行社会责任，减少对环境的负面影响，促进可持续发展。因此，逆向物流在现代供应链管理中具有重要意义，也越来越受到企业和社会的重视。

5. 废弃物物流

废弃物物流（Waste Logistic），也称为废弃物管理系统，涉及废弃物和废料的整个运输和处理过程。这一系统包括废弃物的收集、分类、加工、储存和转运等一系列环节。其目标在于通过有效的管理，实现对废物的合理处理，以达到环境保护和资源回收利用的双重目的。

首先，废弃物的收集环节涵盖了从各个源头（如家庭、工厂、商业场所等）收集废弃物的过程。这可能涉及定期的垃圾收集服务、垃圾桶和垃圾袋的配备等措施，以确保废弃物被有效收集起来。其次，废弃物的分类环节是将废弃物按照不同的属性和材料进行分类，例如可回收物、有害废物、厨余垃圾等。分类的目的在于为后续的处理和回收提供便利，并最大限度地减少对环境的负面影响，在分类完成后，废弃物可能需要进行加工处理，以便更好地进行后续利用或处置，这可能包括压缩、粉碎、破碎等工艺，以减小废物的体积或改变其性质。再次，储存是废弃物物流系统中的一个重要环节，特别是对于一些需要特殊处理或处置的废弃物，通过合适的储存手段，如仓库、堆场等，可以确保废物在等待处理过程中不对环境造成污染或危害。最后，废弃物的转运环节是将已经处理好或分类好的废弃物从储存地点运送至最终处理场所或回收利用站点的过程。在转运过程中，需要考虑到安全性、效率性以及环境友好性等因素，以确保废物的安全运输和最佳利用。

综合而言，废弃物物流系统通过各个环节的协同作用，实现对废弃物的全生命周期管理，促进了环境保护和资源的可持续利用。

三、按物流活动的范围分类

按物流活动的范围，物流系统可以划分为地区物流系统、国内物流系统和国际物流系统。

1. 地区物流系统

地区的理解层面有很多，从中国大陆陆域全覆盖角度，按行政区域划分，我国可以划分为七大区：东北、华北、西北、西南、华南、华东、华中。按省区来划分，我国可划分为 23 个省、4 个直辖市、5 个自治区和 2 个特别行政区，也可从经济及地理的角度，将具有某些经济、地理特点的区域看成地区。例如，根据地理共性列出的地区：珠江三角洲地区、环渤海地区、长江三角洲等地区。

地区物流系统的发展水平对当地企业的物流活动效率和居民的生活便利性具有至关重要的影响。一个高效的地区物流系统不仅可以有效支撑企业的生产运营，还能够提升居民的生活品质和社区的发展水平。

地区物流系统的建设应当充分考虑当地的生产生活需求，构建合适的物流服务体系。这意味着需要根据地区的产业结构、人口分布、交通条件等因素，制定相应的物流规划和布局方案。例如，在工业密集地区，可以建设便捷的物流园区或物流中心，为企业提供集中的物流服务和配送支持；而在居民区域，则需要建设便利的社区配送网络，以满足居民日常生活所需。

2. 国内物流系统

物流作为国民经济的重要方面，确实应成为国家总体规划的一部分，尤其要突破部门和地区之间的限制，消除物流障碍。在建设全国物流系统方面，需要从全局考虑，确保物流节点和线路能够适应经济社会发展的需求，并相互衔接，以确保顺畅运作，不成为发展的瓶颈。

国家应发挥宏观调控作用，推动整体物流系统的发展。具体而言，需要进行以下几方面的工作。

1）建设物流基础设施，包括公路、高速公路、港口、机场和铁路等。此外，还需要配置大型物流基地，以满足物流需求。

2）制定交通政策法规，明确各种运输方式的价格规定、税收标准等，以促进物流活动的顺利进行。

3）标准化物流设施、装置和机械等，提高全国物流系统的运行效率。物流模式的引入可以实现物流合理化和标准化，各种票据的标准化和流程的规范化也是重要内容。

4）积极开发和引进物流新技术，并培养物流技术专业人才，以推动物流系统的创新和发展。

3. 国际物流系统

国际物流（International Logistic）是指涉及不同国家（地区）之间的商品从一个国家（地区）流向另一个国家（地区）的物流活动。随着全球化和国际贸易的迅速发展，国际物流的重要性日益凸显。与国内物流相比，国际物流更为复杂，因为它涉及跨越国界的货物运输、清关手续、跨文化沟通等诸多挑战。

在国际物流中，涉及的挑战包括但不限于国际运输的多种方式（如海运、空运、铁路运输和公路运输）、各国不同的海关规定和贸易条款、货物保险、汇率波动对成本的影响以及跨文化交流等问题。此外，国际物流还需要考虑供应链的全球化管理、各国间的法律法规差异、物流信息系统的整合以及全球供应链网络的构建和管理等方面的复杂性。

国际物流的复杂性主要体现在以下几个方面。

1）国际物流需要跨越不同国家（地区）的边界，涉及各国之间的法律法规、贸易政策、关税制度等方面的差异。因此，货物在国际运输过程中需要完成各种进出口手续，如报关、报检、支付关税等，这需要具备丰富的国际贸易知识和经验。

2）国际物流需要面对多样化的文化和语言环境。跨国物流活动涉及不同国家（地区）的商业习俗、语言交流等问题，因此，这需要具备跨文化沟通和合作能力，以确保信息传递和协调顺畅。

3）国际物流通常涉及长距离运输，需要选择合适的运输方式和路线。不同的货物可能需要采用不同的运输方式，而每种运输方式都有其特点和适用范围，需要根据货物性质、时效要求等因素进行合理选择。

4）国际物流还需要应对不可预测的因素，如天气因素、政治因素、货物损坏等风险。因此，国际物流的管理需要具备风险评估和应对能力，及时调整方案，确保货物安全、快速地到达目的地。

四、按物流的构成分类

按照物流的构成，物流系统可划分为专项物流系统和综合物流系统。

1. 专项物流系统

专项物流系统是一种针对某种特定物品或物品类别而设计的物流系统，典型的例子包括煤炭、石油、天然气等特殊物品。这些物品通常具有相似的形状、包装状况和物理化学性质。因此，为了满足这些特殊物品的独特运输和储存需求，专项物流系统需要专用的设备、设施以及专门设计的运作流程。

专项物流系统通常有特殊的运作要求，需要严格遵守相关的安全规范和法律法规，这可能涉及特殊的运输许可、环保要求以及安全标准等方面的规定。因此，专项物流系统在运作过程中需要高度重视安全性，并建立严格的管理制度以及应急预案，以确保特殊物品在运输过程中不发生意外情况。

2. 综合物流系统

综合物流系统是一种专为多种不同类型物品设计的物流系统，这些物品可能在形状、包装、规格尺寸以及物理化学性质等方面存在较大差异。因此，综合物流系统需要同时考虑到这些差异性，并采用灵活的运输、储存和配送方式来满足各种物品的运输需求。为了实现这一目标，综合物流系统通常采用通用设备和通用工艺，以适应产品的多样性和变化性，这包括通用的货物搬运设备、多功能的仓储空间设计以及灵活的配送管理系统。

任务四 认识物流系统的要素

一、物流系统的一般要素

物流系统一般由以下几个要素构成。

1. 劳动者要素

劳动者是物流系统的核心要素，他们通过各种活动和操作将物品从一个地方移动到另一个地方。提高劳动者的素质和技能水平，培养专业化人才，对于建立合理化的物流系统和保证物流效率至关重要。

2. 资本要素

物流过程中涉及资金的流动，物流系统建设同样也需要资金的投入。物流活动的顺利进行需要充足的资金支持，其主要包括设立和维护物流设施、采购设备、支付物流服务等支出。

3. 物的要素

物的要素包括物流系统的劳动对象，即各种实物。没有实物就没有物流系统的存在。物的要素还包括劳动工具和手段，例如各种物流设施、工具和消耗材料等。这些物的要素是物流活动的物质基础。

4. 信息要素

信息是连接和协调物流系统各个环节之间的纽带，准确、及时和全面的物流信息是实现物的高效运转和整体最优的重要保证。

二、物流系统的功能要素

物流系统的功能要素是指构成物流系统总功能的基本能力和具体工作环节。这些基本能力组合在一起，构成了物流的总功能，以此实现物流系统的总目的。物流系统的功能要素（或者称为功能子系统）主要包括运输、储存保管、包装、装卸搬运、流通加工、配送、物流信息等，物流能够实现以上七项功能。这些要素共同构成了物流系统的核心功能，从而支撑着物流活动的顺畅进行。

1. 运输功能要素

运输功能要素是物流系统的主要子系统之一，主要目的是对物品进行供应和销售物流的运输，以及在生产过程中将物品从一地运输到另一地。在传统的企业生产流程中，常常只有装卸搬运子系统而没有运输子系统。然而，在现代跨国企业和供应链的结构中，运输子系统成为企业生产的物流子系统和供应链的子系统。

运输功能要素的活动包括利用不同的运输方式，如汽车、船舶、飞机等，进行供应和销售物流的运输；利用管道、传送带等方式进行生产物流的运输。而对运输功能要素的优化，是要选择技术经济效益最好的运输方式及联运方式；合理确定运输路线，以实现安全、迅速、准时、经济的要求；通过优化运输计划和调度，提高运输效率和资源利用率；采取有效的运输管理措施，如货物追踪和监控，确保货物的安全和完整性。

2. 储存保管功能要素

在农业经济时期，储存保管的地位远高于运输、装卸搬运等其他与物流相关的活动。传统经济中，储存保管功能要素和运输功能要素通常处于共同重要的地位。然而，在现代物流系统中，物流系统特别注重物流的流动能力，力求尽量减少储存保管活动及其带来的消耗。因此，储存保管功能要素的地位已经迅速下降。储存保管功能要素包括堆存、保管、保养、检验和维护等活动。对于储存保管活动的优化，要正确确定库存数量，明确执行储存保管任务的仓库物流系统功能（以流通为主还是以储备为主），合理制定保管制度和流程，采取区别化的库存管理方式，以满足不同物品的特殊保管需求。

3. 包装功能要素

包装功能要素涵盖产品的出厂包装、生产过程中的中间包装，以及在物流过程中的装箱、分拣和二次包装等操作。在生产者的系统中，包装系统处于末端环节的子系统，主要目标是保护产品、促进销售和提高运输效率。根据具体的物流方式和销售要求，需要综合考虑包装对产品保护的作用、促进销售的作用、提高装运效率的作用以及包装材料的回收和处理等因素，也需要根据物流过程的经济效果来决定包装的材料、强度、尺寸和方式等具体要素。

4. 装卸搬运功能要素

装卸搬运是物流系统中一个频繁发生的活动，它是将物品从一个运输方式转移到另一个运输方式的过程，同时也包括对物品进行衔接、检查、维护和保养等活动。

搬运是伴随着装卸活动而发生的一项活动，一般也包括在此活动中。

在整个物流过程中，装卸搬运活动不仅需要消耗大量的劳动力，而且也是导致产品损坏的重要原因之一。因此，在管理装卸搬运这一功能要素时，主要目标是确定最恰当的装卸方式，以减少装卸次数，并合理配置和使用装卸机具，保证产品安全，从而获得更好的经济效益。

5. 流通加工功能要素

流通加工是指在物流流通过程中，为了满足用户需求而对产品进行的再加工或改造的活动。这种加工活动既存在于社会流通过程中，也存在于企业内部的流通过程中，是现代物流系统中的一项重要功能要素，它能够通过对产品进行再加工或改造，提高产品附加值，满足市场需求，增强企业的竞争力。生产企业和流通企业都可以通过流通加工来实现更有效的产需衔接，提高用户满意度，并促进企业的发展。

6. 配送功能要素

配送是物流活动的最终阶段，通过配货和送货的形式，完成社会物流并最终实现资源配置和对用户服务的活动。

过去，配送被看作运输活动的一部分，没有被独立地看作物流系统的功能。然而，配送作为一种现代流通方式，已经不仅仅是运输的末端，它集经营、服务、库存管理、分拣、装卸等功能于一身。现代物流系统将配送作为独立的功能要素，认识到了它对整个物流系统服务能力的重要性。作为物流系统的一个子系统，配送在现代经济中扮演着非常重要的角色。它不仅是一种送货运输的方式，还是一个集成了多项功能的创新。

7. 物流信息功能要素

物流信息功能要素是现代物流系统的重要组成部分，它贯穿于物流的各个子系统和活动中，包括与物流活动相关的计划、预测、动态信息（运量、收、发、存数）以及与费用相关的信息系统和信息渠道。物流信息功能要素的核心在于正确选择信息科目，收集、汇总和使用信息，以确保信息的可靠性和及时性。物流信息功能要素的有效性是物流系统高效运行的关键。

在上述功能要素中，运输和储存保管子系统解决了供应商和需求方之间的地理和时间上的分离问题，它们分别提供了物流系统中的"场所效用"和"时间效用"。因而在物流系统中处于主要功能要素的地位。

三、物流系统的支持要素

物流系统的建立离不开许多支持要素，尤其是在复杂的社会经济系统中，为确立物流系统的地位，并协调与其他系统的关系，软件和硬件支持手段都是必要的。如果这种类型的支持要素可以分为软件和硬件的话，那么这种要素就属于软件要素。这些软件和硬件要素对于物流系统的建立和运作都是不可或缺的，它们可以提供有效的规制和管理机制，使物流系统更加有序和高效。因此，我们不能轻视这些非物质形态的要素，它们对物流系统的运转起着非常重要的作用。

通常，物流系统的支持要素包含以下几方面。

1. 体制、制度

物流系统的组织、结构、领导方式和管理方式受其体制和制度决定。国家对物流系统的控制和管理方式，以及物流系统在国民经济中的地位都是重要的影响要素。

2. 法律、规章

物流系统的正常运行涉及广泛的利益相关方，包括企业和个人的权益。法律和相关规章制度对物流系统的各项活动进行了明确的限制和规范，旨在确保其与其他系统的良性互动，并为相关利益的保护提供了必要的保障。这些法律和规章不仅约束着物流企业的行为，也涉及个人在物流系统中的权益保护。例如，涉及货物运输的法规要求物流企业遵守严格的安全标准和保障措施，以保障货物在运输过程中的安全和完整性；同时，也规范了企业与个人之间的合同关系，以保护个人在物流交易中的合法权益。

法律和规章还对物流系统的环境影响、劳动保障、税收政策等方面进行了规范，促进了物流系统与其他社会系统的协调发展。这些规定的实施，有助于确保物流系统的运作既能够满足经济发展的需要，又能够保护环境、维护社会公平，并最终实现全面可持续发展的目标。

3. 行政、命令

物流系统涉及国家的军事功能和经济命脉，因此行政和命令手段常常被运用来支持其正常运转。这些手段包括政府部门的监管和管理、相关法规的制定和执行，以及军方的支援和保障。另外，行政和命令手段可以确保物流系统的稳定运行，保障国家的供应链畅通无阻，同时维护国家的安全和利益。

4. 标准化系统

标准化系统是确保物流环节协调运行的关键机制，它不仅保障了物流系统与其他系统在技术上的紧密联结，而且是实现物流系统顺畅运作的重要支持要素。通过制定和实施一系列标准化规范，物流系统能够实现信息、流程和操作的统一，提高效率、降低成本，并确保货物在运输、储存、包装等环节中的质量和安全。标准化系统还有助于消除信息不对称、降低交易成本，促进供应链的协同和优化，从而提升整体物流系统的竞争力和可持续发展能力。

5. 组织及管理要素

组织和管理在物流系统中扮演着至关重要的角色，它不仅是连接各个要素的纽带，还负责调度、运筹、协调和指挥各项活动，以实现物流系统的各项目标。通过有效的组织和管理，物流系统能够实现资源的优化配置，提高运输、储存和配送效率，降低成本，提升服务质量。管理者通过制定合理的策略、规划和控制措施，有效地管理人员、设备和信息流动，确保物流系统的各个环节协调运行，以满足客户需求，并不断优化和提升物流系统的绩效水平。

任务五　理解物流系统的结构

物流系统的要素在时间和空间上的集合构成了物流系统的结构。这个结构包括了各个要素在物流系统中的相互关系和相互作用。我们通常把这个相互联系的要素的整体形态叫作结构。有必要从不同角度看物流系统的要素组成的结构，它主要包括流动结构、治理结构、网络结构等。

一、物流系统的流动结构

物流系统类似于一个完整的流，它具有流的五个流动要素：流体、载体、流向、流量、流程。它们彼此之间是相关的，根据流体的自然属性，可以确定载体的类型和规模；根据流体的社会属性可以确定流向、流量和流程；流体、流量、流向和流程决定运用载体的属性，载体制约流向、流量和流程，载体的状况对流体的自然属性和社会属性均会产生影响等等。因此，对于物流系统来说，需要综合考虑流体的自然属性和社会属性、流向和流程的远近及具体运行路线、流量的大小与结构来确定载体的类型和数量。

在网络型的物流系统中，物流的流动通常会涉及多个点之间的转移和变换，如载体的变换、流向的变更、流量的分解与合并、流程的调整等。在这种情况下，我们需要不断优化调整，如减少变换的时间、减少环节、降低成本等，以确保物流系统的顺畅运作。从功能结构的角度来看，物流系统的基本功能要素包括：运输（含配送、储存[一]、包装装卸、流通加工和物流信息处理等）。不同的物流系统可能会有不同的功能结构，取决于生产和流通的模式和需求。

一般而言，供应链的各个阶段都要具备运输、储存功能，在某些物流系统中，装卸搬运功能可能会伴随着运输方式或运输工具的变换而产生，而在其他物流系统中可能并不需要进行这种作业。现代物流业具有复合功能，它一般是由两个以上的基本功能构成的。

物流系统的功能结构是根据生产和流通模式决定的，而判断物流系统功能是否发挥合理的标准是看它对生产和销售降低了多少成本。在设计和优化物流系统时，我们需要根据生产和销售系统的需求，与其进行集成，以实现物流的高效运作和降低成本的目标。

　　[一]　储存包括储存管理和储存控制。

二、物流系统的治理结构

物流系统的治理是指对物流系统资源配置进行管理和控制的机制和方法。物流系统的资源初始配置状态是历史形成的，但随着生产力的发展和生产与消费能力结构的变化，市场的需求也在不断变化。而现代物流业的发展是为了适应生产与销售活动不断变化的现实和市场需求。

借用奥利弗·威廉姆森（Qliver Williamson）提出的关于经济治理结构和交易合同的关系，研究物流系统资源、交易的治理结构，可按表1-1所示分类。

根据表1-1内容可以发现，偶尔发生的专用型资产的交易可以采取三边治理或单边治理的方式。如果投资专用型资产可以获得市场平均利润，那么采取三边治理方法可能更合适；但如果采用三边治理所花费的交易成本更高，那么单边治理方式可能更具有成本效益。另外，预期成本与实际交易成本作为交易成本的一部分也需要进行计算和考虑。

表1-1 物流系统资源、交易的治理结构

交易发生的经常性	为交易所需要投资的特征		
	非专用型	混合型	专用型
偶尔发生	多边治理 （市场治理、古典合同）	三边治理 （新古典合同）	视情况而定
重复发生		双边治理 （关系合同）	单边治理（一体化治理、关系合同）

1. 多边治理

多边治理是一种在物流市场上建立的治理结构，旨在确保物流系统所需的各种资源能够通过开放的交易机制来获取和分配。这种治理模式适用于各类物流资源的交易，包括铁路运输、公路运输等多种资源。其核心在于建立公平、开放、透明的市场环境，促进资源的有效配置和利用，以满足物流系统的需求。多边治理通过制定规则、标准和监管机制，引导市场参与者之间的交流和合作，从而推动物流行业的发展和优化。

2. 三边治理

三边治理是一种涉及物流资源需求方、供给方和第三方（如法律机构）共同参与的治理模式。在这种模式下，这三方共同管理物流资源的获取、分配和利用，以确保交易的顺利进行和冲突的解决。这种治理结构特别适用于偶尔发生或者物流资源高度专业化的交易情境，如特定类型的货物运输或特殊需求的配送服务。此外，三方共同参与可以促进资源的有效配置和利用，提高交易的效率和透明度，从而为物流交易的各方带来更多的利益和保障。

3. 双边治理

双边治理是指在物流资源交易中，买卖双方共同参与资源的管理和决策的模式。这种治理结构下，双方之间建立了更为紧密的合作关系，需要投入更多的专用型资产用于交易。双方在维持交易关系上有着强烈的共同动机，因为任何一方脱离交易关系都将承担巨大的损失。同时，由于双方都能从交易中获得利润，因此在调整合同方面不太容易达成一致。这种治理模式促进了双方之间的合作和信任，同时也增强了交易的稳定性和持续性。

4. 单边治理

单边治理，又称一体化治理，适用于交易越来越特异化的情况。在这种治理模式下，交易中涉及的人力和实物资产越来越专用于特定的用途，难以转移到其他用途上。这种情况下，一方在交易中拥有更多的权力和控制权，而另一方则相对被动。因此，单边治理更倾向于由交易中的一方来制定规则和决策，而另一方则需要遵守这些规则和决策。在这种治理模式下，交易的稳定性和可持续性取决于一方的决策和行为，需要依赖于该方的信任和承诺。

小贴士

威廉姆森治理结构

威廉姆森治理结构是由经济学家奥利弗·威廉姆森提出的一种组织结构理论。该理论主要强调了市场和层级两种治理结构的区别和选择。威廉姆森认为，市场治理结构是一种基于价格机制和自由竞争的机制，而层级治理结构则是一种基于权威和领导力的机制。威廉姆森认为，选择不同的治理结构将会影响组织的效率、交易成本和相互合作的方式，因此，在组织内部的治理结构选择上应该考虑到组织的性质、特征和目标，以达到最优解决方案。

三、物流系统的网络结构

物流系统的网络是由节点和路径两要素组成的，节点和路径之间的联系构成了物流系统的网络结构，由节点和路径组成的网络叫作图，按照结构复杂程度，物流系统中的网络结构图可以分为五类，如图1-4所示，图中DC表示物流配送中心。

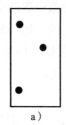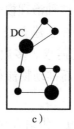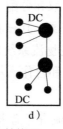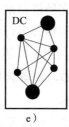

图1-4 物流系统的网络结构图

1. 点状图

点状图是一种由孤立的节点组成的物流网络结构，其中各个节点之间缺乏直接的连接或联系，如图1-4a所示。这种网络结构通常只在封闭的、自给自足的系统中存在，例如荒废的仓库或站台等。然而，在现实生活中，除了极为特殊的情况，如荒废的仓库或站台，基本上很少会出现这样的系统。因为在现实世界中，物流网络往往是复杂而多样的，各个节点之间都相互依存和联系，以实现货物的流动和交换。因此，点状图这种孤立的物流网络结构在现实生活中并不常见，而更常见的是具有较为复杂连接关系的物流网络。

2. 线状图

线状图是一种由节点和连接这些节点的线组成的网络结构，在这种网络中，两个节点之间只有一条线，且没有形成闭环，如图1-4b所示。这种简单而直观的网络结构常见于农产品供应链中，特别是涉及农产品从产地收集到销售点的物流流程。在这样的供应链网络中，各个节点代表着不同的环节，例如农场、批发市场、物流中心和零售商等，而线则表示了它们之间的联系和货物流动的路径。这种线状图的网络结构使得物流流程清晰可见，便于管理和优化，有助于提高农产品供应链的效率和透明度。

3. 圈状图

圈状图是一种物流网络结构，其特点是由至少一个连接成圈的线组成的，但同时至少有一个节点不在圈中，如图1-4c所示。在这种网络结构中，各个节点之间形成了闭环连接，但同时存在着一个或多个节点与闭环之外的其他节点直接相连。

这种网络结构通常适用于工业品制造商在多个市场区域设置配送中心（Distribution Center）的情况。通过构建这样的圈状图物流网络，制造商能够实现区域内部供货点之间的灵活调整和交流。当某一地区需求增加或减少时，物流系统可以通过这种结构快速调整，从而更加高效地满足市场需求。这种物流网络结构的优势在于能够降低货物的运输成本和时间，并提高整体物流系统的灵活性和适应性，从而提升物流效率。

4. 树状图

树状图是一种无圈但能够连通的网络结构，如图1-4d所示，这种结构常见于汽车物流领域，特别是在汽车制造商根据市场区域设置分销网络和配送网络时。在这样的结构中，每个细分市场通常会选择一个经销商作为代理商，而各个经销商之间在市场范围上会有严格的界线和分工。

例如，在此系统中，公司通常会设立两个或多个配送中心，它们之间的物流是连通的，以便于货物的集中调配和分发。然而，各个经销商之间的物流却通常不是直接连通的。这意味着，虽然配送中心与各个经销商之间存在连通，但不同经销商之间的货物流动一般需要经过配送中心进行调配和转运。

这种树状图的物流网络结构能够有效地分隔市场区域，确保各个经销商在其责任区域内的独立经营和管理。同时，通过设立配送中心和建立连通性，可以实现对整个分销网络的集中管理和协调，从而提高物流效率和服务质量。

5. 网状图

网状图是一种由点点相连的线组成的网络结构，如图1-4e所示，其最大的优点可能在于方便销售，因为这种结构能够实现多个节点之间的直接连接，便于产品的流通和销售。然而，网状图网络结构的最大缺点可能是物流效率低下。由于各个节点之间都存在直接连接，导致物流路径复杂，运输距离增加，货物流动的效率和速度可能会受到影响。

在复杂的销售渠道中，通常会将物流渠道与销售渠道分开，以实现各自的规模效益。为了解决网状图网络结构可能带来的物流效率问题，可以考虑建立配送中心。配送中心能够实现物流的集中配送，将货物从生产地点集中到配送中心，再由配送中心分发到各个销售点，从而实现了物流的集约化和规模化。同时，配送中心也能将商流与物流紧密结合，实现销售渠道和物流渠道的有机结合，进而提高整体运作效率和服务水平。

任务六　理解物流系统的优化原理

物流系统优化包括宏观层面的区域物流系统优化、中观层面的地区（城市）物流系统优化和微观层面的企业物流运作优化，其中微观层面的企业物流运作是最常需要优化的。物流系统优化方法通常包括：物流目标系统化、物流要素集成化、物流组织网络化、物流接口无缝化、物流反应速度适度化、物流信息电子化、物流运作规范化、物流经营市场化、物流服务系列化和物流与电子商务一体化。本任务将对前三个物流系统优化方法进行详细介绍。

一、物流目标系统化原理

1. 物流目标系统化原理的内涵

物流目标系统化是指按照物流系统整体最优的原则，对物流系统内部要素进行权衡、选择和协调，确定物流系统目标和要素目标，以及实现这些目标的过程，并以此为约束条件，推动物流系统的集成、运作、管理和评价。

1）物流目标系统化的目标：实现物流系统整体目标最优而不是系统内部要素目标最优。

2）物流目标优化的对象：物流系统的整体目标、物流系统内部要素（要素可分出不同的层次）的目标。

3）物流系统的服务目标：物流系统的下级系统的服务目标由它的直接上级系统服务目标来决定。

4）物流系统的成本目标：降低物流系统的成本，主要成本包括运输成本和仓储成本。

2. 物流目标系统化方法

（1）目标管理法

目标管理（Objective Management）法是一种管理方法，其特点是采用了自上而下和自下而上的方式来制定目标。这种方法强调目标的制定应该是一个动态的过程，需要根据实际情况进行不断的调整和优化。

目标管理法还强调了目标的动态调整。在快速变化的市场环境下，原先设定的目标可能会受到各种因素的影响而需要进行调整。因此，目标管理法强调了对目标的不断监控和评估，及时发现问题并进行调整，以确保组织能够及时适应外部环境的变化，并保持竞争力。

（2）成本分析法

成本分析（Cost Analysis）法的核心理念在于在完成特定物流任务时，需要综合考虑所有相关要素的成本。这种方法不仅关注直接与物流活动相关的成本，如运输成本、储存成本和包装成本等，还关注间接成本，如订单处理成本、库存持有成本和售后服务成本等。

在实施成本分析法时，首先需要对所有可能的成本要素进行全面调查和分析。这可能涉及各个环节和阶段的成本数据的收集和整理，以确保对成本的评估尽可能准确和全面。然后，需要对这些成本进行综合考虑和综合评估，以确定整体物流任务的总成本。

成本分析法的关键在于全面考虑各种成本要素之间的相互关系和影响。通过综合考虑各个环节和阶段的成本，管理者可以更好地理解物流活动的成本结构，识别出成本的主要驱动因素，从而制定出更为有效的成本控制和优化的策略。

（3）重要业绩衡量指标分析法

重要业绩衡量指标（Key Performance Indicator，KPI）分析法用于评估和分析组织或个人在特定业务领域内的绩效和表现。这种方法通过选择和定义关键绩效指标，即KPI，来衡量业务活动的成果和效果。这些KPI可以涵盖各个方面，如生产效率、质量水平、客户满意度、销售增长、成本控制等。

在实施KPI分析法时，首先需要确定适合特定业务目标和需求的关键绩效指标。这通常需要与业务目标和战略紧密对齐，以确保KPI能够有效地反映组织的关键业务目标。然后，需要收集和分析与这些KPI相关的数据，以了解当前的绩效状况，并发现可能存在的问题和改进空间。

KPI分析法的关键在于将KPI与实际业务活动和决策相结合，从而帮助管理者更好地了解业务的运作情况，并及时做出调整和优化。通过设定明确的目标和指标，KPI分析法可以帮助组织和个人更加清晰地了解自己的工作目标和责任，激励其努力工作并追求卓越绩效。

（4）目标规划法

目标规划（Goal Programming）法旨在通过确定和优化多个目标之间的权衡关系，实现组织或个人在多目标环境下的有效决策和规划。在这种方法中，规划者将多个目标视为约束条件，通过建立数学模型，寻找一个最优解，来满足尽可能多的目标。

在实施目标规划法时，首先需要明确识别和定义多个目标，这些目标可能是相互竞争或相互关联的。然后，将这些目标转化为数学形式，并将它们与决策变量相结合，构建成一个目标规划模型。在模型建立完成后，需要进行求解，找到一个最优解，以使各个目标之间的偏差尽可能小，并且在可行性范围内达到尽可能多的目标。

目标规划法的关键在于将多目标问题转化为一个统一的数学模型，并通过数学优化方法来求解这个模型，从而得到一个综合考虑多个目标的最优解。这种方法不仅能够帮助管理者更好地理解和衡量多个目标之间的权衡关系，还能够为决策提供科学依据和指导，提高决策的有效性和准确性。

二、物流要素集成化

物流要素集成化是通过建立一套完善的制度安排，对涉及物流系统的各个方面，包括功能、资源信息、网络要素和流动要素等进行全面的统一规划、管理和评价。这种综合性的管理措施旨在通过要素之间的协调和配合，使得物流系统的每个组成部分能够有机地相互配合、协同运作，从而形成一个高效、灵活的整体。其目的在于加强各要素之间的联系与协作，以实现物流系统的整体优化，提高效率、降低成本，并最终满足客户需求，提升竞争力。这种集成化的管理方式不仅可以优化内部流程，还能够让物流系统适应市场变化，不断优化与改进，以确保其在业界始终保持领先地位。

供应链物流系统是物流系统集成的基本单元，它不仅包括企业内部的物流系统，还跨越了原材料供应商、制造商、分销商、物流服务提供商和最终消费者之间的各自物流系统的边界。这意味着在实现物流系统集成时，单纯地将企业内部的物流系统整合是不够的。相反，需要以供应链物流系统为基本单元进行集成，以确保从原材料采购到产品最终交付给消费者的全过程都能够被有效地协调和管理。通过供应链物流系统的集成，各个参与方之间可以实现信息共享、资源协作和流程优化，从而提高整体供应链的效率、降低成本，并更好地满足市场需求，增强竞争力。因此，供应链物流系统的集成是实现物流系统优化和持续改进的关键。

物流系统要素集成的目的是实现供应链物流系统要素之间的联系，物流系统要素集成的最终目的，是实现供应链物流系统的整体最优。

供应链物流要素的集成是确保供应链系统高效运作的基础，这不仅涉及对供应链中的各个环节和业务要素进行整合，更重要的是必须实现它们之间的有机协同。通过将供应链的各个组成部分有机地整合和协同，确保它们相互配合、相互支持，从而实现整体最优的运作效果。这种综合性的集成不仅包括物流运输、仓储管理、信息流通等操作性要素，还涉及供应链的战略规划、市场预测、供应商管理等战略性要素。因此，为了实现供应链系统的整体最优，必须对所有的供应链物流系统要素进行全面的集成，而不是仅对其中某些要素进行集成。只有当供应链的各个环节和要素都能够有机地结合在一起，并在实际运作中相互协同，才能够确保供应链系统的高效运作，提高企业的竞争力和市场份额。

供应链物流系统要素集成是对各要素的优化和重组的过程，这种集成并非简单地将要素拼凑在一起，而是通过制度安排和管理机制，对要素进行全面的统一规划、管理和评价。集成的目的在于实现要素之间的协调和配合，从而使得整个供应链物流系统能够有机地运作，达到最佳效果。在集成过程中，需要深入分析每个要素的功能和作用，确保它们能够相互支持和协同。这可能涉及资源的重新配置、流程的优化，以及信息的共享和传递等方面。对要素的优化和重组，可以消除供应链中的瓶颈和冗余，提高系统的效率和灵活性。因此，供应链物流系统要素集成是实现整体优化的关键步骤，对于提升供应链的竞争力和适应市场变化具有重要意义。

供应链物流系统要素集成需要依靠一定的制度安排。多边治理、三边治理以及双边治理是常见的制度安排方式。一体化治理在一些情况下也有应用。

集成是一项具有成本、条件和分层次的复杂过程，需要投入资源和时间，并可能涉及技术、人力和财务方面的支持。集成并非所有组织和供应链系统都能够轻易实现的，因为它要求具备一定的技术能力、管理水平和组织文化。此外，并非所有层次的供应链物流系统都适合进行最高层次的集成。不同层次的供应链系统具有不同的特点和需求，因此需要根据实际情况和目标来确定集成的深度和广度。有时候，逐步实施集成策略，从低层次向高层次逐步演进可能是更为合适和可行的选择。这样可以降低集成的风险和复杂度，同时有助于组织和供应链系统逐步适应新的运作模式和管理方式。因此，在进行集成之前，需要进行充分的规划和评估，确保能够最大限度地实现集成的效益，并在适当的时间和条件下进行推进。

集成产生效益。集成并不一定要求增加或减少要素的存量，而是通过改变要素的组合方式，优化要素之间的协作关系和流程，以及建立基于市场机制的高效治理机制，实现全要素的有效整合和协同运作。这种综合性的集成可以提高系统的整体效率和灵活性，从而使得供应链物流系统能够更好地适应市场的变化和需求的变化。通过集成，企业不仅可以降低成本、提高生产效率，还可以缩短交付周期、提高客户满意度，增强自身的竞争力和市场份额。此外，集成还可以促进创新和协同合作，为企业带来更多的商机和增长空间。因此，尽管集成可能涉及一定的成本和风险，但通过合理规划和实施，可以实现长期的效益和持续的竞争优势。效益体现在以下4个方面。

1）要素一体化，是指将物流系统所需要的要素集中在一个资本的所有权和控制下进行规划、设计、经营和管理的理念。

2）形成战略联盟，即建立供应链的方式。在物流系统中，通过互相投资、参股以及签订长期的战略联盟协议等方式，企业可以实现专用性资产的共享和整合，进而建立相互依赖和协作的供应链关系。

3）实现资源共享，在物流系统中，资源共享可以通过不同企业之间的横向一体化和企业内部不同部门之间的横向一体化来实现。

4）采用第三方物流方式，第三方物流提供商作为专业的物流服务提供者，可以提供全方位的物流解决方案。如果物流市场发挥作用，那么大量的物流系统要素集成可以通过物流市场途径完成。

三、物流组织网络化

物流组织网络化是指在一定市场区域内，将物流经营管理机构、物流业务、物流资源和物流信息等要素按照网络方式进行规划、设计和实施的过程。这种网络化的组织形式能够使得物流系统更加灵活和响应迅速，以适度地满足市场需求和客户要求为目标。在网络化的物流组织中，各个节点之间可以进行信息共享、资源整合和业务协同，从而实现物流系统的整体优化和降低总成本。此外，网络化的物流组织还可以促进供应链的协同合作和创新，提高系统的透明度和可控性。通过网络化的组织形式，物流系统能够更好地适应市场和需求的变化，提高供应链的效率和灵活性，增强企业的竞争力和市场地位。因此，物流组织网络化不仅是适应市场环境和客户需求的重要手段，也是实现物流系统优化和持续改进的关键路径之一。

（1）物流系统网络化的出发点是供应链的要求

供应链本身就是网络，供应链上的所有要素都必须形成网络，所以物流系统要素也必须以网络方式存在，否则便无法与商流系统、信息流系统、资金流系统等配合起来形成供应链。

（2）物流系统化的对象包括所有物流系统要素

供应链物流系统网络包括经营网络、管理网络、业务运作网络、设施设备网络和物流信息网络等，其中，每个要素都以网络形式存在并发挥作用。经营网络涉及物流系统中各参与方的经营机构和合作伙伴关系；管理网络负责规划、组织和控制物流系统；业务运作网络执行具体的物流活动和流程操作；设施设备网络包括物流系统所需的设施、设备和技术支持；物流信息网络连接各节点，实现信息共享和流通。这种网络化结构使得供应链物流系统更加灵活、高效，能够实现信息实时交流、资源优化配置和快速业务响应，提升整体效率和竞争力。

（3）物流系统要素组成网络

物流系统要素必须以网络形式存在，以满足系统的要求。例如，一个仓库若未与运输车辆等要素结合，将仅是一个孤立的仓库，而非物流系统网络中的配送中心。因此，物流系统要素必须与网络中的其他要素相互连接，以发挥其作用。

（4）物流系统网络需要统一规划

高效的物流系统网络是根据供应链物流需求、市场可用物流资源状况以及物流系统的优化和重组要求，运用运筹学、系统工程等理论和工具进行规划和设计的产物。这种网络的建立涉及物流经营管理网络、物流资源网络、物流业务网络以及物流信息网络的规划和设计，以确保物流系统能够高效运作，满足市场的需求并提升整体效能。

（5）物流系统网络化的目的是实现供应链物流系统的目标

供应链物流系统的主要目标包括多个方面，首先，降低供应链物流总成本是其中之一，通过有效的成本控制和优化资源配置，使得整个供应链物流系统的运作成本得到降低，从而提高企业的竞争力。其次，满足供应链物流需求是至关重要的，确保物流系统能够及时、准确地满足市场和客户的需求，以提升客户满意度和忠诚度。此外，提高供应链物流系统资产利用效率也是一个重要目标，通过合理利用和管理物流资产，如仓储设施、运输工具等，实现资产最大化价值。最后，为公司战略目标提供物流支持同样至关重要，物流系统应当与公司的战略目标相一致，为公司的发展提供支持和保障，促进企业的可持续发展。因此，供应链物流系统的目标是多维度的，需要综合考虑各方面因素，以实现整体效益最大化。

为了实现供应链物流系统的目标，物流系统的各个要素必须协同、集成、整合，任何要素之间的冲突和不协同都会阻碍目标的实现。集成后所得到的益处有以下几个方面。

1）扩大市场覆盖范围。通过物流系统的网络化，物流要素可以被组织成一个网络，从而能够满足扩大市场覆盖范围的要求。这是因为物流网络能够支持生产和营销网络，并成为生产和营销网络的一部分。

2）提高网络效率。当以点状存在的要素组成网络后，每个要素的功能都得以放大。这种网络化的结构使得各要素之间能够相互连接和协作，从而实现功能的互补和增强。整个网络的功能远远强于各个孤立要素功能的总和，因为网络中的要素能够相互支持、相互促进，形成了一种集体的力量，为供应链物流系统的高效运作提供了强大的支持和保障。

3）提高要素的收益。物流系统的网络化不仅可以提高整个网络的收益，也可以提高每个要素的收益。当同样的物流要素组成网络后，整个网络的功能变得更加强大，这可以提高要素的劳动生产率，从而带来更大的收益。

4）抵御要素的风险。通过物流系统的网络化，各个物流要素形成了一个供应链。这使得整个供应链的竞争能力和抵御风险的能力大幅增强。

小贴士

亚马逊运营成功的关键要素：物流系统优化与供应链管理

在电商领域，亚马逊以其出色的运营模式和成功的业绩成为行业的领导者。其中，物流系统优化和供应链管理是亚马逊取得成功的关键要素之一。下面将深入探讨亚马逊运营成功的物流系统优化策略和供应链管理。

物流系统优化是指通过合理规划和高效执行物流流程，实现产品从仓库到顾客手中的高效快速交付。亚马逊在物流系统优化方面采取了一系列创新策略，以下是关键要素。

仓储与配送网络：亚马逊在全球范围内建立了庞大的仓储与配送网络，将产品储存在离消费者较近的地点，以实现快速配送和缩短交付时间。

自动化技术应用：亚马逊引入了先进的自动化技术，如机器人、自动化分拣系统等，提高了仓储和物流操作的效率和准确性。

运输管理与优化：亚马逊通过与物流合作伙伴合作，优化运输路线、货物配载和运输调度，以提高运输效率和降低成本。

物流数据分析：亚马逊通过对物流数据的分析，不断优化物流流程，提高交付准时率和用户满意度。

供应链管理是指通过协调和整合供应商、生产商、分销商和零售商等环节，实现产品从原材料采购到最终交付的全过程管理。亚马逊通过建立强大的供应链网络和采用先进的技术手段，实现了高效的供应链管理。以下是亚马逊供应链管理的关键要素。

多元化供应商关系：亚马逊与众多供应商建立了合作伙伴关系，通过多元化的供应商网络确保产品供应的可靠性和稳定性。

预测需求和库存管理：亚马逊利用大数据分析和先进的预测算法，准确预测产品需求，并实施有效的库存管理，以避免产生库存过多或缺货的情况。

供应链协同与可见性：亚马逊通过信息系统和技术平台，实现供应链各环节的协同合作和可见性，提高供应链的响应速度和灵活性。

因此，亚马逊运营成功的关键要素之一是有效的物流系统优化和供应链管理。亚马逊通过仓储与配送网络的优化、自动化技术的应用、运输管理与优化以及物流数据分析等手段，实现了高效的物流运营。同时，亚马逊通过多元化供应商关系、预测需求和库存管理、供应链协同与可见性等策略，实现了高效的供应链管理。这些关键要素共同促使亚马逊实现了快速、准确、可靠的产品交付，为顾客提供了卓越的购物体验。

项目小结

物流是一个动态的复杂大系统，它包含了系统的特征和自身的特殊性。系统思想和方法已经在物流领域中广泛应用，指导着物流的规划、设计、管理、组织运营。物流系统是指由物流的各个要素组成的综合体，它们之间存在着有机联系，共同实现物流总体功能的合理化。它是由多个子系统组成，各子系统的输入包括运输、储存、包装、装卸、搬运、配送、流通加工、信息处理等环节所需的劳动力、设备、材料等资源，经过处理转化，最终输出成为物流服务。

物流系统的基本模式由输入、输出和转换组成，而在不同的时间和环境条件下，每部分内容又各不相同。它们主要受到内外部环境的影响，内部环境下的物流系统，被销售系统、生产系统以及财务系统影响了其运行效率；外部环境对厂商及其与市场交易有关的因素和机构产生的影响。

对物流系统进行分类可以按照物流发生的位置、物流运行的性质、物流活动的范围及物流的构成分类，以此来对物流系统做出进一步的认识和理解。

可以从三方面认识物流系统的要素，首先，物流系统的一般要素包含劳动者要素、资本要素、物的要素、信息要素；其次，按照功能划分可分为运输、储存保管、包装、装卸搬运、流通加工、配送、物流信息的功能要素，这些要素组合在一起，构成了物流的总功能，实现了物流系统的总目的。其中，运输和储存保管子系统解决了供应商和需求方之间的地理和时间上的分离问题，它们分别提供了物流系统中的"场所效用"和"时间效用"。因而在物流系统中处于主要功能要素的地位。最后，物流系统的支持要素划分为五方面，这些要素使得物流系统在复杂的社会经济系统中，能够协调与其他系统的关系，使物流系统更加有序、高效地运转。

物流系统的要素在时间和空间上的集合构成了物流系统的结构。这个结构包括了各个要素在物流系统中的相互关系和相互作用。我们通常把这个相互联系的要素的整体形态叫作结构。从不同角度看物流系统的要素组成的结构，主要包括流动结构、治理结构、网络结构、产业结构等。

物流系统在一步步发展过程中仍然存在问题，需要对其进行优化，包括宏观层面的区域物流系统优化、中观层面的地区（城市）物流系统优化和微观层面的企业物流运作优化。而物流系统的优化方法通常包括物流目标系统化、物流要素集成化、物流组织网络化。物流目标系统化是按照物流系统整体最优的原则，权衡、选择和协调物流系统内部要素，来确定物流系统和要素的目标，以及实现这些目标的过程，并以此为约束条件，推动物流系统的集成、运作、管理和评价。物流要素集成化是指通过一定的制度安排，对物流系统功能、资源信息、网络要素及流动要素等进行统一规划、管理和评价，通过要素之间的协调和配合，物流系统的各个要素能够像一个整体进行运作，从而实现要素之间的联系，达到物流系统整体优化的目的。而物流组织网络化是指将物流经营管理机构、物流业务、物流资源和物流信息等要素按照网络方式在一定市场区域进行规划、设计和实施，以实现物流系统适度反应和最优总成本等要求的过程。

思 考 题

1. 举例说明有哪些不能称为系统的东西。
2. 物流系统的概念是什么？如何对物流系统进行划分？
3. 试分析物流系统各功能要素的目标。
4. 物流系统的网络结构形式有哪些？试分析物流系统的优化原理。

实 训 题

1. 某大型物流公司在经过多年的快速发展后，面临着越来越激烈的市场竞争。为了提升竞争力，公司管理层决定在保持现有运输和配送服务的基础上，尝试增加更多增值服务，以提高客户的整体满意度和忠诚度。近期，公司讨论了一项新提案，即为客户提供全方位的包装服务，包括商品的分类包装、加固包装以及定制包装等。然而，这一提案在内部引发了不小的争议。请问：经理让策划员小王为大家解释该争议，小王应该如何回答？

2. A公司和B公司是两家大型制造业企业，主营产品均为电子元器件。尽管两家公司在行业内的地位相似，但它们的业务模式和市场需求却存在显著差异。A公司更倾向于小批量、多品种的生产，主要满足客户的定制化需求，其产品更新周期较短，因此对物流的灵活性和快速响应有更高的要求。而B公司则采用大批量、标准化生产的模式，产品种类相对固定，主要面向大客户的长期订单，因此更关注物流的成本控制和效率。请问：A公司和B公司的业务模式不同，它们的物流系统结构是否会相同？如果不同，原因是什么？

案例分析

耐克：物流缔造"运动商品王国"

耐克（NIKE）作为全球知名的运动鞋、服装和装备品牌，其成功不仅在于卓越的产品设计和市场营销，还得益于其高效的物流系统。NIKE成立于1964年，起初是一家名为Blue Ribbon Sports的小公司，经过多年的发展，如今已成为全球运动商品行业的领导者之一。在发展过程中，NIKE始终将物流系统作为战略性的核心要素，通过不断优化和创新，构建了一个强大的供应链网络，为公司的全球化运营提供了坚实的支撑。NIKE通过对物流系统的改造，创造了一个"运动商品王国"。

一、全球化的快速响应系统

NIKE公司对物流系统的重视和持续投入是其成功的重要因素之一。不断跟踪国际先进物流技术的发展，NIKE始终保持着对其物流系统的关注，并及时对系统进行升级和优化。从20世纪90年代初期开始，NIKE就已经开始建设先进的物流系统，并通过持续不断地改进和创新，使其物流系统在近年来取得了长足的发展，可以说其物流系统是一个国际领先的、高效的货物配送系统。

NIKE在全球布局的物流配送网络为其物流高效性做出了重要保障。NIKE在美国有三个配送中心，使得NIKE运动商品能够保证在用户发出订单后48h内发出货物。NIKE的商标标志成了世界上最被认可的标志之一。为适应市场环境，对孟菲斯配送中心做重大调整，制定一套新的营销策略。

NIKE抛弃了1980年的仓库储存技术，启用了最新的现代周转技术，该技术包括仓库管理系统（WMS）的升级和一套新的物料传送处理设备，要求具有较高的吞吐能力和库存控制能力的同时，还要尽力从自动化中获取效益并不产生废弃物。NIKE在欧洲加强了物流系统建设，并与Deloitte公司共同制定了欧洲配送中心建造、设计和实施的运营计划，其配送中心有着一流的物流设施、物流软件以及先进的数据通信系统，从而使其能将其产品迅速地运往欧洲各地。

二、使用电子商务物流方案

2000年初，NIKE在其电子商务网站"www.nike.com"上进行直接到消费者的产品销售服务，并且扩展了提供产品详细信息和店铺位置的网络功能。为支持此项新业务，UPS环球物流助力NIKE实现从虚拟世界到消费者家中的快速服务。

三、部分物流业务外包

NIKE的物流业务外包合作伙伴之一MENLO公司，是美国一家从事全方位合同物流服务的大型公司，其业务范围包括货物运输、仓储、分拨及综合物流的策划与管理。对于NIKE品牌下的鞋子在中国境内生产量有95%返回美国市场销售，这是因为NIKE公司在中国的经营模式是以代理经营为主，少部分业务自己开店经营。像道吉、瑞纳、跨世、先探公司等均为NIKE的代理公司。NIKE公司中国办事处每年在上海开两次订货会，根据中国市场销售情况以及公司总体经营方针，制定每个代理公司的配额，每个代理公司再根据自身情况订货。

从工作效率和服务水平上来看，NIKE物流系统都是非常先进且高效的。其战略出发点是"一个消费区域由一个大型配送中心来服务，尽量取得规模化效益"。NIKE还非常注重物流技术的进步，以此来作为降低成本和提高工作效率的基本手段。

近年来，随着电商和线上销售的崛起，NIKE在中国加大了对数字化物流技术的投资，从而进一步提升了订单处理和配送效率。在此期间，NIKE在中国的物流系统实现了数字化、智能化管理，并提高了运营效率和客户体验。

案例思考题

1.根据NIKE物流的发展，你能从中得到怎样的启示？
2.一个企业既有自营物流系统，又有物流业务外包的做法，你认为这样做好吗？

 # 项目二　物流系统分析与需求预测

 ## 学习目标

知识目标

- 理解物流系统分析的概念、含义及应用范围。
- 掌握物流系统分析的常用理论、影响因素和量化指标的选取。
- 了解物流需求以及物流需求预测的内容。

能力目标

- 理解和优化物流流程，提升供应链管理能力。
- 准确预测需求，灵活应对需求变化。

素质目标

- 培养创新意识，推动物流系统模式的创新。
- 加强团队合作与沟通技能，提高在多变的物流供应链环境中的协调与执行能力。
- 增强对物流行业趋势的敏感度和适应能力，能够在不同的工作环境中有效地应用物流分析理论和工具。

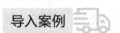 ## 导入案例

小米科技的智能物流与市场需求预测策略

小米科技有限责任公司计划推出一款新型智能手机，并希望在产品上市前进行物流系统分析和需求预测。该公司的产品销售范围覆盖全国各大城市，因此需要建立一个高效的物流系统来确保产品的及时交付和客户满意度。

首先，该公司进行了物流系统分析。他们评估了现有的物流网络和仓储设施，并与各个物流供应商进行了合作洽谈。通过分析运输时间、成本、可靠性等因素，他们确定了最佳的物流方案，包括选择合适的运输方式（如陆运、航空运输等）、建立合理的仓储布局以及与物流公司签订合作协议。

接下来，该公司进行了需求预测。他们收集了市场调研数据、竞争对手的销售情况以及消费者反馈等信息，利用统计方法和数据分析工具对市场需求进行了预测。考虑到季节性需求波动和市场趋势，他们制定了合理的库存管理策略，以确保能够满足客户需求的同

时避免库存积压。

最后，该公司将物流系统分析和需求预测的结果应用到实际运营中。他们建立了一个完善的供应链管理系统，实现了订单管理、库存控制、运输跟踪等功能。通过与物流公司的紧密合作，他们能够及时获取物流信息，并根据需求变化进行调整和优化。

案例思考题

▼

1.小米科技有限责任公司进行物流系统分析和需求预测的作用是什么？

2.通过对市场需求的预测，如何制定合适的策略？

任务一　认识物流系统分析

本任务主要探讨了物流系统分析的原理和方法，以及其在实际应用中的常见理论和范围，介绍了物流需求分析的特点、影响因素以及如何选择量化指标。此外，还详细介绍了物流需求预测的特点、原则、步骤、技术流程和各种方法。通过学习本章内容，应该能够理解物流系统分析与规划的原理和基本原则，并能够根据具体情况对物流需求进行定性和简单定量分析。

一、物流系统分析概述

物流系统分析是指在一定时间、空间里，以所从事的物流活动和过程作为一个整体来处理，用系统的观点、系统工程的理论和方法进行分析研究，以实现其空间和时间的经济效应。物流系统是由运输、储存、包装、装卸、搬运、配送、流通加工、信息处理等各个环节组成的，这些也称为物流系统的子系统。系统的输入是运输、储存、搬运、装卸、包装、物流信息、流通加工等环节所消耗的劳务、设备、材料等资源，经过物流系统的处理转化，以物流服务的方式输出系统。换句话说，整体优化的目的就是要使输入最少，即物流成本最低，消耗的资源最少；而作为输出的物流服务效果最佳。作为物流系统服务性的衡量标准可以列举如下。

1）对用户的订货能很快地进行响应。

2）接受用户订货时商品的在库率高。

3）在运送中交通事故、货物损伤、丢失和发送错误少。

4）保管中变质、丢失、破损现象少。

5）具有能很好地实现运送、保管功能的包装。

6）装卸搬运功能满足运送和保管的要求。

7）能提供保障物流活动流畅进行的物流信息系统，能够及时反馈信息。

8）合理的流通加工，以保证生产费用、物流费用总和最少。

❓ 小思考

网购案例：在这个互联网高度发达的时代，购物已经不再局限于实体店铺。越来越多的人选择在网上购买商品，享受便捷的购物体验。小明就是其中的一员，他最近在网上购买了一台电视机，而他所选择的电商平台正是信誉良好的电商网站。几天后，小明收到了电视机，他迫不及待地打开了包装，仔细检查了电视机的外观和配件，发现电视机的外观设计非常美观，屏幕显示效果也非常出色。

问题：

1.物流系统分析如何帮助电商企业提高运输效率和服务质量？

2.物流系统分析对消费者体验有何影响？

二、物流系统分析的常用方法

1.数学规划法（运筹学）

数学规划法是一种广泛应用于系统统筹规划、寻求最优方案的数学方法。它涵盖了多种具体理论与方法，其中包括线性规划、动态规划、整数规划、排队论和库存论等。

这些数学规划方法在物流系统分析中发挥着重要作用，通过建立数学模型和运用优化算法，决策者可以寻求最优解决方案，优化物流系统的效益和性能。它们为物流系统的规划和决策提供了科学的工具和方法，能够支持物流系统的整体优化和决策过程。

2.统筹法（网络计划技术）

统筹法是一种在物流系统分析中常用的方法，通过运用网络图来统筹安排和合理规划系统的各个环节。该方法将活动流程表示为线路，将事件表示为节点，在确保关键线路的前提下安排其他活动，并调整它们之间的相互关系，以确保整个计划按期完成。

使用网络图的主要目的是可视化物流系统中各个活动之间的关系和依赖，以便更好地进行规划和调度。网络图通常由节点和边组成，其中节点表示事件或活动，边表示它们之间的关系或依赖。

在使用统筹法进行物流系统分析时，首先确定系统中的关键线路或关键路径，即对整个系统的完成时间具有最大影响的路径。然后，在保证关键线路的前提下，对其他活动进行安排和调整，以实现整体计划的顺利进行。

通过统筹法，决策者可以更好地识别和管理物流系统中的关键路径和关键活动，从而避免资源浪费和延误，提高系统的效率和可靠性。此方法还可以帮助决策者进行决策和资源分配，以最大限度地优化物流系统的整体性能。

总之，统筹法通过运用网络图来描述和规划物流系统的活动流程和关系，以实现系统的合理安排和高效运作。它是物流系统分析中的重要工具之一，可用于优化物流计划和资源调度，提高整体物流效益。

3.系统优化法

物流系统是一个复杂的系统，它涉及许多参数，这些参数相互制约、互为条件，并同时受到外界环境的影响。在进行系统优化研究时，面对不可控参数的变化，关键是根据系统的目标来确定可控参数的值，以使整个系统达到最优状态。

系统优化研究旨在通过调整、优化可控参数的取值，以最大限度地提高系统的性能和效益。这些可控参数可能涉及物流网络的设计、生产计划的制定、仓储和配送策略的制定等方面。通过对这些参数的优化调整，可以提高物流系统的运作效率、降低成本、缩短交货时间、提高客户满意度等。

在系统优化研究中，考虑到不可控参数的变化是必要的，因为外界环境的变化可能对物流系统产生重大影响。这些外界因素包括供应链的波动、市场需求的变化、天气条件的变化等。因此，在确定可控参数的值时，需要充分考虑这些不可控因素，并通过建立相应的模型和算法来应对不确定性。

系统优化研究的核心是基于系统的目标函数，通过数学建模和优化算法，寻找最优的可控参数取值。这可以涉及多种数学方法，如数学规划、模拟仿真、遗传算法等。通过这些方法，可以对系统进行全面的分析和优化，以实现系统的最优化运行。

总结而言，系统优化研究旨在通过调整可控参数的取值，使物流系统在不可控参数变化的情况下达到最优状态。这种研究需要综合考虑系统的目标、不可控参数的影响，并运用数学建模和优化算法，为决策者提供最佳的方案和决策支持。通过系统优化研究，企业可以提高物流系统的效率、灵活性和竞争力，以适应不断变化的环境和市场需求。

4. 系统仿真

利用模型对实际系统进行仿真实验研究是一种重要的方法。随着计算机科学与技术的快速发展，系统仿真技术的研究也在不断完善，并且其应用范围也在不断扩大。

系统仿真通过构建数学或计算机模型来模拟实际系统的行为和性能。通过模拟系统的各种变量、参数和交互关系，可以获取对系统运行的深入理解，并评估不同决策和方案对系统的影响。这种仿真实验可以帮助决策者预测系统的行为、优化系统设计、评估决策方案，并提供决策支持。

随着计算机科学与技术的发展，系统仿真技术得到了极大的提升。高性能计算能力、复杂算法的优化和并行计算等技术的进步，使得系统仿真能够处理更大规模、更复杂的问题。同时，可视化技术的发展也使得仿真结果更加直观和易于理解，有助于决策者更好地理解系统的运行情况。

系统仿真技术的应用范围也在不断扩大。除了传统的工业领域，如制造业、供应链和物流等，系统仿真还被广泛应用于交通运输、城市规划、医疗卫生、金融风险管理等领域。它能够帮助分析和预测系统的行为，评估政策和决策的影响，并为系统的改进提供科学依据。

总之，利用模型对实际系统进行仿真实验研究是一种强大的工具。随着计算机科学与技术的巨大发展，系统仿真技术不断完善，并在各个领域得到广泛应用。这种仿真实验能够提供深入的理解、评估方案和决策的影响，并为系统的优化和改进提供重要支持。

? 小思考

在当今的电商环境中，物流配送系统的效率和成本控制是决定公司竞争力的关键因素。随着消费者对快速、准确、便捷的配送服务的需求日益增长，电商公司必须寻求有效的方式来优化其物流配送系统，以提高配送效率和降低成本。

问题：

1.如何将统筹法应用到电商物流配送系统中？

2.如何将系统优化法应用到电商物流配送系统中？

三、物流系统分析的应用范围

物流系统分析贯穿于从系统构思、技术开发到制造安装和运输的全过程，是一个关键环节。它主要集中在物流系统的发展规划和系统设计阶段。

在系统构思阶段，物流系统分析的目的是确定物流需求、目标和范围，并评估系统的可行性和可持续性。通过对需求和目标的分析，可以确定适宜的物流策略和方案，并制订相应的运营计划。

在技术开发阶段，物流系统分析用于识别和评估适用的技术和工具，以实现物流系统的高效运作。这包括选择合适的信息技术系统、自动化设备和物流管理软件，以提高物流流程的效率和准确性。

在制造安装阶段，物流系统分析关注物流网络的布局和设施的规划。对物流设施的定位、布局和容量规划进行分析，可以确保物流系统的顺畅运行，并降低物流成本和优化资源利用。

在运输阶段，物流系统分析用于优化运输路线和配送计划。通过对运输需求和运输能力的分析，可以制定最佳的运输方案，提高运输效率，减少运输时间和成本。这包括制定系统规划方案，设计交通运输网络，合理布局工厂或仓库，进行库存管理，控制原材料、在制品和产成品的数量和成本等。

系统分析在整体系统建立过程中起到承上启下的重要作用。特别是在存在不确定因素或相互矛盾的因素时，通过系统分析可以确保系统的稳定性和高效性，才能避免技术上的返工和经济上的重大损失。

随着计算机科学与技术的快速发展，物流系统分析借助先进的模型和仿真技术，能够更准确地评估系统的性能和效果。这使得物流系统分析成为优化物流运作、提高效率并降低成本的重要手段。

？小思考

随着电子商务的迅速发展，消费者对于购物体验的要求也日益提高。其中，物流配送效率和成本控制是影响消费者满意度的重要因素。为了应对这一挑战，电商公司将计划开设新的仓库，以提高物流配送效率和降低成本。

问题：

1.如何制定相关的系统规划方案？

2.如何进行物流网点设计和交通运输网络设计？

任务二　认识物流需求分析

物流系统优化的基础是对物流需求的良好把握。因此，物流需求分析是物流系统优化的基础。

一、物流需求与物流需求分析

物流需求即指对物流服务的需求。对物流服务的需求是指一定时期内社会经济活动对生产、流通、消费领域的原材料、成品和半成品、商品以及废旧物品、废旧材料等的配置作用，而产生的对物料在空间、时间和效率方面的要求，涉及运输、库存、包装、装卸搬运、流通加工、配送以及与之相关的信息需求等物流活动的诸方面。物流需求分析是指用定性或定量的方法对物流系统要进行的运输、存储、装卸搬运、包装、流通加工、配送等作业量进行预测与分析。物流系统需求分析包含了当前物流市场和潜在物流市场的需求分析。

物流服务的需求可以从量和质两个方面进行分析。量方面，物流规模是衡量物流活动中运输、储存、包装、装卸搬运和流通加工等物流作业量的总和。在缺乏系统的社会物流量统计的情况下，货物运输量的变化趋势可以较为准确地反映社会物流规模的变化趋势。质方面，物流服务质量可以通过物流时间、物流费用和物流效率等指标来衡量，其改善体现在减少物流时间、降低物流成本和提高物流效率等方面。在物流需求分析中还应考虑物流需求的地域范围、渠道特性、时间的准确性、物流供应链的稳定性，以及顾客服务的可得性、作业绩效和可靠性等方面。物流需求分析是将物流需求与社会经济活动进行关联分析的过程。

物流需求与社会经济发展密切相关，因此，在需求分析中，要考虑社会经济发展的影响。通过物流需求分析，可以了解社会经济活动对物流能力供给的需求强度，进行有效的需求管理，引导社会投资有针对性地进入物流服务领域，以合理规划和建设物流基础设施，改进物流供给系统。在物流规模不断增长、物流服务质量需要提高、物流需求结构不断发展的背景下，重视物流需求分析是确保物流需求与供给相适应的关键。

物流需求分析的目的是为社会物流活动提供依据，确保物流能力供给能够满足物流需求，实现供需平衡，提高物流活动的效率和效益。当物流能力供给无法满足需求时，需求分析可以发挥抑制作用；当物流能力供给超过需求时，需求分析可以避免供给的浪费。因此，物流需求是物流能力供给的基础，物流需求分析对于实现物流服务的有效供给至关重要。

？小思考

随着电子商务的飞速发展，消费者对购物的需求也日益增长。为了满足这一需求，许多电商公司正在寻找各种方法来提升它们的服务质量和效率。其中，物流配送网络的优化和扩大是至关重要的一环。各个电商公司应扩大其物流配送网络，以满足日益增长的订单需求。

问题：

1.物流需求分析的重要性？

2.如何进行运输、存储以及信息需求的预测与分析？

二、物流需求的特点

1.物流需求包括物流需求量和物流需求结构

物流需求通过物流需求规模和物流需求结构来综合表示。物流需求规模是物流活动中运输、储存、包装、装卸搬运和流通加工等物流作业量的总和。物流需求结构可以有不同的表述：从物流服务内容上分，包括运输、仓储、包装、装卸搬运、流通加工、配送、信息服务等方面的需求；从物流需求的形态上分，包括有形的需求和无形的需求，有形的需求就是指对物流服务内容的需求，无形的需求是指对物流服务质量的需求，如物流效率、物流时间、物流成本等方面的需求。

2.物流系统的需求具有时间和空间特征

物流系统的需求通常包含时间方面和空间方面的分析，即进行了物流系统的时间方面的需求分析后还要分解为不同地区的物流需求。物流包括产品的运输、库存、包装、装卸搬运、流通加工等各个环节，既涉及产品的时间效用，如存储，又涉及产品的空间效用，如运输。作为一个物流管理者不仅需要知道物流需求随时间变化的规律，还要知道其空间的需求，如运输的距离、仓库的分布与库容，并根据企业物流的预计需求量规划仓库的位置等。

3.物流需求的内容包括物流系统各作业项目

由于物流的功能包括运输、库存、包装、装卸搬运、流通加工等，所以对物流系统需求的分析包含上述对几个方面的物流作业的分析。另外，针对一个具体的物流系统，在对其进行需求分析之前，首先应分析该物流系统是处于一个供应链中服务于供应链的下游企业，还是独立于供应链的为社会大众服务的物流系统。例如，宅急便公司的物流系统与专门供应某一类企业的第三方物流系统，这两者的物流需求模式是不同的。

在对物流系统需求进行分析之前，首先要明确物流需求分析的对象，所要分析的是运输作业量还是配送作业量。根据该物流系统运输作业的特点，分析其运输的地域范围，货物的包装形式，与之适应的装卸作业方式，在明确了上述各项内容后，对运输量进行分析，按所分析出的运输量，进一步分析可得出所对应的包装需要量和装卸作业需要量。不同的产品具有不同的物流需求模式。在设计企业的物流系统时，物流管理人员会为不同的产品确定不同的服务水平，相应的物流需求就会呈现出不同的模式。产品需求特点会直接体现为物流需求的规律性特点。通常刚刚投入市场，还处于投入期和成长期的产品，其市场需求不稳定，客户是一个较小的群体，相应的物流需求也是不平稳的，难以找到一般的规律对其进行概括。而进入成熟期的产品，市场分布稳定，销售量会随着时间的变化呈现出一定的趋势，其相应的物流服务也会呈现出某种趋势，能够采用一定的方法对其进行预测。与产品相关的各个因素，如原材料、分销方式、销售渠道等都会对物流需求产生影响。

4.物流需求同时包含独立需求和派生需求

物流需求与产品或服务的销售（或采购）数量直接相关。产品方面的估计一般由营销、市场或专门的计划人员完成。通常物流管理者主要是制定库存控制或车辆调度之类的短期计划，包括对提前期、价格和物流成本等进行预测，并不需要独自为企业做综合预测。物流需求特性不同，预测方法也不同。

比如，对于制造业来说，物流预测是根据生产规划或计划估计未来的需求，用来指导存货定位，满足预期的顾客需求。生产计划制定好以后，物流管理部门便根据市场所需要的不同型号的产品、用户的个性化需求（比如颜色等要求）开始做物料计划。再将物料计划送到供应商手上，供应商按照所需要的品种、时间、地点将物料送到。一般在大型的跨国公司中，所有的物料一般先集中在物料配送中心，再根据生产线的需要送到生产线进行生产或装配。这个过程中产生的物流需求多为派生的需求。

如果需求是来自许多客户的，而且各客户彼此独立，需求量只构成企业物流总量的很少部分，此时的需求就具有随机性，就称为独立需求。第三方物流企业的物流服务需求通常是一种独立需求，具有一定的随机性。

物流需求分析可以根据分析对象、分析条件的不同而选择不同的定性或定量分析方法。如果需求是独立的，则采用统计分析的方法会有较好的效果，多数短期分析模型都要求分析对象是独立随机的；对于派生需求，只要最终产品的需求确定，就可以得出非常准确的派生需求的预计值。

? 小思考

随着科技的飞速发展，电子产品已经成为我们日常生活中不可或缺的一部分。在这个全球化的时代，电子产品制造商需要有强大的物流系统来满足全球各地客户的需求。某电子产品制造公司正是这样一家企业，它们生产手机、平板电脑和笔记本电脑等产品，并销售给全球各地的客户。为了应对市场需求，该公司计划扩大其物流系统。

问题：

1.分析物流需求量和需求结构。

2.分析不同产品物流需求模式。

三、影响物流需求的因素

1.经济发展

经济发展是物流需求的主要影响因素，经济发展直接增加物流需求。一般来说，经济发展水平对于物流需求处于先决条件的地位。落后的经济发展水平通常物流需求规模小、需求水平低。物流需求规模通常与GDP（国内生产总值）的发展水平成正相关关系，尤其与GDP中第二产业、第三产业创造的GDP的关系更密切。随着我国产业结构的变化，物流需求的规模将增大，对物流服务水平的要求将更高。

2.宏观经济政策和管理体制

宏观经济政策和管理体制的变化对物流需求将产生刺激或抑制作用。政府在宏观经济政策和管理体制方面的调整和改革，对物流需求的影响不容忽视。这些政策变化可能通过多个途径对物流需求产生刺激或抑制作用，从而对物流行业的发展产生重要影响。

宏观经济政策和管理体制的变化对物流需求具有重要影响。政府在制定宏观经济政策和管理体制改革时，应充分考虑物流需求的特点和变化趋势，以促进物流行业的健康发展和提高物流服务水平。同时，物流企业也需要密切关注宏观经济政策和管理体制的变化，灵活调整经营策略，适应市场需求的变化，以保持竞争优势和可持续发展。

3.市场环境

市场环境的变化将影响物流需求，其中包括国际和国内贸易方式的改变、生产企业和流通企业的经营理念的变化以及经营方式的改变等因素。物流作为服务于生产和市场销售的重要环节，其具体对象离不开企业和社会所需的各种物质资料。因此，市场环境的改变将影响物流的物资流向、服务方式、服务数量和质量等方面。

市场环境的变化对物流需求产生广泛而深远的影响。物流企业需要密切关注市场环境的变化趋势，灵活调整物流服务的供给，以满足不断变化的市场需求。同时，物流企业还应加强与生产企业和流通企业的合作与协调，共同应对市场环境的挑战，实现供应链的优化和协同发展。

4.消费水平和消费理念

消费水平和消费理念的变化直接影响企业的经营决策以及生产和销售行业，进而对物流的规模、流动方向和作用对象产生影响。当新的需求出现时，企业为了满足这种需求，会调动必要的资源进行生产和销售。此外，对外贸易的快速增长也增加了对交通运输等方面的物流需求。

消费水平和消费理念的变化对企业的经营决策和生产、销售行业产生直接影响，进而对物流的规模、流动方向和作用对象产生重要影响。物流企业需要紧密关注消费者需求的变化趋势，灵活调整物流服务的供给，以适应不断变化的市场需求。

5.技术进步

通信和网络技术的发展以及电子商务的广泛应用对物流需求的量、质和服务范围产生了重大影响。物流企业需要紧跟科技发展的步伐，利用先进的通信和网络技术，结合电子商务的应用，不断提升物流服务的水平和效能，以满足不断变化的市场需求。

6.物流服务水平

物流服务水平对物流需求产生着刺激或抑制的作用。随着物流服务向专业化、综合化和网络化的方向发展，物流企业利用其规模化优势和专业化服务优势，能够通过降低库存、提高商品周转率等服务，为企业节约大量成本。物流服务作为成本中心，成为许多企业的第三个利润源。因此，越来越多的企业倾向于寻求专业物流供应商。

另外，低劣的物流服务水平可能由于交货延迟、货物破损与丢失、成本高昂等原因，导致客户的流失。目前，许多企业更倾向于选择专业物流供应商，而放弃自行处理物流或放弃选择小型一般物流供应商，这是出于对物流质量的考虑。

因此，物流服务水平的提高对于物流需求的刺激作用显而易见。专业物流供应商能够提供高质量的物流服务，包括准时交货、货物安全、成本控制等方面。这种提供优质物流服务的能力使得企业能够在竞争激烈的市场中获得竞争优势，并建立良好的客户关系。同时，专业物流供应商还能为企业提供定制化的物流解决方案，满足不同企业的特殊需求。

总之，物流服务水平对物流需求产生着明显的刺激或抑制作用。优质的物流服务能够帮助企业降低成本、提高效率，成为企业的利润源之一。而低劣的物流服务可能导致客户的流失和声誉的受损。因此，企业倾向于选择专业物流供应商，以确保物流服务的高质量和稳定性，从而获得竞争优势并满足客户需求。

? 小思考

随着电子商务的快速发展，消费者对于购物的需求也在不断增长。为了满足这种需求，某电商公司正在计划扩大其物流配送网络。这家公司销售各种商品，包括家电、服装、食品等，因此，其物流配送网络的扩张计划具有重要的战略意义。

问题：

1.经济发展对物流需求的影响有什么？

2.市场环境对物流需求的影响有什么？

3.消费水平和消费理念对物流需求的影响有什么？

四、物流需求量化指标的选取

进行物流需求分析，就是寻找物流需求变量的变化规律。而对物流需求进行量化研究有利于更精确地掌握其变化的规律。在进行量化研究时，必须选择一些量化指标，这些指标从不同角度反映了变量的不同变化规律。选择物流需求的量化指标应遵循以下几个原则。

1.绝对量与相对量互补的原则

绝对量反映客观事物的规模、水平、大小，它必须用一定的单位来表示。相对量是两个绝对量的比值，通常用百分数、比率或倍数表示，它可以反映一定经济条件下的经济规律。物流需求的绝对量反映了一定时期物流需求的规模，但没有同时反映出相应的经济发展水平。物流需求的绝对量与经济发展水平的比值则反映了在一定经济发展条件下，物流需求变化的规律。二者各有利弊，缺一不可。

2.统一度量衡的原则

物流需求涉及面广、内涵丰富，不同的物流服务有不同的计量单位。物流需求的量化指标要想全面表示物流需求的内容，必须有一个统一的计量单位。采用价值单位作为物流需求量化指标的量纲，可以反映物流需求的经济意义，同时也具有了与其他经济变量的兼容性。但具体物流作业量的预测则要根据其作业性质，赋予其特定的度量单位。

3.静态与动态兼顾的原则

流量和存量的分析是静态分析的方法，反映了一定时点上变量的水平。趋势分析、增量分析和投入产出分析都是动态分析的方法，变量的动态特征是变量变化规律的主要方面。

小思考

在当今的物流行业中，随着电子商务的快速发展和消费者需求的日益多样化，物流公司面临着巨大的挑战。为了应对这些挑战，某物流公司决定对其物流需求进行量化分析，以便更好地规划和优化其物流网络。

问题：

1. 如何使用绝对量与相对量互补的原则对物流需求进行量化分析？

2. 如何使用统一度量衡的原则对物流需求进行量化分析？

3. 如何使用静态与动态兼顾的原则对物流需求进行量化分析？

任务三　了解物流需求预测

一、物流需求预测的特点

物流需求预测在现代物流系统规划中扮演着核心工作和重要组成部分的角色，它为规划各个环节提供了基本依据。然而，现有的物流需求预测方法大多仅从时间上进行单一外推，或者从局部因果分析的角度考虑，很难全面反映不同阶段需求的总量、空间特征以及设施选择状态。

由于物流需求的本质是位移量及其服务要求在量和质上的表现，理解其质的特征更多地需要进行定性分析，而量的确定则必须经过定量预测。物流系统作为一个开放式系统，与传统预测相比，物流需求预测具有以下几个特点。

模型选择和数据处理相对复杂：由于物流系统的复杂性和多元性，选择适当的预测模型以及对数据进行有效处理是挑战性的任务。

历史数据不能完全代表未来趋势：物流需求的发展受到许多因素的影响，未来的发展趋势可能与过去的并不完全一致，因此，仅依靠历史数据的描述存在局限性。

考虑未来物流系统的影响：物流需求预测需要考虑未来物流系统的发展和变化，包括技术进步、市场趋势、政策调整等因素对需求的影响。

全面考虑各种相关因素：物流需求受到众多相关因素的影响，如经济发展、人口增长、消费习惯变化等，预测模型需要全面考虑这些因素的作用。

结合定量和定性方法：为了更准确地预测物流需求，需要结合使用定量和定性方法，定量预测提供数量化的结果，而定性分析则能提供对需求质的理解和解释。

小思考

1. 在物流需求预测中，模型的选择和数据处理复杂性体现在哪些方面？如何选择适当的模型，并对数据进行有效处理？

2. 传统的预测方法主要依赖历史数据来描述发展趋势，但为什么历史数据不能完全代表未来发展趋势？在物流需求预测中，如何考虑未来的不确定性因素？

3.物流系统是一个开放式系统，未来的物流系统发展可能会受到哪些因素的影响？如何在需求预测中考虑这些因素的影响？

二、物流需求预测的原则

物流需求预测的原则包括以下几点。

1.可知性原则

强调利用科学的预测技术揭示物流需求发展的规律性。通过运用适当的预测方法和技术，我们可以更好地理解物流需求的趋势，并做出准确的预测。

2.系统性原则

将物流系统视为一个整体，不可将其随意割裂。物流系统具有层次性，包含高级阶段、中级阶段和初级阶段等不同层次。同时，物流系统内部由多个小系统组成，这些小系统相互联系、相互制约，共同影响着物流需求的变化。

3.连续性原则

考虑过去、现在和未来三个方面。了解物流需求的过去和现状是预测未来发展趋势的基础。通过分析过去和现在的数据和趋势，我们可以预测未来的物流需求变化，从而做出相应的规划和决策。

4.类推性原则

指出事物之间常常存在相似的结构和发展模式。通过研究已知事物的结构和发展模式，我们可以推断与其相似事物的结构和发展趋势。这种类比和推断可以为物流需求预测提供有价值的参考和指导。

5.因果性原则

强调客观事物或各种现象之间的因果关系。通过理解和分析已知的因果关系，我们可以根据已知的原因推断未知的结果。当我们已知一些自变量时，可以推测出因变量的预测值。因果性原则在物流需求预测中可以帮助我们理解和解释不同因素对物流需求变化的影响，从而提高预测的准确性。

小思考

1.可知性原则在物流需求预测中的应用是什么？如何利用科学的预测技术来揭示物流需求的规律性？

2.系统性原则在物流需求预测中的重要性是什么？如何将物流系统作为整体进行预测，而不是随意割裂？

3.连续性原则在物流需求预测中的应用体现在哪些方面？为了准确预测物流需求的未来发展趋势，我们需要如何充分了解物流需求的过去和现在？

4.类推性原则在物流需求预测中的意义是什么？如何根据已知的物流需求的结构和发展模式，来推断与之相似物流需求的结构和发展趋势？

5.因果性原则在物流需求预测中的重要性是什么？在实际应用中，如何建立因果关系模型来进行物流需求预测？

三、物流需求预测的步骤

为了提高预测工作的效率、精度和质量，以便更有效地为决策工作服务，可以把预测过程分解为下列步骤。

1. 确定预测目标

预测是为决策服务的，在进行具体的预测之前，必须首先根据决策所提出的要求确定预测的目标，包括确定预测目的、预测对象和预测期间。

2. 收集、分析有关资料

预测的基础是收集和分析相关的资料和情报。一般资料可分为两类：一类为纵向资料，另一类为横向资料。所谓纵向资料，是指历史数据资料。利用这类历史资料可由动态数据变化的分析作为预测未来的依据。横向资料是指在某一时期内（主要是当前的），作用于预测对象的各种影响因素的数据资料。既要收集纵向历史资料，也要收集当前的数据，只有将这两类资料综合起来使用才能做好预测。

3. 选择预测方法进行预测

这一步骤包括三个方面的内容：选择预测方法、建立预测模型和利用模型进行预测。

一般在选择预测方法时主要考虑的因素有：预测对象的种类和性质，对预测结果的精度要求，已收集到的资料与情报的数量和质量，以及预测的人力、物力、财力和时间限制等。

建立预测模型，就是运用收集到的资料和选定的预测方法进行必要的参数估计与计算，以建立能描述和概括研究对象特征和变化规律的模型。

利用模型进行预测，就是根据预测模型，输入有关资料和数据，进行计算与处理并得到预测结果。

4. 分析评价预测方法与预测结果

预测是对未来事件的预计和推测，建立的模型也只是对实际情况的近似模拟，其结果不一定与将来发生的实际情况相符。同时，在计算或推测过程中难免产生误差，因此在得到预测结果后，还应对预测结果进行分析评价。通过对误差的计算，分析产生误差的原因，评价预测结果是否适用于实际情况。如果预测误差主要是由于所选用的预测模型或预测方法造成的，就应该改进预测模型和预测方法以尽量缩小误差，如果预测误差已减到最小尚达不到要求时，则应分析给定置信区间和置信度。

5. 修正预测结果

如果预测结果与实际情况存在较大差异，可以在误差计算的基础上，通过定性和定量分析以及预测的常识和经验修正结果，使之更符合实际情况，并形成最终的预测结果。

6. 提交预测报告

预测报告应包括预测过程的主要步骤，明确预测目标、对象和要求，描述主要资料的收集方式、方法和分析结果，详细说明选择预测方法的原因和建立模型的过程，以及对预测结果进行评估和修正的过程和结论。

1.在确定预测目标时，如何确保预测目标与决策需求相匹配？预测目标的确定对预测过程的其他步骤有何影响？

2.在选择预测方法进行预测时，如何权衡不同的因素？例如如何预测对象的性质、精度要求和可用资料的数量和质量，有哪些常见的预测方法可用于物流需求预测？

3.在修正预测结果时，如何利用定性分析、定量分析以及预测的常识和经验来修正预测结果？修正的依据是什么？修正后的预测结果如何提高与实际情况的一致性？

四、物流需求预测技术流程

为了应对物流需求的特殊性，通常使用基于集聚分析思想的四阶段预测方法，从宏观角度上对物流量的发展变化特征进行把握。这四个阶段分别是物流生成预测、物流分布预测、物流链选择和物流分配。

四阶段预测方法的基本原理如下：随着地区经济的增长，物流需求也会增加，而物流的增长又会进一步刺激经济的发展。四阶段物流预测方法通过对划分的物流起源地小区之间的物流OD（Origin-Destination，起讫点）量进行调查，同时考虑各小区当地的社会经济情况和物流设施水平，根据该地区经济的增长趋势构建生成模型，得出未来地区的物流需求，即物流生成量，包括物流发生量和吸引量。

接下来，根据物流的空间分布、预测的未来物流发生量和吸引量以及区域之间的空间阻抗，构建分布模型，分析计算地区之间的物流交换量。这一步骤考虑了地区之间的距离、交通网络等因素，以预测物流的空间分布情况。

最后，通过物流链选择模型计算物流链的分担量，并将其与现有的物流网络和规划进行结合，将所有的物流需求分配到物流网络上。这一步骤考虑了物流链的效率与成本，以确定最佳的物流分配方案。

通过四阶段预测方法（图2-1），可以综合考虑物流的生成、分布、链选择和分配等因素，从总体上把握物流量的发展变化特征。这种方法能够更准确地预测未来的物流需求，为物流规划和决策提供有力支持。运用四阶段预测方法预测物流需求的基本步骤如图2-1所示。

1.在进行物流生成预测时，如何确定预测的目标？例如如何预测特定区域或行业的物流总量？该预测目标如何与决策需求相匹配？

2.在进行物流分布预测时，如何确定预测的目标？例如如何预测物流在不同地区的分布情况？该预测目标如何与决策需求相匹配？

3.在进行物流链选择时，如何确定预测的目标？例如如何预测物流链的组成和结构？该预测目标如何与决策需求相匹配？

4.在收集和分析相关资料时，如何获取物流节点的历史数据？如何处理历史数据中的关联性和货物流动特征？有哪些常用的方法可以分析物流分配的影响因素？

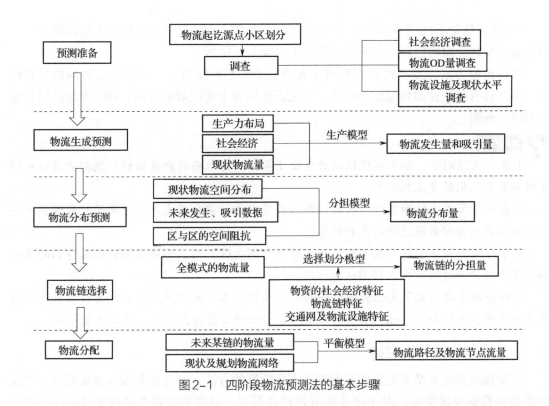

图2-1　四阶段物流预测法的基本步骤

任务四　掌握物流需求预测方法

一、定性预测方法概述

定性预测方法依赖于熟悉专业业务知识、具有丰富实践经验和综合分析能力的专业人员。他们根据已有的历史资料和直观材料，运用个人经验和所具备的分析判断能力，对事物的未来发展进行趋势或程度上的判断，并通过综合各方面意见来做出预测。

定性预测方法具有以下特点。

1）主观经验与分析判断：该方法主要依赖于人员的主观经验和分析判断能力，注重对事物发展性质的预测。预测结果受到个人知识、经验和能力的影响。

2）关注趋势与重大转折点：定性预测方法着重关注事物发展的趋势、方向以及可能出现的重大转折点。它能够提供对发展趋势的预测，帮助决策者了解事物的发展方向。

3）灵活性和快速性：定性预测方法具有较大的灵活性，能够充分发挥人的主观能动性。这种方法相对简单易于掌握，预测过程迅速，节省时间和费用。

然而，定性预测方法也存在一些限制。

1）易受主观因素影响：由于依赖于人的主观经验和判断能力，定性预测方法的结果容易受到主观因素的影响，可能存在个人偏见或误判的风险。

2）缺乏数量上的精确描述：定性预测方法缺乏对事物发展的数量上的精确描述。它更注重对发展性质的把握，而不是提供具体的数字量化预测。

定性预测方法在预测过程中侧重于人的经验和判断能力，注重事物发展的趋势和性质。虽然具有灵活性和快速性的优势，但也需要注意主观因素的影响，同时无法提供数量上的精确预测。

？小思考

1.在定性预测中，如何确保依赖的专业业务知识是准确的和最新的？预测者应该如何更新和扩充他们的专业知识？

2.在收集历史资料和直观材料时，如何确定哪些数据和信息是最重要的？有哪些方法可以帮助预测者对数据进行筛选和评估？

3.个人经验和分析判断能力在定性预测中起到关键作用，预测者如何确保自己的主观偏见不会对预测结果产生不利影响？

4.综合各方面意见是定性预测的一部分。在综合各方面意见时，预测者应该如何权衡不同意见的重要性和可靠性？有哪些方法可以帮助预测者做出合理的综合决策？

二、定量预测方法概述

定量预测方法是基于充分的数据基础进行预测的方法，其复杂程度因方法而异，复杂的模型对数据要求更高。对于企业物流管理者而言，通常不需要考虑过于复杂的预测方法。中期或长期的物流需求预测通常由其他部门提供给物流管理者。物流管理者的工作主要集中在短期预测，如库存控制、运输计划、仓库装卸计划等活动。

实证研究表明，并没有一种预测方法具有明显的优势，模型的复杂程度增加并不会使预测精度自动提高。

定量预测方法具有以下优点。

1）数量分析：定量预测方法注重对事物发展规律的数量分析，特别关注事物发展变化的程度。它依据历史统计数据进行预测，较少受到主观因素的影响。

2）高精度：通过利用大量的数理统计处理，定量预测方法可以得出明确的预测结果并具有较高的精度。

然而，定量预测方法也存在一些限制。

1）对数据要求高：定量预测方法对信息资料的质量和数量要求较高。准确、完整的数据对于预测的准确性至关重要。

2）缺乏灵活性：定量预测方法的预测过程比较机械，不太灵活。它往往无法很好地处理具有较大波动的信息资料，难以预测事物的突发变化。

？小思考

1.在物流管理中，为什么中期或长期的物流需求预测由其他部门提供给物流管理者？这种分工方式是否有效？为什么？

2.物流管理者在短期预测方面的职责是什么？为什么短期预测对于库存控制、运输计划和仓库装卸计划等活动至关重要？

3.为什么实证研究表明没有任何一种预测方法具有明显的优势？这是否意味着所有的预测方法在所有情况下都同样有效？为什么模型的复杂程度增加并不一定导致预测精度的提高？

三、常见定性预测方法介绍

定性预测的方法有很多，但从应用的广泛性、实用性和有效性来看，主要有头脑风暴法、专家会议法、德尔菲法、电子会议分析法。

1.头脑风暴法

头脑风暴法是一种集体开发创造性思维的方法，其特点是让与会者敞开思想，通过各种设想的碰撞激发创造性的思维风暴。头脑风暴法可以分为直接头脑风暴法和质疑头脑风暴法。直接头脑风暴法旨在在专家群体决策的基础上激发尽可能多的创造性设想。而质疑头脑风暴法则是对直接头脑风暴法提出的设想和方案逐一进行质疑，评估其现实可行性。

头脑风暴会议需要遵循一定的规则，包括以下要点。

注意选好专家：选择被邀请专家时，如果他们相互认识，应从同一职位的人员中选择，领导者不应参加。如果被邀请专家彼此不认识，可以从不同职位的人员中选择，但不宣布他们的职位。参加会议的专家应该具有不同的专长。

委托合适的领导和主持人：最好委托预测学家或熟悉头脑风暴法的专家来领导和主持会议。如果讨论问题的专业领域较窄，应邀请相关专家和熟悉头脑风暴法的专家一同担任领导工作。主持人应具备头脑清晰、思维敏捷、作风民主的特点，能够营造积极的氛围并激发参与者的思维。

与会者应遵守的原则：与会者需要遵守一系列原则，如讨论的问题不宜过小，鼓励提出新奇设想，提出的设想越多越好，鼓励结合他人设想提出新的设想，不允许私下交谈或宣读事先准备的发言稿等。与会者无论职务高低，应平等对待，不得批评或指责别人的设想。

系统化分析会议产生的设想：会议结束后，由分析组对提出的设想进行系统化处理。这包括编制设想名称一览表，用专业术语说明每个设想，找出重复和互补的设想并形成综合设想，编制设想一览表，对所产生的设想进行审查、评议和筛选出有价值的提案。

在组织头脑风暴会议时，组织者应遵循两条基本原则：推迟判断原则和数量保证质量原则。推迟判断原则意味着不要过早下断言或下结论，以避免束缚他人的想象力和扼杀创造性思维的火花。数量保证质量原则指在有限的时间内，提出的设想数量越多越好，鼓励与会者充分发挥创造力，尽可能多地提出设想。

通过头脑风暴会议，可以激发参与者的创造力和思维潜能，促进创新和解决问题。这种方法能够集思广益，促进各种设想的碰撞和交流，从而产生更多的创意和解决方案。

2.专家会议法

专家会议法是一种依靠专家的经验和智慧进行评估和预测的方法。在这种方法中，专家们以索取信息的对象身份参与会议，通过交流和互相启发来弥补个人意见的不足。专家会议通过内外信息的交流与反馈，促使专家们达成一种"思维共振"，并将创造性的思维活动集中于预测对象，从而在较短时间内取得富有成效的预测成果，为决策提供依据。

然而，专家会议法也存在一些不足之处。首先，心理因素有时会对会议产生较大影响，如权威性或多数人的意见可能会压制其他意见的发表。其次，专家会议容易受劝说性意见的影响，导致一些专家不愿意轻易改变之前已经发表过的观点。此外，会议中的个人自尊心等因素可能导致僵局的出现。最后，专家会议容易受到潮流思想的影响，导致意见的偏颇。

为了运用专家会议法，需要确定合适的专家人数和会议时间。一般来说，专家小组的规模最好控制在10~15人之间，而会议的时间则应在20~60min之间，以取得最佳效果。会议中提出的设想需要由分析组进行系统化处理，以便在后续阶段对所有提出的设想进行评估。

综上所述，专家会议法是一种重要的评估和预测方法，通过专家之间的交流和共享经验来提供决策依据。然而，我们也要认识到它的局限性，如会议中可能会受到权威性和表达能力的影响，以及个人心理因素等。在运用专家会议法时，我们需要注意控制参会人数和会议时间，并认识到其局限性，以便更好地利用专家的智慧和经验。

3.德尔菲法

德尔菲法（Delphi Method）是专家会议法的一种发展形式。在20世纪50年代，美国兰德公司与道格拉斯公司合作研究如何通过有控制的反馈来更好地收集和改进专家意见，并以Delphi为代号进行研究。

德尔菲法采用系统化的程序，通过匿名发表意见的方式进行，即专家之间不得互相讨论，不进行横向联系，只能与调查人员进行交流。该方法通过多轮次的调查，征询专家对提出的问题的看法，并经过反复征询、归纳和修改，最终将专家们基本一致的意见汇总为预测的结果。

在运用德尔菲法进行预测的过程中，选择专家和设计问卷是两个最关键的环节。选择合适的专家能够确保预测结果的准确性和可靠性，而设计良好的问卷则能够引导专家们提供有用的意见和信息。这两个环节对于德尔菲法的成功与否至关重要。

4.电子会议分析法

电子会议（Electronic Meeting）分析法是一种结合群体预测和计算机技术的预测方法。这种方法通过将群体成员聚集在一起，每个人面前都有一个与中央计算机连接的终端。群体成员将他们对解决政策问题的方案输入计算机终端，然后这些方案会在大屏幕上展示。

专家们认为，相较于传统的面对面会议，电子会议分析法能够加快会议进程，提高效率。例如，佛尔普斯·道奇采矿（Phelps Dodge Mining）公司采用这种方法，将它们的年度计划会议从几天的时间缩短到仅需12h。然而，电子会议法也存在一些缺点：那些打字速度较快的人可能比口才好但打字速度较慢的人更容易表达自己的观点（这个问题可以通过由打字员代替专家进行输入来解决）；提出最佳建议的人可能无法获得应有的奖励；此外，与面对面的沟通相比，电子会议分析法所获得的信息可能相对不够丰富。

尽管电子会议分析法目前还处于初级阶段，但未来的群体决策方式很可能广泛采用这种方法。这种方法的发展和应用有望解决一些传统会议所面临的时间消耗和效率问题，从而提高决策过程的效率和准确性。同时，随着技术的不断进步，未来的电子会议分析法可能会克服一些现有的缺点，进一步提升群体决策的效果和成果。

？小思考

1.头脑风暴法是一种集体开发创造性思维的方法。在物流管理中，您认为如何有效地组织和引导头脑风暴会议？以获得准确和有价值的预测结果。

2.专家会议法依赖于专家的经验和智慧进行评估预测。在物流管理中，如何确定谁是合适的专家？并如何确保专家会议的结果能够为决策提供可靠的预测依据？

3.德尔菲法通过多轮次的调查和征询专家意见来达成一致看法。在使用德尔菲法进行预测时，如何确定征询专家意见的问题？并如何确保专家的匿名性和独立性？

4.电子会议分析法结合了群体预测和计算机技术。在物流管理中，如何利用电子会议分析法的优势，提高预测的效率和准确性？同时，如何解决可能出现的技术和沟通方面的挑战？

四、常见定量预测方法介绍

主要的定量预测方法有时间序列预测法、回归分析预测法、经典时间序列分解法、灰色预测模型法几种。

1.时间序列预测法

通过时间序列分析事物过去的变化规律，并推断事物的未来发展趋势的方法，称为时间序列预测法，包括增长率法、移动平均法、指数平滑法等。

（1）增长率法

增长率法是指根据预测对象在过去的统计期内的平均增长率，类推未来某期预测值的一种简便算法。

$$i = \left(\sqrt[T]{\frac{Y_T}{Y_0}} - 1 \right) \times 100\%$$

$$\hat{Y}_{T+L} = Y_T (1+i)^L$$

式中　　Y_T——第 T 期的实际值；

　　　　$\hat{Y}_{T+L}$——第 $T+L$ 期的预测值；

　　　　L——时间间隔；

　　　　i——平均增长率。

该预测方法一般用于数据严重不全且增长率变化不大，或预计过去的增长趋势在预测期内仍将继续的场合。

（2）移动平均法

移动平均（Moving Average）预测使用预测对象的时间序列中最近一组实际值的算术平均值，参与平均的实际值随预测期的推进而更新，并且每一个新的实际值参与平均值时，都要剔除掉已参与平均值中最陈旧的一个实际值，以保证每次参与平均的实际值都有相同的个数，较适合短期预测。

简单的平均法不能很好地反映事物变化的趋势，移动平均法可消除这种不足。移动平均法就是通过计算不断移动的 n 个数据的平均值来进行预测的方法。它通过不断引进最近期的新数据来修改平均值作为预测值。由于所计算的平均值随着时间的推移而逐期向后移动，因而可以反映数值的变动趋势。移动平均法分为一次移动平均法和二次移动平均法两种。

对包含一些数据点的时间段求平均值，即用该时间段所含数据点的个数去除该段内各点数据值之和。由此推出移动平均法的计算公式

$$F_t = \sum_{i=1}^{n} \frac{S_{i-1}}{n}$$

式中　F_t——t 时期的时间序列的移动平均值；

　　S_{i-1}——时间序列的第 $i-1$ 个元素；

　　n——参与平均的实际值个数。

移动平均预测法对时间序列中数据变化的反应速度及对干扰的修匀能力取决于 n 的值。随着 n 的值减小，移动平均对时间序列数据变化的敏感性增加，但修匀能力下降；而 n 的值增大，移动平均对时间序列数据变化的敏感性减小，但对时间序列的修匀能力上升。所以移动平均法的修匀能力与时间数据变化的敏感性是矛盾的，两者不可得兼，因此在确定 n 的时候，一定要根据时间序列的特点来确定。

在确定 n 时，一般的选择原则如下。

1）根据所需处理的时间序列的数据点的多少而定，数据点多，n 可以取得大一些。

2）根据已有的时间序列的趋势而定，趋势平稳并基本保持水平状态的时间序列，n 可以取得大一些。

3）趋势平稳并保持阶梯性或周期性增长的时间序列，n 应该取得小一些。

4）趋势不稳定并有脉冲式增减的时间序列，n 应该取得大一些。

二次移动平均法是在一次移动平均的基础上，将一次移动平均序列再进行一次移动平均。其预测公式为

$$M_t^{(2)} = \frac{M_{t-1}^{(1)} + M_{t-2}^{(1)} + \cdots + M_{t-n}^{(1)}}{n}$$

当时间序列具有线性发展趋势时，用一次移动平均法进行预测会出现滞后偏差，表现为对于线性增加的时间序列，预测值偏低，而对于线性减少的时间序列，则预测值偏高。为了消除这种偏差，可在一次、二次移动平均值的基础上，利用滞后偏差的规律来建立线性趋势模型，利用线性趋势模型进行预测。预测公式为

$$a_t = 2M_t^{(1)} - M_t^{(2)}$$

$$b_t = \frac{2\left(M_t^{(1)} - M_t^{(2)}\right)}{n-1}$$

$$y_{t+\tau} = a_t + b_t\tau$$

式中　t——当前期；

τ——预测超前期；

$y_{t+\tau}$——第 $t+\tau$ 期的预测值；

a_t——截距；

b_t——斜率。

上述推导得到的公式能较好地解决滞后偏差问题，计算上又较为便利，因此得到了广泛应用。在预测中，移动平均预测法适用于对时间序列数据资料进行分析处理，以突出市场及各个因素的发展方向和趋势。在市场较稳定，外界环境变化较小的情况下，是一种较为有效的预测方法，尤其是对短期预测的效果更佳。但在预测过程中，需要运用较多的历史数据，并且计算量较大，因此，预测起来不太方便，于是人们又通过对移动平均法的研究，发展出一种只需要较少数据的改进方法，即指数平滑法。

（3）指数平滑法

指数平滑法是一种基于本期实际值和本期预测值来预测下一期数值的方法。它是在移动平均法的基础上发展而成的一种特殊的加权平均法，更注重近期事件对未来数值的影响，适用于短期预测。该方法对最新数据赋予更高的权重，相比早期数据更为重要，其特点如下。

1）对于短期预测而言，是最有效的方法之一。

2）只需要得到很小的数据量就可以连续使用。

3）在同类预测法中被认为是最精确的。

4）当预测数据发生根本性变化时还可以进行自我调整。

5）它是加权移动平均法的一种，较近期观测值的权重比较远期观测值的权重要大。

计算公式为

下一期的预测值 $=\alpha\cdot$（前期实际需求值）$+(1-\alpha)\cdot$（前期预测值）

式中　α——权重，通常被称为指数平滑系数，α 介于 0~1。

所有历史因素的影响都包含在前期的预测值内，任何时刻只需保有一个数字就代表了需求的历史情况，如下。

$$F_t+1=\alpha\cdot D_t+(1-\alpha)\cdot F_t$$
$$F_t+1=F_t+\alpha\cdot(D_t-F_t)$$

α 趋近于 1，新的预测值将包含一个相当大的调整，即用前期预测中产生的误差进行调整，新的预测值接近于本期实际值；α 趋近于 0，新的预测值就没有用前次预测的误差做多大调整，新的预测值离本期实际值越远。

α 的取值应注意的问题如下。

1）当时间序列表现出明显的变动趋势时，α 宜取较大值。

2）当时间序列呈水平变化且变动幅度不大时，α 宜取较小值。

3）若时间序列摇摆不定或波动很大，而且看不出有何种变化趋势时，α 宜取较小值，以便将随机干扰过滤掉。

调整指数平滑系数 α 是单指数平滑法中的关键步骤。该方法的预测值存在滞后性，并且在确定 α 值时需要一定的主观判断。当 α 值较大时，近期数据的权重增加，远期数据的衰减速度加快，使模型能够更快速地响应时间序列的变化。然而，如果α值过大，预测值可能会受到随机波动的较大影响，无法准确反映时间序列的根本变化。

相反地，当α值较小时，历史数据对未来需求的预测权重增加，导致在反映需求水平根本性变化时出现较长的时滞。如果α值非常小，预测结果将变得非常稳定，不太可能受到时间序列中的随机因素的严重干扰。

因此，在调整指数平滑系数α时需要权衡这两个因素。选择一个合适的α值，可以在一定程度上平衡近期和远期数据的权重，以准确反映时间序列的变化。这样的调整将使预测结果具备较低的滞后性，同时对根本性变化有较好的敏感性，而不会受到随机波动的干扰。

2. 回归分析预测法

回归分析预测法是一种定量分析方法，通过研究事物内部因素之间的因果关系，来预测未来的发展趋势。相比于时间序列法，它更加注重揭示变量之间的相互关系，从而能够更准确地进行预测。

在进行预测时，时间序列方法如简单平均或指数平滑仅仅对表面数据进行统计分析，忽略了事物之间的相互联系，因而只能提供形式上的预测结果，准确性相对较低。然而，客观事物之间往往存在着因果联系。例如，货运数量与国内生产总值、员工劳动率与产品成本等。通过寻找这些变量之间的因果关系并将其定量化，我们可以根据这些定量关系来预测特定变量的值。

回归分析预测法通过建立数学模型，考虑多个变量之间的相互作用和影响，以及它们与预测目标之间的因果关系。通过收集大量的数据，并进行统计分析和回归建模，我们可以揭示出变量间的内在关系，并利用模型来进行未来的预测。

因此，回归分析预测法能够更好地反映事物之间的相互作用，提高预测的准确性。通过深入研究和分析变量之间的因果关系，我们可以更有信心地进行准确的预测和决策。回归分析预测法的步骤如下。

1）分析预测变量的影响因素，并找出主要的影响因素。

2）利用历史数据建立预测变量与主要影响因素的回归方程：$Y=f(X_1, X_2, \cdots)$，式中，Y 为预测变量，X_1，X_2，$\cdots$ 为主要影响因素。

3）利用历史数据对模型进行精度检验。

4）利用预测期各影响因素的指标值，代入回归方程进行预测。

回归分析包括一元线性回归分析和多元线性回归分析。

（1）一元线性回归分析

一元线性回归分析模型是用于分析一个自变量与一个因变量之间线性关系的数学方程，又称回归方程或回归直线。其一般形式是

$$Y=a+bX+e_t$$

式中　Y——预测物流量；

a——常数，且 $a=\dfrac{\sum y-b\sum x}{n}$，或 $a=\bar{y}-b\bar{x}$；

b——回归系数，$b = \dfrac{n\left(\sum xy\right) - \left(\sum x\right)\left(\sum y\right)}{n\left(\sum x^2\right) - \left(\sum x\right)^2}$；

X——影响物流量的因素；

e_t——随机误差项。

（2）多元线性回归分析

多元线性回归分析模型如下

$$Y = k_0 + k_1 X_1 + k_2 X_2 + \cdots + k_n X_n$$

式中　Y——预测物流量；

X_i（$i=1$，2，3，$\cdots$，n）——影响物流量的因素，确定参数k时，X_i取现值；预测Y时，X_i取未来规划值；

k_0——常数；

k_i（$i=1$，2，$\cdots$，n）——参数，根据现状资料由最小二乘法确定。

使用回归分析法应注意指标之间的相关性，如果两个指标之间不存在相关关系，则计算出的结果缺乏科学性，是不可取的。

3.经典时间序列分解法

对于短期预测问题，如果拥有充分的历史数据，并且数据的变化趋势和季节性变化稳定、明确，则可以采用经典时间序列分解法进行预测。

这种方法的主要思想是时间序列可以分解成长期趋势（T），季节变动（S），周期变动（C）和不规则变动（I）四个因素。

长期趋势（T）代表需求或销量在一个较长时间内的发展方向，通常表现为一种近似直线的持续向上或持续向下或平稳的趋势。

季节变动（S）指时间序列中往往会出现规律性的高峰和低谷，形成一种长度和幅度固定的周期波动。造成时间序列季节性变化的因素有自然季节变化、节假日的影响和商品上市的周期性等因素，但变化周期一般不超过1年。

周期变动（C）也称循环变动因素，是各种经济因素影响形成的上下起伏不定的波动，通常是超过1年的长期的起伏变化。典型的周期变动包含四个部分：复苏、高涨、衰退、萧条。

不规则变动（I）是时间序列中不能由长期趋势、季节和周期变动反映的因素，其包括各种人为因素、政府行为等随机变动因素。

常用的时间序列分解模型有加法模型和乘法模型，这里介绍乘法模型的原理和应用。将时间序列分解后，可以认为时间序列Y是长期趋势T，季节变动S，周期变动C和不规则变动I的函数。

时间序列分解的乘法模型是

$$Y = T \times S \times C \times I$$

由于不规则变动因素是不可预测的且在很多情况下很难将周期性变化从随机波动中分离出来。因此，实践中模型常简化为只包含趋势和季节性因素。

一般地，时间序列中的趋势水平可以通过描绘散点图的方法来观察得到，若是线性趋势，则可以采用普通最小二乘法拟合一条曲线。如果时间序列的趋势是非线性的，则可根据散点图，选择合适的曲线进行拟合。

　　许多研究表明，采用长期趋势进行预测，预测期不能超过数据期的1/2。

　　长期趋势预测一般具有如下形式

$$y_t = a + bt$$

式中　　t——时间序列的期次；

　　　　y_t——第t期趋势值；

　　　　a——$t=0$时该期趋势值；

　　　　b——直线斜率。

　　a和b可利用历史数据进行计算

$$b = \frac{n\sum ty - \sum t \sum y}{n\sum t^2 - \left(\sum t\right)^2}, \quad a = \frac{\sum y - b\sum t}{n}$$

式中　　n——时期数；

　　　　y——时间序列的数据；

　　　　t——时间序列编号，为了简化计算，通常按原心编号。

　　这样，公式就可以简化成

$$a = \frac{\sum y}{n}$$

$$b = \frac{\sum ty}{\sum t^2}$$

　　在计算时，为保证$\sum t = 0$，通常不同的资料，其时间间隔也是不同的。

　　当n为奇数时，确定资料的中央一期的值为0，时间序列的间隔为1，即…，-2，-1，0，1，2，…

　　当n为偶数时，确定资料的中央一期的值为1，时间序列的间隔为2，即…，-5，-3，-1，1，3，5，…

　　4.灰色预测模型法

　　灰色预测模型实为微分方程的时间连续函数模型，可以对事物的发展变化做出长期预测，对原始数据要求不高，更不像数理统计的方法要以大量数据为基础，并可以直接预测数据。在物流业发展不成熟、市场变化较灵活、因素复杂、统计标准缺乏、有关物流的资料很难满足一般预测方法要求的情况下，灰色预测模型法是一种比较简洁而且对资料要求较宽的预测方法，在物流需求预测中，具有较好的应用前景。

　　在灰色预测方法中GM（1，1）模型是灰色系统理论的具体应用，该模型为单序列的一阶动态模型，它以给定的原始时间序列为基础建立连续微分方程为

$$\frac{dX^{(1)}}{dt} + aX^{(1)} = \mu$$

式中　$X^{(1)}$——原始时间序列$X^{(0)}$的累加生成值。

$$X^{(1)}(i) = \sum_{k=1}^{i} X^{(0)}(k)$$

方程中系数α、μ可以用最小二乘法进行求解。

$$\begin{bmatrix} \alpha \\ \mu \end{bmatrix} = \left(B^T B\right)^{-1}\left(B^T X_n\right)$$

$$B = \begin{bmatrix} -\dfrac{1}{2}\left(X^{(1)}(1)+X^{(1)}(2)\right) & 1 \\ -\dfrac{1}{2}\left(X^{(1)}(2)+X^{(1)}(3)\right) & 1 \\ \vdots & \vdots \\ -\dfrac{1}{2}\left(X^{(1)}(n-1)+X^{(1)}(n)\right) & 1 \end{bmatrix}$$

$$X_n = \begin{bmatrix} X^{(0)}(2), & X^{(0)}(3), & \cdots, & X^{(0)}(n) \end{bmatrix}$$

将求得的参数值代入一阶微分方程，求解微分方程得到GM（1，1）预测模型为

$$\hat{X}^{(1)}(t+1) = \left(X^{(0)}(1) - \frac{\mu}{\alpha}\right)e^{-\alpha t} + \frac{\mu}{\alpha}$$

❓ 小思考

1.在物流管理中，对于时间序列预测法的应用，您认为如何选择合适的增长率法、移动平均法和指数平滑方法？在不同的预测场景下，如何确定适用的方法和参数？

2.回归分析预测法在物流管理中的应用通常需要考虑多个影响因素。在建立回归方程时，如何选择合适的自变量和确定它们与预测变量的关系？如何评估回归模型的拟合优度和预测准确性？

3.经典时间序列分解法是一种常用的短期预测方法。在物流管理中，如何识别和分析时间序列中的长期趋势、季节变动和周期变动？如何使用分解结果进行预测，并对预测结果的准确性进行评估？

4.灰色预测模型在物流管理中的应用如何？您认为在使用灰色预测模型进行预测时，如何选择合适的微分方程模型和参数？如何评估灰色预测模型的预测效果？

项目小结

本项目旨在对物流系统进行分析与规划，以实现物流活动在一定时间和空间范围内的经济效应。通过应用系统工程的理论和方法，对物流系统的各个环节进行整体处理，以提高资源利用效率、降低成本，并提升物流服务水平。

在本项目中，我们采用了多种理论和方法来实现物流系统的分析和规划，即数学规划法（运筹学）、统筹法（网络计划技术）、系统优化法、系统仿真。

在本项目中，我们重点关注物流系统的发展规划和系统设计阶段。具体工作包括

制定系统规划方案、进行生产力布局、选择厂址和设计物流网点、设计交通运输网络等。我们还对工厂内（或库内、货场内）的布局进行了合理规划，实施了库存管理措施，并对原材料、在制品和产成品进行了数量控制和成本控制。

在本项目中，我们对物流需求进行了分析和研究。物流需求是指社会经济活动对物流服务的需求，涉及运输、库存、包装、装卸搬运、流通加工、配送等方面。我们通过定性和定量的方法对物流系统的作业量进行了预测和分析，包括对当前物流市场和潜在物流市场的需求分析。

在物流需求分析中，我们发现了以下特点：物流需求包括物流需求量和物流需求结构。物流系统的需求具有时间和空间特征。物流需求的内容涵盖了物流系统的各项作业项目，包括运输、存储、装卸搬运、包装、流通加工、配送等。物流需求同时包含独立需求和派生需求，即直接需求和间接需求。影响物流需求的因素主要包括经济发展、宏观经济政策和管理体制、市场环境、消费水平和消费理念、技术进步以及物流服务水平。

在进行物流需求分析时，我们采用了量化研究的方法，选择了一些量化指标来反映物流需求的变化规律，选择指标时，我们遵循了绝对量与相对量互补、统一度量衡和静态与动态兼顾的原则。通过量化分析，我们能够更精确地掌握物流需求的变化规律。

在本项目中，我们面临物流需求预测的任务。为了达到准确预测物流需求的目标，我们采用了定性和定量相结合的预测方法。

对于定性预测方法，我们依靠具有丰富实践经验和专业知识的人员，运用个人经验和分析判断能力，根据已掌握的历史资料和直观材料，进行趋势或程度上的判断。我们采用了头脑风暴法、专家会议法、德尔菲法和电子会议分析法等方法，综合各方面意见，作为预测未来的主要依据。

对于定量预测方法，我们使用了时间序列预测法、回归分析预测法、经典时间序列分解法和灰色预测模型法。时间序列预测法通过分析事物过去的变化规律，推断未来的发展趋势。回归分析预测法则通过建立预测变量与其主要影响因素的回归方程，来预测未来的发展趋势。经典时间序列分解法将时间序列分解为长期趋势、季节变动、周期变动和不规则变动四个因素，从而进行预测。灰色预测模型法采用GM（1，1）模型，建立连续微分方程，对事物的发展变化进行长期预测。

通过本项目的实施，我们取得了以下成果。

通过数学规划法和统筹法，确定了最优的资源配置、运输路径和库存水平，提高了物流系统的经济效益。通过系统仿真实验，评估了不同策略的效果，为决策者提供了合理的决策依据。在物流系统的发展规划阶段和系统设计阶段，制定了系统规划方案，进行了生产力布局、厂址选择、物流网点设计和交通运输网络设计等工作。在工厂内（或库内、货场内）的布局和库存管理方面，实施了合理的措施，帮助控制了原材料、在制品和产成品的数量和成本。

通过本项目，我们深入理解了物流需求的概念、特点和影响因素，提高了对物流系统的理解和对物流市场的把握。这对于物流规划、资源配置和服务提供都具有重要的参考价值。在未来的工作中，我们将继续关注物流需求的变化，及时调整和优化物流策略，以满足社会经济活动对物流服务的需求。

通过综合运用定性和定量预测方法，我们在项目中取得了一定的预测精度。我们发现，没有哪种预测方法具有明显的优势，模型的复杂程度增加并不会使预测精度自动提高。因此，在企业物流管理中，物流管理者通常只需考虑短期预测，如库存控制、运输计划和仓库装卸计划等活动。

综上所述，本项目通过物流系统分析与规划，为物流活动提供了系统化的解决方案，提高了物流系统的效率和经济效益。我们的工作将对物流系统的发展和运营产生积极影响，提高了资源利用效率，降低了成本，并提升了物流服务的质量。项目团队在实施过程中充分运用了数学规划法、统筹法、系统优化法和系统仿真等方法，以全面分析和规划物流系统，为决策者进行决策提供了科学的依据。通过制定系统规划方案、进行生产力布局、设计物流网点和交通运输网络等工作，我们成功实现了物流系统的优化和改进。本项目以定性和定量预测方法为基础，采用了多种方法和模型来预测物流需求。我们的预测结果将为物流管理者提供决策支持，帮助他们更好地规划和管理物流活动，提高运营效率。然而，我们也意识到预测的准确性受到数据质量、模型选择和环境变化等因素的影响，因此，在项目实施过程中，我们需要不断优化和改进预测方法，以提高预测的准确性和可靠性。

思 考 题

1. 在当前的经济环境下，预测物流需求的关键因素是什么？如何利用这些因素来准确预测物流需求？

2. 技术进步对物流需求的影响是如何体现的？举例说明技术进步对物流需求的改变。

3. 在物流需求预测中，如何处理历史数据所描述的发展趋势不能完全代表未来发展趋势的问题？有哪些方法可以应对这一挑战？

4. 物流需求预测需要全面考虑各种相关影响因素，如经济发展、技术进步等。在实际预测过程中，如何确定哪些因素对物流需求具有重要影响？有何方法可以量化这些影响因素？

5. 物流需求预测涉及定量和定性方法的结合使用。请说明在物流需求预测中如何充分利用定性信息，并与定量方法相结合，以提高预测的准确性和可靠性。

6. 定量方法和定性方法在物流需求预测中的作用各有不同。请举例说明在物流需求预测中如何充分利用定性信息，并结合定量方法进行预测模型的建立和结果评估。

实 训 题

物流公司A希望预测未来一年内的货物运输需求。根据已有的历史数据和直观材料，运用定性和定量预测方法，对未来一年内的货物运输需求进行预测。

要求：

选择并应用一个定性预测方法，解释该方法的原理和应用，并给出对未来一年货物运输需求的定性预测结果。

选择并应用一个定量预测方法，解释该方法的原理和应用，并给出对未来一年货物运输需求的定量预测结果。

分析并比较定性和定量预测方法的优缺点，以及适用场景。

提出结论，根据定性和定量预测结果，对物流公司A未来一年的货物运输需求进行综合预测，并给出相应的建议。

案例分析

物流需求预测案例——使用经典时间序列分解方法预测电商物流需求

背景：某电商公司在过去几年中快速发展，现在面临着物流需求的管理挑战。它们希望能够准确预测未来一段时间内的物流需求，以便优化库存管理、运输计划和仓储安排。

数据收集：收集了过去5年的物流需求数据，包括每月的订单数量和运输量。

数据清洗：检查数据质量，处理缺失值和异常值。

特征工程：从原始数据中提取有用的特征，如季节性、趋势和周期性等。可以使用经典时间序列分解方法对数据进行分解，得到趋势和季节性分量。

数据转换：如果数据不符合时间序列分析的假设（如平稳性），可以进行数据转换，如进行差分操作。

模型选择：根据数据的特征和问题的需求，选择合适的时间序列模型。常用的模型包括ARIMA（自回归移动平均模型）、指数平滑法和季节性模型等。

模型训练与评估：将数据分为训练集和测试集，使用训练集训练选定的时间序列模型，并使用测试集验证模型的预测性能。评估指标可以包括均方根误差（RMSE）、平均绝对误差（MAE）和平均绝对百分比误差（MAPE）等。

预测与优化：使用训练好的时间序列模型对未来一段时间的物流需求进行预测。根据预测结果，优化库存管理、运输计划和仓储安排，以满足该电商公司预测的物流需求。

案例思考题

1. 在该案例中，该电商公司为什么选择经典时间序列分解方法来进行物流需求预测？还有哪些其他方法可以用于物流需求预测？

2. 数据处理是物流需求预测中的重要步骤。在该案例中，你认为可能会遇到哪些数据处理的挑战？如何处理这些挑战？

3. 针对该电商公司的物流需求预测，你认为还有哪些其他因素可能影响物流需求？如何将这些因素纳入预测模型中？

 # 项目三　物流系统业务流程

 学习目标

知识目标

- 理解业务流程的概念、特性、功能。
- 了解物流业务流程分析和诊断的方法。
- 掌握业务流程优化的不同方法。

能力目标

- 能够找到需要改进的关键流程和关键点。
- 能运用流程优化的方法进行优化、提高效率。

素质目标

- 增强效率意识。
- 具备较强的专业技能。

导入案例

沃尔玛的物流管理：高效、快速、无缝

沃尔玛是全球零售巨擘，历来以其卓越的配送体系备受顾客赞誉。在物流配送上，沃尔玛选择与第三方物流公司建立紧密的合作关系，这种战略性的联盟不仅大幅削减了运营成本，更显著提升了其物流运作的效率，确保顾客能够享受到更为迅捷的服务。这种合作模式成功挑战了传统的"无缝点对点"物流系统，让商品能够以超乎想象的速度，准确无误地送达顾客手中。

除此之外，沃尔玛的配送体系还引入了一项前沿的自动补货功能。一旦库存量滑落至预设的最低标准以下，系统便会立即触发补货机制，自动下达订单，确保商品库存始终保持在充足状态。这一创新不仅大幅提升了库存周转率，还极大地降低了缺货风险，从而进一步提升了顾客的满意度。

更令人瞩目的是，沃尔玛成功打造了零售链接系统，允许供货商直接接入其内部系统。这种直供模式不仅简化了烦琐的供货流程，还大幅提升了供货效率。通过这一系统，供货商能够实时掌握商品销售动态，进而更为精准地安排生产和供货计划，实现供应链的全面优化。这一案例深刻展现了信息技术和数字化对传统行业转型及效率提升的巨大推动

力，同时也激励其他企业紧跟时代步伐，积极采纳新技术，持续改进管理模式，以打造更高效、便捷的供应链管理，推动整个产业链的升级与革新。

沃尔玛凭借其与第三方物流公司的紧密合作、自动补货功能以及零售链接系统，构建了一个高效、迅速的物流循环体系。这一体系不仅增强了沃尔玛的市场竞争力，更为顾客带来了前所未有的优质购物体验。

案例思考题

1.沃尔玛的配送体系是如何运作的呢？
2.沃尔玛是如何与第三方物流公司形成伙伴关系的呢？

任务一　认识业务流程

一、业务流程的概念和描述

1.业务流程的概念

业务流程是组织内部各个部门和岗位之间的有序活动集合，它们相互关联、相互依赖，并最终实现组织的目标。在中国人民大学国际货币研究所（IMI）研究报告中，业务流程被界定为"一系列将组织运作和顾客需求连接起来的活动"。国际标准化组织给出的侧重于质量管理方面的业务流程的正式定义是：一组将输入转化为输出的相互关联或相互作用的活动。

在实际生活中，在网上购物从打开购买软件到收到货物并确认收货就是一个简单的网购流程。即确定购买需求—搜索商品—挑选商品—线上付款—卖家发货—物流运输—买家收货—确定收货。

2.业务流程的描述

在企业中，不同层次的流程往往具有不同的特点和要求，因此企业一般也会采用不同的描述方式。例如，高层管理流程可能更注重战略性和宏观性，而基层操作流程则可能更侧重于具体执行和操作细节。此外，不同类别的流程，如生产流程、销售流程、财务流程等，也会因其业务特性和关注点不同而采用不同的描述方式。

尽管不同层次的流程可以采用不同的描述方式，但一个企业内部应当建立一套统一、确定的描述体系。避免因为描述方式的不统一而导致信息混乱，统一的描述体系也有助于企业对外展示其流程管理的规范性和专业性。因此，企业应该根据流程的特点和需求，选择合适的描述方式，并在企业内部建立一套统一规范的描述体系，以确保流程描述的准确性和有效性。描述业务流程的常用方法有以下几种。

（1）流程图

使用流程图是最常见和直观的方法之一。通过使用各种符号和箭头来表示不同的活动、决策、并发和顺序关系，以图形化的方式展示整个流程的步骤和流向。

（2）程序框图

对于复杂的业务流程，可以使用程序框图来描述各个步骤和活动之间的关系和依赖。每个步骤都表示为一个框，框中列出该步骤的输入、处理和输出。

（3）文字描述

使用文字描述是最常见和简单的方法之一。通过逐步说明每个活动和步骤的具体内容，包括输入、处理和输出，以及参与者和相关部门等信息。

（4）数据流图

数据流图（DFD）是一种图形化工具，用于描述业务流程中数据的流动和转换。它可以帮助识别业务流程中数据的输入、输出和数据处理步骤，以及数据之间的联系。

二、业务流程的特性与功能

1.业务流程的特性

尽管不同的研究者对业务流程的定义不尽相同，但是综合上述各种有关流程的定义，可以对业务流程概括出以下共同基本特征。

（1）目标性

每个业务流程都是为完成某一特定任务或实现某一目标而设计的，企业的各项任务和目标可以是多样化的，例如生产产品、提供服务、销售产品、处理客户投诉等。每项任务都需要一个相应的业务流程来指导和支持，以确保任务顺利完成并实现预期目标。不同的任务和目标往往需要不同的流程。不同的部门或岗位的任务目标有所不同，其对应的流程也会有所差异。即使是处理同一件事情，根据不同的位置和角度，流程也会有所不同。因此，在优化和改进企业的业务流程时，需要根据不同的任务和目标来设计适当的流程。确保每个流程都能够明确指导和支持实现特定目标的任务，提高效率、减少风险、提升质量，从而推动企业的发展和成功。

（2）整体性

流程本身不能单独存在，它必定嵌入在组织结构中。同时，企业的业务流程是由活动构成的，单个的活动不能称为流程。一个流程至少由两个及以上的活动组成，活动间通过一定方式的结合，共同实现某种目标，每个活动在流程中扮演着特定的角色和功能，它们相互依赖、相互影响，形成一个完整的业务流程。流程的整体性体现在活动之间的相互关联、顺序执行、整体目标导向和效能提升。只有通过协同和配合，流程才能实现最终的目标，并为组织带来更好的效益。

（3）层次性

企业的流程可以被视为一个由多个活动组成的层次系统。高层次的流程由多个活动组成，而这些活动本身也可以是一个流程。这些活动可能是顺序执行的，形成一个自上而下的层次结构。例如，一个企业的整个生产流程可以被分解为多个子流程，包括物料采购、生产计划、生产操作、质量检查等。每个子流程又可以进一步细分成更详细的活动。中间层次的流程也可能包含多个活动，并且这些活动也可能是另一个层次的流程。这种层次性能够帮助企业从宏观的角度把握整个流程，并逐步进行更细节的分析。它有助于理解整个流程的结构和工作流程，以及不同层次的活动之间的相互关系和依赖关系。了解流程的层次性，可以帮助企业更好地组织和管理各个活动，在宏观和微观层面上进行规划和控制。

（4）结构性

流程是由多个活动组成的，这些活动还要以一定的方式联结起来，随意放在一起是不起作用的。流程的结构性指的就是组成流程的各种活动之间相互联系与相互作用的方式。虽然企业流程各式各样，但从活动间的关系来看，不外乎是串联、并联、反馈三种结构。通过这三种结构的种种组合，使企业中貌似杂乱的活动呈现出井然有序的规律。流程的结构性也体现在其顺序性上，即构成流程的活动必须在时间和空间里具有确定的顺序。

2.业务流程的功能

企业业务流程的功能指的是它在与环境相互作用中所展现出的能力，即在企业流程运作过程中所能发挥的作用。从不同的角度考察，企业流程显现出的功能是不同的，一般来说，流程可以实现以下几个功能。

（1）展示活动间的关系

流程的结构与功能之间存在着密切的关系。流程的结构是指由不同活动组成的流程内，各活动之间的逻辑关系和交互方式。而流程的功能则是指流程所能实现的目标和作用。一个流程的结构决定了它所能展现的功能。不同的活动组合和活动之间的关系会产生不同的功能。当流程的结构发生变化时，它的功能也会随之发生相应的变化。

另外，流程的功能也可以通过观察流程的输出结果来推导和判断。不同的活动组合和活动之间的关系，会产生不同的结果和效果。因此，通过观察流程展示的功能，可以推导出活动与活动间的关系，从而帮助企业更好地理解和优化整个流程的运作。

（2）实现分工的一体化

分工是将原本一个人完成的活动拆分成多个活动，分配给多个人共同完成。在流程中，分工的一体化意味着不同的活动仍然保持其顺序和相互依赖的关系。即使活动被分工给不同的人或团队完成，也需要确保活动的顺序和关系不被打乱，以保证整个流程的有效运作。通过流程图或流程描述文档，可以明确指明每个活动的执行顺序和依赖关系，确保分工后的活动仍能按照一体化的方式进行。

（3）描述流程执行者、执行规则、花费时间及占用资源等

在流程中，描述流程执行者、执行规则、花费时间和占用资源等信息是非常重要的。这些信息有助于确定谁或哪个团队来承担和完成特定的活动，确保流程的执行是可行和可控的。同时，在流程中标明活动所需的时间和资源，可以帮助人们了解每个活动的耗时和资源需求，从而更好地进行安排和管理。

需要指出的是，虽然在流程中可能只标明活动的承担者是部门或组织名义，但实际上活动的完成仍然需要具体的人员参与和执行。因此，在流程中确保每个活动的承担者和角色是关键，以确保整个流程能够顺利进行。通过描述流程执行者、执行规则、花费时间和占用资源等信息，可以提高流程的透明度和可控性，帮助企业更好地管理和优化整个流程。

任务二 认识物流业务流程分析和诊断

流程分析是对业务流程进行评估和改善的关键步骤，它可以帮助组织识别流程中的问题和瓶颈，还可以帮助组织优化流程，适应不断变化的客户需求，并提高整体效率和质量。流程分析是流程管理的重要手段和工具。

一、需要改进的关键流程和关键点的确定

1.选择需要改进的关键流程

在企业流程再造过程中，首先需要了解企业流程的现状，并根据现有流程的识别和描述，对流程进行分析和诊断。找出需要改进的关键流程是首要任务。企业流程再造是要树立流程观念，以流程的方式进行效率管理。在流程再造中，有两种类型的流程需要特别关注：一种类型是围绕着职能线形组织运转的子流程，这些子流程主要在单个部门内进行，产出也在该部门形成；另一种类型是跨职能流程，这类流程涉及多个职能部门，没有一个人对整个流程负全责。在选择需要进行改进的关键流程时，企业应优先考虑这类跨职能流程。

企业物流系统中的子系统（如运输、仓储、包装、装卸搬运、配送、流通加工、物流信息等）通常都是关键流程，这些环节在不断运作、相互作用，最终按预定要求实现物流服务的状态变化。在资源有限的情况下，企业应优先选择存在重大问题的关键流程进行改进。

通过对关键流程的分析和改进，企业可以优化流程的效率，提升整体运营的效果。同时也需要注意，企业流程再造是一个长期的过程，需要不断地监测和改进，以适应不断变化的市场需求和竞争环境。企业选择需要改进关键流程的方法有以下几种。

（1）绩效与重要性矩阵

绩效与重要性矩阵是一个既简单又非常有用的工具，它在帮助发现最需要改造的流程方面具有十分重要的作用，如图3-1所示。

第1象限重要性最高，绩效最低。这类流程必须进行改造，改造这些流程可以提高企业的整体效能和竞争力；第2象限重要性高，绩效也高，需要保持目前状态；第3象限重要性低，绩效也低。这类流程可以不予以过多关注，因为它们对企业的重要性和绩效都不高。可以将这

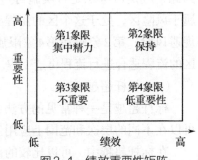

图3-1 绩效重要性矩阵

些流程作为改进的候选，但不是优先考虑的对象；第4象限绩效很高，重要性很低。这类流程也不太重要，所以可以将它们作为次要关注的对象，优先考虑那些对企业重要性更高的流程。

对于功能性物流企业来说，应该重视具有专业化优势的服务流程，这些流程对企业的

生存具有决定性的影响。通过对这些流程进行优化，企业可以提升专业能力和市场竞争力，为客户提供更高效和优质的物流服务。

（2）再造成本与重要性矩阵

流程对顾客的重要性矩阵是通过考察流程对顾客的重要性与实施流程再造成本这两个指标的综合效应来决定是否对某一流程实施再造，如图3-2所示。

图3-2　再造成本与重要性矩阵

第1象限低重要性、高成本：这类流程对顾客的重要性较低，但改造成本较高。在这种情况下，可以暂时不考虑流程再造，以节省资源并将其用于更重要的流程改进；第2象限高重要性、高成本：这类流程对顾客非常重要，但改造成本也较高。在这种情况下，可以考虑实施流程再造，但需要考虑成本和回报的平衡；第3象限低重要性、低成本：这类流程对顾客的重要性较低，改造成本也较低。在这种情况下，可以暂时忽略流程再造，以便将资源集中在更有影响力的流程上；第4象限高重要性、低成本：这类流程对顾客非常重要，而改造成本较低。在这种情况下，可以优先考虑实施流程再造，以提高顾客满意度和增加价值提供。

综上所述，通过流程对顾客的重要性矩阵，可以综合考虑流程的重要性和再造成本，决定是否对某一流程进行再造，以提高顾客满意度和企业的竞争力。

（3）流程再造需求与准备程度分析矩阵

流程再造需求与准备程度分析矩阵是一种用来确定需要改进流程的分析工具，其基本分析图如图3-3所示。

图3-3　流程再造需求与准备程度
分析矩阵

第1象限和第2象限属于危机区，在这个区的流程应尽快启动企业流程再造工程；第3象限和第4象限属于维系区，在这个区的流程是否要重新设计并不紧迫，因此，应谨慎考虑是否实施再造；第1象限和第3象限属于风险区，处于这个区的流程必须投入足够的精力去规避风险；第2象限和第4象限属于冲击区，处于这个区的流程适合进行流程再造工程。

（4）标杆超越

标杆超越是一种常见的方法，可以通过比较来找出可改进或需改进的流程。这种方法可以在不同的层次和范围上应用。

在标杆超越中，可以比较的范围包括：

1）同一分支中的不同部门。

2）同一组织中的不同分支。

3）同一行业中的不同组织。

4）同一行业中的相同组织。

5）不同行业中的不同组织。

可以比较的活动包括：

1）生产率。

2）人力资源管理。

3）技术应用。

4）预算与财务绩效。

5）计划与项目管理业绩。

6）物流运作效率。

通过标杆超越方法，企业可以将自身与其他标杆组织进行全面对比，找出差距，并学习和超越这些标杆组织，最终成为最好的组织。这种方法可以帮助企业发现问题并改进，从而提高业务效率和市场竞争力。

2.关键点的确定

在对关键流程进行诊断时，需要找出导致绩效低下的关键点，进而分析问题的原因，从而进行流程再设计。正确识别流程的关键点是流程再设计的基础。

（1）识别流程关键点的准则

1）影响力评估：评估每个活动对整个流程的影响力。活动的影响力可以通过对客户要求的满足程度、对流程效率的影响、对绩效改进的潜力进行评估。

2）效率分析：分析每个活动的效率，确定哪些活动在流程中拖累了整体效率。可以使用工时分析、时间测量和效率对标等方法来评估活动的效率。

3）问题识别：通过分析流程的数据、性能指标和反馈信息等，识别具体的问题点。这些问题包括运行时延、浪费、瓶颈等。

4）价值分析：评估每个活动对流程价值的贡献。某些活动可能对价值创造具有重要影响，而其他一些活动可能只是次要活动，可以被简化或取消。

（2）识别流程关键点的方法——五要素分析法

五要素分析法是一种常用的识别流程关键点的方法。该方法认为影响流程运作的五个因素分别是：流程上游方、流程下游方、流程内的人员技术因素、流程环境和流程控制评价方。

其中，流程上游方指的是与流程前端相关的外部因素，包括流程的输入、供应商和客户。通过分析流程上游方的质量、准时性、可靠性等因素，可以确定对流程运作的影响和改进的关键点；流程下游方指的是与流程后端相关的外部因素，包括流程的输出、客户和其他受益方。分析流程下游方的需求、满意度、反馈等因素，可以确定流程改进的关键点，以满足客户的要求和期望；流程内的人员技术因素包括参与流程的人员技能、培训、资源和工具等方面。通过分析人员的技术水平、合作效率、工作负荷等因素，可以确定对流程运行和改进的影响因素；流程环境指的是流程运行的外部环境，包括组织文化、管理风格、政策法规等方面。通过分析流程的环境因素，可以确定对流程改进的关键点，以确保流程设计与组织背景相适应；流程控制评价方指的是对流程运行和改进进行监控和评估的手段和方法。通过分析流程的控制和评价因素，可以确定对流程改进的关键点，以确保流程的有效管理和绩效提升。

通过分析以上五个要素，可以确定在实际流程中对流程影响最大的因素，从而确定流程改造的关键点。这将有助于流程再设计团队有的放矢地展开工作，针对性地解决问题和优化流程。在企业流程再造中，确实要重视流程关键点的识别和诊断工作，这是确保流程再设计成功的关键环节。

3.新流程的再设计

在找到流程再造的关键点之后，需要进行关键点的处置分析，处置流程的关键点是进行流程再设计的前提和基础。下面是关于如何处置流程关键点的一般步骤。

（1）分析原有流程对关键点的处置

对原有流程中的关键点进行分析，了解原流程对这些关键点的处置方式。比如，通过分解技术、人员、组织关联、外部影响等方面来分析原有流程，了解关键点的技术需求、涉及的人员、组织部门以及外部环境等。通过以上分析，可以全面了解原有流程对关键点的处置方式，从而为新流程的再设计提供参考和指导，确保新流程能够更好地适应现代企业发展的需求和变化的环境。

（2）使用主次活动分析法分解原有流程

使用主次活动分析法分解原有流程是一种有效的方法，它能够将流程中的活动分为两类，即"不得不这么做的活动"和"不得已这么做的活动"。通过这样的分解，可以更准确地确定需要再设计的基础活动，即次活动。这些次活动在流程再造中会成为重点关注的对象，通过重新设计和优化，进一步提高流程效率和满足业务需求。

分析活动的承担者和实现方式也是非常重要的，这有助于了解相关的人员、技术和组织要素，进一步确定关键点的处置方式。这种分析能够更全面地考虑流程的实际情况和现实需求，确保再设计的新流程能够更好地适应现代企业发展的需求。通过对原有流程的关键点的处置分析和使用主次活动分析法分解原有流程，可以为新流程的再设计阶段提供更为明确的目标和方向。这些分析过程有助于团队更深入地理解流程的问题和瓶颈，并提供解决方案来优化和改进流程。

二、流程分析的内容

流程分析是一项至关重要的工作，它涉及对业务流程的每一个细节和各个方面进行深入研究和评估。通过这一过程，企业能够全面理解流程的现状，找出存在的问题，并为后续的流程优化提供有力的指导。

首先，需要分析业务流程的客户及他们的需求。明确业务流程的关键客户群体，深入了解他们的期望和需求，是确保流程设计与市场需求紧密契合的关键。在此基础上，进一步分析当前的流程是否能够充分满足客户的需求，是否存在明显的缺陷或不足。同时，还需要审视当前的流程是否是最优解决方案，以及是否还有进一步改进的空间。

其次，流程分析还需要关注流程消耗的资源情况。这包括人力资源、时间资源、财务资源以及与流程相关的管理资源和技术资源等。需要全面评估这些资源的消耗情况，分析它们是否得到了充分利用，是否存在浪费或冗余的现象。通过深入剖析资源消耗的原因和规律，企业可以发现资源优化的潜力，为流程改进提供有力的依据。

此外，识别和分析流程中的瓶颈环节也是流程分析的重要一环。瓶颈环节是限制流程效率和效果的关键因素，它们可能导致流程运行缓慢、效率低下。因此，需要仔细识别这些瓶颈环节，分析它们产生的原因和影响，并提出针对性的解决方案。通过消除瓶颈的负面影响，企业可以显著提高整个流程的效能和竞争力。

同时，流程分析还需要关注内部控制和控制风险。企业需要评估流程的内部控制措施是否健全有效，是否能够确保流程的安全和合规性。此外，企业还需要分析流程中可能存在的风险点，并提出相应的风险管理措施。加强内部控制和风险管理，可以确保流程的稳健运行，降低潜在的风险和损失。

最后，流程的稳定性也是流程分析中不可忽视的一个方面。企业需要分析流程执行过程中是否容易受到人为因素的影响，是否存在可能导致流程变动的风险。企业通过找出流程中的不稳定因素，可以提出相应的改进措施，确保流程执行的一致性和稳定性。

以上内容是流程分析的几个重要方面，它们之间相互关联、相互影响。综合运用这些方法和技术，可以全面揭示出流程管理中的深层次问题，为流程的调整和改良提供有力的指导。对于物流流程来说，进行细致的分析尤为重要。物流是企业运营中不可或缺的一环，其效率和质量直接关系到企业的竞争力和市场地位。对物流流程进行深入分析，可以帮助企业发现问题、优化资源利用、提高服务质量和运营效率。这不仅有助于降低企业的运营成本，还可以提升客户满意度，增强企业的市场竞争力。

流程分析是一项具有深远意义的工作。它能够帮助企业全面了解业务流程的现状和存在的问题，为后续的流程优化提供有力的支持。管理者在未来的工作中应该重视流程分析的应用和实践，不断提升企业的流程管理水平，推动企业持续健康发展。

1.客户需求分析

流程管理确实是以客户需求为导向的，通常，将企业的客户划分为内部客户和外部客户。外部客户是企业的生存基础，包括正在、已经和潜在购买企业产品和服务的组织或个人。他们的需求是企业生产经营的目标，也是执行流程的目的。与外部客户直接接触并为其提供服务的部门被视为企业最重要的内部客户，如市场策划部门、销售部门、客户服务部门和产品的工程安装部门。这些部门通常被归类为营销类部门，它们处于供应链的末端。当这些部门能够得到企业内其他组织的良好服务和支持时，它们才能更好地为外部客户提供服务并令其满意。

不论是内部客户还是外部客户，流程管理的最终目的都是能够更好地满足外部客户的需求。为了满足客户需求，企业首先需要了解客户的需求信息。获取客户需求信息的途径可以分为外部获取和内部获取。外部获取客户需求信息是通过与客户的直接交流、市场调查、竞争对手分析等方式来获取的。这样可以了解到客户的需求、喜好、期望和不满意之处，进而针对性地提供产品和服务。内部获取客户需求信息主要是通过内部员工和部门之间的沟通和合作来实现的。例如，客户服务部门可以将从外部客户那里收集到的信息传递给内部的产品开发部门，以便设计和改进产品。通过内部获取客户需求信息，企业可以及时地响应客户需求，并提供更好的解决方案。

因此，流程管理需要企业将客户需求作为重要指导，并通过外部获取和内部获取的途径来获取客户需求信息，以更好地为客户提供满意的产品和服务。

2.流程的资源状况分析

流程是企业内部不同部门、不同岗位共同完成一项工作以输出流程结果的先后顺序。但是为了输出这个结果也相应地会消耗一些人力、物力、财力以及时间。所消耗的这些资源都是所输出流程结果的成本。如果输出结果的价值小于成本，那显然是不合理的。所以对完成一个流程所需要消耗的资源进行分析是非常重要的，这可以帮助企业评估和控制成本，提高效率和效益。可以将完成一个流程所需要消耗的资源划分为3种：人力资源、财务资源和时间资源。其中，人力资源和财务资源是构成流程资源消耗的基础。

（1）人力资源分析

人员数量：分析完成流程所需的人力资源数量，包括各个部门和岗位的人员要求。

人员能力：评估人员的技能水平和能力，确保他们具备完成流程所需的知识和技能。

人员配备：检查各个岗位的人员是否适当，是否存在人力短缺或过剩的情况。

（2）财务资源分析

资金需求：评估完成流程所需的资金投入，包括设备、设施、物料采购等方面的资金成本。

资金来源：分析企业是否有充足的财务资源来支持流程的运行，确定是否需要寻求外部资金支持。

（3）时间资源分析

流程周期：分析整个流程的完成时间，包括各个环节所需的时间和流程的总体周期时间。

流程延迟：识别可能导致流程延迟和滞后的因素，并找到解决方案以防止流程延迟。

根据以上分析方法可以评估流程执行的资源状况和影响因素，并提出相应的改进和优化建议，以优化资源配置和提高流程执行的效能。同时，需要与企业的整体战略和资源规划相匹配，确保流程执行的可持续性和协同性。

3.流程的瓶颈分析

执行流程所输出的结果需要保证效率和质量。流程的结构基本可以划分为串联、并联和混合三种。如果流程中的某一个环节出现问题，就可能影响整个流程输出结果的效率和质量，将这些出现问题、影响流程执行结果的环节称为流程瓶颈。

流程瓶颈的形成原因主要是流程在执行过程中资源分配不均衡，或者流程的执行者没有尽责，以及由于流程之间资源抢占冲突而产生的，如果一个流程为下游若干个流程提供输出结果，那下游流程之间就容易为抢占上游流程输出结果而产生冲突，并形成瓶颈。在这种情况下需要对流程的资源分配和调度进行优化和协调，以解决资源抢占冲突导致的瓶颈问题。可以通过以下几种措施解决。

1）调整资源的投入和分配：根据流程之间的依赖关系和重要性，合理安排资源的投入和分配，避免资源抢占现象的发生。可以通过资源管理系统或者人工调度的方式进行资源的优化配置。

2）改进流程的协调机制：建立流程之间的沟通机制和协调机制，确保下游流程知晓上游流程的进展和输出结果，以便及时调整自己的工作计划和资源需求，避免资源抢占冲突的发生。

3）优化流程的设计和顺序：通过重新设计流程或者调整流程的顺序，减少下游流程对上游流程输出结果的依赖性，降低资源抢占冲突的可能性。可以采用并行处理或者异步处理的方式，提高整个流程的并发度和效率。

以上措施可以有效解决流程中出现的瓶颈问题，提高流程执行结果的效率和质量。同时还需要定期监控和评估流程的执行情况，及时发现和解决新的瓶颈问题，确保流程的持续改进和优化。

4.流程的内部控制分析

在流程的内部控制分析中，需要综合考虑企业的内部控制环境和实际执行情况。首先，要根据企业的内部控制目标确定关键的内部控制程序。这些控制程序应根据企业的实际情况，能够有效地控制流程中的风险和问题。同时，也要根据企业的内部控制环境来确定控制程序的数量和严格程度。其次，需要测试流程的实际执行情况。通过实地观察和现场检查，确定内部控制程序是否得到贯彻执行。对于一些关键的控制程序，如职责分离，要确保相关的职责真正分开，避免存在内部合谋和错误操作的风险。

在进行内部控制分析时，还需要注意以下几点。

1）充分了解流程的整体情况和内外部环境。通过了解企业的具体情况，才能针对性地进行内部控制的分析和优化。

2）注意控制程序之间的交互关系。在分析流程中的各个控制程序时，要考虑它们之间的相互作用和协调。有时，一个控制程序的失效可能会影响其他控制程序的有效性。

3）持续改进和优化控制程序。内部控制是一个不断迭代和改进的过程，要通过对内部控制程序的不断优化，提高流程执行的效率和质量。

5.流程的稳定性分析

对于流程的稳定性分析，需要综合考虑以下几个方面。

1）部门间的沟通和协调：流程中涉及多个部门的协作和配合，如果部门之间存在壁垒或沟通不畅的情况会导致流程的不稳定性。因此，需要通过加强沟通和协作机制，确保各部门之间能够有效地沟通和协调。

2）职责的偏移：在跨部门执行流程时，可能会出现职责的偏移，即职责应该由某个部门负责执行，却被其他部门代为执行。这会导致流程的不稳定性和风险。因此，需要通过明确流程中的职责和权限，避免职责的偏移。

3）流程的灵活性：流程的稳定性并不意味着流程应该完全不变。特别是对于与外部客户接触的流程，需要具备一定的灵活性，以适应客户需求的变化。然而灵活性也需要在一定的控制下进行，以避免过度的变动而导致风险。

4）流程变动的监控：为了控制流程变动带来的风险，可以建立流程变动的监控体系，及时发现和跟踪流程变动，并及时采取措施加以控制和调整。

总的来说，流程的稳定性分析需要综合考虑流程的协调性、适应性和控制性，并通过加强部门间的沟通和协作、明确职责和权限、建立监控体系等方式，来提高流程的稳定性和更好地控制风险。

三、诊断确定流程的弊端

在分析业务流程时，必须深入探究那些可能阻碍或分离有效工作流程的活动。这些活动可能源于业务政策、官僚习气、沟通不畅等多种因素。为了优化这些流程，在诊断业务流程时应当执行以下几项关键工作。

首先，需要细致审查所有文件提案和报告的必要性。在业务流程中，往往存在大量的文档工作，其中不乏一些冗余或不必要的文件。通过确认这些不必要的文件或活动，可以有效减少不必要的工作量和时间浪费，从而提高整个流程的效率。

其次，需要仔细审视那些可能导致不增值活动的正式和非正式的政策和规则。这些政策和规则可能会增加流程的复杂性和耗时，降低工作效率。通过识别这些障碍，可以针对性地进行调整和优化流程，使其更加简洁、高效。

此外，还需要关注那些分散的职能信息系统。这些系统之间可能存在信息壁垒，导致信息无法有效共享。为了解决这个问题，需要将这些分散的系统整合成一个单一的全流程系统。这样可以实现信息的实时共享和流程的顺畅运行，进而提高整体效率。

在对现有流程中的每个活动进行分析时，必须确保它们与企业的战略目标保持一致。以物流业务流程为例，目标是减少成本和时间。因此，需要详细记录每个活动的分散时间、延迟瓶颈、所需的人工以及成本等信息。通过对这些数据的分析，可以找到流程中的瓶颈和浪费点，进而进行流程优化。

同时，还需要对流程中的各种行为进行具体描述，并列出分析情况。通过比较现有流程与内外部用户的要求可以分析和确定流程中的偏差，并追查其原因。这样可以更准确地找到问题所在，为后续的流程优化提供有力支持。

在诊断过程中，还需要根据流程作用的重要性，以及其对偏离正确行动的影响，确认流程中存在的重要问题，并按重要性顺序进行排列。这样可以更加清晰地了解问题的严重性和优先级，为重新设计流程提供指导。

在重新设计流程时，需要消除这些问题以实现整体行为目标。此外，还需要进一步分析授权体制、企业原则、工作流程、人工劳务和工作项目等因素对流程整体效率的影响。通过深入剖析这些因素可以找到制约流程效率的关键因素，并采取有效措施进行改进。

最后，对于制造型企业来说，整体目标通常是缩短人工时间和降低成本。因此，需要深入分析延误时间的原因、影响生产流程的环节、对人力的需求以及每项工作增长的费用等因素。通过对这些因素的深入剖析可以找到制约生产效率的瓶颈和问题所在，进而采取有效的措施进行改进和优化。

任务三 掌握业务流程优化的方法

一、流程优化的概念

业务流程，其本质是由一系列紧密相连的活动组成的，这些活动共同将初始的输入转化为期望的输出。然而，在实际的企业运营中，由于多种原因，如设计的不完善、市场需求的不断变化、技术的迅速更新以及官僚主义的悄然滋生，许多原本应该高效运作的流程变得臃肿不堪，效率低下。这种现状无疑严重削弱了企业的竞争力，使其在市场中的地位岌岌可危。

业务流程优化的核心目标，正是要针对这些存在的问题，通过深入剖析流程的设计和执行环节，找出其中的瓶颈和短板，并采取相应的改进措施。这样，不仅可以解决企业中流程臃肿和效率低下的问题，更可以为企业注入新的活力，提升其整体竞争力。

在评价和分析企业的业务流程时，需要特别关注以下三种情况。首先，如果某个流程所占用的时间或成本明显偏高，且存在明显的改进空间，那么这就意味着该流程中可能隐藏着一些低效的环节或步骤。对于这些环节或步骤，可以通过优化手段来减少时间和成本的消耗，从而提升整体流程的效率。

其次，如果通过标杆超越的方式，发现企业在产品或服务的配送成本或表现上相较于竞争企业存在明显的劣势，那么这也说明部分流程在某些环节上存在问题。此时，需要通过深入剖析和优化这些环节，来提高配送成本或表现的竞争力，确保在市场中能够立于不败之地。

最后，如果在分析评价流程质量的过程中，发现某些活动对满足顾客需求的贡献微乎其微，甚至几乎没有贡献，那么这些活动就是需要优化的目标。通过优化这些活动，可以消除这些不必要的环节，从而提高整体流程的效率和质量，为顾客提供更加优质的服务。

通过对上述现象的深入评估和判断，企业可以有针对性地选择进行流程优化工作。这样不仅可以提高业务流程的效率和竞争力，更能为企业带来长远的利益和发展空间。

二、流程优化的方法

流程优化是一个涉及全局的战略性举措，其根本目标是从整体角度出发，对现有的业务流程进行全面而深入的剖析，通过一系列有针对性的改进措施，使流程的运行更为流畅、高效。流程优化不仅能够提升企业的运营效率，更能为企业的长期发展奠定坚实的基础。

在实施流程优化时，可以采取多种方法，以下的每种方法都有其独特的侧重点和适用场景。

首先，时间导向的流程优化是一种注重时间管理的优化方式。它通过对流程中各个环节的耗时以及环节之间的协同时间进行详细的量化分析，寻找出流程中的时间瓶颈和浪费，从而制定出有效的优化措施。这种方法在降低产品周转期、提高生产效率等方面具有显著的积极效果。

其次，成本导向的流程优化则侧重于对流程的成本效益进行分析。通过对特定流程的成本进行详细分析，可以找出导致成本上升的因素，并采取相应的措施进行改进。这种方法在控制成本、提高产品利润率等方面具有显著的优势。

此外，系统化流程优化是一种基于现有流程进行的全面改进。它通过对流程中的浪费环节进行消除、简化、整合和自动化等操作，实现流程的重新设计。这种方法在外部经营环境相对稳定的情况下较为适用，能够帮助企业实现短期内的流程改进。

最后，再造性流程优化则是一种更为彻底的流程改进方式。它要求对整个业务流程进行根本性的再设计，以实现长期流程能力的大幅提升。这种方法需要组织自上而下、跨部门的协作，通过投入大量的资源和执行计划，找到现有流程与战略发展需要之间的差距，并进行根本性的改进。这种方法适用于企业外部经营环境剧烈波动的情况，能够帮助企业应对市场变化，实现长期发展。

在选择适合的流程优化方法时，需要综合考虑企业的实际情况、市场需求以及战略目标等因素。通过结合实际情况进行改进，可以有效地提高流程效率、降低成本、增加竞争力。同时，流程优化并非一蹴而就的过程，它需要在持续改进的基础上不断完善流程，确保企业能够保持长期的竞争优势。

三、流程优化的策略

流程优化的基本原则是负责执行流程的人越少越好。同时，在流程服务对象（顾客）看来，流程越简便越好。为了实现优化的基本原则，可以采取以下流程优化策略。

1. 去除多余的工作，合并生产工序

去除不必要的行政工作、审批和文书工作，以及去除在流程不同阶段进行的重复活动，是提升整体工作效率的关键步骤。通过深入审查每一个流程，能够精准地找到那些可以合并或删除的工序，从而有效地减少工作的重复和冗余。这样的优化不仅能够使工作流程更为简洁明了，还能够大幅减少员工在低效环节上浪费的时间和精力。

在合并生产工序方面，应将目光投向那些原本被分割成多个步骤的流程。通过合理的重新设计，可以将这些步骤合并为一个单独的工序，由一名员工负责完成。这样的做法不仅能够简化工作流程，还能够减少因手动转移和交接带来的不必要麻烦，进一步缩短等待和沟通的时间。

然而，需要明确的是，合并工序并不意味着所有流程都可以将工作人员减少到一人。在实际操作中，需要根据每个流程的具体特点和业务需求进行评估和决策。有些流程可能需要多人协同作业，以确保工作的顺利进行；而有些流程则可以通过优化和合并工序，实现单人高效完成。

同时，还可以借助信息技术的支持，对流程进行更深层次的重组和自动化。利用先进的计算机系统和软件工具，可以将原本复杂的流程组装成简单直观的结构，从而提高流程的可追踪性和操作效率。这样的自动化和智能化改造，不仅能够降低人为错误的风险，还能够大幅提升工作效率。

此外，对于一些非核心业务或特定工序，可以考虑将其委托给企业外部的专业人士或

机构来完成。通过外包或合作的方式，可以将有限的内部人力资源集中在核心业务上，同时借助外部服务提供商的专业能力，实现更高效的流程运作。这样的做法不仅能够减轻企业的运营负担，还能够为企业带来更为灵活和高效的运营模式。

2.通过将几道不同工序的人员重新组合构造新流程

通过减少交接手续，实现信息共享，企业可以显著地提高整体运营效率。这种改进不仅仅是对个别环节的微调，还是对整个工作流程的深刻变革。而团队方式的运用，将成为众多企业在改造流程过程中的核心策略。

华为技术有限公司（以下简称华为）是一家全球信息通信技术领军企业。面对技术迭代与市场竞争，华为认识到研发流程优化的必要性，旨在提升研发效率、缩短产品上市时间并满足客户需求。为此，华为设定了明确目标：优化流程、降低成本、提升品质。为实现目标，华为采取系统性措施。首先，成立优化团队，全面梳理流程，识别瓶颈。接着，制定详细方案，引入敏捷开发、自动化测试工具，优化项目管理。在实施中，推广敏捷方法，建立跨职能团队，引入先进管理工具，加大测试投入。为确保效果稳定，华为建立流程监控机制，定期评估，鼓励员工提出改进建议。最后，经优化，华为研发效率提升40%，上市时间缩短30%，成本降低20%，品质和客户满意度均提升。

华为展现了流程优化对提升企业竞争力的关键作用。未来，华为将继续关注技术趋势和市场变化，持续优化研发流程，推动创新与发展，巩固其行业领导地位。

这种策略不仅减少了交接和沟通的时间，实现了信息共享，还提高了工作效率和竞争力。同时，团队合作的方式也带来了更多的协作和创新机会。团队成员之间的紧密合作和相互支持，使得他们能够更好地应对挑战，解决问题，从而提高工作质量和顾客满意度。

3.强化增值服务

在深入优化业务流程的过程中，必须对每个环节中的每一个活动进行细致入微的评估。这样的评估并非简单地对活动进行审查，而是要深入探究其真正的价值所在，即判断其是否为顾客所期望的产品或服务提供真正的增值。增值活动，顾名思义，就是那些能够直接提升产品或服务价值，满足顾客需求，进而为企业创造利润的活动。

通过逐一分析这些活动，企业能够清晰地分辨出哪些活动真正为顾客带来了价值，哪些活动则可能是多余的、无效的，甚至可能阻碍整个流程的顺畅运行。对于那些确实为顾客提供了增值的活动，应当进一步优化，确保其运行得更加高效、精准，从而为顾客带来更好的体验。

而对于那些非增值活动，即那些不能为顾客提供直接价值，甚至可能增加成本、降低效率的活动，应当采取果断的措施。这包括降低这些活动的频率、简化其流程，甚至从根本上剔除它们。这样的举措不仅可以减少不必要的成本和时间浪费，更能够确保整个业务流程更加紧凑、高效，为顾客提供更加优质的服务。

在流程中，存在两类非增值活动：一类是由于流程设计不合理而存在的活动，如移送或等待活动、储存和搬运产品活动等，这些活动并不是流程产出所必需的，而是由于流程设计的问题导致的；另一类是由于组织的需要而产生的活动。

去除无用的非增值活动可以采取以下方法。

1）采用准时制（Just-in-Time，JIT）生产方式，避免过量的产出，只在需要时才进行生产。

2）使用矩阵式时间表流程图，找出等待时间，并尽量消除等待时间。

3）分析流动的原因，去除不必要的移动，使物料、信息和人员流动更加高效。

4）分析作业对产出的实际作用，去除不必要的加工作业，减少重复和冗余的工作。

5）使用ABC分类法（帕累托分析法）分析库存，去除不必要的库存，避免过高或过低的库存水平。

通过去除无用的非增值活动，可以减少流程中的浪费和冗余，提高流程效率，并更好地满足顾客需求。

4.将连续或平行流程改为同步工程

同步工程指的是多个工序在互动的情况下同时进行，而不是按照先后顺序进行。这样可以避免等待和延迟，减少流程周期时间。

传统的连续式流程和平行式流程都存在一些问题。连续式流程中的工序必须按照先后顺序进行，当某个工序延迟时，整个流程都会受到影响。平行式流程虽然可以提高并行工作的效率，但各个工序之间的偏差难以避免，并且只有在汇总或组装阶段才能暴露出来，导致需要返工或修改。

通过采用同步工程的方式，可以将多个工序进行并行工作，并在整个流程中实现协同互动。这样可以减少等待和延迟，提高流程效率，缩短流程周期时间。同时，同步工程还可以提前暴露出工序之间的偏差，及时进行调整和修正，减少返工和修改的需要。

项目小结

在现代物流中，随着科技的不断进步和市场的不断变化，物流效率和成本已经成为企业竞争的重要因素之一。因此，物流优化方法的应用变得越来越重要。通过合理化运输、仓储优化、供应链协同、物流信息化和人力资源管理等方面的优化，企业可以大幅提高物流效率，降低成本，提高客户满意度和市场竞争力。同时，业务流程分析和诊断也是现代物流中不可或缺的环节，它们可以帮助企业全面了解自身的运营状况，发现存在的问题和改进点，为企业的战略规划和决策提供有力支持。因此，掌握业务流程分析和诊断、物流优化方法对于现代物流企业来说至关重要。

业务流程分析和诊断、物流优化方法是企业管理中不可或缺的环节，它们对于提高企业的运营效率和降低成本具有重要意义。业务流程分析和诊断是通过对企业业务流程的全面分析和评估，发现存在的问题和瓶颈，提出改进意见和方法，以提高企业的运营效率和客户满意度。

总之，业务流程分析和诊断、物流优化方法是企业管理中不可或缺的重要环节。通过这些方法的应用，企业可以全面提升自身的运营效率和降低成本，提高客户满意度和市场竞争力。

思 考 题

1.业务流程的主要目标是什么？期望实现的具体成果是什么？如何衡量这些成果？例如，是否可以提高效率、降低成本、提高客户满意度等？

2.如何利用信息系统和技术来支持物流业务流程？是否有可能引入更先进的技术来提高效率和可见性？

3.流程的主要目标是什么？是提高效率、降低成本、提高客户满意度还是其他方面？如何量化这些目标？

实 训 题

1.某物流公司为了提高效率，计划重新规划物流运输线路。对此有人认为改变原有的运输路线可能会导致某些地区的送货时间延长或无法送达，影响客户的业务和满意度。此外，新的路线规划需要考虑到交通状况、道路状况、天气等因素，以确保运输的可靠性和安全性。对此你怎么认为？

2.某物流公司为了降低成本计划对一些管理职能的人进行裁员处理，对此你怎么看？

案例分析

宝洁公司物流流程优化成功的案例

宝洁公司，作为全球消费品生产领域的佼佼者，其产品线广泛覆盖家居、美容、清洁等多个领域。然而，随着业务的持续扩张，公司面临着物流成本上升和配送效率不佳等挑战。为了应对这些挑战，宝洁公司决定对物流流程进行深度优化，以提升效率并降低成本。

宝洁公司采纳了先进的供应链管理系统，成功实现了对供应商、仓库、运输及分销商等环节的全面协同。通过对市场需求的实时监控和精准预测，宝洁公司能够灵活调整库存水平，有效减少库存成本，同时提高库存周转率。此外，宝洁公司还构建了一个智能化的配送网络。借助大数据和人工智能技术，公司深入分析历史销售数据、天气条件和交通状况等因素，从而优化配送路线和运输计划。这不仅大幅缩短了运输时间，降低了成本，还显著提升了配送效率。

在仓库管理方面，宝洁公司采用了先进的自动化技术，如机器人和自动化设备，实现了货物的快速、准确入库、出库及库存管理。这一举措大幅减少了人工错误和货物损坏，提升了仓库的运营效率。宝洁公司也始终致力于物流技术和运营流程的创新与改进。通过采用创新的包装技术和可重复使用的运输工具，宝洁公司成功降低了包装成本，并减少了对环境的消极影响。同时，宝洁公司还积极探索无人机和无人车等新型配送方式，以满足消费者对快速配送的日益增长的需求。

此外，为了进一步提升物流效率和可靠性，宝洁公司与全球多家知名的物流和运输服务提供商建立了紧密的合作关系。通过共享信息和技术资源，宝洁公司得以利用全球最先进的物流网络和运输资源。

通过上述一系列措施，宝洁公司成功优化了物流流程，显著提高了配送效率，降低了成本，并确保了客户满意度。这些优化措施使宝洁公司在管理和优化其物流和供应链方面取得了显著成果。展望未来，随着技术的不断进步和应用，宝洁公司将继续致力于物流流程的优化和创新，以应对不断变化的客户需求和市场环境，为自身的持续发展奠定坚实基础。

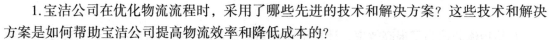

案 例 思 考 题

1.宝洁公司在优化物流流程时，采用了哪些先进的技术和解决方案？这些技术和解决方案是如何帮助宝洁公司提高物流效率和降低成本的？

2.宝洁公司是如何通过与全球多家知名的物流和运输服务提供商建立合作伙伴关系，提高物流效率和可靠性的？这种合作伙伴关系对宝洁公司的业务发展有何影响？

 # 项目四　物流系统网络设计

 ## 学习目标

知识目标

- 了解物流网络的核心概念，明晰其定义和内涵。
- 理解物流网络的基本特征和构成要素。
- 认识物流节点的定义、类别、结构和职能。
- 掌握逆向物流网络的定义、功能、结构。

能力目标

- 掌握物流领域的关键概念，了解物流网络的内涵及其规划和设计的基本原则。
- 熟练掌握各种物流节点的功能和其分类的影响因素。
- 学会逆向物流网络的功能和结构特点。

素质目标

- 培养学生的学习技术能力，掌握学科知识和技能，并能够灵活运用所学知识解决问题。
- 培养学生的判断性思维能力，能够对信息进行评估、分析和判断，不盲目接受他人的观点和意见。
- 培养学生的责任感和诚信品质，能够对自己的行为负责，遵守承诺，保持诚实守信的品德。

 ## 导入案例

京东物流系统网络设计的跨越式发展

近年来，随着电子商务的快速发展，京东作为中国的主要电商平台，逐渐突显出其在物流系统网络设计方面的领先地位。京东物流的发展历程充分展现了技术创新、规模扩张与持续优化之间的紧密结合。

初始阶段：京东初期主要作为在线电子产品零售商，其物流网络相对简单。随着业务规模的扩大，京东开始自建物流配送体系，提供更快速、可靠的配送服务。

扩张阶段：随着订单量的爆炸式增长，京东开始大规模投资物流基础设施建设，包括建立仓储中心、配送站点以及引进先进的信息技术。

优化与创新阶段：在巩固了物流网络基础后，京东开始着重于提高效率和降低成本。京东通过大数据分析、人工智能和物联网技术，对物流网络进行精细化管理。此外，京东还推出了无人仓库、无人配送车和无人机配送等创新服务。

案例思考题

1.京东在物流系统网络设计方面的跨越式发展是如何应对电子商务市场的快速增长的？

2.在数字化和智能化的趋势下，你认为未来物流系统网络设计将面临哪些挑战和机遇？

任务一　认识物流系统网络

通过学习物流网络的相关知识，我们可以更好地理解其在现代商业中的作用。此外，通过结合实际案例和情境，我们能够更好地理解物流网络的复杂性和多元化特点，为未来的职业发展打下坚实的基础。

一、物流网络的定义

根据国家标准GB/T 18354—2021《物流术语》，物流网络被定义为"通过交通运输线路连接分布在一定区域的不同物流节点所形成的系统。"

微观物流网络的内涵有多种不同的界定角度。朱道立从微观企业角度出发，将物流网络定义为产品从供应地到销售地的流通渠道。王之泰从实体线路和结点因素的角度解释了物流网络的内涵，他提出线路和结点的相互关系、相互配置以及其结构、组成、联系方式的不同，形成了不同的物流网络。此外，缪立新教授从网络角度阐述了现代物流的定义，指出物流网络是指实现物流系统各项功能要素之间所形成的网络，包括物理层面上的网络和信息网络。综上所述，微观物流网络的内涵可以从不同角度进行界定。

宏观物流网络主要包括城市物流网络、区域物流网络和国际物流网络。

从物流服务功能的角度看，物流网络包括运输网络、仓储网络、配送网络等。从物流网络服务范围看，有企业内部物流网络、企业外部物流网络即社会化物流网络和综合物流网络。从运作形态来看，有物流基础设施网络、物流信息网络和物流组织网络。表4-1展示了物流网络的分类。

表4-1　物流网络的分类

按物流网络服务范围分	按物流服务功能分	按运作形态分
综合物流网络	仓储网络	物流信息网络

（续）

按物流网络服务范围分	按物流服务功能分	按运作形态分
社会化物流网络	运输网络	物流组织网络
企业内部物流网络	配送网络	物流基础设施网络

二、物流网络的特征

物流网络是一种复杂且多元化的系统，它涉及多个组成部分和交互作用。随着全球化和电子商务的发展，物流网络的重要性日益凸显。为了更好地理解物流网络，首先介绍其基本特征。

以下是对物流网络特征的概述。

1）物流网络的服务性：在物流网络运作中，其目标是以最低成本，在有效时间内将物品完好地从供应方送达需求方，逐步实现"按需送达、零库存、短在途时间、无间歇传送"为理想的物流业务运作状态，并使物流并行于信息流、资金流，以低廉的成本及时完成。

2）物流网络的开放性：物流网络的运作应建立在开放的网络基础上，每个结点可以与其他任何结点发生联系，快速交换信息，协同处理业务。由于互联网的开放性，决定了结点的数量可以无限多，单个结点的变动不会影响其他结点。

3）物流网络信息的先导性：在物流网络运作过程中，信息流起到引导和整合作用。通过物流信息网络的构建，每个结点能够回答其他结点的询问，向其他结点发出业务请求，并根据其他结点的请求和反馈提前安排物流作业。信息流在物流过程中起到了事前测算流通路径、即时监控输送过程、事后反馈分析的作用，引导并整合整个物流过程。

4）物流网络的外部性和规模效应：网络经济的基本特征是连接到一个网络的价值取决于已经连接到该网络的其他人的数量，这被称为网络效应或网络的外部性。网络将各个分散的结点连接为一个有机整体，系统不再以单个结点为中心，系统功能分散到多个结点处理，各结点间交叉联系，形成网状结构。大规模联合作业降低了系统的整体运行成本，提高了工作效率，也降低了系统对单个节点的依赖性，并明显增强了系统的抗风险能力。

三、物流网络的要素

物流网络是指物流过程中相互联系的组织与设施的集合。物流网络由厂商、客户、物流节点、运输线路、信息系统和物流网络组织管理等要素构成。

1.厂商

厂商作为产品或原材料的生产和供应商，是物流网络的始点。物流网络结构的实质是通过物流节点的布局配置，在既定的自然和社会环境下，有效实现物流始点和终点的联结。厂商分布不仅是物流网络结构的构成要素，而且影响物流网络中其他要素的分布。

2.客户

客户作为物流网络的终点，也是物流网络的重要组成部分。客户自身特征和分布的特点直接决定物流网络的内部结构，即如何适应特定的客户分布和客户需要。物流网络系统是否高效的直接评价标准就是能否为客户提供所需服务。

3.物流节点

物流节点是物流线路的连接处，也是物流线路的起点和终点。物流节点是物流网络系统中从事物资的仓储、装卸、包装、流通加工和信息活动的场所，也是物流网络系统中一个重要的组成元素和进行物流活动的场所。根据不同物流节点设施业务范围的差异，可以将物流节点设施层次级别分为不同的级别，如图4-1所示。

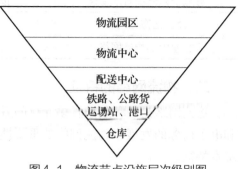

图4-1　物流节点设施层次级别图

4.运输线路

厂商、物流节点和客户构成物流网络结构的主要架构，要想使这些要素形成一个网络系统，必须有效地将它们连接起来。这些节点之间的实体连接需要通过运输来实现，包括运输线路和运输方式的选择。

5.信息系统

物流网络各节点之间不仅存在产品实体的流动，而且大量存在物流信息在节点之间的传递。在物流网络系统内部，物流信息的及时传递、加工处理都会对整个物流网络系统的效率产生重要影响。构建物流网络时，既要考虑有形的硬件节点建设，也要考虑无形的信息网络体系的建设。只有在物流信息管理体系的支持下，物流网络才能真正激活，才能真正发挥效用。

6.物流网络组织管理

物流网络的运行离不开人力资源与组织管理。在进行物流网络资源配置时，不仅要考虑节点配置，还要考虑人力资源配置以及整个物流网络的组织管理。若把物流网络系统比作人的生理系统，则可以把厂商、客户和物流节点比作人的骨架和器官，把运输线路和信息系统比作人的血液循环系统和神经系统，把物流网络组织管理比作人的调节系统。它们既有明确的分工，又相互协作，共同构成物流网络系统。

小思考

物流系统网络，作为现代经济运行的重要支撑，其复杂性和动态性日益凸显。这一网络不仅涵盖了运输、仓储、配送等各个环节，更涉及信息流的传递和处理，以及各类物流资源的优化配置。在全球化的大背景下，物流系统网络已成为连接世界各地的重要纽带，对提升经济运行效率、促进国际贸易发挥着举足轻重的作用。

在物流系统网络的建设和运营中，我们需要关注其整体性和协调性。整体性意味着应将物流系统网络作为一个有机整体来考虑，各个环节之间应相互衔接、密切配合，以实现物流流程的顺畅和高效。协调性则强调在物流系统网络内部，各种资源、信息和活动应实现有效整合和协同，以应对市场变化和客户需求。

此外，物流系统网络的智能化和绿色化也是未来发展的重要方向。通过应用物联网、大数据、人工智能等先进技术，我们可以实现物流信息的实时传递和处理，提升物流系统的智能化水平。同时，注重绿色物流的发展，降低物流活动对环境的影响，也是实现可持续发展的必然要求。

然而，在物流系统网络的建设和运营过程中，我们也面临着诸多挑战。例如，如何平衡物流成本与物流效率的关系？如何提升物流系统的抗风险能力？这些问题都需要我们进行深入研究和探讨。

问题：

1.在物流系统网络中，如何实现各环节之间的无缝衔接和高效协同？

2.随着技术的不断发展，物流系统网络将如何进一步实现智能化和绿色化？

任务二 了解物流网络结构及规划设计

物流网络结构及规划设计是现代物流管理中的重要内容，它涉及物流系统的各个环节，包括运输、仓储、配送、信息管理等。通过学习本任务内容，同学们可以更好地理解物流网络的结构和规划设计在当今全球化和信息化的时代背景下对于企业的竞争力和可持续发展的重要意义。

一、物流网络结构

1.按照空间结构形态划分

按照空间结构形态划分，物流网络可以分为4种类型："增长极"网络结构、"轴－辐"网络结构、多中心多层次网络结构和复合网络结构。这些不同类型的物流网络是由于地理条件、区位基础和社会经济发展特点的差异而形成的。

（1）"增长极"网络结构

"增长极"网络结构指的是经济社会集中在某一点形成的经济增长点，同时也是经济集聚与扩散相互协同形成的一种地域经济社会结构。图4-2展示了"增长极"网络结构。一般而言，"增长极"网络必须具备优越的内外部物流联系条件，并且物流条件是其形成过程中的重要因素。这种模式的物流网络结构具有极高的物流系统效率，并拥有活力充沛、交通网络体系密集的特点。

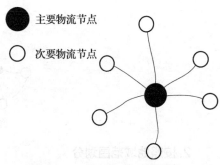

图4-2 "增长极"网络结构

（2）"轴－辐"网络结构

"轴－辐"网络结构是指以主要物流节点（如物流枢纽城市、枢纽港口、车站空港等）为轴心，以次要物流节点为辐，形成一个类似于自行车轮子的空间网络系统。图4-3展示了"轴－辐"网络结构。"轴－辐"网络具有明显的规模效益、集聚效益和空间效益，其中规模效益是其最大优势。这种类型的物流网络结构在沿线重要的交通站点和枢纽上呈放射状分布格局，这些重要基础设施为经济活动提供了空间关联环境，也是物流网络形成和演化的首要条件。

（3）多中心多层次网络结构

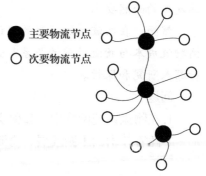

图4-3 "轴-辐"网络结构

多中心多层次网络结构是一种物流空间结构形式，其特点是不同地域之间形成密切关联、密切合作的物流网络结构，这是生产社会化和社会化分工协作发展的必然结果，也是物流经济发展的客观趋势，如图4-4所示。该网络结构的特征是在不同地域范围内形成多个中心和多个层次的物流网络结构，以满足经济社会分工协作的需求。

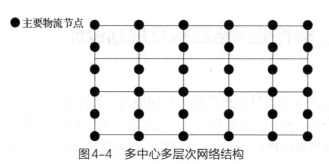

图4-4 多中心多层次网络结构

（4）复合网络结构

复合网络结构是一种由两种或更多物流网络形态综合而形成的物流空间结构形式。它的重要特征是物流网络之间的协同效应，如图4-5所示。这种协同式复合网络结构在合理配置社会资源、协调经济社会平衡发展方面，起着特别重要的作用。

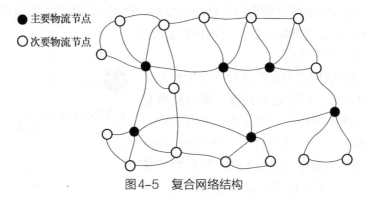

图4-5 复合网络结构

2.按照地域范围划分

按照地域范围划分，物流网络可分为国际物流网络、区域物流网络、城市物流网络和城乡物流网络等层次。

（1）国际物流网络

国际物流网络是指不同国家或地区的物资流动过程中，相互联系的组织和设施的集合。它的目的是为国际贸易和跨国经营服务，促进各国物流系统的相互接轨。在国际物流网络层面，应关注合理配置国际物流运转物流园区和一个地区的物流中心。

（2）区域物流网络

区域物流网络是指不同地区物资流动过程中相互联系的组织和设施的集合，它的目的是为区域经济贸易和区域发展服务，促进各地区物流系统的相互接轨，实现区域物流系统的最优化。在区域物流网络层面，应关注合理配置跨区域间的物流园区和区域内的物流中心。

（3）城市物流网络

城市物流网络是指一个城市物资流动过程中相互联系的组织和设施的集合，它的目的是实现城市经济社会的可持续发展，对城市货物运输进行统筹协调、合理布局和整体控制，实现物流活动的整体优化。在城市物流网络层面，应关注合理配置城市边缘的物流园区和城市内的物流配送中心。

（4）城乡物流网络

城乡物流网络是指城乡之间物资流动过程中相互联系的组织和设施的集合，它的目的是为城乡之间的经济贸易和城乡居民的生活服务，促进城乡经济一体化、农村物流系统与城市物流系统的有机结合，实现城乡经济的互动。在城乡物流网络层面，应关注合理配置"城乡结合部"的物流园区、物流中心和配送中心以及农村的配送站。

国际物流网络、区域物流网络、城市物流网络和城乡物流网络相互联系，有机组成一个现代物流网络系统，如图4-6所示。

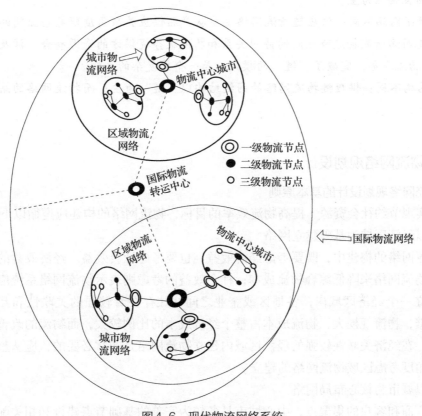

图4-6　现代物流网络系统

3.按照功能形态划分

按照功能形态划分，物流网络可分为企业物流网络、供应链物流网络和社会物流网络。

（1）企业物流网络

企业物流网络是指企业内部物品实体流动而形成的网络。一般包括生产物流网络、销售物流网络、采购物流网络和回收物流网络。

（2）供应链物流网络

供应链物流网络是指从产品或服务市场需求开始，到满足需求为止的时间范围内，所从事的经济活动中所有涉及的物流活动的部分所形成的链条或网络。

（3）社会物流网络

社会物流网络，也称为大物流网络或宏观物流网络，面向全社会，涉及商品流通领域所有物流活动所形成的网络。

> **小贴士**
>
> **供应链物流网络与物流网络的区别**
>
> 1.构成要素不同：供应链物流网络是制造企业上下游间形成的供应关系的网络，以制造企业和分销企业为主；物流网络是提供物流服务的企业通过资源整合形成的网络，以物流企业为主。
>
> 2.研究内涵不同：供应链物流网络主要从产品供应关系角度研究企业间的连接关系；物流网络研究物流节点间的协同关系和物流服务提供方的资源整合，涉及对若干"链"的物流服务，突破了"链"的模式，是一个更复杂的系统。
>
> 3.结构不同：供应链物流网络的网链结构以"链"为主；而物流网络的结构以网为主。

二、物流网络规划设计

1.物流网络规划设计的基本原则

为了实现节约社会资源、提高物流效率的目标，物流网络的构建应遵循以下原则。

（1）以经济区域为基础建立网络

在物流网络的构建中，既要考虑经济效益，也要考虑社会效益。经济效益的考虑意味着要通过物流网络来降低综合物流成本；社会效益的考虑则表示物流网络系统应有助于节约资源。在一个经济区域内，各地区或企业之间往往存在着较强的关联性和互补性，经济活动频繁，物流规模大，物流成本占整个经济成本的比例较大，而物流的改善潜力也很大。因此，在经济关联性较强的经济区域内建立物流网络是非常必要的，应从整个经济区域的发展角度考虑区域物流网络的建立。

（2）以城市为核心布局网络

作为厂商和客户的集聚点，中心城市具备较为完善的基础节点建设和相关配套基础设施。因此，在物流网络的布局中应以城市为重点，以节约投资和提高效益为目标。在宏观层面进行物流网络布局时，应考虑覆盖经济区域城市，将其作为重要的物流节点；在微观层面进行物流网络布局时，应将中心城市作为依托，充分发挥其现有的物流功能。

（3）以厂商集聚形成网络

厂商集聚是指同一或不同产业在某一特定地理区域内高度集中，从而形成供求网络效应。厂商集聚可以节约成本，加强信息与技术交流，获取综合利益。在构建物流网络时，厂商集聚密度也是规划者需要重点考虑的因素。

（4）建设信息化网络

通过建设信息化网络，物流网络节点间的信息传递将不再依赖于一连串的转换节点，而直接进行信息交换。信息化网络是物流网络运行的重要技术支撑，可以实现货物在物流网络内的实时跟踪、电子订货、物流服务咨询，以及信息采集与传输、业务管理、客户查询和业务跟踪等功能。这将有效地减少物流中的中间环节和费用。

2.物流网络规划设计的基本思路

物流网络规划设计涉及的内容和问题比较广泛，规划设计时，一定要以系统的全局规划为主，以达到全局优化为目的。物流网络规划设计的基本思路如下。

首先，定义所要研究的问题。在这一阶段，我们需要明确物流网络规划设计的目标，比如降低成本、提高效率、优化服务质量等。同时，还需要识别并定义出影响物流网络规划的关键因素，如市场需求、运输方式、仓储设施等。

其次，分析问题。我们需要对定义的问题进行深入的分析，收集相关的数据和信息，通过定性和定量的方法，找出问题的根源和瓶颈。在这一阶段，可能需要运用一些专业的分析工具和方法，比如网络优化理论、仿真模拟等。

接下来，提供解决方案。基于问题的分析，我们需要设计并提出可能的解决方案。这些方案可能包括调整物流网络的布局、优化运输路径、改进仓储管理等。在提出解决方案时，我们需要充分考虑各种可能的因素，包括成本、效率、风险等。

然后，评价解决方案。我们需要对提出的解决方案进行全面的评价，包括所产生的经济效益、社会效益和环境效益等。评价的方法可以是定性的，也可以是定量的，如进行成本效益分析、敏感性分析等。

之后，选择解决方案。在评价了所有的解决方案后，我们需要根据评价的结果，选择出最优的方案。选择方案时，需要综合考虑各种因素，包括方案的可行性、实施难度、预期效果等。

接下来，实施解决方案。在选择了解决方案后，我们需要制定详细的实施计划，并按照计划实施。实施过程中，可能需要进行一些调整和优化，以适应实际情况的变化。

最后，实施后再评价。在解决方案实施一段时间后，我们需要对实施效果进行再评价。这一阶段的评价主要是为了检验解决方案的实际效果，以及找出可能存在的问题和不足，为未来的优化和改进提供参考。

以上就是物流网络规划设计的基本思路，如图4-7所示。通过这个过程，我们可以全面、系统地规划和设计物流网络，以达到全局优化的目的。

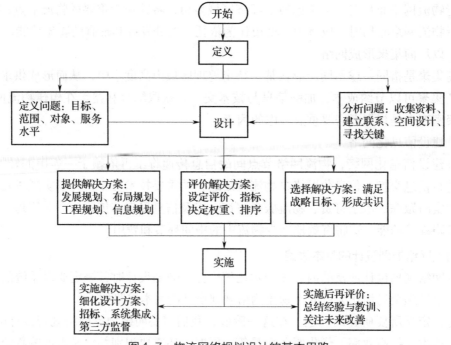

图4-7 物流网络规划设计的基本思路

3.物流网络规划设计的基本内容

物流网络规划设计主要涉及确定产品从供货点到达需求点的流动结构，具体内容包括确定物流节点的类型、数量、位置，以及如何分派产品和客户给各个节点，节点之间应采用何种运输服务等。

物流网络设计分为空间设计和时间设计两个方面。空间设计包括确定各种物流节点（如工厂、仓库销售点、物流中心等）的平面地理位置。在确定物流节点的数量、规模和位置时，需要在满足客户服务需求和控制运输成本之间寻求平衡，从而实现总成本的最小化。这些成本包括生产采购成本、库存持有成本、物流节点建设成本和运输成本。时间设计旨在确保满足服务客户目标的前提下，使产品的可获得性和客户获取产品所需时间得到保证。时间设计涉及仓库管理和运输管理等方面。

物流网络规划设计的目标是实现物流利润最大化和服务最优化。在战略性物流规划过程中，常需要解决以下几个方面的问题。

1）物流网络空间结构类型的选择。

2）网络中各级物流节点的数量、规模和位置。

3）各物流节点与客户和供应商之间的进货和供货关系。

4）物流服务质量水平以及信息网络的结构。

5）物流管理的组织结构模式。

4.物流网络规划设计的分析工具

进行物流网络规划设计的分析工具有很多，其中数学模型和计算机模型是常用的工具，并且常见的工具包括数学分析技术、仿真模型、启发式模型、最优模型和专家系统模型。

（1）数学分析技术

数学分析技术利用统计图表、制图技术和表格对比等方法进行分析。这些方法考虑了许多复杂的因素，如主观因素、例外情况、成本和限制条件，这使得分析结果更加全面，可能得出可直接实施的设计方案。

（2）仿真模型

仿真模型通常用于模拟成本结构、约束条件和其他能够合理代表网络的因素。这类模型利用随机数学关系，通过仿真程序对系统模型进行抽样试验。物流网络仿真通过描述成本、布局、设施、运输方式、运输批量、库存容量和周转等要素的合理数量关系，并利用计算机程序或现有仿真平台进行物流网络仿真，然后评估和分析仿真结果，选择出最优的物流网络设计方案。常用的物流仿真软件包括VisFactory、Witness、Extend、Flexsim、ProModel、AutoMod等。

（3）启发式模型

启发式模型将仿真模型的真实性与最优模型的求解最优解的过程结合起来。它通常用于解决复杂问题，但无法保证获得最优解。在解决物流管理中一些最困难的决策问题时，启发式模型具有很好的操作性。

（4）最优模型

最优模型依据精确的数学过程评估各种可选方案，并能够保证得到该问题的数学最优解。这些模型包括数学规划（如线性规划、非线性规划、动态规划和整数规划）、枚举模型、排序模型、微积分模型和设备替换模型等。

（5）专家系统模型

专家系统，也称为人工智能系统，将专家在问题解决过程中积累的经验、方法和专业知识转化为计算机程序。它将专家的知识和解决问题的逻辑思维以程序的形式传授给计算机，并利用计算机的强大计算能力来解决实际问题。

物流网络规划设计的分析工具多种多样，它们在整个物流网络规划设计的过程中起着至关重要的作用，帮助决策者以科学、系统的方式优化物流网络，提升物流效率。常见物流网络规划设计的分析工具的特点及示例见表4-2。

表4-2　常见物流网络规划设计的分析工具的特点及示例

分析工具类别	特点	示例
数学分析技术	综合考虑多种因素，提供全面分析	线性规划优化运输路径
仿真模型	可视化评估，提供直观分析依据	VisFactory模拟物流流程
启发式模型	快速求解，提供实用方案	启发式算法快速规划
最优模型	保证数学上的最优解，适用于精准决策	整数规划选址决策
专家系统模型	结合专家知识与计算机计算能力，提供智能化支持	专家系统提供决策支持

5.物流网络规划设计的步骤

在确定最佳的物流网络规划设计方案时，需要考虑众多因素。设计合适的物流网络应与物流系统的战略总体规模目标始终保持高度一致。物流网络的设计实际上是为了实现物流系统战略目标而进行的。

物流网络规划设计是一个复杂且多次迭代的过程。一般来说，战略性和综合性的物流网络设计需要遵循以下几个步骤。

1）组建物流规划设计团队。

2）收集物流网络数据。

3）提出备选方案。

4）比较相关方案。

5）实施和执行方案。

6.物流网络规划设计所需数据与来源

在进行物流网络规划设计时，我们需要获取以下文件和数据。

1）产品线上的所有产品清单，以及顾客、存货点和原材料供应源的地理分布。

2）每个区域的顾客对每种产品的需求量。

3）运输成本和费率，运输时间、订货周期和订单满足率。

4）仓储成本和费率，以及产品的运输批量。

5）网络中各物流节点的存货水平和控制方法。

6）订单的频率、批量和季节波动情况。

7）订单处理成本和产生这些成本的物流环节。

8）顾客服务目标。

9）设备和设施的可用性以及产品配送模式。

这些文件和数据可以从以下多个来源获取：公司的经营业务运作文件（如订单记录、库存报告等）、财务会计报告（如成本报告、利润表等）、物流研究和公开出版物。

❓ 小思考

亚马逊作为全球最大的电子商务公司之一，其物流网络结构经历了多次变革和优化。在早期发展阶段，亚马逊主要采用"增长极"网络结构，即首先在少数地区建立配送中心，逐步扩展到其他地区。这种结构有助于集中资源，快速占领市场。随着业务规模的扩大，亚马逊开始采用"轴-辐"网络结构。在这种结构中，货物首先被集中到一个或多个中心枢纽（轴），然后再从这些枢纽分散到各个目的地（辐）。这种模式有助于提高运输效率、降低成本并扩大物流覆盖范围。随着市场的进一步扩大和需求的多样化，亚马逊开始采用多中心多层次网络结构。在这种结构中，亚马逊在不同地区建立多个大型配送中心，形成多个增长极。同时，在每个地区内部，还建立多个中小型配送中心，形成多层次的网络结构。这种结构有助于提高配送速度和满足客户的个性化需求。随着物流网络的进一步发展和成熟，亚马逊开始采用复合网络结构。在这种结构中，亚马逊结合了"轴-辐"网络结构和多中心多层次网络结构的优点，形成了更加灵活和高效的物流网络。同时，亚马逊还通过采用先进的物流信息技术和智能化管理手段，进一步提高了物流网络的运作效率和准确性。

亚马逊的物流网络结构经历了从"增长极"结构到"轴-辐"结构，再到多中心多层次结构的发展历程，最终形成了复合网络结构。这种不断优化和创新的精神使得亚马逊的物流网络始终保持领先地位，为其业务的快速发展提供了有力支持。

问题：

1.亚马逊在采用多中心多层次网络结构时，如何平衡配送速度和成本之间的关系？

2.亚马逊采用复合网络结构后，如何应对不同地区间的物流需求差异？

任务三 理解物流节点的内涵

物流节点是物流网络中的重要组成部分，它不仅承担着存储、分拣、转运等任务，更是连接各个环节、实现物流高效运作的关键。

通过深入了解物流节点的知识，我们可以更好地理解物流运作的规律和要求。通过了解物流节点在区域经济发展中的作用，我们可以更好地认识到自己的职业价值和使命感。

一、物流节点的概念

物流节点是物流网络中的重要支柱，它们在协调、整合和优化物流线路中起到关键作用。这些节点是进行各种物流活动的场所，包括但不限于仓储、分拣、包装、运输和信息处理等。这些活动对于确保货物的准确和及时流动，以及满足客户需求至关重要。物流节点可以包括各种类型的设施，如仓库、配送中心、物流中心和车站等。这些节点在物流网络中扮演着不同的角色，但它们共同协作，以确保货物的顺畅流动。

物流节点的重要性不容忽视。它们在连接不同地区、不同行业和不同企业方面起着关键作用，促进了物资的流通和经济的发展。同时，物流节点还为提高物流效率和降低物流成本提供了必要的支持和保障。

随着科技的发展，现代物流节点越来越依赖物联网、人工智能等技术。这些技术使得物流节点更加智能化、自动化和高效化。例如：通过物联网技术，可以实时监控货物的状态和位置，提高货物的可追溯性；通过人工智能技术，可以优化运输路线和仓储管理，提高物流效率和准确性。

综上所述，物流节点在物流运作中发挥着至关重要的作用。同时，随着科技的发展，物流节点将越来越智能化、自动化和高效化。因此，对于一个有效的物流系统来说，合理布局和有效运营物流节点是至关重要的。

二、物流节点的功能

物流节点在物流系统中扮演关键角色，具备衔接功能、信息功能、管理功能等，是实现物流高效运作和优化的重要支撑。

1.衔接功能

物流节点的衔接功能在构建高效、畅通的物流系统中扮演着核心角色。该功能主要体现在以下几个方面。

（1）线路连接与整合

物流节点通过有效地连接不同物流线路，将原本孤立的线路整合成一个有机整体，形成完善的物流网络。这不仅能够提升物流效率，还能降低物流成本，实现物流资源的优化配置。

（2）运输方式转换与协调

物流节点具备不同运输方式之间的转换与协调能力，如铁路、公路、水路和航空等运输方式之间的衔接。其转换与协调能力能够确保货物在不同运输方式之间的顺畅过渡，避免长时间的中断和延误。

（3）物流活动衔接与协同

物流节点还承担着物流活动之间的衔接与协同任务。通过优化物流流程、协调各环节之间的运作，物流节点能够实现物流活动的无缝对接，提升整体物流效率。

2.信息功能

物流节点的信息功能是物流系统高效运作的重要支撑。该功能主要包括以下几个方面。

（1）信息传递与共享

物流节点作为物流信息的集中地，能够实现信息的快速传递和共享。通过构建完善的信息网络，物流节点可以将各个环节的信息实时传输到整个物流系统中，确保信息的准确性和及时性。

（2）信息处理与分析

物流节点具备强大的信息处理和分析能力，能够对收集到的信息进行深度挖掘和分析，为物流决策提供有力支持。通过对数据的分析，物流节点可以帮助企业了解市场需求、优化库存结构、提升运输效率等。

（3）信息指导与决策

物流节点的信息功能还能够为物流决策提供指导和支持。通过对物流数据的分析，物流节点可以为企业制定科学合理的物流策略提供依据，帮助企业降低风险、提升竞争力。

3.管理功能

物流节点的管理功能是确保物流系统有序运作的关键。该功能主要体现在以下几个方面。

（1）物流流程协调与控制

物流节点通过对物流流程的协调与控制，确保各个环节之间的顺畅衔接和高效运作。通过优化流程、制定合理的管理制度，物流节点能够提高物流效率、降低物流成本。

（2）资源配置与优化

物流节点具备资源配置与优化的能力，能够根据市场需求和企业战略，对物流资源进行科学合理的配置。通过优化资源配置，物流节点能够提高资源利用效率、减少浪费。

（3）风险管理与应对

物流节点在物流系统中扮演着风险管理的角色。通过对潜在风险的识别和评估，物流节点能够制定有效的风险应对策略，减少物流过程中的风险损失。同时，物流节点还能够通过信息共享和协同合作，提高整个物流系统的抗风险能力。

三、物流节点的种类

现代物流发展了多种类型的物流节点，这些节点在不同领域的物流中起着不同的作用，然而目前尚无统一明确的分类标准。根据功能、规模和现代物流发展的趋势，物流节点可以分为物流园区、物流中心和配送中心。

1.物流节点的主要类型

物流园区（Logistics Park）：也称为物流基地，是多种物流设施和不同类型物流企业集中布局的地区，具有一定规模和综合服务功能。物流园区是物流组织和设施的集聚体，是一种特殊的产业聚集；它具有多种物流服务的一体化功能；规模大且辐射范围广；同时也是社会公共基础设施。

物流中心（Logistics Center）：是从事物流活动并具有完善的信息网络的地点或组织。物流中心主要面向社会提供公共物流服务；具备完善的物流功能；辐射范围中等；拥有强大的存储和吞吐能力，能够为转运和多式联运提供物流支持；还能为下游的配送中心提供物流服务等。

配送中心（Distribution Center）：从事配送业务并具有完善的信息网络的地点或组织。配送中心主要为特定的用户提供服务；具备完善的配送功能；辐射范围较小；适应多品种、小批量、多批次和短周期的需求；主要为末端客户提供配送服务等。

小贴士

物流园区、物流中心与配送中心的比较见表4-3。

表4-3 物流园区、物流中心与配送中心的比较

比较项目	物流园区	物流中心	配送中心
物流的功能和特点	功能全面且批量大，供应商与品种较多	功能单一或全面，供应商和品种少、批次少但批量大	功能单一，品种和供应商多、批量小但批次多
规模和辐射范围	规模大且辐射范围广	规模一般较大，辐射范围中等	规模可大可小，辐射范围较小
在供应链中的位置	在供应链中下游、配送中心和物流中心上游	一般在物流园区下游，配送中心上游	下游，最接近用户
服务对象	比较广泛	通常提供第三方物流服务	物流对象一般比较单一，主要为特定用户

2.物流节点分类的影响因素

在确定物流节点分类时，应全面考虑各种因素，以实现客观评价物流节点类型与其所服务区域的适应性的目标。

（1）物流节点发生的物流量及其发展水平

由于物流节点的建设投资大且建设周期长，因此，物流节点的类型确定不仅要考虑当前的发展需求，还要考虑未来的发展需求。

1）物流节点的物流量是评估其作业能力的重要指标。传统上，吞吐量和周转量是反映物流量的主要指标。

2）物流节点作业量的发展水平也需要考虑。

（2）工商业发展水平

工商企业是具有物流服务需求的主体，如果工商业发展水平较高，则说明对物流服务的需求或潜在需求较大。在布局物流节点时，一方面应考虑促进当地工商业的发展，另一方面也应便于吸引物流企业入驻以提高运营效益。这是决定物流节点类型的重要依据。

1）工业发展水平：较大的工业规模对物流节点发展具有重要支持作用，有利于建设和运营大型物流园区。

2）工业市场物流客户潜在规模：这对于投资于物流节点的企业具有重要影响，有利于高层次物流节点的发展。

3）地区零售市场规模：各相关行业通过物流服务向居民和社会集团供应生活消费品，因此，其规模大小对于建设不同层次的物流节点具有重要影响。

4）工业总产值：以地区工业总产值来衡量，该指标越大，表明所服务地区的工业实力越强，物流节点提供的服务功能也更全面。

5）商业发展水平。

6）与物流相关行业的产值：运输和仓储是物流环节中最重要和最基本的环节之一。

（3）对外经济贸易发展水平

1）进出口贸易规模。

2）进出口企业规模。

（4）区域交通运输区位优势

作为物流要素活动的主要场所，物流节点必须具备良好的交通运输联络条件，以确保物流作业的顺畅进行。

1）物流节点所在区域的货物运输量能反映运输物流市场供给情况，间接反映运输业的发展水平，一般包括铁路货运量、公路货运量和港口吞吐量。

2）交通通达度可以从路网密度方面体现物流节点所服务区域的交通通达质量。

3）物流节点货物平均运距可表明其覆盖范围。

4）交通运输设施的发展水平。交通运输设施的发展水平较高的地区更有利于未来物流节点的集疏运。

（5）用地条件

1）土地价格：物流节点的建设需要占用大面积的土地，所以土地价格的高低将直接影响物流节点的规模大小。有的区域鼓励物流企业的发展，对在当地建设物流节点予以鼓励支持土地的获得就相对容易，地价及地价以外的其他土地交易费用也可能比较低。

2）大面积土地的可得性。

（6）环境保护要求

物流节点的设置需要考虑保护自然环境与人文环境等因素，尽可能地降低对城市生活的干扰，对于大型的物流节点应尽量设置在远离市区的地方。

四、物流节点的模式

物流节点是一个存在矛盾的体系。一方面，如果没有节点，物流系统的运行将会变得混乱且低效；另一方面，物流节点的存在必然导致物流过程的停顿，这也是许多问题的根源，同时还会带来混乱和低效率的情况。区域物流网络正是在这种矛盾中不断演化和完善的。

对于物流节点系统的演化分析，主要关注物流节点类型的转换以及物流网络结构的变化，这些变化是由社会经济的发展、科学技术的进步、土地利用格局、产业分布格局以及流通空间格局等因素引起的。

区域物流节点可以分为以下四种类型：物流园区、物流中心、配送中心和传统的货物集散中心。一般来说，由上述四种物流节点组成的区域物流节点系统存在4种配置模式，如图4-8~图4-11所示。

1. 一元物流节点配置模式

一元物流节点配置模式通过采用单一类型的物流节点来完成物流配送，是最简单的物流节点配置模式，如图4-8所示。随着社会经济的发展，图4-8b所示的配置方式逐渐增加比例，并且传统的货物集散中心逐渐转变为配送中心（物流中心）。

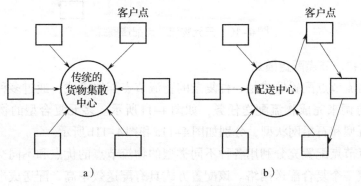

图4-8 一元物流节点配置模式

2. 二元物流节点配置模式

二元物流节点配置模式是由两种不同的物流节点来共同完成物流配送任务，如图4-9所示。二元物流节点配置模式有三种方式，中小城市以图4-9a、图4-9b方式为主，大城市或者城市群以图4-9c方式为主。

3. 三元物流节点配置模式

三元物流节点配置模式是由三种不同类型的物流来共同完成物流配送任务，是较为完善和理性的物流节点配置模式，如图4-10所示。三元物流节点配置模式在大城市、城市群等区域性物流系统中应用广泛。

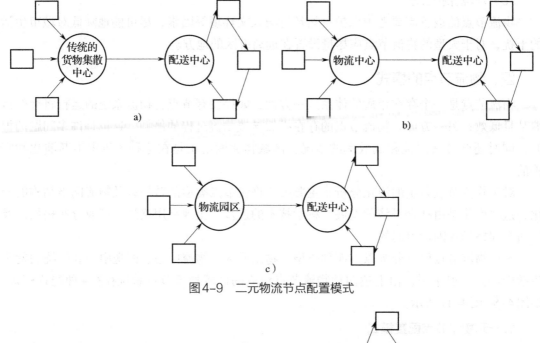

图4-9 二元物流节点配置模式

图4-10 三元物流节点配置模式

4.多元复合物流节点配置模式

多元复合物流节点配置模式是一种复杂的物流节点配置模式,通过多种不同类型的物流节点之间的协调来完成物流配送任务,如图4-11所示。多元复合型的物流配置主要有两种方式:钻石型和石墨网状型,分别如图4-11a和图4-11b所示。

钻石型物流节点配置充分利用各种不同类型的物流节点的优点和不同交通运输方式的技术优势,形成一个复合配送网络。该配置方式具有配送效率高、配送成本较低以及配送网络可靠性高的特点。

石墨网状型物流节点配置方式是分层的,每一层代表一种交通运输方式(例如铁路、公路、水运等),在各自的体系中由不同的物流节点组合而形成一个物流网络。然而,石墨网状型物流节点配置的性能远不如钻石型的,因为各个系统之间缺乏有效的衔接和协调,导致功能雷同、效率低下、网络可靠性较差等问题。

从全国或区域整体来看,物流节点的配置模式呈现多种物流节点类型组成的复合型物流网络。

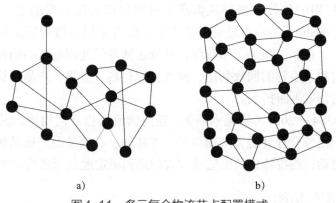

a)　　　　　　　　　　　b)

图4-11　多元复合物流节点配置模式

任务四　掌握逆向物流网络

逆向物流网络具备有效回收、降低环境污染、节约企业成本等功能。通过本任务，我们可以了解到逆向物流网络在降低企业运营成本方面的作用，从而意识到在未来的工作中，需要关注企业成本的节约和管理，提高企业的竞争力。

一、逆向物流的定义

在物流学的演进历程中，逆向物流的概念首次由Lamber和Stock于1981年提出，他们将其定义为与主流货物流动方向相反的物流活动。这一定义标志着逆向物流作为一个独立的研究领域开始受到学术界的关注。

在1988年，Stock进一步细化了逆向物流的概念，他强调了逆向物流在产品回收、循环使用、替代物料、废物处理以及维修、整修和再制造等多个环节中的关键作用。这一阐述不仅丰富了逆向物流的内涵，也为其在实际应用中的操作提供了指导。

1992年，Stock在提交给美国物流管理协会（CLM）的一份研究报告中正式提出了"逆向物流（Reverse Logistic）"这一术语。这一术语的正式提出标志着逆向物流在学术界和业界得到了更广泛的认可，并逐渐成为物流领域的一个重要研究方向。

进入21世纪，Steve Butler在2004年的文章"Reverse Logistics Moves Forward"中对逆向物流进行了更为全面和深入的阐述。他强调，逆向物流不仅涉及计划、执行和控制材料的流动，还包括管理通过供应链反馈回来的信息，并以获取价值为主要目的。此外，他还指出了逆向物流服务的多样性，包括转移、回收、翻新、循环利用以及安全处理产品等。这一阐述不仅深化了我们对逆向物流的理解，也为逆向物流的实践应用提供了更为全面的指导。

逆向物流通常包括回收物流和废弃物物流。回收物流（Returned Logistic）指退货、返修物品和周转使用的包装容器等从需求方返回供应方所引发的物流活动。废弃物流（Waste Material Logistic）是指将经济活动中失去原有使用价值的物品根据实际需要进行收集、分类、加工、包装、搬运、储存等，并分送到专门处理场所的物流活动。逆向物流的概念已经从原材料、废物的回收利用，发展到原材料、废物、产品和信息在供应链中的逆向回流，涉及的领域不断扩大。

根据GB/T 18354—2021《物流术语》，逆向物流也称反向物流，其定义为"为恢复物品价值、循环利用或合理处置，对原材料、零部件、在制品及产成品从供应链下游节点向上游节点反向流动，或按特定的渠道或方式归集到指定地点所进行的物流活动。"

二、逆向物流的功能

1. 物品收集功能

物品收集是逆向物流领域中一项至关重要的基本功能，其运营成本在整个逆向物流的总成本中占据了相当大的比例。在广阔的市场范围内，收集物品通常涉及大量不同的来源和地理位置，因此需要采取小批量、高频率的运输方式，这种方式自然会导致相对高昂的运输费用。

此外，物品收集过程中的运输环节往往会对环境产生一定的不良影响。具体来说，由于需要频繁地进行小批量的运输，这不仅增加了燃料消耗和碳排放，还加剧了道路交通的拥堵问题，从而进一步加剧了环境污染。

因此，为了实现逆向物流的可持续发展，需要在物品收集过程中采取更加环保、高效的运输方式。例如，使用电动车辆进行短途运输，或者通过优化物流网络来减少不必要的运输。同时，也可以通过与供应商合作，实施预防性回收计划，以减少需要收集的物品数量，从而降低逆向物流的总成本。

2. 检测与分类功能

回收物品的种类繁多，对应的回收物品的价值也不同，因此，必须进行有效的分类以便后续处理。如果回收的商品仅因顾客偏好或库存过剩而非质量问题，则可以继续销售。当终端顾客向零售商退货，零售商向分销商退货，接受退货的一方可以将退货作为新的库存。当有质量问题的产品返回到制造商时，制造商需要对返还物品进行分类并进行成本核算，然后做出相应的处理决策，如降价处理、重新制造和再加工等。对于无法再利用的物品，需要经过适当的处置，包括分解并返回原材料供应商，或采取焚烧、填埋等处理方式。

3. 再加工功能

在完成分类后，部分物品需要进行再加工处理。这些需要再加工的物品数量相对较少，但为了确保再加工设备的利用率和经济效益，一般要求再加工物品的数量较大。由于再加工设备的投资成本较高，因此需要足够的物品数量来分摊这些固定成本，从而降低再加工设施的平均运营成本。这有助于提高整个逆向供应链的经济可行性。

为了满足这一要求，一些企业会采取预估回收数量的方式，以确保有足够的物品进行再加工。然而，这种预估的方式可能会导致一些误差，因为实际回收数量可能与预估数量存在差异。为了解决这个问题，一些企业会采取灵活的再加工策略。例如，根据实际回收数量来调整再加工设备的利用率，或者根据市场需求来调整再加工物品的种类和数量。这些灵活的策略有助于提高企业的适应能力和竞争力。

4.重新配送和运输功能

重新配送和运输功能类似于正向物流中的配送过程，主要涉及快速反应和运营成本之间的权衡。由于逆向系统输出的物品更加多样化，当流量较大时就需要进行统一配送以提高效率。对于不同分类的物品，应给予不同的优先级进行配送，并选择相应的运输方式。

三、逆向物流网络结构

一个完整的闭环供应链系统（Closed-loop Supply Chain System）不仅包括正向物流还包括逆向物流，如图4-12所示。

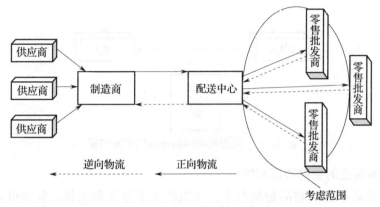

图4-12 闭环供应链系统结构

1.按照是否利用原有的物流网络分类

根据是否利用原有的物流系统来实现逆向物流功能分类，将逆向物流系统网络分为简单逆向物流系统网络和复杂逆向物流系统网络。

简单逆向物流系统完全依赖于现有的物流系统来实现逆向物流功能。逆向物流的设施和运输线路与正向物流系统相同。下游企业直接将回流物品返回给上一级供应商。该模式的优点在于：一是完全依赖正向物流系统，利用现有的设施和组织，无须额外投资；二是下游企业几乎没有责任和风险，所有风险由制造商承担；三是上下游之间的业务关系明确，因为回收的物品来自同一商家，无须重新协调责任关系。缺点是系统反应时间长，信息失真，运营成本高昂。

复杂逆向物流系统不再简单地利用原有的物流系统来实现逆向物流功能，而是建立专业化的逆向物流网络，设立逆向物流回收中心来处理回收物品，进行收集、分类和配送等工作。复杂逆向物流系统的投入端简化，输入的物品与简单逆向物流系统相同，一般只有回收中心作为接收端，而不像简单逆向物流系统中每个正向物流设施都成为接收点。

2.按照逆向物品的种类分类

根据逆向物品的种类分类，会形成不同的逆向物流网络结构，例如可重新利用（Reuse）、可重新制造（Remanufacturing）、回收（Recycling）和商业退货（Commercial

Returns）等。

（1）可重新利用的逆向物流网络

玻璃瓶、塑料瓶、罐、箱和托盘等可重新利用的包装，其逆向网络设计包括保管、收集设施的定位、数目和规模以及运输配送的费用设计，确立新包装投入量。可重新利用的逆向物流网络图如图4–13所示。

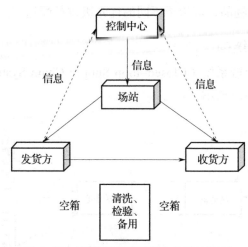

图4–13　可重新利用的逆向物流网络图

（2）可重新制造的逆向物流网络

典型的可重新制造的物品包括汽车、飞机的贵重部件和工具，复印机和计算机的部件。收集使用后的物品经过检测和拆分，再重新制造为新的产品，最后进行销售。可重新制造的逆向物流网络设计涉及重新制造设施的定位、规模，以及使用最低回收物品物流费用的计算。在进行计算和决策时，必须考虑到投资、运输、处理和库存的费用等。可重新制造的逆向物流网络图如图4–14所示。

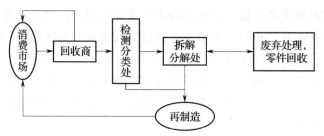

图4–14　可重新制造的逆向物流网络图

（3）回收的逆向物流网络

典型的回收物品包括纸张、玻璃、金属、塑料等。在这种物流网络里，收集的回收物品价值一般很低，处理量却很大，而专门处理的设备却很昂贵，因而回收处理场所往往比较集中，废弃物资回收物流的一般流程是：收集—存储—再处理—再销售。其逆向物流网络结构如图4–15所示。在网络设计里，回收处理场所定位、能力设计以及经济分析都非常重要。

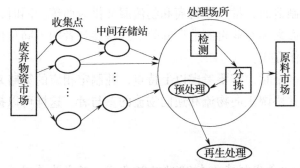

图4-15　回收的逆向物流网络图

（4）商业退货的逆向物流网络

商业退货发生在零售业到制造业。例如超额库存，根据合同的退货，发送错误的货物、损坏的货物。退回的货品如果质量好，将被送到正常的营业库存进行再次销售；质量不好的进行回收处理。该逆向物流网络设计的重要内容包括网络结构流程设计及其有关的合同管理。商业退货的逆向物流网络图如图4-16所示。

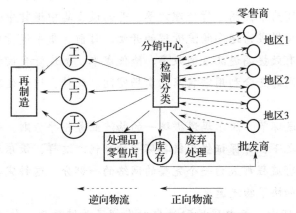

图4-16　商业退货的逆向物流网络图

3.逆向物流网络结构的特点

逆向物流网络结构具有以下特点。

1）废旧品的不确定性。不确定性主要涉及回收物品的数量、质量以及到达时间等方面。这些不确定性因素包括损耗程度、污染程度和材料的混合程度等。在设计逆向物流网络时，需要考虑这些不确定性，并制定相应的策略来处理。

2）检测和分类的集中程度。逆向物流网络设计时需要确定检测和分类功能的位置。只有经过检测和分类后，回收产品的未来目的地才能确定。因此，检测和分类环节的集中程度，对逆向物流网络中的检测费用、搬运费用和运输费用有重要影响。

3）"正向"与"逆向"的关系。正向物流网络通常呈现"少对多"的发散状结构，而逆向物流网络则表现为"多对少"的收敛状结构。这反映了正向物流和逆向物流之间的差异。

正向物流与逆向物流的参与者可能相同也可能不同。回收物流渠道的操作者可以是正向渠道的参与者，如制造商、批发零售商和物流服务供应商等。同时，还可以是其他一些专门的团体，如二手商家和专业再制造厂商等。这些参与者的不同角色和利益会影响逆向物流网络的结构和运作方式。

在设计逆向物流网络时，需要考虑以上特点，并制定相应的策略来解决不确定性、优化检测和分类环节，并协调正向物流和逆向物流的参与者。这样可以提高逆向物流网络的效率和可持续性。

❓ 小思考

沃尔玛于20世纪60年代创建，在20世纪90年代一跃成为美国第一大零售商，在短短几十年的时间里，沃尔玛的连锁店几乎已遍布全世界，并以其优质快捷的服务、惊人的销售利润、先进的管理系统而闻名全球。沃尔玛的快速成长，与其卓越的物流管理思想及其实践密切相关。

关于逆向物流，退货是其重要组成部分。沃尔玛非常重视物流体系的建设，并在其中投入了大量资金，旨在实现"无缝点对点"的物流运作。这里的"无缝"意指供应链的各个环节能够顺畅衔接，确保产品从工厂到商店货架的流程尽可能平滑。从1990年开始，美国的大型连锁零售商为了提高退货处理效率，开始设立集中退货中心，以集约化的方式处理退货业务。这一举措成为逆向物流管理的开端。目前，集中退货中心已成为逆向物流管理的主导方式，能有效提高返品流通效率、降低成本、加速资金回收，并减少零售店和生产厂家的工作量，同时充分利用零售店的卖场空间。此外，这种处理方式还有利于收集商业动态。

在逆向物流的配送环节，沃尔玛遵循统一的物流业务指导原则，确保所有物流过程都集中于一个伞形结构之下，并保证供应链各环节的顺畅。这样，沃尔玛的运输、配送以及订单与购买处理等所有流程都成为一个完整的网络的一部分。这种完善的供应链管理大幅降低了物流成本，并加快了物流速度。

在逆向物流的循环中，沃尔玛的配送中心发挥了关键作用。作为供应商和市场的桥梁，配送中心接收供应商的货物，降低了供应商的成本。沃尔玛的物流过程非常精确，确保了商店收到的商品与发货单完全一致。这种精确的物流流程使得连锁店在接受配送中心的送货时只需要卸货，无须对商品进行检查，从而有效降低了成本。

问题：

1.如何平衡正向物流和逆向物流的关系？

2.集中退货中心对逆向物流管理有哪些优势？

项目小结

本项目主要研究了物流系统网络的设计问题。首先，对物流网络的定义、特征和构成要素进行了深入介绍，为后续的物流网络规划设计工作奠定了基础。其次，对物流节点进行了深入研究，阐述了其作用、功能、种类和运作模式，这对构建高效物流系统具有重要意义。最后，介绍了逆向物流网络的相关知识，包括其定义、功能和网络结构。逆向物流在环保和可持续发展方面具有重要作用。通过这个项目，我们不仅掌握了丰富的理论知识，还培养了分析和解决问题的能力，这将有助于我们在未来的物流工作中更好地发挥专业优势。

思 考 题

1.简述物流网络的定义、构成及其内涵。

2.简述物流节点的定义和分类。

3.常见物流节点的配置方式有哪几种？各有什么特点？

4.简述物流网络设计的一般步骤。

5.描述各物流决策之间的相互关系。

6.逆向物流系统优化的关键技术有哪些？

7.简述物流网络决策的构成及其相关内容。

8.简述逆向物流的定义、内涵，并描述其主要的网络结构。

9.利用物流决策网络的有关原理，联系一个实际物流企业，分析其存在的问题，并提出改进其物流绩效的有关措施。

实 训 题

京东作为中国的大型电商平台，其物流网络覆盖全国，为数亿用户提供快速、准时的配送服务。近年来，随着业务的迅猛发展和用户需求的多样化，京东不断优化其物流节点，以提升整体物流效率和客户满意度。早期，京东的物流节点布局较为分散，且缺乏统一的管理和调度系统。这导致了货物在物流节点间的中转效率低下，配送延误现象时有发生。为了解决这一问题，京东开始对其物流节点进行整合和优化。你认为京东应该如何通过优化物流节点来提高整体的物流效率？在物流节点优化过程中，京东面临了哪些挑战？如何应对这些挑战？你认为京东在物流节点优化方面还有哪些可以改进的地方？

案例分析

顺丰速运（以下简称顺丰）是中国最大的民营快递公司之一，也是全球最大的物流公司之一。顺丰的物流网络是其成功运营的关键组成部分，它以覆盖广泛、高效稳定、智能化和多元化服务为核心特点。

顺丰的物流网络由多个层级构成，包括分拣中心、中转场、配送站和收派员等。这些物流节点通过航空、铁路、公路等多种运输方式相互连接，形成了覆盖全国的物流网络。顺丰的物流网络不仅覆盖城市，还深入乡村地区，为各类客户提供高效稳定的快递服务。

在物流网络的运营过程中，顺丰注重提高效率、降低成本。通过采用自动化分拣系统和智能配送路线规划，大幅缩短了货物的分拣和配送时间。同时，通过数据分析，顺丰对物流网络的运营进行持续优化，不断降低了运营成本。

此外，顺丰的物流网络还注重多元化服务。除了传统的快递业务，顺丰还提供仓储、配送、供应链管理等一体化服务。这种多元化的服务模式满足了客户的不同需求，提高了顺丰的市场竞争力。

在技术应用方面，顺丰的物流网络采用了先进的物联网技术和大数据分析技术。通过实时监控货物的位置和状态，实现精准定位和快速配送。同时，通过数据分析，对物流网络的运营进行持续优化，不断改进自身的服务质量。

顺丰速运的物流网络以其覆盖广泛、高效稳定、智能化和多元化服务为核心特点，成为中国乃至全球物流行业的标杆。它不仅提高了电商和消费者的运营效率，也为消费者带来了更好的购物体验。未来，随着技术的不断进步和应用，顺丰的物流网络将继续发挥其优势，推动我国物流行业的发展。

案例思考题

1. 顺丰是如何优化物流网络以提高效率和稳定性的？
2. 顺丰是如何实现物流网络的智能化和多元化服务的？

项目五 物流园区规划

学习目标

知识目标

- 了解物流园区概念和类型。
- 理解物流园区规划的目的和原则。
- 了解物流园区规划的条件要素。
- 了解物流园区规划的技术流程。
- 掌握物流园区选址规划。

能力目标

- 能够区分物流园区的类型。
- 学会根据实际状况分析物流园区规划的条件要素。
- 能够根据物流园区规划的技术流程与物流园区选址规划的知识进行实际选址工作。

素质目标

- 培养学生的自主学习能力，使学生能够独立地获取、理解和应用知识，并具备持续学习的动力和习惯。
- 提高学生的实践创新能力，鼓励学生通过实践活动发现问题、提出解决方案，培养学生解决问题的能力，发挥创造力。
- 培养学生的团队合作精神，让学生学会与他人有效沟通、协作，共同完成任务，增强集体荣誉感和社会责任感。

京东亚洲一号哈尔滨物流园区规划

京东亚洲一号哈尔滨物流园区位于黑龙江省哈尔滨市平房区，哈尔滨市平房区哈南十二大道与哈南三路东南侧，面积约455.25亩（1亩=666.6m²）。该物流园区是京东集团旗下的重要组成部分，致力于提供高效、便捷、安全的物流服务，是京东在东北地区最大的物流中心。园区的功能设计非常完善，涵盖了仓储、分拣、配送、加工等多个环节。园区内设有现代化的仓库，采用了先进的仓储管理系统，可以实现货物的快速入库、存储和出库。同时，园区还配备了自动化分拣设备，可以根据订单需求快速准确地完成货物的分拣和打包。

除了基本的物流服务外，京东亚洲一号哈尔滨物流园区还提供了一系列的增值服务。例如，可以为电商企业提供定制化的仓储解决方案，帮助它们提高库存管理效率；还可以提供配送服务，将货物快速准确地送达客户手中。此外，京东亚洲一号哈尔滨物流园区还设有加工区，可以对一些特殊商品进行简单的加工和包装，以满足客户的个性化需求。

在信息交易方面，京东亚洲一号哈尔滨物流园区也做得非常出色。园区内设有信息中心，可以通过先进的物流信息管理系统对整个物流过程进行监控和管理，确保货物的安全和准时到达。此外，园区还与各大电商平台合作，实现了信息的共享和互通，提高了整个电商生态系统的运作效率。

总的来说，京东亚洲一号哈尔滨物流园区是一个集仓储、分拣、配送、加工、信息交易等功能于一体的大型综合性物流中心。通过先进的技术和管理手段，京东亚洲一号哈尔滨物流园区为电商企业提供了高效、安全、可靠的物流服务，助力电商行业的发展。

案例思考题

1. 请简述京东亚洲一号哈尔滨物流园区的规划思路和设计理念。
2. 请分析京东亚洲一号哈尔滨物流园区在提高物流效率方面采取了哪些措施。

任务一　认识物流园区

一、物流园区的概念

物流园区（Logistics Park）又称物流基地，是一种将多种物流设施和不同类型的物流企业在空间上集中布局的场所，具备一定规模和综合服务功能。

物流园区具有以下显著特点。

1）物流园区是物流组织和物流设施的集聚体，是一种特殊的产业集聚地。

2）物流园区具有多种物流服务一体化功能。

3）物流园区是一种社会公共基础设施。

物流园区通过逐步配套、完善各项基础设施和服务设施，提供各种优惠政策，吸引大型物流（配送）中心在此集聚。这样可以实现规模效益，降低物流成本，同时减轻大型配送中心在市中心分布所带来的不利影响，实现专业化、集约化和信息化的绿色物流服务。

二、物流园区的类型

目前，物流园区的类型主要划分为以下几个方面。

首先，根据功能的完备性，物流园区可以分为综合性物流园区和专业性物流园区。综合性物流园区具备多种功能，而专业性物流园区则更侧重于某一特定领域的功能。

其次，根据物流园区的服务功能，物流园区可以分为国际货运枢纽型物流园区、全国枢纽型物流园区、区域转运型物流园区和城市配送型物流园区。国际货运枢纽型物流园区主要位于港口、机场和陆路口岸附近，与海关监管通道紧密结合，负责大型转运任务。全国枢纽型物流园区则是多种运输方式骨干线网的交汇点，承担着中转枢纽的角色。区域转运型物流园区则负责跨区长途运输和城市配送体系的转换工作。而城市配送型物流园区则专注于为商贸和城市生产提供保障。

此外，根据物流作用的地域范围，物流园区可以分为全国性物流园区、区域性物流园区和城市物流园区。全国性物流园区服务于全国范围，区域性物流园区则覆盖特定区域，城市物流园区则主要服务于城市内部。

再次，根据服务对象，物流园区可以分为为生产企业服务的物流园区、面向商业零售服务的物流园区和面向全社会开放的物流园区。为生产企业服务的物流园区主要满足生产企业的物流需求，面向商业零售服务的物流园区则服务于商业零售行业，而面向全社会开放的物流园区则对所有用户开放。

最后，根据物流作用的专业领域，物流园区可以分为行业型物流园区、社会型物流园区和三方物流园区。行业型物流园区专注于某一特定行业，社会型物流园区则更侧重于为社会各界提供物流服务，而三方物流园区则主要由第三方物流公司运营。

物流园区的基本功能相同，但不同类型的物流园区在功能上有不同的侧重点。因此，在选址和规划设计物流园区之前，应根据区位条件和物流企业的区位要求，合理确定物流园区的功能定位。物流园区所处地区的地理位置、物流特性、园区数量、用地规模和服务对象等因素都会影响其功能定位。其中，物流特性包括流体、载体、流程、流向和流量等方面。

小贴士

国际货运枢纽型物流园区主要与机场、港口相结合，是以集装箱运输为主，设有海关通关通道的大型中转枢纽；全国枢纽型物流园区是多种运输方式骨干线网的交汇点；区域转运型物流园区主要满足跨区域的长途运输和城市配送体系之间的转换工作；城市配送型物流园区主要满足多品种、多批次、小批量的配送运输要求，提供快速、准时和高质量的货运服务。综合型物流园区则兼具上述四种物流园区类型的特征。不同类型的物流园区在主要服务功能上有不同的侧重点，具体见表5-1。

表5-1　不同类型物流园区的主要服务功能比较

不同物流园区类型	主要服务功能								
	装卸	存储	包装	拼装配载	运输方式转换	信息服务	报关三检	流通加工	保险金融
国际货运枢纽型	◎	◎	●	◎	◎	◎	◎	●	□
全国货运枢纽型	◎	◎	●	●	◎	◎	★	●	□
区域转运型	◎	◎	●	●	●	◎	★	●	□
城市配送型	◎	◎	◎	◎	◎	◎	★	◎	□

注：◎——基本服务功能；●——可选服务功能；□——增强型服务功能；★——不需要。

物流园区还可以按照以下要求分为4类。

1. 货运服务型

在现代物流体系中，物流园区的规划与发展占据着举足轻重的地位。这些园区依托于空运、海运或陆运等不同的运输枢纽，通过巧妙的布局和先进的设施，实现了不同运输方式之间的无缝衔接，进而促进了国际性和区域性物流的高效运转。

（1）运输方式

一个成功的物流园区必须拥有至少两种不同的运输方式或两条不同的运输干线进行衔接。这种多元化的运输方式不仅提升了物流园区的物流处理能力，还增强了其应对突发状况的能力。例如，海港物流园区依托港口这一天然的海洋运输节点，与海运、内河运输、铁路和公路转运紧密相连。这样的布局使得海港物流园区能够处理从海洋运输来的大宗货物，再通过内河、铁路或公路等运输方式，将货物快速、高效地分拨到各地。

（2）配套设施

物流园区需要提供大批量货物转换的配套设施，确保不同运输方式之间的有效衔接。这些设施包括但不限于货物装卸平台、仓储设施、分拣系统、配送车辆等。这些设施的完善程度直接影响到物流园区的运作效率和客户满意度。以空港物流园区为例，它依托机场这一空中运输节点，主要以空运和快运为主。空港物流园区配备先进的货物装卸平台和分拣系统，确保货物能够迅速、准确地从飞机上卸下，再通过公路或铁路转运到目的地。

（3）国际性物流网络

物流园区服务于国际性或区域性的物流运输及转换，这意味着物流园区不仅要满足本地物流需求，还要有能力承担跨国或跨地区的物流任务。为了实现这一目标，物流园区需要与国际货运代理、航空公司、船运公司、铁路运营商等各方建立紧密的合作关系，共同构建一张覆盖全球的物流网络。

2. 生产服务型

随着全球化和信息化时代的到来，生产制造业的竞争日益激烈。在这样的背景下，生产服务型产业应运而生，成为推动制造业转型升级的重要力量。通过依托经济开发区、高新技术园区等产业园区进行产业规划，生产服务型产业不仅为制造型企业提供了一体化物流服务，更在物料供应与产品销售等方面发挥着至关重要的作用。

（1）产业园区规划与布局

经济开发区、高新技术园区等产业园区作为生产服务型产业的重要载体，其规划与布局至关重要。这些园区通常集中了大量的制造型企业，形成了产业集群效应。通过科学合理的规划，产业园区可以实现资源共享、优势互补，提高整体竞争力。例如，通过合理规划交通线路和物流节点，产业园区可以降低物流成本，提高物流效率，从而为制造业提供更加高效、便捷的服务。

（2）一体化物流服务

生产服务型产业的核心业务之一是提供制造型企业一体化物流服务。这包括从原材料采购、生产制造到产品销售的全过程物流管理。通过专业的物流团队和先进的物流技术，生产服务型产业能够确保物料供应的及时性、准确性和可靠性，为制造业提供强有力的后勤保障。同时，一体化物流服务还包括产品销售的物流配送、仓储管理等环节，确保产品能够快速、安全地送达客户手中。

（3）物料供应与产品销售

生产服务型产业在生产制造业的物料供应与产品销售方面发挥着重要作用。通过与供应商、分销商等合作伙伴的紧密合作，生产服务型产业能够确保制造型企业获得稳定、优质的物料供应，从而满足其生产需求。在产品销售方面，生产服务型产业能够提供全方位的销售物流服务，包括市场分析、销售策略制定、产品推广等，帮助生产制造企业拓展销售渠道，提高市场占有率。

（4）创新驱动与技术支持

生产服务型产业要想进一步提升竞争力，需要不断创新和引进先进技术。例如，通过应用物联网、大数据等现代信息技术，可以实现物流信息的实时共享和智能分析，提高物流效率和准确性。同时，加强产学研合作，推动技术研发和应用，为生产服务型产业提供强大的技术支持。

（5）绿色发展与可持续发展

在全球环境问题日益严重的背景下，生产服务型产业需要积极践行绿色发展理念。通过推广绿色物流、循环经济等模式，降低物流过程中的能耗和排放，减少对环境的负面影响。同时，它们应主动加强资源回收利用和废弃物处理，实现资源的可持续利用，为制造业的可持续发展提供有力保障。

3.商贸服务型

商贸服务型产业，作为现代经济体系中的重要组成部分，扮演着至关重要的角色。它主要依托大型商品贸易现货市场和专业市场进行规划和运营，为商贸市场提供全方位的服务。这些服务包括但不限于商品的集散、运输、配送、仓储、信息处理以及流通加工等物流服务，从而确保商贸流通业的顺畅运转。

商贸服务型产业的重要性在于其强大的物流体系，这是连接生产商、批发商、零售商和消费者之间的关键纽带。大型商品贸易现货市场和专业市场作为商贸流通的核心节点，汇集了众多商品，为各方提供了丰富的选择。而这些市场之所以能够高效运转，离不开商贸服务型产业所提供的物流服务。

首先，商贸服务型产业通过提供商品的集散服务，实现了商品的快速流转。大型商品贸易现货市场和专业市场作为商品集散地，汇聚了来自各地的商品，商贸服务型产业则负责将这些商品进行有序的集散，确保商品能够快速、准确地到达目标市场。其次，商贸服务型产业还提供运输、配送和仓储服务。这些服务确保了商品在流通过程中的安全和效率。商贸服务型产业利用先进的物流技术和设备，实现商品的快速运输和准确配送，同时还提供仓储服务，确保商品在存储过程中的安全和完好。再次，商贸服务型产业还提供信息处理服务。在商贸流通过程中，信息的传递和处理至关重要。商贸服务型产业通过运用现代信息技术手段，实现信息的快速传递和准确处理，帮助各方及时了解市场动态和商品信息，为决策提供支持。最后，商贸服务型产业还提供流通加工服务。这包括对商品进行包装、分类、标识等处理，以满足不同客户的需求。商贸服务型产业通过提供专业的流通加工服务，提高了商品的附加值和市场竞争力。

总之，商贸服务型产业作为现代经济体系中的重要组成部分，通过提供全面的物流服务，为商贸流通业的顺畅运转提供了有力保障。未来随着科技的进步和市场的不断扩大，商贸服务型产业将迎来更加广阔的发展空间和机遇。

4.综合服务型

在当今的经济发展中，物流业已经成为支撑各个行业快速、高效运作的关键。它不仅能够促进生产制造业的发展，也能促进商贸流通业的繁荣，甚至为城市的日常运行提供了坚实的后盾，特别是那些位于城市交通运输主要节点的物流中心，其重要性更是不言而喻。

这些物流中心在规划时，充分考虑了多元对象的需求。它们不仅仅服务于单一的生产制造业或商贸流通业，而是依托这些多元对象，如城市配送、生产制造业、商贸流通业等，进行全面的规划。这种规划确保了物流中心能够满足各种行业的需求，从而实现物流的高效运作。

同时，这些物流中心位于城市交通运输的主要节点，具有得天独厚的地理位置优势。它们通过高效的交通网络，将各个行业紧密地连接在一起，为城市的生产、流通和消费提供了强大的物流支持。这种综合物流功能服务，不仅提高了物流效率，也降低了物流成本，为城市的经济发展注入了强大的动力。

此外，这些物流中心的主要服务对象是城市与区域的运输和配送体系。它们通过优化运输和配送路线，提高了物流的效率和准确性，确保了商品能够及时、准确地送达消费者手中。这种服务不仅满足了消费者的需求，也促进了城市与区域之间的经济交流和合作。

总的来说，这些位于城市交通运输主要节点的物流中心，通过依托多元对象进行规划，提供综合物流功能服务，主要服务于城市与区域运输和配送体系。它们已经成为现代城市经济发展的重要支柱，为城市的繁荣和发展做出了巨大的贡献。在未来，随着科技的进步和物流业的持续发展，这些物流中心将会发挥更加重要的作用，为城市的经济发展注入更多的活力。

❓ 小思考

嘉兴，作为长三角地区的地理核心和三大经济圈的交汇点，同时亦作为上海的卫星城市，其地理位置具有得天独厚的优势。嘉兴现代物流园，坐落于嘉兴主城区的西南侧，紧邻沪杭高速、乍嘉苏高速的出入口以及320国道，交通便利，具有得天独厚的物流运输条件。配合便捷的高速公路网架，京杭运河与海河联运的水运系统以及沪杭高铁，嘉兴至长三角经济区内各大主要城市的车程均控制在1h以内，展现了其卓越的物流运输潜力。

嘉兴现代物流园的发展目标，旨在立足嘉兴，服务长三角地区，构建一个以陆路运输枢纽为基础，以区域配送为特色，以产业物流为主导，以第三方物流集聚和物流资源整合为核心的现代物流示范园区。同时，园区将积极拓展原材料加工分拨业务，并以物流科技应用为支撑，推动长三角地区的制造业、商贸业和物流业三业联动发展。

目前，嘉兴现代物流园已经完成了五大功能区域的建设。物流运营中心作为园区的管理服务中心，承担着对整个园区的协调与管理任务。高端配送功能区建设有4.8万 m^2 的仓储设施，主要为沃尔玛和好又多华东地区的门店提供商品分拨和配送服务。制造业物流功能区占地169亩（1亩=666.6m²），致力于服务嘉兴经济开发区和秀洲工业园区的数百家工商企业。钢材加工配送功能区是宝银重钢物流项目的重要组成部分，依托公、铁、水联运和与国内钢铁公司的参股合作，面向华东地区市场，专注于重钢（构）加工、钢材剪切及物流配送产业。服务配套功能区则为园区及周边地区的贸易、生产、物流服务、电子商务、物流信息服务、物流软件开发企业以及政府相关公共机构和居民提供一流的办公环境和居住条件。

问题：

嘉兴现代物流园属于物流园区的什么类型？

任务二　理解物流园区规划的目的和原则

一、物流园区规划的目的

物流园区规划的目的在于提高物流运作效率，优化资源配置，降低物流成本，并推动地区经济的发展。物流园区作为物流网络的关键节点，对于整合运输、仓储、配送等物流资源，实现物流作业的集中化、规模化、标准化具有重要意义。物流园区规划主要有以下作用。

（1）改善交通管理，减轻物流交通压力

交通问题是很多城市普遍面临的难题。通过合理的布局和建设物流园区，将货运交通尽量安排在市中心区之外，成为国内外许多城市缓解交通压力的有效措施。此外，物流园区的合理布局可以显著减少区域内的货运需求，整合区域运输资源，提高区域交通运输的效率。

（2）优化城市生态环境，满足可持续发展要求

城市可持续发展原则和国际性城市、区域经济中心城市、花园式园林城市的目标定位都要求在规划建设中提前考虑并尽量满足环境发展要求。在国外，物流园区的建设主要出于对城市环境的考虑。因此，物流园区的规划建设，可以减少线路、货站、货场及相关设施在城市内的占地，避免对城市景观的破坏，并将分散的物流企业和仓储设施等集中起来，促进物流基地废弃物的集中处理，减少对城市环境的破坏或影响，尽量满足城市可持续发展的要求，成为物流园区规划建设的基本目标之一。

（3）优化城市用地结构，完善城市功能布局

经济的高速发展导致城市格局发生重大变化，城市范围不断扩大。原先的城市边缘区域将发生功能转变，商贸、金融、饮食服务等第三产业将在此集中，而大型配送中心由于难以承受上涨的地价和对城市交通及环境的影响较大，需要迁出城市中心区。面临着功能调整的问题。因此，物流园区的规划不仅可以为物流企业的发展提供良好场所，还可以为

城市用地结构的优化调整和城市功能布局的完善创造有利条件。

（4）推进资源整合，提高规模效益

建设物流园区可以将多个物流企业集中在一起，发挥整体优势和规模优势，实现物流企业的专业化和互补发展。同时，这些企业还可以共享一些基础设施和配套服务设施，从而降低运营成本和费用支出，获得规模效益。在我国，这一点尤为重要，物流园区的建设可以将传统的交通运输资源转变为物流资源。

（5）满足仓库建设大型化发展趋势的要求

随着仓库作业自动化、机械化和管理水平的提高，仓库单体体积呈现向大型化发展的趋势。然而，在城市中心地区，可用于建设大型仓库的土地越来越少，迫使其寻找新的发展空间。而可用土地通常位于城市中心以外的地区，这在一定程度上促使了物流园区的兴起。

（6）为物流企业提供发展空间

按照规划先行原则，为物流企业的发展提供合理的空间是十分必要的。从满足物流企业发展的角度来看，物流园区规划的空间结构应满足以下三个方面的要求：提供必要的中转空间以支持物流作业；减少物流在空间上的不合理流动；确保物流供应的顺畅和响应的快捷。

（7）满足市场需求的物流产业发展

经济的快速发展对物流市场的现实需求和潜在需求影响巨大，尤其是全方位、高质量、全过程系统化的物流服务需求将不断增长。规划建设物流园区旨在构建物流产业发展的平台，为物流企业营造一个良好的发展环境，使其尽快成为物流企业的集聚区和示范区，向全社会提供高水平、符合国际惯例和运行方式的物流服务，从而全面推动物流产业的快速发展。

（8）实现区域经济一体化

物流系统是一个网络，只有各节点（物流园区）环环相扣、彼此紧密联系，才能使整个系统高效运行，促进区域资源要素的顺畅流通，消除区域之间的各种壁垒，实现整个区域经济一体化发展。物流园区的规划建设对各网络节点的适当布局将有利于整个区域物流网络的形成和发展，使各部分物流畅通，相互联系更加紧密，深化整个区域的分工与联系，加强先进地区与落后地区之间物流资源的流通与共享，缩减区域差距。因此，物流园区的规划目的之一就是适当布局各园区的位置，以确保区域物流的畅通性。

❓ 小思考

香港国际机场管理局已统一采取建设–经营–转让（Build–Operate–Transfer，BOT）模式，对机场内部的所有货运后勤业务进行建设和运营。以DHL（敦豪航空货运公司）为例，该公司在2002年获得了机场速递中心的15年专营权，并投资了7.8亿港元用于在机场内建设速递货运中心。该中心于2004年开始投入使用。当2019年的专营权到期后，DHL需无偿将速递货运中心移交给机场管理局，或者与机场当局协商签订新的合同。虽然机场管理局不干涉DHL的日常业务，但会通过规范服务种类和质量监控来对其进行管理。此外，位于东涌的新物流园也采用了相同的BOT模式。

早在2001年，香港国际机场管理局就公布了《香港国际机场2020年发展蓝图》，提出了实施货运发展策略，旨在将香港国际机场打造成为航空货运中心和速递货物枢纽。此外，为了应对2020年航空货运发展的需求，机场管理局还计划在机场范围以外的北大屿地区发展物流园。

问题：

香港国际机场管理局采用BOT模式建设物流园区的目的是什么？

二、物流园区规划的原则

物流园区作为现代物流业的重要组成部分，其规划建设不仅关乎物流行业的健康发展，更与区域经济、社会进步和生态环境息息相关。因此，在物流园区规划过程中，应遵循一系列科学的原则，确保物流园区的建设与发展既符合经济规律，又符合社会和环境的要求。

1.经济规划原则

经济规划原则要求物流园区在规划时充分考虑成本效益，通过合理的投资与资源配置，实现经济效益的最大化。这包括在满足功能和规模需求的前提下，降低建设成本和运营成本，提高园区的经济效益，为地方经济做出贡献。同时，物流园区的发展还应注重税收贡献和就业创造，通过促进相关产业的发展，为地方经济注入活力，创造更多的就业机会。

2.环境合理性原则

环境合理性原则是物流园区规划中不可忽视的一环。在物流园区的建设中，应充分考虑环保设施的配置，如污水处理系统、垃圾处理系统等，确保园区的日常运营不会对周边环境造成污染。同时，通过优化设计和管理，实现节能减排的目标，减少对环境的破坏。此外，通过绿化设计、噪声控制等措施，打造一个环境友好的物流园区，提升物流园区的整体形象，减少对周边居民生活的负面影响。

3.资源整合原则

在资源整合方面，物流园区规划需要整合现有资源，包括新建、改建的物流基础设施和现有物流服务的企业功能，以发挥系统效能。以仓库为例，合理规划仓库的布局和容量，充分利用已有的仓储用地，可以减少调整和资金投入，提高物流园区的运营效率。此外，整合各方资源，有助于实现资源共享，降低物流成本，提高物流服务的质量和效率。

4.交通规划原则

交通规划原则是物流园区规划中的重要内容。交通规划原则主要涵盖以下几点：第一，实现交通便利，这就要求物流园区的交通网络与周边的交通网络能够良好地连接，这样能够确保货物的高效流通；第二，进行容量规划，这意味着需要考虑到交通高峰期的流量，物流园区的道路设计应具备相应的承载能力，避免出现交通拥堵的情况；第三，推广绿色交通，这意味着鼓励使用节能环保的交通工具，比如电动汽车，以减少对环境的影响。

5.协调统一原则

在协调统一原则方面，物流园区规划应注重各方面的协调与整合。除了重视服务系统与基础设施建设外，还应加强技术建设、管理建设、政策建设和人才建设，促进物流服务市场及其主流服务企业的培育。通过各方面的协同合作，形成合力，推动物流园区的全面发展。

6.可持续发展原则

可持续发展原则是指经济、社会、生态三者的协调持续发展的原则，是指导经济社会建设的时代原则。物流园区的规划建设在经济上应适应时代潮流和市场经济的特征，为经济提供良好的运行环境，同时，应创造更多的社会价值，为人们生活提供更多的便利。此外，物流园区规划还应以绿色物流的发展模式为基础，促进回收物流和废弃物物流的发展。

综上所述，物流园区规划应遵循经济规划、环境合理性、资源整合、交通规划、协调统一和可持续发展等原则。这些原则相互关联、相互促进，共同构成了物流园区规划的基本框架。在这些原则的指导下，我们能够确保物流园区的建设与发展既符合经济规律，又符合社会和环境的要求，为区域经济的繁荣和社会的可持续发展做出贡献。

？小思考

广州南沙物流园区是中国南方物流中心的新典范，位于广州市南沙区，以其优越的地理位置和先进的管理模式，成为中国南方地区的一颗璀璨明珠。作为重要的物流中心，南沙物流园区承载着促进地区经济发展的重任，其成功的背后蕴藏着许多值得探讨的因素。

首先，南沙物流园区的规划布局堪称合理。该园区将物流、仓储、配送等各个环节紧密地联系在一起，形成了一条高效运作的物流链。这种布局不仅优化了物流流程，还降低了物流成本，提高了整体运作效率。此外，该园区还充分考虑了未来发展的需要，预留了足够的发展空间，为未来的物流产业升级打下了坚实的基础。其次，南沙物流园区在技术创新方面表现出色。园区积极引入高新技术和智能化设备，将传统物流与现代科技相结合，提升了物流效率和服务质量。例如，园区内配备了先进的自动识别系统、智能分拣设备和无人机配送系统等，大大提高了物流作业的自动化和智能化水平。这些技术的应用不仅提高了物流效率，还降低了人工成本，为园区的长远发展提供了有力保障。此外，南沙物流园区的成功还得益于其创新的管理模式和服务理念。该园区建立了一套完善的物流信息平台，实现了物流信息的实时共享和互通。这一举措极大地提高了物流信息的透明度，有助于企业更好地掌握物流动态，做出更加明智的决策。同时，园区还注重提供全方位的物流服务，包括货物运输、仓储管理、供应链管理等，为企业提供了一站式的物流解决方案。这种服务模式不仅满足了企业的多样化需求，还提高了自身的综合竞争力。

广州南沙物流园区的成功，也离不开其优秀的人才团队和高效的运营管理体系。该园区拥有一支经验丰富、技术精湛的专业团队，他们熟悉物流行业的最新动态，能够为企业提供专业的物流咨询和解决方案。同时，园区还建立了一套高效的运营管理体系，确保各项物流业务能够顺利进行。这种人才和管理的双重优势，使得南沙物流园区在激烈的市场竞争中脱颖而出。

综上所述，广州南沙物流园区凭借其合理的规划布局、前瞻的技术创新、创新的管理模式和服务理念以及优秀的人才团队和高效的运营管理体系，成为中国南方地区重要的物流中心。它的成功不仅为地区经济发展注入了强大动力，也为其他物流园区提供了宝贵的借鉴经验。随着科技的不断进步和物流行业的快速发展，南沙物流园区将继续发挥其引领作用，为中国物流行业的繁荣和发展做出更大贡献。

问题：

1. 广州南沙物流园区在规划布局时是如何平衡当前的物流需求和未来的发展空间，以确保园区能够持续满足不断变化的市场需求的？

2. 广州南沙物流园区在技术创新方面采取了哪些具体措施？这些措施是如何帮助园区提高物流效率和服务质量，以及在未来物流行业中取得竞争优势的？

任务三　了解物流园区规划的条件要素

物流园区作为现代物流业的重要组成部分，其规划与发展对于提升物流效率、促进地区经济发展具有重要意义。在进行物流园区规划时，需要综合考虑多个条件要素，以确保园区的合理布局和高效运作。本任务将从区位条件、物流需求、运作条件、政策支持这四个方面进行详细分析。

一、区位条件

区位条件，作为区域物流园区建设过程中的关键因素，涵盖了地理位置、交通状况、经济发展水平、人口分布以及政策环境等多个方面。这些条件共同构成了物流园区建设的基石，对物流园区的建设、运营以及长远发展具有深远的影响。

首先，地理位置是物流园区区位条件中最为核心的因素之一。一个理想的物流园区应位于交通枢纽地带，能够方便地连接铁路、公路、水路和航空等多种运输方式，从而确保物流活动的顺畅进行。此外，地理位置的优越性还有助于吸引更多的货源和物流企业入驻，进一步促进物流园区的繁荣和发展。

其次，交通状况是另一个重要的区位条件。良好的交通网络不仅能够降低物流成本，提高物流效率，还能够增强园区的吸引力。因此，在建设物流园区时，需要对区域内的交通网络进行合理规划，优化运输路线，提高运输效率。同时，还需要关注未来交通发展的趋势，为园区的长远发展预留空间。

再次，经济发展水平是物流园区建设的另一个关键因素。一个地区的经济发展水平越高，其物流需求往往就越大，物流园区的建设也就越有前景。此外，经济发展水平还能够反映出一个地区的产业结构和市场需求，为物流园区的定位和发展提供重要参考。

然后，人口分布同样对物流园区的建设产生重要影响。人口密集的地区通常具有较高的物流需求，这为物流园区提供了广阔的市场空间。同时，人口分布还能够影响物流园区的功能布局和服务范围，使其更加符合当地的实际需求。

最后，政策环境也是物流园区建设不可忽视的区位条件之一。政府对于物流产业的支持和优惠政策能够降低园区的建设成本，提高园区的竞争力。此外，好的政策环境还能够为物流园区提供稳定的运营环境和发展空间。

在区域物流园区的建设过程中，还需要充分考虑基础设施的布局与规模。基础设施是物流园区正常运作的必要条件，包括道路、桥梁、港口、车站、仓库等。这些基础设施的布局和规模需要与当前物流运作的需求相匹配，同时也要考虑到未来物流发展的趋势和需求变化。例如，在建设仓库时，需要考虑到仓库的容量、装卸设备的配置以及信息化水平等因素，以满足不同类型物流活动的需求。

总之，区位条件是区域物流园区建设的重要因素之一，对于物流园区的建设、运营和发展都具有重要的影响。在建设过程中，需要充分考虑地理位置、交通状况、经济发展水平、人口分布以及政策环境等因素，合理规划基础设施的布局与规模，以确保园区的成功建设和运营，并满足区域物流发展的需求。同时，还需要关注未来发展趋势和需求变化，为园区的长远发展预留空间。只有这样，才能确保物流园区在区域经济发展中发挥更大的作用，为当地的经济社会发展做出更大的贡献。

二、物流需求

在物流领域，物流量和物流需求之间的关系密切且复杂。物流量作为物流活动的一个重要指标，能够在一定程度上反映经济社会活动对物流的需求。然而，这种反映并非绝对准确，尤其是在物流服务能力无法满足物流需求的情况下。因此，理解物流需求的不同层面，包括直接物流需求量和潜在物流需求量，对于全面把握物流市场的动态和发展至关重要。

直接物流需求量是指物流需求的主体，如工业企业、连锁商业和一般消费者等，为满足生产经营、事业开展和生活需求而直接产生的对物流社会化服务的需求量。这一需求量的产生源于各种实际的经济社会活动。

（1）工业企业

工业企业作为物流需求的主要来源之一，对供应物流服务和销售物流的需求量尤为显著。在生产过程中，工业企业需要采购原材料和零部件，并进行运输、仓储等环节的物流管理。同时，在销售产品时，工业企业也需要对产品进行配送、运输和仓储等物流活动。这些活动产生的物流需求量大且复杂，对物流服务的质量和效率提出了更高的要求。

（2）连锁商业

连锁商业的快速发展也推动了物流需求量的增长。连锁商业需要将商品从配送中心运送到各个门店，以满足消费者的购物需求。这种业务模式对配送服务的需求量极大，要求物流服务提供商具备高效、准时的配送能力。

（3）一般消费者

一般消费者在日常生活中也会产生对物流服务的需求。无论是购买商品、换货退货还是其他生活需求，消费者都可能需要借助物流服务来完成。随着人们生活水平的提高和消费观念的转变，这种对物流服务的需求量也在不断增加。

除了直接物流需求量外，潜在物流需求量也是物流市场发展的重要驱动力。潜在物流需求量主要指的是经济环境、社会环境以及物流服务环境的发展对物流需求的拉动量。这种潜在物流需求量的存在为物流市场提供了广阔的发展空间。

随着经济的发展和社会的进步，工业企业可能会进一步扩大生产规模或提高生产效率，从而增加对供应物流服务和销售物流的需求量。同时，一般消费者对物流服务的潜在需求量也在不断增加。随着人们生活水平的提高和消费观念的转变，消费者可能会更倾向于购买世界各地的商品，或者更频繁地换货退货等。这些变化都将推动物流服务提供商不断创新和提升服务质量，以满足消费市场日益增长的物流需求。此外，区域间货物中转运输的潜在需求量也是物流市场发展的重要方面。随着区域经济一体化的进程和国际贸易的发展，不同地区之间的货物中转运输的需求量可能会大幅增加。这种需求量的增长将为物流服务提供商带来更多的机遇和挑战。

综上所述，物流量和物流需求之间的关系复杂而多样。直接物流需求量和潜在物流需求量共同构成了物流市场的整体需求。对于物流服务提供商来说，深入理解这两种需求量的特点和变化趋势，将有助于其更好地把握市场机遇、优化服务质量和提升竞争力。同时，这也将有助于推动物流行业的创新和持续发展。

三、运作条件

物流行业作为现代供应链管理的核心组成部分，其基础运作条件对于整个供应链的顺畅运行至关重要。这些条件不仅涉及多个领域，而且相互之间需要密切配合，以确保物流活动的高效、安全和准确。

物流，作为现代经济的重要支柱，其基础运作条件涵盖了多个关键领域，包括交通运输、仓储、信息、包装、装卸搬运、流通加工等。这些要素相互关联，共同构成了物流系统的核心框架。

1.交通运输

交通运输是物流系统中最为核心和重要的构成要素之一。它涵盖了各类交通运输设施、运输工具、通行权以及提供运输服务的承运人组织。交通运输的发展不仅确定了各种运输方式的经济特征，还推动了多式联运系统的形成。公路运输、铁路运输、水路运输、航空运输和管道运输等多种运输方式各具特色、相互补充，共同满足了物流需求的多样性。

（1）公路运输

公路运输以其灵活性和覆盖范围的广泛性成为物流园区货物集散的关键手段。作为陆路运输的主力军，公路网为货物提供了"门到门"的便捷服务，确保了物流的高效流通。

（2）铁路运输

铁路运输则以其快速、廉价的特性成为运输大宗货物和笨重货物的首选。通过集装箱运输，铁路与公路的多式联运得以实现，进一步提高了物流效率。将铁路线引入物流园区，不仅提供了便捷的运输通道，还降低了运输成本，为物流园区的发展注入了新动力。

（3）水路运输

水路运输以其低廉的运输成本和巨大的运输能力成为大宗货物的理想运输方式。港口作为水路运输的重要节点，也是大宗货物的集散地，对于促进区域经济发展具有重要意义。

（4）航空运输

航空运输虽然运输量相对较小，但其速度和效率却是最高的。航空运输主要服务于高附加值产品，对货运质量和安全性的要求极高，为物流系统提供了快速、可靠的空中通道。

（5）管道运输

管道运输以其高效、安全、经济和环保的特性成为运输液体、气体等易变质货物的理想运输方式。管道运输能够显著提高运输效率，缩短运输时间，同时降低运输成本，减少损耗，节省土地资源。

综上所述，物流基础运作条件的各个方面相互关联、相互支持，共同构成了高效的物流系统的核心框架。只有不断优化和完善这些条件，才能推动物流行业的持续健康发展，为现代经济的繁荣做出更大贡献。

2.仓储

仓储作为物流系统中的核心枢纽，其职能远超出简单存储产品的范围。在宏观视角中，仓储在调节产品需求方面发挥着至关重要的作用，有效弥合了生产与消费之间的时间差，成为物流体系中不可或缺的支撑要素。

首先，我们要深入探索仓储的调节机能。在市场经济体系下，生产与消费的时间差异明显。生产往往集中在特定时间段，而消费需求则可能分散在全年甚至更长的时间段。仓储的存在，如同一个巨大的"时间缓冲器"，能够有效地平衡这种时间差异。通过预先储存或延迟释放产品，仓储能够确保市场供应的稳定性，满足消费者的持续需求。

其次，仓储在物流系统中的地位至关重要。物流系统是一个涉及运输、包装、配送等多个环节的复杂网络。而仓储作为这个网络中的关键节点，扮演着物流据点的角色。仓库不仅是存储产品的场所，更是物流信息的交汇点。在这里，物流信息得以汇集、处理和传递，为整个物流系统的高效运作提供了有力支持。

再次，仓储的基础设施是其发挥功能的基础。库场设施、仓储设备以及仓库管理者共同构建了仓储的基础架构。库场设施为产品提供了安全、有序的存储环境；仓储设备则通过现代化的技术手段，如自动化货架、智能分拣系统等，提高了仓储操作的效率；而仓库管理者则是这一切的"大脑"，他们通过精细化的管理，确保仓储系统的高效运作。

最后，在仓储管理的过程中，一些细节同样值得关注。例如，仓库的布局设计、货物的分类与标识、库存的监控与调度等，都是确保仓储系统高效运作的关键要素。此外，仓库管理者还需密切关注市场动态，及时调整库存策略，以应对可能的市场变化。

综上所述，仓储在物流系统中扮演着举足轻重的角色。它不仅是存储产品的场所，更是调节市场需求、保障市场供应稳定的重要工具。通过优化仓储管理，我们可以进一步提升物流系统的效率，为消费者提供更佳的购物体验。在未来的发展中，仓储将继续发挥关键作用，推动物流行业的持续进步。

3.信息

在现代物流行业中，信息的作用日益凸显，成为确保提供高品质物流服务的关键因素。信息的流通与整合不仅为企业的产销决策提供了有力支撑，更推动了整个供应链的高效运作。因此，通信基础设施和信息系统的完善建设成为区域物流中心系统不可或缺的重要环节。物流园区作为现代物流体系的核心节点，其信息系统的建设与管理尤为重要。物流园区信息主要包括两个方面：物流园区内部信息和物流园区外部信息。

（1）物流园区内部信息

物流园区内部信息是物流园区日常运营的核心。这些信息详细记录了物料在物流园区内的具体流转情况，包括货物的入库、出库、存储、分拣、配送等各个环节。此外，物流作业层面的细节，如设备使用情况、作业效率、人员配置等也是物流园区内部信息的重要组成部分。在物流控制层面，策略性的信息如库存管理、路径规划、成本控制等，对于优化物流流程、提高运营效率至关重要。而物流管理层面的决策信息，则涉及物流园区的整体战略规划、市场定位、业务发展等多个方面。

（2）物流园区外部信息

除了物流园区内部信息外，物流园区外部信息同样重要。这些信息虽然并非直接产生于物流园区内部，但对于园区的运营活动具有深远的影响。例如：供货人的相关资料（如供应商的信誉、产品质量、交货能力等）是物流园区选择合作伙伴的重要依据；顾客需求及反馈则直接指导着园区的服务方向，帮助园区更好地满足市场需求；订货合同的具体条款关系到物流园区的业务运营模式和风险控制；交通运输的实时动态信息则有助于园区合理安排运输资源，确保货物及时送达；而政策法规的更新则直接影响园区的运营策略，为园区的可持续发展提供有力保障。

在完善物流园区信息系统的过程中，不仅需要关注信息的内容和来源，还需要注重信息的处理和应用。通过采用先进的信息技术，如大数据、云计算、人工智能等，对物流信息进行深度挖掘和分析，可以帮助物流园区实现更高效、更智能的运营管理。同时，加强信息安全保障，确保物流信息的准确性和可靠性，也是物流园区信息系统建设不可忽视的重要环节。

总之，信息是现代物流园区的生命线。完善通信基础设施和信息系统建设，充分整合和利用物流信息，不仅有助于提升物流园区的运营效率和服务质量，更是推动整个物流行业持续健康发展的关键所在。

4.包装

包装在物流园区中扮演着至关重要的角色，其作用不仅局限于保护商品，还体现在促进销售、提高物流效率以及推动绿色物流发展等多个方面。

1）包装是商品保护的重要屏障。在物流运输过程中，商品可能会面临各种外部环境的挑战，如碰撞、潮湿、污染等。合适的包装材料和设计能够有效抵御这些不利因素，确保商品的安全性和完整性。例如，对于一些易碎或易变形的商品，可以采用防碰撞包装或真空包装等技术，以最大限度地减少在运输过程中对商品的损害。

2）包装也是促进销售的强大工具。在竞争激烈的市场环境中，商品的外观和包装往往成为吸引消费者的关键因素。精美的包装设计不仅能提升商品的档次感，还能激发消费者的购买欲望。例如，一些高端品牌的商品往往采用独特的包装设计，以彰显其品质和独特性，从而吸引更多消费者的关注和购买。

3）包装在提高物流效率方面发挥着重要作用。通过标准化、系列化、通用化的包装设计，可以加快货物的运输速度，提高整体物流效率。同时，使用集装箱、托盘等集装单元器具进行物流作业，能够使得货物在收货、储存、取货、出运的各个过程中被高效地跟踪和管理。这些措施不仅提高了物流的精准度，还有助于降低物流成本，提升物流企业的竞争力。

4）包装能助力推动绿色物流发展。随着可持续发展理念的深入人心，现代物流产业鼓励绿色包装的发展，采用可回收利用的包装材料和优化包装设计等措施，能够减少对环境的负面影响，推动绿色物流的发展。这不仅有助于保护地球环境，还符合企业社会责任的要求，有助于提升企业的品牌形象和声誉。

综上所述，包装在物流园区中发挥着多重作用。它不仅是商品保护的重要屏障，还是促进销售和提高物流效率的有力工具。同时，我们也应该积极推动绿色包装的发展，为未来的物流行业注入新的活力。通过不断创新和优化包装设计，我们可以更好地满足市场需求，推动物流行业的可持续发展。

5.装卸搬运

在现代物流行业中，装卸搬运是物流园区运作中不可或缺的一环。它不仅是物流过程中的基础操作，更在整个物流链条中发挥着至关重要的作用。装卸搬运的高效运作，对于确保货物安全、提高运输效率、优化作业流程等方面，都起到了积极作用。

1）装卸搬运在确保货物安全方面扮演着关键角色。在物流运输过程中，货物的安全是至关重要的。装卸搬运人员需要经过专业培训，掌握正确的操作方法，确保货物在装卸过程中不受损坏。同时，他们还需对货物进行分类、标识，以便于后续的运输和管理。此外，现代化的装卸搬运设备，如叉车、自动化仓库等，也大大提高了货物搬运的安全性和准确性。

2）装卸搬运在提高运输效率和优化作业流程方面发挥着重要作用。在物流园区中，货物的装卸搬运往往涉及多个环节和部门，需要各部门之间紧密配合，确保货物能够高效、准确地完成整个运输过程。通过优化装卸搬运流程，可以减少不必要的环节和耗时，提高运输效率。同时，利用现代化的装卸搬运设备和技术，还可以实现对货物快速、准确的分类、存储和配送，进一步提高物流园区的整体运营效率。

3）装卸搬运还积极配合信息交互，强化实时货物追踪和管理。随着物流行业的发展，信息化、智能化已经成为趋势。装卸搬运人员通过与信息系统的紧密配合，可以实时掌握货物的运输状态、位置等信息，为管理者提供更准确的决策依据。同时，通过数据分析、挖掘等技术手段，还可以对装卸搬运过程进行优化和改进，提高物流园区的整体运营效率和服务质量。

4）现代化的装卸搬运设备和方法的应用，不仅提高了物流园区的整体运营效率，也积极响应了绿色物流的号召。在装卸搬运过程中，采用环保型设备和技术，如电动叉车、无人驾驶车辆等，可以减少对环境的污染和对能源的消耗。同时，通过优化装卸搬运流程，减少不必要的环节和耗时，还可以降低物流成本，提高物流行业的可持续发展能力。

综上所述，装卸搬运在物流园区中扮演着举足轻重的角色。在未来的发展中，我们应该继续加强对装卸搬运技术的研究和应用，提高物流园区的整体运营效率和服务质量，为实现绿色物流、可持续发展做出更大的贡献。

6.流通加工

流通加工在物流园区中扮演着至关重要的角色，它不仅是生产领域加工不足的有效补充，而且在节约材料、降低物流成本方面发挥着重要作用。通过流通加工，我们可以显著提高原材料的利用率，进而满足客户日益增长的多样化需求，从而创造产品的附加值并提升对用户的服务水平。这种加工方式不仅可以提高加工效率和设备利用率，还可以充分发挥各种输送手段的优势，进而实现功能的转变并增加收益。

在世界许多国家和地区的物流园区或物流中心，流通加工业务已成为一个不可或缺的重要环节。特别在日本、欧美等物流发达的国家，流通加工业务更是遍地开花，其普及程度和重要性不容忽视。这些流通加工型物流园区吸引了一部分的制造企业，使得分销中心或配送中心得以进驻，从而承担部分产品生产加工的功能。它们不仅实现了从厂商生产的标准产品部件到客户所需的个性化产品的转换衔接，而且推动了整个供应链的优化和升级。

从生产到流通的纵向角度来看，流通加工为生产过程提供了强大的后盾。在产品的生产过程中，流通加工可以在不同的阶段提供必要的支持。例如，对产品进行分割、组装、包装等，以满足生产过程中的不同需求。这种加工方式不仅提高了生产效率和产品质量，还使得生产过程更加灵活和可控。

从流通到生产的横向角度来看，流通加工也发挥着不可或缺的作用。在流通过程中，流通加工可以对产品进行进一步的处理和加工，从而增加产品的附加值并提升产品的竞争力。例如，通过流通加工，我们可以对农产品进行清洗、分级、包装等处理，使其更加符合市场需求并提高其售价。这种加工方式不仅提高了物流速度和物品的利用率，还为满足人们日益增长的物质文化需求提供了便利。

总之，流通加工在物流园区中发挥着至关重要的作用。它不仅弥补了生产领域的加工不足，还节约了材料，降低了物流成本，并提高了物流速度和物品的利用率。同时，流通加工也满足了客户的多样化需求，创造了产品的附加值，提升了对用户的服务水平，并为满足人们日益增长的物质文化需求提供了便利。随着物流行业的不断发展和升级，流通加工在未来将继续发挥更加重要的作用，并推动整个供应链的优化和升级。

四、政策支持

建立物流园区是推动现代物流业发展的重要举措，而在这一过程中，政府的政策扶持发挥着至关重要的作用。政府的优惠政策能够显著降低物流园区的费用支出，从而吸引更多的投资和物流企业入驻，进一步推动物流园区的蓬勃发展。

1）在土地政策方面，物流园区占地面积大，资金投入多，投资回收期长，因此，政府需要加大对物流业的土地政策支持力度。政府可以通过制定土地租赁、低价等优惠政策，鼓励物流企业入驻物流园区，降低其建设成本，从而吸引更多的物流企业入驻。此外，政府还可以通过加强和改善管理，切实节约土地，提高土地利用效率，为物流园区的可持续发展提供保障。

2）在税收政策方面，政府可以通过减轻物流企业的税收负担来支持物流园区的发展。例如，对物流企业实行优惠的税收政策，包括减免企业所得税、营业税等，从而降低其运营成本，提高其市场竞争力。此外，政府还可以制定税收优惠政策，鼓励物流企业进行技术创新和研发，以进一步提高物流效率和服务质量，推动物流行业的升级和发展。

3）在交通政策方面，政府可以通过促进物流车辆的便利通行，降低物流成本，提高物流效率。例如，对物流车辆提供通行便利，减少交通拥堵情况和通行费用等，从而降低物流企业的运营成本，提高其市场竞争力。此外，政府还可以加大对物流基础设施建设的投入，提高物流园区的交通便利性和可达性，为物流企业的快速发展提供有力保障。

4）在技术创新政策方面，政府可以鼓励和支持物流技术的创新和应用，以提高物流效率和降低成本。例如，政府可以支持物流企业进行技术创新和研发，为其提供科研资金和政策支持，推动物流技术的不断升级和更新。同时，政府还可以加强与高校、科研机构等的合作，推动产学研一体化，为物流行业的技术创新提供源源不断的动力。

5）在组织协调政策方面，政府需要加强组织协调，推动物流园区的规范发展。政府可以建立物流园区管理委员会或相关机构，负责园区的规划、建设、运营和管理等，确保物流园区的有序发展和高效运营。同时，政府还需要加强与各类物流企业的沟通和合作，建立良好的政企关系，为物流园区的健康发展提供有力支持。

6）除了以上几个方面的政策支持外，政府还需要加大对物流业的投入，通过投资或贷款等方式为物流企业提供资金支持，推动物流园区的建设和运营。这些投入可以用于物流基础设施的建设、物流技术的研发、人才培养等多个方面，为物流行业的快速发展提供有力保障。

综上所述，政府的政策支持对推动物流园区的建设和发展具有重要意义。通过优惠政策和税收减免等措施，政府可以为物流园区提供有力的支持，降低其运营成本，吸引更多的物流企业入驻，从而促进当地经济的发展。同时，政府还需要加强对物流行业的监管和管理，确保物流园区的规范发展和高效运营，为现代物流业的发展注入新的活力和动力。

❓ 小思考

深圳前海湾物流园区，位于深圳市的前海合作区，被誉为中国物流产业的璀璨明珠。它不仅是中国首个以物流为主导产业的国家级园区，更是一个将物流仓储、配送、加工等环节巧妙结合，形成完整物流产业链的现代化物流枢纽。园区的成功，源自其规划理念的先进性和创新性，以及其对高科技企业的重视，推动了物流与科技的深度融合。前海湾物流园区的规划布局堪称典范。在规划之初，园区就充分考虑了物流企业的实际需求，不仅提供了灵活多样的用地选择，还设计了符合物流企业运营特点的建筑设计方案。这样的规划理念，确保了企业能够在园区内找到最适合自身发展的空间，实现了资源的最优配置。

同时，前海湾物流园区还注重引入高科技企业，通过推动物流与科技的融合，不断提升园区的核心竞争力。这些高科技企业的加入，不仅为园区注入了新的活力，也推动了物流行业的技术创新和模式创新。如今，前海湾物流园区已经成为物流产业与科技产业相互促进、共同发展的典范。除了先进的规划理念和创新性布局，前海湾物流园区还十分注重与周边地区的协同发展。园区与深圳港口、机场等交通枢纽紧密相连，为货物的进出提供了极大的便利。这种与周边地区的紧密合作，不仅提高了园区的物流效率，也促进了区域经济的协同发展。此外，前海湾物流园区还积极引入国际化元素，吸引了众多跨国物流企业和国际知名企业的入驻。这些企业的加入，不仅提升了园区的国际化水平，也为园区带来了更多的发展机遇和挑战。如今，前海湾物流园区已经成为国内外物流企业和科技企业争相入驻的热门之地。此外，前海湾物流园区还将继续关注绿色环保和可持续发展的问题，通过引入先进的环保技术和设备，推动绿色物流的发展，减少了物流产业对环境的负面影响。同时，园区还在加强人才培养和引进，为物流产业提供源源不断的高素质人才支持。

总之，深圳前海湾物流园区的成功之处在于其规划理念的先进性和创新性，以及对高科技企业的重视和与周边地区的协同发展。这些因素共同推动了园区物流产业的快速发展和科技创新的不断突破。未来，前海湾物流园区将继续发挥其作为国家级园区的引领作用，推动中国物流产业的持续发展和升级。同时，园区也将继续加强与国内外优秀企业的合作与交流，不断引进新技术、新模式和新理念，为我国物流产业的创新与发展注入新的动力。

问题：

1. 在深圳前海湾物流园区的规划过程中，如何平衡物流企业的实际需求和园区整体的规划布局？

2. 深圳前海湾物流园区如何通过引入高科技企业和推动物流与科技的融合来提升其核心竞争力？

任务四　了解物流园区规划的技术流程

一、物流园区的规划方法

在规划物流园区的过程中，明确的目标导向和需求分析是不可或缺的。一个清晰的目标导向不仅有助于物流园区的高效运营，还能显著提升园区的服务水平。这些目标涵盖了提高物流效率、降低运输成本、优化资源配置以及促进产业协同等多个方面。这些多元化的目标设定，为物流园区的后续规划工作提供了明确的方向和行动指南。

需求分析则是对物流园区的服务对象、运输方式、仓储设施等关键要素的深入探索。通过深入了解这些需求，我们能够更精准地确定园区的功能定位和服务层次。这种需求分析不仅确保了园区规划的合理性，还为后续的规划工作提供了有力的支持。而且深入了解并满足这些需求，物流园区才能在激烈的市场竞争中脱颖而出，实现可持续发展。

在确定物流园区的总体布局时，规划者必须充分考虑园区的地形地貌、交通条件以及周边环境等实际情况。对这些因素的考量确保了园区的各项功能分区能够合理规划，使得园区的整体运行更加顺畅。同时，结合需求分析的结果，我们可以更好地对功能分区进行划分，如仓储区、分拣区、配送区、停车区等。每个功能分区都扮演着特定的角色，共同构成一个高效运转的物流体系。

道路交通规划在物流园区中扮演着举足轻重的角色。规划者需要详细规划物流园区道路的等级、宽度、走向等，以确保园区内的交通流畅，同时满足消防、安全等方面的要求。这种合理规划不仅提高了园区的物流效率，而且显著提升了服务质量。顺畅的道路交通网络是物流园区高效运作的基石，为园区的持续发展提供了有力保障。

此外，物流园区还需要配备完善的配套设施以支持自身日常运行。这些设施包括水电设施、通信设施、环保设施等，对它们的规划应与园区的总体布局和功能分区紧密相连。这些配套设施的规划不仅确保了园区的稳定运行，还为园区的可持续发展提供了有力支持，进一步地，物流园区才能在激烈的市场竞争中占有一席之地。

制定科学的运营策略也是确保物流园区顺利运营的关键。这些策略包括招商策略、安全管理策略、环境保护策略等，它们应与物流园区的总体布局和功能分区相结合，并确保有效实施。这些策略的制定和实施，为物流园区的可持续发展注入了强劲动力，使物流园区在市场竞争中保持领先地位。

最后，对规划方案进行评估与优化是不可或缺的一步。规划者需要从方案的可行性、经济性、环保性等多个方面进行全面评估。根据评估结果，我们可以对规划方案有针对性地进行优化调整，确保方案的合理性和有效性。这种科学的规划方法确保了物流园区的建设和发展能够紧密贴合实际需求，进而推动园区的整体运营效率和服务水平再上新台阶。通过评估与优化，物流园区可以不断优化自身的运营模式和管理策略，实现更高效、更环保、更可持续的发展。

小贴士

物流园区的规划还需要考虑以下几个方面。

1）信息化规划：为了提高物流园区的运营效率和智能化水平，需要制定信息化规划。这包括建设信息化平台、推广物联网技术、应用大数据分析等。通过信息化规划，经营者可以更好地掌握物流园区的运营状况，优化资源配置，提高服务质量和效率。

2）环保规划：物流园区作为大型物流枢纽，也需要考虑环保问题。制定环保规划可以确保园区的运营符合环保要求，降低能源的消耗和排放。这包括推广清洁能源、建设环保设施、实施绿色物流等。通过环保规划，可以建设可持续发展的物流园区，为环境保护做出贡献。

3）风险管理：物流园区在运营过程中会面临各种风险，如市场风险、安全风险、交通风险等。因此，需要制定风险管理规划，建立健全的风险管理体系。这包括风险评估、风险预警、应急预案制定等，确保物流园区的稳定运营。

4）投资规划：物流园区的建设需要大量的投资，因此需要制定投资规划。这包括投资规模、投资方向、投资进度等方面的规划。通过合理的投资规划，可以确保园区的建设和发展得到充足的资金支持，实现可持续发展。

5）人才规划：物流园区的建设和发展需要高素质的人才支持。因此，需要制定人才规划，培养和引进优秀的人才。这包括制定人才政策、加强人才引进和培养、建设人才队伍等。通过人才规划，可以为物流园区的建设和发展提供强有力的人才保障。

二、物流园区的功能设计

物流园区可以分为如下几个功能片区：仓储区、加工区、增值区、交易展示区、综合服务区、行政区、商业区、住宅区等。一般来说，物流园区的基本功能包括以下几个方面。

1）综合功能：物流园区具有综合各种物流方式和物流形态的作用，可以全面处理储存、包装、装卸、搬运、流通加工，以及不同运输方式的转换、信息、调度、配送等功能。

2）专业功能：包括集装箱拼装箱功能、运输配装和中转功能、配送加工功能。其中，配送加工功能主要借助专业优势和信息优势，提供配送、加工和其他服务，包括物流方案设计、库存管理、实物配送和搬运装卸、包装加工等物流服务。

3）集约功能：集约了物流主体设施和有关的管理、通信、商贸等设施与服务。

4）信息交易功能：集中汇集物流信息，控制物流过程，实施集中管理。

5）集中仓储功能：通过集中库存可以相对降低库存总量，实现有效库存调度，从而能够充分发挥仓储功能，减少工商企业对仓库的投资。

6）多式联运功能：可以有效地集约公路、铁路、水运、空运，实现综合运输、多式联运的最有效转化。

7）辅助服务功能：辅助服务功能包括生产和生活两个方面。例如，通过引进一批配套服务企业，提供金融、保险、工商、税收、设施检修等全方位的配套服务等，都属于生产方面的辅助服务功能。

8）停车功能：可以为外地车辆集中停放，为城市货运车临时停放，为物流园区用车提供场地。

欧洲物流园区的服务功能区主要包括：办公室与劳力服务区、铁路服务区、海关服务区、转运代理中心、公路托运合同代理中心、物流中心、车辆服务区、综合仓库、运动场和娱乐园区等。

物流园区的功能设计采用自顶向下的方法，首先是确定规划原则，然后列举和分析涉及的核心因素，再通过收集整理先进的国际案例，总结出适合国内物流园区的经验。随后，将整个物流园区划分为几个大功能区域，例如物流产业区和管理服务区，从国际最佳的实践经验以及市场调查得到的实际需求两方面入手配置，为每个功能区域命名、定义、分配相应的面积、引入相关的设施、设备和IT（信息技术）系统。最后是对物流园区的核心流程进行定义和描述，包括集装箱服务流程、生产原材料供应和配送流程、生活资料采购和配送流程、保税物流作业流程、空港/海港/铁路物流服务流程等。

？小思考

深国际·沈阳现代综合物流园坐落于辽宁省沈阳市于洪区马三家街道，占地约391.12亩，建筑面积近80万m^2，是全国单体建筑面积最大的物流园区之一。

该园区功能设计完善，涵盖保税、仓储、分拨、配载、配送、城际专线运输、物流电子商务、供应链管理以及配套服务等诸多功能。其仓储功能可提供大规模仓储空间，有力确保货物存放安全；运输配送功能拥有完善的运输配送体系，交通网络便捷，利于货物迅速运往各地；物流信息服务功能通过搭建物流信息平台，实现信息交换与共享，提升物流运作效率；供应链管理功能能够优化供应链流程，降低供应链成本，增强协同性与稳定性；综合配套功能设有企业总部大厦、"SOHO"公寓、餐饮网点等，为企业和人员提供便捷的办公及生活条件。

在信息交易方面，园区构建了先进的物流信息交易平台，整合物流信息资源，促使货主、物流企业、运输车辆等信息互联互通，提高物流交易的效率与准确性。此外，园区对物流信息进行了大数据分析，提供市场趋势、需求预测等信息支撑，助力企业制定合理的物流策略和经营决策。电子交易服务实现了物流交易的线上化、便捷化，企业能够通过信息平台进行在线下单、支付、结算等操作，提升交易的安全性与效率。

问题：

1. 深国际·沈阳现代综合物流园在哪些方面做得比较出色？
2. 深国际·沈阳现代综合物流园对电子商务行业的发展有何重要意义？

三、物流园区的布局设计

物流园区的布局设计是指根据物流园区的战略定位和经营目标，在已确认的空间场所内，按照从货物的进入、组装、加工等到货物运出的全过程，力争将人员、设备和物料所需要的空间做最适当的分配和最有效的组合，以获得最大的经济效益，德国某物流园区的布局设计如图5-1所示。

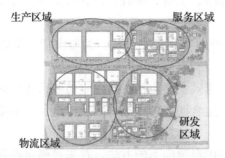

图5-1 德国某物流园区的布局设计

通过借鉴欧洲物流园区的最佳实践案例（见表5-2），我们可以从中吸取宝贵的经验，以提升国内物流园区的规划水平和效率。

表5-2　欧洲物流园区的最佳实践案例

物流园区	Duisport and Logport Logistic Center Duisburg GmbH（杜伊斯堡和罗格港物流中心有限公司）	lnfraServ GmbH & Co.Höchst KG（InfraServ 股份有限公司）	GVZ Bremen（不来梅货运中心）
全部面积	大约2 650 000m²	大约4 600 000m²	大约3 620 000m²
剩余的空地	大约800 000m²	大约2 650 000m²	大约362 000m²
入驻的企业数	28	大约80	114
建筑数	43	800（实验技术大厦），100（工厂），30（办公楼）	65
内部的道路网络	9.4km（110 000m²道路面积，不含停车场）	大约72km	大约9.8km
内部的铁路网络	12.4km	大约57km	大约11.4km
内部交通占地占比	大约13.2%	大约10%	大约15%
全部仓库面积	200 000m²	大约300 000m²	大约450 000m²
绿化区域面积占比	大约37%	大约12%	大约10%
就业人数	大约1 500	大约22 000（其中研发人员4 000）	大约4 960
年度转运能力	200 000TEU	大约200万t	235 000TEU
投资	1999—2003年：16亿欧元用于基础设施（其中9亿欧元用于duisport），4亿欧元用于地面建筑（其中3亿欧元来自私营公司）	1999—2003年：大约17.50亿欧元	大约4.5亿欧元（其中40%来自GVz，其他60%来自公司）

注：TEU为国际标准集装箱单位。

　　园区化的设计理念是欧洲物流园区成功的关键因素之一。通过合理分割不同的功能区域，如仓储区、装卸区、办公区等，可以有效提高物流园区的运作效率。此外，这种设计理念还有助于实现资源的优化配置和减少浪费。欧洲物流园区在布局上充分考虑了物流与空港、海港以及与陆路运输的密切程度。通过合理安排相关产业的位置，可以实现货物的高效转运和降低成本。例如，将需要快速转运的货物放置在靠近空港或海港的位置，可以大幅缩短运输时间，提高物流效率。地块规划面积也是欧洲物流园区成功的重要因素之一。在满足柔性需求的同时，保留一定的可扩展空间，可以应对未来物流需求的增长。这种规划方式不仅有利于物流园区的可持续发展，还能减少因需求增长而带来的额外成本。多式联运的设施规划也是欧洲物流园区的一大特色。通过整合水路、铁路、公路和航空等多种运输方式，可以实现货物的快速、高效转运。这种设施规划方式不仅提高了物流效率，还有助于降低运输成本，增强物流园区的竞争力。在产业加工和高附加值物流企业之间的分配比例方面，欧洲物流园区也做出了合理的安排。通过保持两者之间的平衡，可以实现物流园区的多元化发展，提高整体经济效益。最后，欧洲物流园区在规划过程中充分考虑了地理和生态环境因素。通过设计环保预留用地，可以减少对环境的破坏和污染。这种注重环保的规划理念不仅有利于物流园区的可持续发展，还能提升企业的社会形象。德国某物流园区如图5-2所示。

图5-2　德国某物流园区

在实际操作中，对物流园区中的各建筑设施的选址和规划应采用科学的定量方法。例如，运筹学中的一些最优选址方法、最短路径法、最小费用最大流法、有效的物料进出表法、搬运系统分析法等，都可以为物流园区的规划提供有力支持。此外，模糊理论中的模糊综合评价法、最优决策方法等也可以为物流园区的决策提供参考。

综上所述，通过借鉴欧洲物流园区的最佳实践案例和采用科学的定量方法，我们可以提升国内物流园区的规划水平和效率。这不仅有助于推动物流行业的发展，还能为我国的经济增长和社会进步做出贡献。

任务五　掌握物流园区选址规划

一、物流园区选址的原则

物流园区，作为物流产业链中不可或缺的一环，承担着物流企业办公、货物集散、运输等核心服务活动的任务。作为物流节点的硬件和物质载体，物流园区的选址显得尤为重要。为了确保物流园区在功能分工、交通便利、城市规划等方面达到最佳效益，选址应遵循以下5大基本原则。

（1）交通导向原则

物流的本质在于高效、快速地完成货物的运输和配送。因此，物流园区的选址必须充分考虑交通因素。良好的交通条件不仅能够提高物流效率，减少运输成本，还能避免重复建设，节约资金。理想的物流园区应位于货运主要发生方向，靠近高速公路出入口，这样可以有效避免大量货物倒流和迂回运输的问题，确保物流活动的高效顺畅。

（2）城规导向原则

物流园区作为城市基础设施的重要组成部分，其建设必须纳入城市规划进行总体布局。在选址时，应充分考虑城市发展规划，选择在城市边界或交通干线上，这样既可以减少对城市其他地区的干扰，又能确保物流园区的长远发展。同时，物流园区的建设还需与周边产业规划相协调，形成产业链上下游的有机衔接，促进区域经济的协同发展。

（3）地形导向原则

物流园区占地面积较大，一般不小于 $1\,000m^2$。因此，在选址时应考虑地势开阔平坦，具备足够的可拓展空间。随着城市的发展和产业规模的扩大，物流量将不断增大，物流园区必须具备足够的可扩展性，以满足未来发展的需要。此外，地形条件还需考虑防洪、排水等因素，确保物流园区的安全稳定。

（4）经济适应原则

物流园区的建设与发展必须与当地及其周边经济发展和产业规划紧密相连。选址时应充分考虑当地货物运输量的需求，合理规划物流园区的规模和功能布局。同时，物流园区的建设还应与区域经济发展战略相契合，推动当地产业升级和经济发展。

（5）设施配套原则

物流园区的发展离不开完善的配套设施。在选址时，应充分考虑能源、水源、生活条件等因素。充足的能源供应和稳定的水源是物流园区正常运营的基础保障；良好的生活条件则能够吸引更多的人才聚集，为物流园区的长期发展提供有力支撑。

综上所述，遵循交通导向、城规导向、地形导向、经济适应和设施配套这5大基本原则，可以帮助我们确保物流园区选址的合理性，实现物流园区在功能分工、交通便利、城市规划等方面的最佳效益。同时，这也有助于推动物流行业的健康发展，为区域经济的持续繁荣做出贡献。

二、物流园区选址的影响因素与决策步骤

1.物流园区选址的影响因素

物流园区作为现代物流系统的核心组成部分，其选址决策至关重要。正确的选址不仅能够提高物流效率，降低成本，还能为企业提供高效、专业的增值服务，从而增强企业的竞争力和发展潜力。因此，在选址过程中，我们需要综合考虑自然环境、经营环境等多种因素，以确保物流园区的建设和发展符合企业的战略需求和市场环境。

（1）自然环境因素

首先，我们需要考虑气象条件，如温度、风力、无霜期、平均蒸发量等指标。选择适当的地点可以避免气象灾害对物流园区运营的负面影响。例如，避免在风口建设物流园区，以防大风对物流设施造成损害。其次，地质条件也是选址过程中需要考虑的重要因素。我们需要选择土壤具有足够承载力的地区，避免选择有淤泥层等不利条件的土地，以

确保物流园区的稳定性和安全性。此外，地形条件也是选址过程中不可忽视的因素。选择地势较高、地形平坦的地方可以确保物流园区的排水和运输便利。最后，我们需要适当考虑土地资源的利用，节约用地，为物流园区的未来发展留出足够的空间。

（2）经营环境因素

在选址过程中，我们还需要考虑商品特性。不同类型的物流园区最好分布在不同的区域，与产业机构、产品结构和工业布局有机结合，以更好地满足市场需求。同时，物流费用也是选址过程中需要考虑的重要因素之一。我们需要选择靠近物流服务需求地，如大型工商业区，以缩短运输距离、降低运费等物流成本。这不仅可以提高企业的经济效益，还可以提高物流园区的运营效率。

（3）基础设施状况

交通条件是选址过程中需要考虑的关键因素之一。选择具备便利交通运输条件的地区，最好靠近交通枢纽，如火车站、高速公路等，可以确保物流园区的交通便利。此外，多种运输方式相连接也可以提高物流园区的运输效率和服务质量。公共设施状况也是选址过程中需要考虑的因素之一。选址地区应具备城市道路、通信等公共设施，有充足的电、水、燃气等供应能力，并且周边应具备对污水和固体废弃物的处理能力。这可以确保物流园区的正常运营和环境保护。

（4）其他因素

除了以上因素外，还有一些其他因素也需要考虑。首先，环境保护要求是我们必须遵守的重要原则。在选址过程中，我们需要考虑对自然环境和人文环境的保护，尽量降低对城市生活的干扰。对于大型转运枢纽，应选择远离市中心的区域，以改善城市交通状况并维护生态建设。其次，周边状况也是选址过程中需要考虑的因素之一。物流园区作为火灾重点防护单位，不宜设置在居民区附近。最后，我们还需要考虑周边地区的发展潜力和政策支持等因素，以确保物流园区的可持续发展。

综上所述，物流园区的选址问题是一个综合性的决策过程。我们需要综合考虑自然环境、经营环境、基础设施和其他因素，以确保物流园区的选址符合企业的战略需求和市场环境。通过科学的选址决策，我们可以提高物流效率、降低成本、增强企业的竞争力和发展潜力。

2. 物流园区选址的决策步骤

物流系统中物流园区的选址问题在实际中是一项重要的决策问题，如何正确地进行选址决策具有十分重要的意义。

在探讨物流园区的选址问题时，我们必须充分理解其交通区位特性，这是物流园区高效运作的核心要素。经过细致的考察与研究，精选出 n 个符合这一关键特征的候选点。然而，预算限制是任何项目实施的关键因素，因此在初步筛选阶段，必须排除超出预算限制的方案。基于这一原则，在 n 个候选点的基础上，构建一个以费用为核心的评估模型。该模型参照物流园区选址指标体系，如图5-3所示，通过对候选点在成本效益、交通可达性、区域发展潜力等多方面的综合考量，筛选出既符合交通区位特点又在预算范围内的可行方案。

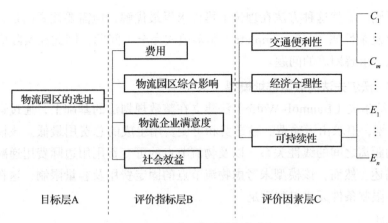

图5-3　物流园区选址指标体系

在量化模型的基础上，进一步对所得到的可行方案进行定性指标的模糊综合评估。这一步骤有助于全面而深入地理解每个可行方案的潜在优势与不足，为物流园区后续进行决策提供更丰富和准确的信息。最后，运用层次分析法对以上两个模型的结果进行综合分析，确定最佳选址方案。这种方法结合了定量分析与定性评估，既确保了决策的科学性，又兼顾了实际操作的可行性。因此，该方法被称为物流园区三阶段综合选址方法，其完整的参考流程如图5-4所示。

总体而言，这一系统的选址方法能够在预算限制内找到最符合物流园区交通区位特点的选址方案，为物流园区的后续建设与发展奠定坚实基础。

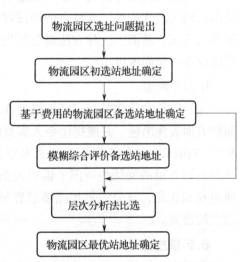

图5-4　物流园区综合选址方法的参考流程

三、物流园区的选址方法

在物流领域，选址决策是至关重要的。正确的选址能够显著降低成本、提高效率，从而为企业带来可观的经济效益。为了辅助这一决策过程，人们发展出了多种定量选址方法。这里将对这些方法进行深入剖析，并探讨其优缺点。

1.重心法

重心法是一种静态的连续型定量选址模型，其核心思想是通过将物流节点与供应商和用户之间的直线距离分别乘以其对应的物流量，并乘以发送费率，得出最小值作为最优解。这种方法灵活性较大，不限于特定备选地点进行选择。然而，这也可能导致选出的地点在实际操作中难以实现。

2.混合整数线性规划模型

混合整数线性规划模型属于离散型定量选址模型，其建立基础是整数规划模型，并遵循费用最小原则。虽然这种方法在理论上可以求得最优解，但需要注意的是，混合整数规划问题的计算复杂性属于NP-complete（非多项式完全）问题，因此在实际应用中可能会遇到计算量大、求解困难的问题。

3. 鲍姆尔-沃尔夫法离散型选址模型

鲍姆尔-沃尔夫（Baumol-Wolfe）法建立在整数规划法的基础上，通过运用混合整数规划和0-1规划，追求由运输费、输送费和可变费用组成的总费用最低。该模型考虑了运输费用和运输距离之间的线性关系，以及物流节点的可变费用用边际费用递减的非线性费用函数进行描述。然而，该模型未考虑物流节点的固定费用及容量限制，这在实际应用中可能导致一些限制条件无法得到满足。

4. 多重心法

多重心法先确定物流园区的数量和每个物流园区的服务范围，再利用重心法为各个物流园区确定最优选址。这种方法通过对物流园区各种数量的选择进行考察，选出其中成本最小的方案。然而，这种方法需要预先确定物流园区的数量和服务范围，这在实际操作中可能存在一定的困难。

5. 模拟模型

相较于数学优化模型，模拟模型在求解精度上可能稍逊一筹，但其在反映实际问题全面性方面表现出色，并能提供令人满意的解决方案。例如，L. Vanden Bruggen、R. Gruson和M. Salomon曾在1995年为一家大型石油公司处理石油加油站的选址问题和分配到各个站点的顾客量的问题中应用了模拟模型。这一研究发表在《欧洲运筹研究》上，据披露，通过模拟优化，该公司每年能够节省5%~6%的费用。这表明模拟模型在实际应用中具有较大的潜力。

6. 定量方法

定量方法的长处在于其能够通过正确的建模与计算得出令人信服的最优解。然而，这些方法也存在一些局限性和挑战。首先，建模过程中对现实问题进行抽象处理可能导致结果不尽如人意。其次，由于算法的原因，计算过程中可能只能求得局部最优解。最后，定量方法通常以单一指标最优为目标，可能忽视了其他重要影响因素，从而使得结果并非最优。

综上所述，定量选址方法在实际应用中具有广泛的应用前景和潜力。然而，为了取得更好的效果，需要结合实际情况进行选择和调整，并充分考虑各种影响因素。同时，未来的研究可以进一步探索如何将定量方法与定性方法相结合，以更好地解决物流园区选址决策问题。

项目小结

本项目深入介绍了物流园区的概念、类型、规划目的、原则以及选址等方面的知识。通过学习，我们掌握了物流园区规划的基本流程和技术方法，包括区位条件、物流需求、运作条件和政策支持等条件要素的分析，以及物流园区的功能设计和布局设计。在实践中，我们运用所学的知识进行了实际的物流园区选址规划，通过分析选址的原则、影响因素和决策步骤，以及选址方法的应用，成功地完成了物流园区的选址工作。

思 考 题

1. 什么是物流园区？请简述其类型。
2. 物流园区规划的主要目的是什么？
3. 在进行物流园区规划时，需要考虑哪些重要的条件要素？
4. 请简述物流园区规划的技术流程。
5. 物流园区选址的原则是什么？请给出几个选址的影响因素。

实 训 题

东北亚物流园区，位于中国吉林省长春市宽城区，作为城市物流的重要枢纽，承担着吉林省、东北地区乃至东北亚区域的物流中转和配送任务。作为核心物流节点，该园区依托其独特的地理位置、发达的交通网络和丰富的土地资源，为国内外物流网络提供了关键连接，促进了货物快速进出东北亚地区。

该园区以发达的交通网络为依托，形成高效便捷的物流通道。区内铁路设施完备，如长春北站编组站和铁路专用线，与高速公路、城市干线共同构建了网状交通结构。这确保了小型车辆能够迅速完成向市区的配送任务，满足多样化的运输需求。宽城区丰富的土地资源为物流业的发展提供了坚实的土地保障。物流业作为大量消耗土地资源的行业，宽城区的"三结合"特点为其发展大型现代化物流园区创造了有利条件，成为长春北部新城重要的物流节点。

此外，宽城区具备坚实的产业基础，能为物流业发展提供有力支撑。商业聚集区域和主要零售区域"铁南"，以及兰家工业园区和兴华组团工业园区"铁北"，都为物流园区的建设和发展提供了广阔的市场前景。同时，宽城区也是长春市主要物流企业的聚集区域，为物流企业的进一步发展壮大提供了运营基地保障。

东北亚物流园区致力于建设成为中国核心物流节点，实现与国内主要物流园区的物流信息共享和联网运作。未来，园区将发展成为国家级重点物流试验基地和代表性物流园区，推动国内各主要物流园区的协同发展，为促进区域经济一体化和国际贸易交流发挥重要作用。

请分组分析和讨论

1. 东北亚物流园区在长春市乃至吉林省的物流业发展中扮演了什么角色？
2. 东北亚物流园区的地理位置有哪些优势？如何影响其物流中转和配送任务？

案例分析

哈尔滨龙运物流园区作为东北地区的重要物流节点，在物流行业的发展中起到了关键作用。本案例分析将基于物流园区规划的目的、原则、条件要素、技术流程和选址规划，对哈尔滨龙运物流园区进行深入探讨。

哈尔滨龙运物流园区的规划目的在于整合区域内的物流资源，提高物流运作效率，降低物流成本，促进区域经济的发展。

在规划过程中，该园区遵循了系统性、可持续性、协同性和动态性的原则。系统性的规划使得园区内各种设施、功能区域有机整合，形成了一个高效的物流运作体系；可持续性原则确保了园区的长期发展，与周边环境和谐共生；协同性原则确保了园区与周边地区的协同发展，形成共赢局面；动态性原则使园区能够根据市场变化和技术发展进行适时的调整。

在区位条件方面，哈尔滨龙运物流园区位于哈尔滨市东南部，交通便利，便于货物的进出。物流需求方面，依托哈尔滨及周边地区的经济活动，该园区具备庞大的物流需求。运作条件方面，该园区拥有先进的物流设施设备和专业的物流管理团队，保障了园区的顺利运营。政策支持方面，政府为该园区提供了多项优惠政策，促进了园区的快速发展。

哈尔滨龙运物流园区的规划采用了先进的物流规划方法，首先进行了市场需求分析和资源条件评估，在此基础上，进行了功能设计和布局设计，明确了各个功能区域的具体位置和规模。在选址规划方面，遵循了交通便利、靠近消费市场、土地成本低等原则，并采用了多因素评价法对候选地址进行了综合评价，最终确定了园区的最佳位置。

综上所述，哈尔滨龙运物流园区作为东北地区的重要物流节点，在提高物流效率、降低成本、促进经济发展等方面发挥了重要作用。未来，随着市场和技术的发展变化，哈尔滨龙运物流园区还需不断调整和完善规划，以适应新的发展需求。

案例思考题

1. 哈尔滨龙运物流园区的规划原则有哪些？这些原则是如何影响园区规划的？

2. 哈尔滨龙运物流园区的选址规划中，哪些因素被考虑在内？这些因素是如何影响园区选址的？

项目六　物流空间布局规划与优化方法

学习目标

知识目标

- 理解物流节点空间布局的含义。
- 掌握物流节点空间布局的类型、方法。
- 认识物流空间网络概念模型。
- 了解物流空间网络结构的特征。
- 掌握物流空间网络结构的类型。
- 认识物流节点空间布局优化模型及优化方法。

能力目标

- 能够区分不同物流节点空间布局的类型和适应条件。
- 学会根据实际状况选择其物流空间网络结构类型。
- 掌握不同物流节点空间布局优化的过程和不同优化模型之间的对比。

素质目标

- 培养学生主动学习的意识和能力，能够独立思考、自主规划学习进程。
- 培养创新意识和创新能力，能够灵活运用所学知识解决实际问题，提出新的观点和解决方案。
- 培养良好的沟通能力和团队协作精神，能够与他人有效交流、合作解决问题，共同完成任务。

导入案例

北京城市物流规划

从2002年起，北京市用"整合资源、优化布局、内外衔接、软硬结合"的思路对北京城市货运枢纽系统进行了调整，编制了《北京市"十五"时期商业物流发展规划》。归纳起来，《北京市"十五"时期商业物流发展规划》在构建城市货运枢纽系统上，有以下特点及效益。

1. 特点

1）从城市物流发展的宏观需要和城市交通的战略发展出发，调整了城市货运枢纽系统的规划思路，实现了"三个转变"：货运枢纽系统定位由公益性基础设施向经营性基础设施转变；由单纯的货运站场向综合性物流基础设施的组成部分转变；由货运系统网络节点向区域性物流中心转变。

2）更加明确了货运枢纽系统规划的目的性，即作为综合运输系统的重要组成部分，也作为城市物流基础设施的重要组成部分，建立在现有的综合运输系统和拟建的综合运输网络基础上，以完善区域物流设施和系统功能为目标，有利于改善和加强城市功能，提高城市综合实力。

3）合理分配物流园区与城市货运枢纽的功能和层次。根据北京市远景发展计划、北京城市总体规划、预测特征年北京市的货运量及其空间分布、货物种类构成、适站量、方向性分布等相关因素，将货运枢纽在空间分布上分为两个层次：一级货运枢纽主要分布在放射形公路主干线与六环路交汇处，尽量靠近卫星城、边缘集团和工业、科技园区等物流生产地，是大型物流基地的基本功能区；二级货运枢纽主要分布在城市主干道与五环路交汇处，尽量靠近城市物流消费地，既便于货运组织，又适合进行城市物流配送，是商业物流中心和专业物流配送区的货物集散地。按照这样的功能和层次划分，重新规划了5个一级货运站和13个二级货运枢纽。

4）通过对北京城市物流发展趋势的科学预测，体现适度超前和量力而行的原则。通过北京城市未来的人口、制造业、流通业、对外贸易、综合交通、城市建设等方面对物流发展影响的分析，预测城市物流的总体需求。通过对城市消费水平、国内生产总值、第三产业产值、交通需求与供给能力、进出口货物贸易总量等相关因素的分析，预测未来城市物流量及其结构。通过对货物种类构成、物流方向性构成及其结构比的分析，预测货运枢纽的适宜位置和规模。

5）充分考虑城市物流规划对物流市场的引导作用，一方面考虑货运枢纽规划对于城市可持续发展的影响，另一方面考虑有利于物流企业运营的经济合理性。

6）将物流信息系统和城市配送系统与货运枢纽系统有机结合，将干线运输、站场集散市区配送相衔接，实现物流信息和运输组织的网络化。推进电子商务与物流系统的信息互连，重点组织开发货运枢纽物流信息系统，推动EDI（电子数据交换）、GPS等技术的应用和推广。加快物流标准化建设，推广使用标准托盘、条码、智能化仓库。加快运输装备和运输技术的改进，为集装箱甩挂运输、驮背运输、快件运输、市内货物配送等现代化运输方式的应用创造外部环境。通过疏通城市货运枢纽与市区，特别是中心城区及边缘集团、卫星城的物流配送通道，建立市区货运车辆停靠诱导系统，引导大中型商业设施建立货物接卸平台。

7）从物流的基础环节——运输、仓储环节入手，通过对现有物流基础设施资源的整合，有利于获得更好的社会经济效益。

2.效益

这个规划完成后，将获得明显的社会经济效益。

1）由于城市货运枢纽与城市公路网、快速道路网的有效衔接，不仅可以使城市物流的交通组织更加顺畅，而且通过对过境货运车辆的截流、分流，有利于减轻过境交通压力，改善城市交通和环境质量。

2）城市货运枢纽的相对集中，有利于物流企业更加有效地利用物流资源，降低经营成本，产生规模效益。

3）城市货运枢纽作为综合交通运输网络的节点和全国性货运枢纽系统的组成部分，有利于城市间、区域间和国际物流交换，促进经济和社会发展。

案例思考题

1. 城市物流系统由哪些内容组成？
2. 城市物流系统的规划与设计对于城市物流乃至城市经济的发展有何作用？

任务一　理解物流节点空间布局

物流节点空间布局的决策通过网络分析和优化来确定物流节点的位置和数量，以获得合理的运输和库存成本，并满足客户的需求。由于物流节点空间布局的决策对货物的传送方向和传送途径起着决定性的作用，因此，物流节点空间布局实际上就是对物流网络进行分析和设计。

物流网络设计可以根据所考虑物流系统大小的不同进行分类，分为企业内部物流网络设计和供应链物流网络设计。无论是哪种设计，相应设计步骤通常可以划分为以下三步。

第一步是进行网络分析。通过网络分析，确定网络要素和相互的关系，如工厂的位置、分销中心的数量、供应商的数量和位置等。

第二步是优化设计。可以采用相关数学模型或其他方法进行优化决策分析。

第三步是组织实施网络设计，确保网络设计符合业务需求，并且能够顺利地与其他系统集成。

此外，我国物流节点空间布局的演变历史进程可以追溯到古代的驿站和码头等物流节点。在古代，由于交通工具和运输方式的限制，物流节点主要服务于当时的官府和军队，用于传递信息和物资。到了近代，随着铁路、公路等交通基础设施的建设，物流节点开始向现代化转型，出现了现代化的物流园区和物流中心等。

进入21世纪后，随着电子商务的兴起和物流需求的增长，我国物流节点空间布局发生了深刻的变化。一方面，随着城市化进程的加速和城市群的发展，物流节点开始向城市周边地区扩散，形成了以城市为中心的物流节点网络。另一方面，为了适应快速变化的物流需求和市场环境，物流节点开始向更加智能化和功能化的方向发展。

总体来看，我国物流节点空间布局在不断地演变和升级中，从传统的驿站和码头到现代化的物流园区和物流中心，再到智能化的物流节点网络，物流节点空间布局在不断地适应和推动着经济社会的发展。

一、物流节点空间布局类型

物流节点空间布局模型，作为一种数学工具，在物流系统优化中发挥着至关重要的作用。它主要利用数学方法来精准地调整和优化物流网络中各个节点的数量、具体位置以及整体规模，旨在构建一个结构清晰、布局合理的物流网络，以实现物流成本的最小化。

在构建这种模型的过程中，我们首先要明确选址的主体，即哪些机构或企业将成为物流节点的主要运营者。同时，还需要界定目标区域，即物流节点所服务的地理范围。这两个要素的明确，为后续的模型构建提供了基本的方向和框架。

接着，我们需要设定明确的目标函数和成本函数。目标函数通常涉及物流网络的整体效率、服务质量等方面，而成本函数则主要关注物流成本的最小化。这些函数的设定，有助于我们量化模型优化的目标，使得优化过程更加明确和有针对性。

此外，约束条件也是建立模型时不可忽视的重要因素。这些约束条件可能包括物流节点的容量限制、运输路径的限制、时间窗要求等，它们确保了模型在实际应用中的可行性和有效性。

基于以上要素和问题，物流节点空间布局模型可分为多种类型。每种类型都针对特定的物流场景和需求，构建了独特的数学模型，并配备了相应的求解算法。这些模型不仅有助于我们深入了解物流节点的空间布局规律，还为我们提供了有效的优化工具，使得物流网络更加高效、经济、可靠。

总的来说，物流节点空间布局模型的应用，为我们提供了一种科学、系统的方法来规划和优化物流网络。通过这些模型，我们可以确保物流节点的空间布局既合理又高效，从而实现物流成本的最小化，提升整个物流系统的竞争力。

物流节点空间布局的主要分类方法如下。

1.按设施对象划分

不同的物流设施具有不同的功能，因此在选址时考虑的因素也不同。在决定设施位置的因素中，通常某些因素会比其他因素更重要。

在工厂和仓库选址中，经济因素通常是最重要的因素。这包括成本、运输费用、劳动力成本等。经济因素的优先级高于其他因素，因为它们直接影响到企业的盈利能力和竞争力。

而在服务设施（如零售网点）选址时，到达的便利程度可能是首要的考虑因素。特别是在收入和成本难以确定的情况下，到达的便利程度对于吸引顾客和向顾客提供良好的服务至关重要。在这种情况下，选址问题的关键是将地点带来的收入与场地成本相抵销，从而确定该地点的盈利能力。

在物流设施的选址决策中，除了经济因素和便利程度外，还需要考虑其他因素，如周围环境、政策法规、竞争对手等。综合考虑各种因素，才能做出最合理和最符合实际情况的选址决策。因此，选址决策是一个综合考量各种因素的过程，我们需要谨慎分析和权衡取舍。

2.按设施的维数划分

根据被定位设施的维数，可以分为体选址、面选址、线选址和点选址。体选址用于定位三维物体，例如货车和船舶的装卸设施的选址。面选址用于定位二维物体，例如制造企业内部的部门布置。线选址用于定位一维物体，例如在配送中心中确定分拣区域，以便分拣工人按照订单从传送带上拣选所需货品。点选址用于定位零维设施，当设施的尺寸相对于目标位置区域可以忽略不计时，可使用点选址模型。大多数选址问题和选址算法都是基于这种情况的。

除了体选址、面选址、线选址和点选址外，还有一种选址方法是区域选址，用于确定较大范围内的设施布局，例如城市规划中的商业区、工业区等。区域选址考虑的是更广泛的空间布局和影响因素，需要综合考虑土地利用、交通便捷性、人口密度等因素进行决策。

不同类型的选址方法适用于不同的场景和需求，选择合适的选址方法有助于提高设施的效率和运营效果。在实际应用中，根据具体情况选择合适的选址方法，并结合实地考察和数据分析，可以更好地进行设施选址规划和决策。

3.按设施的数量划分

根据选址设施的数量，可以将选址问题分为单一设施选址问题和多设施选址问题。单一设施的选址与同时对多个设施选址是完全不同的两个问题。与多个设施选址问题相比，单一设施选址问题无须考虑竞争力、设施之间需求的分配、集中库存的效果以及设施成本与数量之间的关系等因素。在单一设施选址问题中，运输成本是首要考虑的因素。

另外，在多设施选址问题中，需要考虑多个设施之间的相互影响和协调，以实现整体的效益最大化。这涉及竞争性因素、需求分配、设施之间的协同作用等复杂因素。在多设施选址问题中，除了考虑运输成本外，还需要考虑如何最大限度地优化设施布局，使得整体运营效率最优化。

因此，单一设施选址问题和多设施选址问题在决策过程中需要考虑的因素和复杂程度有所不同。针对不同类型的选址问题，需要采用不同的分析方法和决策模型，以确保选址决策能够满足实际需求并取得最佳效果。综合考虑各种因素，可以为不同类型的选址问题提供合适的解决方案，从而实现设施选址的科学规划和有效实施。

4.按选择的离散程度划分

根据选址目标区域的特征，选址问题可以分为连续选址和离散选址两类。连续选址问题是指在一个连续空间内，所有节点都是可选方案，需要从数量无限的点中选择其中一个最优的点。这种方法称为连续选址法（Continuous Location Method），通常用于物流设施的初步定位。离散选址问题是指目标选址区域是一个离散的候选位置的集合，候选位置的数量通常是有限的，并且可能经过合理分析和筛选。这种模型更贴近实际情况，这种方法称为离散选址法（Discrete Location Method），常用于设施的详细设计阶段。

在连续选址问题中，由于可供选择的位置是无限的，因此需要利用数学方法和优化技术来确定最佳选址。这种方法适用于需要在广泛区域内进行选址决策的情况，能够为后续的具体选址提供有益的参考。

相比之下，在离散选址问题中，候选位置是有限的，通常需要考虑现实条件、限制条件和实际可行性因素。通过对候选位置进行筛选和评估，可以更准确地确定最佳选址，适用于需要在特定区域内进行设施详细设计和规划的情况。

因此，在不同的选址问题中，连续选址和离散选址方法有各自的优势和适用范围。根据具体情况选择合适的选址方法，有助于确保选址决策的准确性和有效性，从而为设施的规划和建设提供有力支持。

5.按目标函数划分

根据选址问题追求的不同目标和要求，模型的目标函数可以分为以下几种。

可行的解决方案（Feasible Solution）和最优的解决方案（Optimal Solution）：对于许多选址问题来说，首要目标是得到一个可行的解决方案，即满足所有约束条件的解决方案。一旦可行方案确定，第二步的目标是找到一个最优的解决方案。

中点问题（Median Problem）：在选址区域中选择（若干个）设施位置，使得该位置离客户到最近设施的距离（或成本）的"合计"最小。这种目标通常应用于企业问题，因此也称为"经济效益性（Economic Efficiency）"。在中点问题中，选择设施数量往往是预先确定的，当选择设施数量为 p 时，称为 p-中点问题。

中心问题（Center Problem）：中心问题的目标是优化最坏情况，使得离物流节点单个成本最大的客户实现成本最小化。这种问题通常适用于军队、紧急情况或公共部门，例如要考虑到最边远地区的服务。

在实际应用中，根据选址问题的具体情况和要求，选择合适的目标函数至关重要。不同的目标函数能够帮助解决不同类型的选址问题，从而实现最佳的选址决策和最优的设施布局。通过对目标函数的分析和选择，可以更好地指导选址过程，确保选址方案符合实际需求并能够取得良好的效果。综合考虑各种因素，适时调整目标函数，有助于提高选址问题的解决效率和决策质量。

6.按能力约束划分

选址问题，依据其约束种类的差异，可以被细分为两大类：有能力约束的选址问题和无能力约束的选址问题。对于前者，主要是指在选址过程中，各设施的设计具有一定的能力上限，这种上限决定了它们能够满足需求的最大量。在这种情况下，选址决策必须充分考虑各设施的能力限制，确保所选位置能够既满足需求，又不超出设施的能力范围。

而针对无能力约束的选址问题，其特点在于新设施的能力已经设计得足够强大，能够充分满足客户的各种需求。也就是说，在这种情况下，选址的主要考量不再是设施的能力限制，而是其他因素，如成本、交通便利性、市场需求分布等。因此，对于无能力约束的设施选址问题，决策者可以更加灵活地选择位置，以最大化整体效益。

综上所述，选址问题的约束种类直接影响了选址决策的方向和策略。有能力约束的选址问题需要特别关注设施的能力上限，而无能力约束的选址问题则允许决策者更加自由地选择位置，以追求更高的效益。

二、物流节点空间布局方法

近年来，随着社会经济的快速发展和物流行业的蓬勃兴起，选址理论作为物流领域的重要组成部分，得到了广泛的关注和深入的研究。在这一背景下，选址方法日益丰富多样，各种新型的选址理念和策略不断涌现，为物流节点的空间布局提供了更为科学和精准的指导。

特别值得一提的是，计算机技术的广泛应用为选址理论的发展注入了新的活力。借助计算机强大的计算能力和数据处理能力，物流节点系统空间布局理论得到了极大的推动。计算机不仅可以协助我们建立复杂的数学模型，进行精确的数值计算和模拟分析，还能为不同方案的可行性分析提供强有力的工具支持。这使得选址决策更为客观、科学，大大提高了选址的准确性和效率。

具体而言，物流节点空间布局方法大致可以分为以下几类。

1.专家选择法

专家选择法凭借其独特的优势在选址决策中占据了一席之地。该方法以专家为信息来源对象，充分利用他们的知识和经验，对选址对象进行深入的综合分析研究。通过考虑选址对象的社会环境和客观背景，专家选择法能够全面把握选址的关键因素，从而寻找出选址对象的特性和发展规律，并据此进行选择。其中，因素评分法和德尔菲法作为专家选择法的代表，在实际应用中得到了广泛的运用。

2.解析法

解析法作为一种通过数学模型进行物流节点空间布局的方法，也受到了广泛的关注和应用。该方法的核心在于根据问题的特征、已知条件以及内在联系建立数学模型或图论模型，并通过求解模型获得最佳布局方案。解析法的优点在于能够获得较为精确的最优解，为选址决策提供了可靠的依据。然而，对于一些复杂问题，建立恰当的模型可能较为困难，这在一定程度上限制了解析法的应用。不过，随着数学和计算机技术的不断进步，这一问题或将逐步得到解决。

3.模拟计算法

模拟计算法也是一种重要的选址方法。该方法将实际问题用数学方法和逻辑关系表示出来，通过模拟计算及逻辑推理确定最佳布局方案。模拟计算法的优点在于其简单性和直观性，能够方便地处理各种复杂的选址问题。然而，该方法需要提供预定的各种网点组合方案以供分析评价，且需要进行反复判断和实践修正。因此，在实际应用中可能存在一定的局限性。尽管如此，模拟计算法仍然是一种有效的选址方法，尤其在处理一些特定类型的选址问题时具有独特的优势。

4.启发式方法

在选址决策过程中，启发式方法也发挥着重要作用。使用启发式方法进行选址，通常包括以下步骤：首先，定义一个计算总费用的方法，以量化选址方案的经济成本；其次，制定评判准则，以便对不同的选址方案进行客观评价；然后，规定方案改进的途径，通过不断优化方案来提高选址效果；接着，给出初始方案作为起点；最后，通过迭代求解逐步逼近最优解。启发式方法能够在较短的时间内找到较为满意的选址方案，尤其适用于处理大规模、复杂的选址问题。

总之，近年来，选址理论的发展取得了显著的成果，各种选址方法的应用也日益广泛。这些方法的出现不仅为物流节点的空间布局提供更为科学和精准的指导，也为我们处理复杂的选址问题提供了有力的支持。通过不断学习和实践这些方法，我们可以不断提高选址决策的水平，为物流行业的发展贡献更多的力量。

物流节点空间布局方法是一个综合决策的过程，在这一过程中，考验我们同学的综合素质。通过解析法和模拟计算法的介绍，学生可以学习如何将复杂问题转化为数学模型，并运用逻辑思维和数学方法寻找解决方案。在实际生活中，选址决策往往需要综合考虑多种因素并在多种因素之间进行权衡，我们要学会在权衡中做出最佳选择。

在制定选址决策时，我们必须全面考虑整体战略以及市场需求等多方面因素。通过这样的学习，学生们可以领悟到，在处理问题时必须具备宏观的视野，综合权衡各种要素，以实现最优化的结果。

总之，这些内容不仅提供了实用的方法和技巧，更重要的是它们传达了一种思维方式和方法论，有助于学生得到全面的提升。

任务二　认识物流空间网络结构特征

物流空间网络，作为物流系统的基石，扮演着不可或缺的角色。它是支撑整个物流体系运作的基础设施网络，为物流活动提供坚实的物质支撑。如果没有一个健全、完善的物流空间网络，如同失去了骨架的人体，那么物流服务网络、组织网络以及信息网络都将失去其赖以运行的物质基础，无法正常运作。

因此，物流空间网络在物流系统规划中占据着举足轻重的地位。它不仅是物流资源合理配置的关键环节，还是当前国内外物流系统研究领域的重点研究对象。对于物流空间网络的深入研究，不仅有助于我们更好地理解物流系统的运作机制，还能为优化物流资源配置、提升物流效率提供有力的理论支持。

本任务内容将运用复杂网络理论，对物流空间网络进行深入的统计描述和分析。通过挖掘网络结构特征，我们可以更加清晰地认识物流空间网络的内在规律和特性，为物流系统的优化和升级提供科学的依据和指导。这不仅有助于提升物流行业的整体竞争力，还能为社会经济发展提供有力的物流保障。

一、物流空间网络概念模型

物流空间网络主要指物流网络的节点和连线在地域空间的分布与组合。如果用 N 表示一定区域内物流空间网络的节点集合，用 E 表示物流空间网络边的集合，则物流空间网络 G 可以用以下公式表示

$$G = (N, E) \qquad\qquad (6-1)$$

式中　N——物流空间网络的节点集合，$N = \{n_1, n_2, \cdots, n_m\}$；

　　　E——物流空间网络边的集合，$E = \{(n_i, n_j) \mid \theta(n_i, n_j) = 1\}$，$\theta(n_i, n_j) = 1$ 表示 n_i

是n_j的相关物流节点。

为了表示物流空间网络中物流量的多少，还可对上述模型进行加权。以$W(N)$表示加权物流节点集，则有

$$W(N)=(N, W(N))=\{n_i, \omega(n_i) \mid n_i \in N, \omega(n_i) \in W(N)\} \qquad (6-2)$$

式中　$W(N)$——物流空间网络中各物流节点的权重集合，$W(N)=\{\omega(n_i)\}$。

在父节点与子节点的权重之间，存在如下关系

$$W(n_i) = W_0(n_i) + \sum_{j=1}^{K} W(n_j) \qquad (6-3)$$

式（6-3）表示父节点的权重等于其初始权重加上各子节点的权重之和。

另外，还可以用$W(E)$表示物流空间网络的加权边集，有

$$W(E)=(E, W(E))=\{e_{ij}, W(e_{ij}) \mid e_{ij} \subset E, W(c_{ij}) \in W(E)\} \qquad (6-4)$$

式中　$W(E)$——整个空间网络中边权的集合，$W(E)=\{W(e_{ij})\}$；

　　　$W(e_{ij})$——e_{ij}的权重，可理解为n_i与n_j间的物流量。

因此，物流空间网络的加权模型为

$$W(LN)=(N, W(N), E, W(E)) \qquad (6-5)$$

式中　$W(LN)$——物流空间网络的加权模型。

二、物流空间复杂网络

物流空间网络，作为一个由众多物流节点和错综复杂的物流线路交织而成的庞大系统，其内在的结构特征可以通过复杂网络理论进行深入剖析。复杂网络作为一种强大的分析工具，旨在揭示系统中各个个体之间的相互关系以及整个系统的集体行为模式。在现实中，许多看似纷繁复杂的系统都可以被抽象成复杂网络的形式进行研究。这些网络中的节点，往往代表着真实系统中的各个个体，而节点之间的连线，则代表着这些个体之间的相互作用和联系。

为了更加精确地刻画物流空间网络中节点之间的相互作用强度差异，我们引入加权网络的概念。通过给网络的边赋予不同的权重，我们能够更加真实地反映物流网络中各节点之间的实际联系紧密程度。

然而，单纯的理论分析并不能解决实际问题。在物流空间网络的实际运行中，我们还需要注重信息共享的优化、政策与法规的优化以及绿色物流优化技术等多个方面的考虑。信息共享的优化可以提升物流网络的透明度和协同效率，确保各个环节之间的顺畅沟通；政策与法规的优化则可以为物流网络的健康发展提供有力保障，引导行业规范有序发展；而绿色物流优化技术的运用，则是响应环保和可持续发展理念的必然要求，通过绿色包装、绿色运输等措施，减少环境污染和资源浪费，实现经济效益和环境效益的双赢。

在全球化的今天，物流空间复杂网络的发展对于企业融入国际市场、提升国际竞争力具有重要意义。通过不断优化物流网络，企业可以提高自身的国际物流运输能力，更好地满足国际市场的需求，从而在激烈的国际竞争中脱颖而出。

综上所述，通过综合运用复杂网络理论、信息共享的优化、政策与法规的优化以及绿色物流优化技术等多个方面的努力，我们可以有效提升物流空间复杂网络的运行效率和服务水平，降低运营成本，增强企业的市场竞争力，为物流行业的持续健康发展注入新的活力。

1.节点度与度分布

物流节点的度是指与该节点有物流关系的节点数量，节点 i 的度 k_i 可定义为

$$k_i = k_i^{\text{out}} + k_i^{\text{in}} = \sum_{j=1}^{N} a_{ij} + \sum_{j=1}^{N} a_{ji}\qquad(6-6)$$

式中　N——物流空间网络中节点的数量；

　a_{ij}，a_{ji}——拓扑邻接矩阵中对应的数值；

　k_i^{out}——物流节点出货到其他节点的节点数量；

　k_i^{in}——物流节点从其他节点进货的节点数量。

在加权有向网络中，可以根据物流空间网络的具体情况，将节点度的概念扩展为物流节点强度。物流节点 i 的强度 s_i 可表示如下。

$$s_i = \eta_i + s_i^{\text{out}} + s_i^{\text{in}} = \eta_i + \sum_{j=1}^{N} a_{ij} w_{ij} + \sum_{j=1}^{N} a_{ji} w_{ij}\qquad(6-7)$$

式中　η_i——物流节点本身的点权；

　s_i^{out}——物流节点 i 的出货量；

　s_i^{in}——物流节点 i 的进货量。

物流节点的度较大，其衔接的线路就越多，在物流网络系统中的位置就越重要。

度分布 $P(k)$ 为任意选一个节点，它的度正好为 k 的概率。$P(k')$ 表示 $P(k)$ 的度分布累计分布函数。

$$P(k) = \sum_{k'}^{\infty} P(k')\qquad(6-8)$$

网络中节点度分布的不同级别的同等值节点构筑了网络不同的层次结构。因此，物流网络中节点度的分布情况可以描述物流网络的层次性特征。例如，通过对北京、上海、哈尔滨、沈阳、石家庄、济南、郑州、徐州、鹰潭、株洲、阜阳、重庆、成都等21个铁路枢纽391个货运业务办理站的统计（数据截至2009年12月），得到车站的度及度分布见表6-1。

表6-1　车站的度及度分布

节点度 k	1	2	3	4	5	6	7	8
车站数	23	210	118	27	9	2	1	1
度分布	0.0588	0.5371	0.3018	0.0691	0.0230	0.0051	0.0026	0.0026
累计度分布	0.0588	0.5959	0.8977	0.9668	0.9898	0.9949	0.9974	1.0000

从表6-1中可以看出，车站最大的度为8，最小的度为1，节点度为2、3的车站数分别占全部车站的53.71%和30.18%，而节点度超过4的车站很少。说明在铁路枢纽空间网

络中，各车站的重要性具有明显的层次性：只有少数车站的度很大，在网络中处于重要地位，而且越是重要的车站，数量越少；大多数车站在网络中的重要性基本相同，处于较低层次。

2.边的权重差异度

在物流空间网络中，边的权重差异度表示在某一物流节点中每条边的物流量是具有相近的规模还是少数物流边占有大多数物流量。这可以用权重差异度公式来测度。节点间边的权重差异度 $Y(i)$ 定义为

$$Y(i) = \sum_{j \in N} \left(\frac{w_{ij}}{s_i} \right)^2 \tag{6-9}$$

式中　N——节点 i 的邻点集合；

$\quad\ \ s_i$——节点 i 的物流吞吐量；

$\quad\ \ w_{ij}$——节点 $<i, j>$ 之间的物流量。

当通过节点 i 的所有物流量规模相近时，边的权重差异度 $Y(i) \propto 1/K$（K 为节点 i 的度）；当通过节点 i 的物流量的规模差异很大，且有极少数大规模的物流量和大多数很小规模的物流量时，$Y(i) \propto 1$。

3.集群系数

复杂网络中用集群系数描述网络中节点的邻点之间也互为邻点的比例，也就是小集团结构的完美程度。一个节点的集群系数 c_i 可以记为

$$c_i = \frac{2l_i}{k_i(k_i - 1)} \tag{6-10}$$

式中　l_i——节点 i 的邻点之间的连接边数；

$\quad\ \ k_i$——节点 i 的度。

节点的集群系数反映节点的一级近邻之间的集团性质，近邻之间联系越紧密，该节点的集群系数越高。c_i 越大，则该节点与周边节点构成的子网络越容易形成区域集聚，因此该物流节点的区位条件就相对较好，更容易形成物流中心。

物流空间网络的集群系数 C 为

$$C = \frac{1}{N} \sum_{i=1}^{N} c_i \tag{6-11}$$

物流空间网络的集群系数越大，整个网络中各点之间形成短距离连通的程度越大，同时整个物流网络将呈现明显的区域子网化趋势。

如果考虑边权，一个节点的集群系数 $c^w(i)$ 为

$$c^w(i) = \frac{1}{s_i(k_i - 1)} \sum_{i \neq j} \frac{(w_{ij} + w_{ik})}{2} a_{ij} a_{ih} a_{jh} \tag{6-12}$$

式中　a_{ij}——i 和 j 之间是否连接，有连接为 1，否则为 0；

$\quad\ \ a_{ih}$——i 和 h 之间是否连接，有连接为 1，否则为 0；

$\quad\ \ a_{jh}$——j 和 h 之间是否连接，有连接为 1，否则为 0；

s_i——节点 i 的点强度，即节点 i 的临边权之和；

w_{ij}、w_{ik}——节点 $<i, j>$、$<i, k>$ 之间边的边权。

4. 网络效率

如果将网络中两个节点 $<i, j>$ 之间边数最少的一条道路 d_{ij} 定义为测地线，则网络的效率 E 定义为

$$E = \frac{1}{N(N-1)} \sum_{i \neq j} \frac{1}{d_{ij}} \qquad (6\text{-}13)$$

式（6 13）表示网络中节点连通的容易程度。E 越大，表示在一定的空间网络结构下，平均距离越小，成本越低。例如，某地区各铁路货运站的测地线 d_{ij} 见表6-2。

表6-2　某地区各铁路货运站的测地线 d_{ij}

	货站1	货站2	货站3	货站4	货站5	货站6	货站7	货站8	货站9	货站10	货站11	货站12
货站1	0	1	2	1	1	2	3	2	2	2	3	3
货站2	1	0	1	1	2	3	4	2	2	2	3	3
货站3	2	1	0	1	2	3	4	2	2	2	3	3
货站4	1	1	1	0	1	2	3	1	1	1	2	2
货站5	1	2	2	1	0	1	2	2	2	2	3	3
货站6	2	3	2	2	1	0	1	1	3	3	4	4
货站7	3	4	4	3	2	1	0	2	4	4	5	5
货站8	2	2	2	1	2	1	2	0	2	2	3	3
货站9	2	2	2	1	2	3	4	2	0	1	2	1
货站10	2	2	2	1	2	3	4	2	1	0	1	2
货站11	3	3	3	2	3	4	5	3	2	1	0	3
货站12	3	3	3	2	3	4	5	3	1	2	3	0

根据表6-2，可得到此地区铁路物流网络的效率为

$$E = \frac{1}{N(N-1)} \sum_{i \neq j} \frac{1}{d_{ij}} = 0.548 \qquad (6\text{-}14)$$

式（6-14）表明，此地区铁路网络效率较高，各物流节点间的连通性较好。

5. 网络可靠性

网络的可靠性表示当某个节点遭到破坏或者从网络中删除后，对网络连通性的影响。节点 i 的可靠性 R_i 定义为

$$R_i = \frac{E_i}{E} \qquad (6\text{-}15)$$

式中　E_i——从网络中去掉节点 i 之后的网络效率。

整个网络的可靠度 R 定义为

$$R = \min\{R_i\} \qquad (6\text{-}16)$$

物流空间复杂网络的研究是一项高度综合性的任务，它要求来自不同学科背景的专家学者们进行深度交叉合作，以便更全面、更深入地探索这一领域的奥秘，并推动其在实际应用中的发展。因此，在后续的研究过程中，我们必须特别注意研究团队的构成与协作方式。

首先，研究团队成员需要拥有扎实的学科背景，能够在各自的领域内进行专业的知识整合和创新应用。通过集合不同学科领域的专业知识，研究团队成员可以共同解决物流网络中的复杂问题，突破单一学科视角的局限性，实现知识的互补和融合。

其次，研究团队成员之间的积极沟通与交流至关重要。在物流空间复杂网络研究中，每个成员都可能拥有独特的见解、方法和经验。通过积极分享这些宝贵的资源，研究团队成员可以更好地理解物流网络的特性和问题，发现潜在的解决方案，并推动进行更深入的研究。

最后，明确的研究目标与合理的分工也是团队协作不可或缺的一部分。在研究过程中，我们需要根据团队成员的专长和兴趣，合理划分研究任务，确保每个成员都能够充分发挥自己的优势，为整体研究目标做出贡献。

综上所述，物流空间复杂网络研究中的团队协作需要注重跨学科知识整合、沟通与交流、明确研究目标与合理分工等方面。通过有效的团队协作，我们可以汇聚各方的智慧和力量，共同推动物流空间复杂网络研究的深入发展，实现更好的应用和成果转化，为物流行业的繁荣与进步贡献更多的力量。

三、物流空间网络结构

我国政府高度重视物流空间网络结构的研究与应用，并制定了一系列相关政策和规划，为研究提供了政策支持和引导。例如，我国政府提出了"一带一路"倡议，加强了与沿线国家的物流合作与交流，为物流空间网络结构的研究提供了更广阔的舞台。

我国也十分重视物流空间网络结构领域的人才培养和教育。在高等教育中，我国开设了物流工程、物流管理等相关专业，培养了大批高素质的物流人才。同时，我国还通过举办培训班、研讨会等形式，提高了物流从业人员的专业素质和能力，借此希望能在物流方面取得更大成就。

1.物流空间网络的拓扑结构

根据拓扑结构，物流空间网络可以分为点对点式网络、轴辐式网络和复合式网络3种基本结构。

（1）点对点式网络

在点对点式网络中，任意节点与网络中其他节点都有直接连接边，如图6-1所示。很明显，点对点式网络对应于规则网络模型中的全连通网络拓扑结构。其平均路径长度 $L_{点对点式}$ 和网络聚类系数 $C_{点对点式}$ 分别为

$$L_{点对点式}=1 \qquad （6-17）$$

$$C_{点对点式}=1 \qquad （6-18）$$

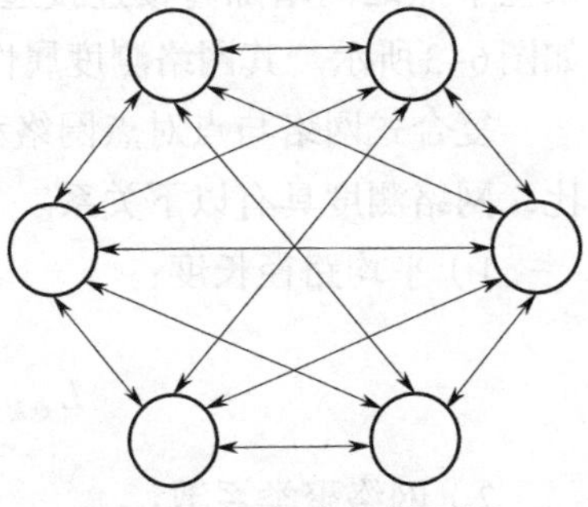

图6-1　点对点式网络

即在具有相同节点的所有网络中，点对点式网络具有最小的平均路径长度和最大的网络聚类系数。其主要特点是节点与节点之间直接进行运输作业，不经过任何中间作业过程。优点是节点之间运输距离最短，运输费用最省，运输可靠性最高，网络整体效率高。缺点是基本建设规模最大，建设总里程最长，建设成本受土地利用成本、区域环境、地域环境等条件的限制。

（2）轴辐式网络

在轴辐式网络中，集散中心主要用于货源收集和货物分发；而集散枢纽（Hubs）则主要负责整合和调配货流。主干线用于连接集散枢纽之间，而轮辐干线（也称次干线）用于连接集散中心与集散枢纽之间，如图6-2所示。

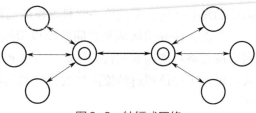

图6-2 轴辐式网络

分析表明，轴辐式网络具有以下特点。

1）轴辐式网络在路径成本上具有小的平均路径长度特点，符合物流网络快捷、经济等特性和要求。

2）轴辐式网络的度分布呈幂指数函数形式。因此，在规划建设中它不像点对点式全连通网络那样，节点的选取和实施建设等可行性要比其强很多。

3）轴辐式网络的枢纽节点可靠性较差，一旦枢纽节点遭到破坏或从网络中删除，则整个网络都无法连通。

小贴士

顺丰速运是国内领先的快递物流公司，为了提高物流效率和降低运营成本，顺丰速运采用了轴辐式网络结构进行优化。在轴辐式网络中，货物先集中到一个或多个枢纽节点进行中转和分拣，然后再由枢纽节点分拨到目的地。顺丰速运通过对原有网络结构的分析和优化，构建了一个更加高效、稳定和智能的轴辐式网络。通过减少中转次数、提高装载率、降低运输成本等措施，顺丰速运的物流效率和客户满意度得到了显著提升。

（3）复合式网络

复合式网络是在轴辐式网络的基础上，在某些节点之间增加直接连接边而形成的网络，如图6-3所示。其网络测度属性如下。

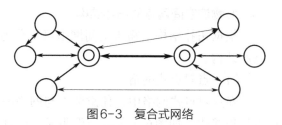

图6-3 复合式网络

复合式网络与点对点网络和轴辐式网络相比，网络测度具有以下关系。

1）平均路径长度：

$$L_{点对点式} < L_{复合式} = \frac{2\sum_{i,j \in N} d(i,j)}{n(n-1)} < L_{轴辐式}$$

2）网络聚类系数：

$$C_{轴辐式} < C_{复合式} < C_{点对点式}$$

即复合式网络大于点对点式网络，小于轴辐式网络的平均路径长度；其网络聚类系数也居于点对点式和轴辐式的网络聚类系数之间。通过对三种网络拓扑结构的比较可知，点对点式网络和轴辐式网络都有明显的缺点，而复合式网络则对这些缺点进行了弥补。

2.轴辐式网络的测度比较

根据空间网络中心节点的数量，轴辐式网络可以分为单中心轴辐式网络和多中心轴辐式网络。

（1）单中心轴辐式网络

在单枢纽轴辐式网络中，只有一个物流中心，其他节点必须通过这个唯一的中心节点才能相互连接，如图6-4所示。换句话说，每个物流节点的全部要素流都必须先配置到中心节点，然后再由中心节点转运到各个目的地。这种网络规模一般不大，服务范围较小。

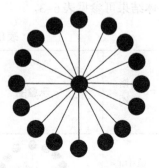

图6-4 单中心轴辐式网络

（2）多中心轴辐式网络

网络中心节点超过一个的轴辐式网络称为多中心轴辐式网络。多中心轴辐式网络可以很好地平衡服务集中与枢纽拥挤的矛盾，服务范围比较大，其网络规模也比单中心轴辐式网络的大。图6-5所示为二中心轴辐式网络，图6-6所示为三中心轴辐式网络。

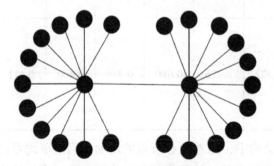

图6-5 二中心轴辐式网络

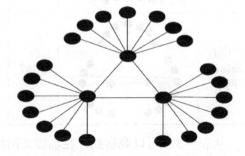

图6-6 三中心轴辐式网络

为了更好地比较分析以上两种轴辐式网络结构，在网络测度属性的基础上再增加两个复杂网络的特性评价指标：网络的绝对效率和网络的相对效率。

网络的绝对效率E可以用网络平均路径长度L的倒数来表示

$$E = \frac{1}{L} \tag{6-19}$$

网络节点之间的平均距离越长，表示网络中任意两个节点的通路经过的中间节点就越多，网络的绝对效率值越小。而网络的相对效率η是指网络的绝对效率与等节点数的全连通网络的绝对效率的比值，即

$$\eta = \frac{L_{cg}}{L} \tag{6-20}$$

利用网络平均路径长度、网络效率以及功能可靠性指标，对以上几种不同的轴辐式网络的结构参数进行计算、分析和比较。其中，网络的相对效率是网络的绝对效率与等规模（等节点数）的纯轴辐式网络（全连通网络）的绝对效率的比值。结构可靠性使用网络可达性进行计算。功能可靠性则通过计算节点删除后的最大强连通子网络的效率来评估。具体结果可参见表6-3。

表6-3　典型轴辐式网络结构的效率和可靠性指标

网格结构	示意图	平均路径长度	网络效率		结构可靠性		功能可靠性	
			网络的绝对效率	网络的相对效率	极端	平均	极端	平均
单中心轴辐式网络		1.934	0.517	1	0	0.970	0	0.500
二中心轴辐式网络		2.383	0.419	0.811	0.500	0.970	0.420	0.430
三中心轴辐式网络		2.487	0.402	0.776	0.680	0.970	0.400	0.411

从表6-3中可以观察到，在轴辐式网络结构中，随着中心节点的增加，网络平均距离逐渐增大。此外，多中心轴辐式网络结构具有较高的功能可靠性和结构可靠性，有效地克服了轴辐式网络与点对点式网络相比可靠性不高的缺点。特别是二中心轴辐式网络，它在网络效率和功能可靠性方面都优于三中心轴辐式网络。

任务三　认识物流节点空间布局优化模型及方法

在早期阶段，物流节点空间布局模型的研究主要聚焦于基本的选址问题，探讨如何确定物流节点的最佳位置，以确保物流系统的顺畅运行。随着研究的逐渐深入，对物流节点空间布局模型的研究进入了中级阶段。在这一阶段，研究者开始考虑更为复杂的因素，如市场需求、竞争关系、服务水平等，以更全面、更精确地指导物流节点的空间布局。

随着研究的进一步深入，对物流节点空间布局模型的研究步入了高级阶段。在这一阶段，研究者更加注重模型的系统性和综合性，力求构建一个能够全面反映物流系统实际情况的布局模型。他们不仅要考虑物流节点的空间位置，还要关注物流节点之间的连接关系、物流资源的优化配置等问题，以构建一个高效、可靠的物流系统。

近年来，随着大数据技术的迅猛发展，物流节点空间布局模型的研究开始与大数据技术相结合。通过对海量数据的挖掘和分析，研究者可以更准确地预测市场需求、优化运输路径、提高服务水平等。这种数据驱动的研究方法为物流节点空间布局模型的研究提供了更为强大的支持，使得模型能够更加精准地指导物流节点的布局和运营。

与此同时，可持续性与绿色物流成为当前物流研究的热点问题。物流节点空间布局模型的研究也开始关注环保和可持续发展的问题，探讨如何降低能源消耗、减少排放、提高资源利用效率等因素，以实现绿色物流的目标。这一研究方向不仅有助于推动物流行业的可持续发展，也符合当今社会对于环保和可持续发展的要求。

综上所述，对物流节点空间布局模型的研究经历了从基本选址问题到复杂因素考虑，再到系统性和综合性研究的发展过程。随着大数据时代的来临和可持续性与绿色物流的兴起，该领域的研究呈现出更为广阔的前景和更为重要的意义。这也反映了人们对物流领域认知的不断深入和技术手段的不断更新，预示着关于物流节点空间布局模型的研究将在未来发挥更加重要的作用，成为物流领域研究的一大重点和方向。

一、单节点选址优化模型

单节点选址是指确定在规划区域内的一个位置来解决物流需求点之间的运输问题。常用的定性决策模型包括层次分析法、模糊评价法和改进灰色关联分析法等；而常见的定量优化数学模型有重心模型和交叉中值法等。下面对重心模型和改进灰色关联分析法进行介绍。

1.重心模型

重心模型，也称为重力模型，是解决直线距离下单个物流节点选址最常见的模型。

（1）问题描述

假设存在 n 个物流需求点 $P_1, \cdots, P_i, \cdots, P_n (1 \leqslant i \leqslant n)$，它们的坐标分别为 (x_i, y_i)，对应的需求量为 w_i。费用函数定义为物流节点和物流需求点之间直线距离乘以需求量的积。我们的目标是确定物流节点的建设位置 (x_0, y_0) 使得总运费最小。

（2）模型建立

记物流节点 P_0 到服务点 j 的运费为 q_j，总运费为 H。则有

$$H = \sum_{j=1}^{n} q_j \tag{6-21}$$

$$q_j = h_j w_j l_j \tag{6-22}$$

式中　h_j——物流节点 P_0 到服务点 j 的运输费率，即每吨每千米的运输费用；

　　　　w_j——物流节点 P_0 到服务点 j 的物流量；

　　　　l_j——物流节点 P_0 到服务点 j 的直线距离。其计算公式为

$$l_j = \sqrt{\left(x_0 - x_j\right)^2 + \left(y_0 - y_j\right)^2} \tag{6-23}$$

将式（6-22）代入式（6-21）中得

$$H = \sum_{j=1}^{n} h_j w_j l_j \tag{6-24}$$

再将式（6-23）代入式（6-24）中得

$$H = \sum_{j=1}^{n} h_j w_j \sqrt{\left(x_0 - x_j\right)^2 + \left(y_0 - y_j\right)^2} \tag{6-25}$$

则物流节点 P_0 选址的重心法模型最优评价函数可以表示为

$$\min H = \text{opt} H = \min \sum_{j=1}^{n} h_j w_j \sqrt{\left(x_0 - x_j\right)^2 + \left(y_0 - y_j\right)^2} \tag{6-26}$$

（3）求解步骤

物流节点 P_0 选址的重心法模型的求解步骤如下。

为了求得总运费最小的物流节点 P_0 的位置，将式（6-26）分别对 x_0、y_0 求偏导数，并令其为 0，则有

$$\frac{\partial H}{\partial x_0} = \frac{\sum_{j=1}^{n} h_j w_j \left(x_0 - x_j\right)}{l_i} = 0 \tag{6-27}$$

$$\frac{\partial H}{\partial y_0} = \frac{\sum_{j=1}^{n} h_j w_j \left(y_0 - y_j\right)}{l_i} = 0 \tag{6-28}$$

由式（6-27）和式（6-28）可以求得物流节点 P_0 最适合的坐标，其计算如下

$$x_0^* = \frac{\displaystyle\sum_{j=1}^{n} \frac{h_j w_j x_j}{l_j}}{\displaystyle\sum_{j=1}^{n} \frac{h_j w_j}{l_j}} \tag{6-29}$$

$$y_0^* = \frac{\displaystyle\sum_{j=1}^{n} \frac{h_j w_j y_j}{l_j}}{\displaystyle\sum_{j=1}^{n} \frac{h_j w_j}{l_j}} \tag{6-30}$$

由于式（6-29）和式（6-30）中还含有未知数 x_0、y_0，如果完全消除 x_0 和 y_0，则计算量将会很大且计算复杂。因此，可采用迭代的方法进行计算。迭代计算过程简单易行，具体步骤如下：

1）选取物流节点 P_0 选址位置点的初始解，记为 $\left(x_0^0, y_0^0\right)$。可利用重心公式（6-31）和式（6-32）计算各物流需求点位置之间的几何重心点 $(\bar{x}, \bar{y})$，并将其作为初始物流节点 P_0 选址的位置。重心公式如下

$$\overline{x} = \frac{\sum_{j=1}^{n} h_j w_j x_j}{\sum_{j=1}^{n} h_j w_j} \qquad (6-31)$$

$$\overline{y} = \frac{\sum_{j=1}^{n} h_j w_j y_j}{\sum_{j=1}^{n} h_j w_j} \qquad (6-32)$$

2）利用式（6-25）计算与（x_0^0，y_0^0）对应的总运输费用 H^0。

将（x_0^0，y_0^0）代入式（6-23）、式（6-29）和式（6-30），计算物流节点 P_0 的改善地点（x_0^0，y_0^0）。

如果 $H^1 \geqslant H^0$，则说明（x_0^0，y_0^0）是最优解；如果 $H^1 \leqslant H^0$，则计算结果得到改善并需进一步优化。返回第3步，计算新的改善地点（x_0^0，y_0^0），并代入式（6-23）、式（6-29）和式（6-30）中，计算物流节点 P_0 的再改善地点（x_0^0，y_0^0）。如此反复迭代，直到第 k（$k=1$，2，…，n）次得到 $H^{k+1} \geqslant H^k$，求出最优解（x_0^k，y_0^k）；此时的（x_0^k，y_0^k）即为物流节点 P_0 最佳选址的设置位置，且 H^k 为最小的总运输费用。

2.改进灰色关联分析法

（1）灰色关联分析法的特点

改进灰色关联分析将层次分析法的原理融入灰色关联分析，为多目标、多层次和多方案的系统评价问题提供了独特的优势。该方法的主要特点如下。

1）各层次中的定性描述因素指标采用模糊数学中的隶属度来进行量化处理。

2）采用多层次多因素评价，相对于单层次评价，更能全面反映方案的实际特性。

3）利用实际方案序列与参考序列（理想方案）的综合关联度来评判方案的优劣，方法更加合理，结论更加科学，更符合实际。

4）不同层次的因素使用权重指标表示其不同的影响程度，并利用判断矩阵确定权重，有助于避免主观任意性和不一致性，使评价结果更客观，更符合实际。

（2）灰色关联分析法的原理

1）首先在一个多目标、多层次、多方案的评价系统中确定一个参考方案（理想方案）。

2）运用层次分析法中的比较原理，逐层确定各指标因素间的相对权重。

3）将各备选方案与参考方案由低层次向高层次逐层进行灰色关联分析。计算出各备选方案与参考方案的综合关联度。

4）根据各备选方案的综合关联度值的大小，来选取最优方案。

（3）灰色关联分析法的数学模型

考虑一个系统评价问题，其中：

$I=\{1, 2, 3, \cdots, m\}$ 为方案集。

$J=\{1, 2, 3, \cdots, n\}$ 为指标集。

$w=\{w_1, w_2, w_3, \cdots, w_n\}$ 为指标因素的权重向量。

$X_0=\{X_1^{(j)}/j \in J\}$ 为参考方案序列。

$X_i=\{X_i^{(j)}/j \in J, i \in I\}$ 为第 i 方案序列。

则系统评价问题可表述为求被选方案的最大关联度值 r^* 问题

$$r^* = r_{0k} = \max_{i \in I}\left\{r_{0i}\right\} \qquad (6-33)$$

$$r_{0i} = \sum_{j \in J} w_j \varepsilon_{0i}^j \left(\forall i \in I\right) \qquad (6-34)$$

$$\varepsilon_{0i}^j = \frac{\Delta(\min) + P\Delta(\max)}{\Delta_{0i}^{(j)} + P\Delta(\max)}(\forall i \in I, j \in J) \qquad (6-35)$$

$$\Delta(\min) = \min_{i \in I} \min_{j \in J}\left|X_0^{(j)} - X_i^{(j)}\right| \qquad (6-36)$$

$$\Delta(\max) = \max_{i \in I} \max_{j \in J}\left|X_0^{(j)} - X_i^{(j)}\right| \qquad (6-37)$$

$$\Delta_{0i}^{(j)}=\left| X_0^{(i)} - X_i^{(j)} \right| \qquad (6-38)$$

式中 P——分辨系数，$P \in [0, 1]$，一般取 $P=0.5$；

ε_{0i}^j——方案 i 与参考方案在第 j 个指标因素的关联系数；

r_{0i}——第 i 个方案与参考方案的关联度。

系统评价问题可表示为求选定方案的最大关联度值问题。通过计算，将式（6-34）~式（6-38）代入式（6-33）中可以找到最优方案 k。

（4）基于改进灰色关联分析法的物流园区选址计算步骤

使用改进灰色关联分析法进行物流园区选址的计算步骤如下。

步骤1：利用模糊德尔菲法确定各候选方案和参考方案中各指标的模糊数。

对于评价指标体系中的定性指标，可以使用模糊数学中的隶属度来表示，其中隶属度较高表示好评，隶属度较低表示差评。例如，若评价集合为{非常好，好，较好，一般，较差，差，很差}，则相应的隶属度集合可为{0.8, 0.7, 0.6, 0.5, 0.4, 0.3, 0.2}。在重大工程项目中，可以使用加权平均方法将多位专家的意见合理整合，计算公式为：

$\gamma_j = \sum_{i=1}^{m} \alpha_i \gamma_{ij} / \sum_{i=1}^{m} \alpha\_i (j=1, 2, \cdots, m)$，其中 α_i 表示第 i 位专家的权重，若不考虑专家之间的权威性，可设置 $\alpha_i=1$，而 γ_{ij} 表示第 i 位专家对第 j 个指标的评价值。

步骤2：运用模糊层次分析法确定各层次中各指标因素的权重。

在物流园区选址中，确定因素权重是非常重要的工作，因为它会显著影响最佳方案的选择。确定权重的常用方法包括客观赋权法（如熵权法和投影寻踪法）、主观赋权法（如层次分析法）和综合赋权法。这些方法在实际应用中各有其局限性，但使用层次分析法中的权重确定方法，即通过构造两两比较判断矩阵，然后使用求根法可以确定各因素的权重，是一种有效的方式。

步骤3：从下往上计算各层次中各方案对应的关联系数和关联度。

步骤4：对最上层各方案的关联度进行排序，选择排名第一的方案作为最优方案。

算例分析

某城市拟修建一个新的物流园区，经过考察分析，共有三个候选地点可选择，不妨记作候选地A，候选地B和候选地C。其参考方案由指标因素体系中的理想值组成。

在本项目可行性论证中有五位专家，根据专家组的评价意见，按上述评价原则，统计得出物流园区各评价指标的量化值，见表6-4。

表6-4　物流园区各评价指标的量化值

第一层指标	第二层指标	参考方案	方案A	方案B	方案C
社会效益U_1	自然环境条件(U_{11})	0.8	0.7	0.6	0.8
	对生态环境的影响(U_{12})	0.8	0.7	0.6	0.8
	大气污染的程度(U_{13})	0.8	0.4	0.4	0.6
	对城市居民的影响(U_{14})	0.8	0.7	0.6	0.8
	有效缓解交通的压力(U_{15})	0.8	0.8	0.6	0.7
经济效益U_2	与消费市场的距离(U_{21})	0.8	0.6	0.7	0.7
	与工商企业的联系的紧密程度(U_{22})	0.8	0.6	0.7	0.6
	投资收益率(U_{23})	0.8	0.8	0.7	0.6
	运输成本(U_{24})	0.8	0.7	0.6	0.5
	土地价格(U_{25})	0.8	0.7	0.5	0.8
	对区域经济的贡献(U_{26})	0.8	0.7	0.7	0.5
技术效能U_3	功能的完备程度(U_{31})	0.8	0.7	0.7	0.7
	功能的可靠程度(U_{32})	0.8	0.8	0.6	0.5
	多式联运协调程度(U_{33})	0.8	0.7	0.7	0.5
	距离交通主干道的远近(U_{34})	0.8	0.7	0.6	0.5
	与货运枢纽的关系(U_{35})	0.8	0.8	0.7	0.8

求解：

（1）各层次中因素权重的确定

为了确定各层次因素的权重，我们进行了专家评价，得出了以下判断矩阵。

C_1表示第二层中社会效益因素的两两比较判断矩阵；C_2表示第二层中经济效益因素的两两比较判断矩阵；C_3表示第二层中技术效能因素的两两比较判断矩阵；C表示第一层中各因素的两两比较判断矩阵。

$$C_1 = \begin{bmatrix} 1 & 5 & 7 & 3 & 4 \\ 1/5 & 1 & 3 & 1/3 & 1/3 \\ 1/7 & 1/3 & 1 & 1/5 & 1/5 \\ 1/3 & 3 & 5 & 1 & 2 \\ 1/4 & 3 & 5 & 1/2 & 1 \end{bmatrix} \quad C_2 = \begin{bmatrix} 1 & 1/3 & 1/5 & 5 & 1/3 & 1 \\ 3 & 1 & 1/3 & 5 & 1/3 & 3 \\ 5 & 3 & 1 & 7 & 1 & 5 \\ 1/5 & 1/5 & 1/7 & 1 & 1/5 & 1/3 \\ 3 & 3 & 1 & 5 & 1 & 5 \\ 1 & 1/3 & 1/5 & 3 & 1/5 & 1 \end{bmatrix}$$

$$C_3 = \begin{bmatrix} 1 & 2 & 8 & 7 & 5 \\ 1/2 & 1 & 7 & 5 & 3 \\ 1/8 & 1/7 & 1 & 1/3 & 1/4 \\ 1/7 & 3 & 3 & 1 & 1/3 \\ 1/5 & 1/3 & 4 & 3 & 1 \end{bmatrix} \quad C = \begin{bmatrix} 1 & 1/3 & 1 \\ 3 & 1 & 3 \\ 1 & 1/3 & 1 \end{bmatrix}$$

不妨将上述各比较判断矩阵计算处理的权重向量分别记作：W_1、W_2、W_3、W。

按求根法求得

$W_1 = (0.477, 0.088, 0.043, 0.224, 0.169)$ $R_{max} = 5.214$ C.R=0.0014<0.1

$W_2 = (0.092, 0.161, 0.338, 0.036, 0.3, 0.072)$ $R_{max} = 6.326$ C.R=0.053<0.1

$W_3 = (0.472, 0.292, 0.041, 0.072, 0.123)$ $R_{max} = 4.994$ C.R=0.0015<0.1

$W = (0.20, 0.060, 0.020)$ $R_{max} = 2.11$ C.R=0.0011<0.1

从计算结果可知，上述比较判断矩阵满足一致性要求且满足归一性原则。

（2）候选方案的系统关联分析

首先，我们对第二层次的因素进行灰色关联分析，根据上述的灰色关联系数计算公式（6-35）~式（6-38）。计算出第二层次各方案的关联系数，其中分辨系数 P 取值为0.5。具体计算结果见表6-5。

表6-5 第二层次各方案的关联系数计算结果

评价因素层次		因素权重	关联系数（$\varepsilon_{0i}^{(j)}$）方案A	关联系数（$\varepsilon_{0i}^{(j)}$）方案B	关联系数（$\varepsilon_{0i}^{(j)}$）方案C
第一层次	第二层次				
社会效益	自然环境条件	0.169	0.169	0.084	0.112
	对生态环境的影响	0.224	0.149	0.112	0.224
	大气污染的程度	0.043	0.014	0.014	0.022
	对城市居民的影响	0.088	0.058	0.044	0.088
	有效缓解交通的压力	0.477	0.318	0.239	0.477
经济效益	与消费市场的距离	0.092	0.046	0.061	0.061
	与工商企业的联系的紧密程度	0.161	0.081	0.107	0.081
	投资收益率	0.338	0.338	0.225	0.169
	运输成本	0.036	0.024	0.018	0.014
	土地价格	0.300	0.200	0.120	0.300
	对区域经济的贡献	0.072	0.048	0.048	0.029
技术效能	功能的完备程度	0.472	0.315	0.315	0.315
	功能的可靠程度	0.292	0.292	0.146	0.117
	多式联运协调程度	0.041	0.027	0.027	0.016
	距离交通主干道的远近	0.072	0.072	0.036	0.036
	与货运枢纽的关系	0.123	0.123	0.082	0.123

关联度计算如下

$$r_{0i}^F = \sum_{j \in J} w_j^F \varepsilon_{0i}^j \left(i \in I \right) \tag{6-39}$$

式中　F——第一层中第 F 种因素；

r_{0i}^F——对应第一层中第 F 因素，第 i 方案与参考方案的关联度。

按照上述关联度的计算式（6-39），计算出第一层次各方案的关联度见表6-6。

表6-6　第一层次各方案的关联度

第一层次指标	因素权重	各方案的关联度		
		方案A	方案B	方案C
社会效益	0.20	0.709	0.493	0.922
经济效益	0.60	0.737	0.580	0.654
技术效能	0.20	0.829	0.606	0.607

以表6-6中计算出的第一层次各指标的关联度为方案序列，同时选出参考序列为（0.922，0.737，0.829），采用前述的计算方法，计算出第一层次指标的关联系数，结果见表6-7。

表6-7　第一层次各方案的关联系数计算结果

第一层次指标	指标权重	比较序列 X_i			关联系数 ε_{0i}^j		
		$i=1$	$i=2$	$i=3$	$i=1$	$i=2$	$i=3$
社会效益	0.20	0.709	0.493	0.922	0.073	0.044	0.200
经济效益	0.60	0.737	0.580	0.654	0.600	0.263	0.358
技术效能	0.20	0.829	0.606	0.607	0.200	0.093	0.071

根据关联度计算公式有：

$$\mathbf{R} = \left(r_{01}, r_{02}, r_{03} \right) = \left(w_1, w_2, w_3 \right) \begin{bmatrix} \varepsilon_{01}^1 & \varepsilon_{02}^1 & \varepsilon_{03}^1 \\ \varepsilon_{01}^2 & \varepsilon_{02}^2 & \varepsilon_{03}^2 \\ \varepsilon_{01}^3 & \varepsilon_{02}^3 & \varepsilon_{03}^3 \end{bmatrix} = \left(0.20, 0.60, 0.20 \right)$$

$$\begin{bmatrix} 0.073 & 0.044 & 0.200 \\ 0.600 & 0.263 & 0.358 \\ 0.200 & 0.093 & 0.071 \end{bmatrix} = \left(0.873, 0.378, 0.629 \right)$$

所以得出，方案A的综合关联度为0.873，方案B的综合关联度为0.378，方案C的综合关联度为0.629。所以方案一为最优方案。

下面运用模糊评价法对该物流园区各候选方案进行评价选优。模糊评价法有以下3个步骤。

1）对影响集合中的诸元素，用各种可行的方案分别做出单因素评价，进而得到一个模糊矩阵 $\tilde{\mathbf{R}}$。

2）确定评价因素的权向量$\bar{\lambda}$。

3）合成模糊综合评价向量：

$$\tilde{B} = \tilde{A} \cdot \tilde{R} \qquad (6\text{-}40)$$

对于多级模糊综合评价模型可用图6-7表示。

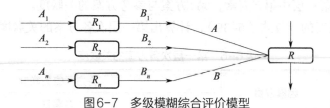

图6-7　多级模糊综合评价模型

根据表6-4可得：

$$\tilde{R}_1 = \begin{bmatrix} 0.7 & 0.6 & 0.8 \\ 0.7 & 0.6 & 0.8 \\ 0.4 & 0.4 & 0.6 \\ 0.7 & 0.6 & 0.8 \\ 0.8 & 0.6 & 0.7 \end{bmatrix} \tilde{R}_2 = \begin{bmatrix} 0.6 & 0.7 & 0.7 \\ 0.6 & 0.7 & 0.6 \\ 0.8 & 0.7 & 0.6 \\ 0.7 & 0.6 & 0.5 \\ 0.7 & 0.5 & 0.8 \\ 0.7 & 0.7 & 0.5 \end{bmatrix} \tilde{R}_3 = \begin{bmatrix} 0.7 & 0.7 & 0.7 \\ 0.8 & 0.6 & 0.8 \\ 0.7 & 0.7 & 0.6 \\ 0.8 & 0.6 & 0.6 \\ 0.8 & 0.7 & 0.5 \end{bmatrix}$$

且 $A_1 = W_1$，$A_2 = W_2$，$A_3 = W_3$，计算可得

$$\tilde{R} = \begin{bmatrix} 0.7047 & 0.5920 & 0.7753 \\ 0.7078 & 0.6357 & 0.6578 \\ 0.7487 & 0.6636 & 0.6385 \end{bmatrix}, A = W$$

由式（6-40）可得

$$\tilde{B} = \tilde{A} \cdot \tilde{R} = (0.7154, 0.6325, 0.6774)$$

于是可得各候选方案的模糊排序依次为：A、C、B。

由传统的层次分析，经计算其最终的总排序值为（0.7536，0.6116，0.6652）。

综上所述，得到各种评价方法的评判结果见表6-8。

表6-8　各种评价方法的评价结果

	模糊评价法	层次分析法	改进灰色关联分析法
方案A	0.7154	0.7536	0.873
方案B	0.6325	0.6116	0.378
方案C	0.6774	0.6652	0.629
最佳排序	A、C、B	A、C、B	A、C、B

从表6-8中不难看出，运用改进灰色关联分析法所得的优选方案与用传统的评价法所得的结果是一致的，所以该方法是合理的、有效的，而且应用改进灰色关联分析法进行评价，各方案优劣更加明显，评价更加客观。

二、多节点选址优化模型

1.单品种货物多个物流节点的选址优化模型

（1）问题描述

在面临一系列潜在选择地点的情况下，需要选择多个位置作为物流节点，例如物流中心或配送中心。这些物流节点将用于优化物流布局，以降低总体物流成本。具体而言，当从多个资源点（例如工厂）出发，经过这些物流节点（如物流中心或配送中心），最终向多个客户需求点运送相同种类的产品时，目标是降低整体物流布局成本。请参考图6-8以获取更直观的理解。

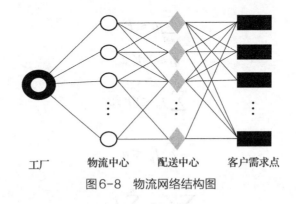

工厂　　物流中心　　配送中心　　客户需求点

图6-8　物流网络结构图

（2）数学模型

1）参数符号说明：

W_i表示物流中心i的固定费用。

F_j表示配送中心j的固定费用。

Q_i表示物流中心i处理的物流量。

R_j表示配送中心j处理的物流量。

C_{ij}表示物流中心i到配送中心j的费用。

C_{jk}表示配送中心j到销售店k的费用。

S表示拟建的物流中心的数目。

T表示拟建的配送中心的数目。

$V_{\max i}^{(1)}$表示物流中心i的最大物流处理容量。

$V_{\max j}^{(2)}$表示配送中心j的最大物流处理容量。

K_1、K_2分别表示物流中心i和配送中心j的处理费用与物流总流量的相关因子，K_1、$K_2 \in (0, 1/2)$，一般取值为1/2。

$\varphi_i^{(1)}$，$\varphi_j^{(2)}$分别表示物流中心i和配送中心j的单位处理成本。

P表示工厂的模糊生产能力。

D_k分别表示销售点k的模糊需求量。

q_i表示由工厂i流入各物流中心的流量。

2）决策变量说明：

f_{ij}表示物流中心i到配送中心j的流量。

f_{jk} 表示配送中心 j 到销售点 k 的流量。

X_i 表示选地 i 是否被选为物流中心，0 表示不选为物流中心，1 表示选为物流中心。

Y_j 表示选地 j 是否被选为物流中心，0 表示不选为物流中心，1 表示选为物流中心。

其目标函数描述如下

$$\min = \sum_{i=1}^{m} X_i W_i + \sum_{j=1}^{n} Y_j F_j + \sum_{i=1}^{m} X_i \varphi_i^{(1)} \left(Q_i\right)^{K1} + \sum_{j=1}^{n} Y_j \varphi_j^{(2)} \left(R_j\right)^{K2} + \sum_{i=1}^{m} \sum_{j=1}^{n} f_{ij} C_{ij} + \sum_{j=1}^{m} \sum_{k=1}^{K} f_{jk} C_{jk} + \sum_{i=1}^{m} q_i C_i$$

（6-41）

约束条件如下

$$\sum_{i=1}^{m} q_i \leqslant P \tag{6-42}$$

$$q_i \leqslant X_i V_{\max i}^{(1)} \tag{6-43}$$

$$\sum_{i=1}^{m} f_{ij} \leqslant Y_j V_{\max i}^{(2)} \tag{6-44}$$

$$\sum_{j=1}^{n} f_{ij} \leqslant q_i \tag{6-45}$$

$$\sum_{k=1}^{K} f_{jk} \leqslant \sum_{i=1}^{m} f_{ij} \tag{6-46}$$

$$q_i + \sum_{j=1}^{n} f_{ij} = Q_i \tag{6-47}$$

$$\sum_{i=1}^{n} f_{ij} + \sum_{k=1}^{K} f_{jk} = R_j \tag{6-48}$$

$$\sum_{j=1}^{n} f_{jk} = D_k \tag{6-49}$$

$$\sum_{i=1}^{m} X_i = S \tag{6-50}$$

$$\sum_{j=1}^{n} Y_j = T \tag{6-51}$$

$$q_i, f_{ij}, f_{jk} \geqslant 0; \ X_i, Y_j = \{0, 1\} \tag{6-52}$$

目标函数旨在使整个配送网络的总成本最小化，其由以下三部分组成：物流中心、配送中心的固定费用；物流中心、配送中心的可变费用（即物流运营费用）；配送费用。

式（6-42）表示流入各物流中心的运量不能超出工厂的生产能力限制。

式（6-43）表示从工厂流入各物流中心的流量不能超过该物流中心的最大容量。

式（6-44）表示从物流中心流入各配送中心的运量不能超过该配送中心的最大容量。

式（6-45）表示各物流中心的流入不少于流出的运量。

式（6-46）表示各配送中心的流入不少于流出的运量。

式（6-47）、式（6-48）分别表示各物流中心和配送中心的总的作业量。

式（6-49）表示配送中心流到各销售点的流量必须满足客户的需求。

式（6-50）、式（6-51）分别表示拟建物流中心和配送中心的数目。

（3）求解算法分析

为解决该问题，考虑到目标函数的非线性性质，传统求解算法难以得到最优解。因此，我们采用混合遗传算法进行求解。遗传算法在解决大规模非线性问题时具有出色的全局优化能力和鲁棒性。

针对由工厂、物流中心、配送中心和销售点构成的四层物流配送网络问题，我们将其分解成两个子问题来求解。

首先确定一个物流中心和配送中心的选址，然后在确定的网络中确定合理的配送路径。基于此，我们提出以下混合遗传算法。

1）设定参数。包括进化最大代数 max_gen、种群大小 pop_size、交叉概率 P_c 和变异概率 P_m。

2）初始化。随机生成 pop_size 个染色体作为初始种群。

3）交叉运算。以交叉概率 P_c 进行交叉运算。

4）变异运算。以变异概率 P_m 进行变异运算。

5）评估。对于每个染色体，解决相应的扩展运输问题，利用正规化标定法计算每个染色体的适应度值。

6）选择。运用转轮法进行选择。同时为了保证染色体的多样性，每次产生 pop_size 个新的染色体。

7）判断是否达到最大代数 max_gen，若没有，返回第3）步；若达到，则结束计算，输出结果。

在遗传算法中，关键问题包括染色体的编码和遗传算子的设计。结合问题的特征，我们设计了以下二进制编码。

整个染色体由两部分组成：第一部分表示候选的物流中心的修建与否；第二部分表示候选的配送中心的修建与否。

编码形式如下

$$[u_1, u_2, \cdots, u_m | v_1, v_2, \cdots, v_n]$$

若 $u_i=1$，表示在第 i 个候选地修建一个物流中心，否则不修建。若 $v_j=1$，表示在第 j 个候选地修建一个配送中心，否则不修建。

在物流中心和配送中心已经明确确定的情况下，我们原本所面临的问题便成功地转化为一个具有三层结构特征的扩展运输问题。针对这一复杂而精细的扩展运输问题，我们可以进一步将其分解为三个相互关联但又各自独立的经典运输子问题。这三个子问题分别是：工厂到物流中心的运输问题，物流中心到配送中心的运输问题，以及配送中心到销售点的运输问题。

通过逐一求解这三个子问题，我们不仅能够掌握每一层级的运输细节，还能够对整个配送网络的流量分配情况有一个全面而深入的了解。特别是当我们求解完最后一个子问题，即配送中心到销售点的运输问题时，整个配送网络的流量分配情况便一目了然。基于这一详尽的流量分配数据，我们便可以进一步计算出目标函数的值，从而为我们的决策和优化提供有力的依据。

为了更好地适应问题的求解需求，我们还将这一目标函数的值作为染色体的适应度值。通过不断优化染色体的适应度值，我们可以逐步逼近问题的最优解，从而实现对整个配送网络的优化和升级。这一过程不仅体现了数学优化方法在解决实际问题中的应用价值，也展示了我们在面对复杂物流问题时所展现出的智慧和创造力。

算例分析

假设某制造企业有一个生产工厂，在某地区6个候选物流中心拟建2个物流中心，在10个候选的配送中心中拟建4个配送中心，以满足该地区20个销售点的需求。

工厂的生产量为8 000，各候选物流中心的修建的固定成本、容量和单位处理成本见表6-9；各候选配送中心的修建的固定成本、容量和单位处理成本见表6-10；工厂到各候选物流中心的单位运输费用见表6-11；各销售点的需求量均值见表6-12；各候选物流中心到各候选配送中心的单位运输费用见表6-13；各候选配送中心到各销售点的单位运输费用见表6-14。

表6-9　各候选物流中心的修建的固定成本、容量和单位处理成本

序号	固定成本（W_i，万元）	容量（$V_{\max i}^{(1)}$）	单位处理成本（$\varphi_i^{(1)}$，元）
1	60	4 000	1.1
2	80	5 000	1.0
3	83	4 800	0.9
4	45	3 000	1.2
5	70	4 500	1.0
6	75	4 300	1.0

表6-10　各候选配送中心的修建的固定成本、容量和单位处理成本

序号	固定成本（F_i，万元）	容量（$V_{\max i}^{(2)}$）	单位处理成本（$\varphi_i^{(2)}$，元）
1	3.0	1 000	1.7
2	4.0	1 300	1.6
3	4.5	1 350	1.5
4	5.5	1 450	1.5
5	3.6	1 150	1.7
6	3.2	1 100	1.7
7	3.8	1 280	1.7
8	4.2	1 320	1.6

表6-11　工厂到各候选物流中心的单位运输费用

序号	1	2	3	4	5	6
运价（元）	260	125	180	130	240	170

表6-12　各销售点的需求量均值

序号	需求量	序号	需求量
1	230	11	203
2	203	12	224
3	192	13	247
4	201	14	193
5	216	15	181
6	251	16	253
7	240	17	187
8	235	18	223
9	251	19	229
10	228	20	253

表6-13　各候选物流中心到各候选配送中心的单位运输费用

C_{ij}	1	2	3	4	5	6
1	109	156	84	288	186	285
2	256	173	234	271	98	302
3	102	223	112	287	344	104
4	222	236	289	318	291	228
5	301	221	311	129	145	292
6	278	319	313	175	320	320
7	143	224	236	214	164	263
8	126	231	279	321	109	290
9	231	136	257	313	304	288
10	261	278	154	295	187	148

表6-14　各候选配送中心到各销售点的单位运输费用

C_{jk}	1	2	3	4	5	6	7	8	9	10
1	61	67	36	44	66	22	21	64	58	37
2	67	26	55	59	50	66	74	48	79	56
3	54	31	70	46	61	46	73	44	30	72
4	60	38	62	63	56	30	39	49	37	49

（续）

C_{jk}	1	2	3	4	5	6	7	8	9	10
5	49	29	68	37	55	53	38	69	58	55
6	24	72	66	78	67	28	58	22	31	52
7	38	67	60	58	35	20	20	35	35	40
8	38	39	22	62	54	31	28	45	48	70
9	42	75	24	29	31	62	27	53	36	23
10	64	74	48	61	72	55	67	23	71	69
11	25	43	46	53	70	30	28	63	22	61
12	25	71	65	55	30	79	33	47	74	68
13	21	22	70	39	41	44	68	54	52	41
14	47	53	29	38	24	37	63	43	35	29
15	21	53	30	44	66	28	67	28	68	35
16	31	64	70	50	30	23	41	20	46	63
17	75	41	26	77	47	75	50	38	42	42
18	22	51	41	46	31	41	37	38	46	45
19	47	73	53	73	27	22	33	20	55	22
20	56	48	28	26	77	70	54	76	73	45

根据上述算法，在Visual C++6.0环境下进行仿真实验得到如下结果：目标函数值= 1 584 110，X_1=1，X_4=1；Y_1=Y_2=Y_3=Y_6=1；q_1=1 500，q_2=3 000。

由物流中心流向配送中心的流量：f_{12}=390，f_{14}=1 110；f_{41}=1 000，f_{42}=650，f_{43}=1 350。

由配送中心流向各销售点的流量分配见表6-15。

表6-15　由配送中心流向各销售点的流量分配

D_1		D_2	
C_6（157）、C_{11}（206）、C_{12}（227）、C_{15}（184）、 C_{18}（226）		C_2（206）、C_3（195）、C_4（219）、C_5（219）、C_{13}（250）	
D_3		D_4	
C_8（238）、C_9（254）、C_{10}（216）、C_{14}（196）、 C_{20}（256）		C_1（233）、C_4（34）、C_6（97）、C_7（243）、C_{10}（15）、 C_{16}（256）、C_{19}（232）	

注：表中D_i表示配送中心i，C_i表示销售点i，括号中的数据表示由配送中心流向销售点的物流量。

2.多品种货物多个物流节点的选址优化模型

（1）问题描述

从多个候选的地点中选择若干个位置作为物流节点（如物流中心、配送中心等），使得从已知若干资源点（如工厂），经过这几个物流节点（如物流中心、配送中心），向若干个客户需求点运送同一种产品时，总的物流成本最低。

（2）数学模型

1）符号说明：

$\overline{m}$表示物流供货方的个数。

$\overline{n}$表示各备选点的位置。

M_i表示物流节点i的最大容量。

$\overline{l}$表示物流需求方（用户）的个数。

C_{ski}表示产品s从供应地k到物流节点i单位运量的运费。

h_{sij}表示产品s从物流节点i到物流需求方（用户）j单位运量的运费。

X_{ski}表示产品s从供应地k到物流节点i的运量。

X_{sij}表示产品s从物流节点i到物流需求方（用户）j的运量。

$E_{sj}(T_{sj})$表示向用户j配送产品s时，因延误时间t而支付的损失费。

e_{si}表示在物流节点i中为保管产品s而产生的部分可变费用（管理费、保管费、税金以及投资的利息等）。

N_{sj}表示用户j需要产品s的数量。

A_{sk}表示物流供应方k生产产品s的能力。

$J_i\left(\sum\limits_{s=1}^{\overline{r}}\sum\limits_{i=1}^{\overline{n}}\sum\limits_{j=1}^{\overline{l}}X_{skij}\right)$表示各物流供应方经由物流节点$i$向所有用户配送产品的最大库存定额。

2）模型的目标函数和约束条件如下

$$\min f = \sum_{s=1}^{\overline{r}}\sum_{k=1}^{\overline{m}}\sum_{i=1}^{\overline{n}}c_{ski}X_{ski} + \sum_{s=1}^{\overline{r}}\sum_{i=1}^{\overline{n}}\sum_{j=1}^{\overline{l}}h_{sij}X_{sij} + \sum_{i=1}^{\overline{n}}Z_iF_i$$
$$+ \sum_{s=1}^{\overline{r}}\sum_{i=1}^{\overline{n}}e_{si}\left(\sum_{k=1}^{\overline{m}}\sum_{j=1}^{\overline{l}}X_{skij}\right) + \sum_{s=1}^{\overline{r}}\sum_{j=1}^{\overline{l}}E_{sj}(T_{sj}) \tag{6-53}$$

$$\sum_{k=1}^{\overline{m}}\sum_{i=1}^{\overline{n}}X_{skij} = N_{sj} \tag{6-54}$$

$$\sum_{i=1}^{\overline{n}}\sum_{j=1}^{\overline{l}}X_{skij} \leqslant A_{sj} \tag{6-55}$$

$$Z_i = \begin{cases} 1 & \sum\limits_{s=1}^{\overline{r}}\sum\limits_{k=1}^{\overline{m}}\sum\limits_{i=1}^{\overline{n}}X_{skij} > 0 \\ 0 & \sum\limits_{s=1}^{\overline{r}}\sum\limits_{k=1}^{\overline{m}}\sum\limits_{i=1}^{\overline{n}}X_{skij} < 0 \end{cases} \tag{6-56}$$

$$J_i\left(\sum_{s=1}^{\overline{r}}\sum_{i=1}^{\overline{n}}\sum_{j=1}^{\overline{l}}X_{sij}\right) \leqslant M_i \tag{6-57}$$

$$\sum_{s=1}^{\overline{r}}\sum_{k=1}^{\overline{m}}\sum_{i=1}^{\overline{n}}X_{ski} = \sum_{s=1}^{\overline{r}}\sum_{i=1}^{\overline{n}}\sum_{j=1}^{\overline{l}}X_{sij} \tag{6-58}$$

$$X_{ski}, X_{sij}X_{skij} \geqslant 0 \qquad (6\text{-}59)$$

式（6-53）表示最小化配送费用、固定费用和延误费用的总和。

式（6-54）表示从供货点流出的流量等于物流节点 i 流入的流量。

式（6-55）表示物流节点 i 的流入流量不能超过其最大处理流量。

式（6-56）表示物流节点选择修建与否，其中值为1表示修建。

式（6-57）表示物流节点的最大容量能满足所有用户配送产品总和。

式（6-58）表示物流节点 i 的流入流量与流出流量保持平衡。

式（6-59）表示流量非负约束。

对于多品种、多个物流节点选址的优化模型，使用一般的优化算法很难获得最优解。通常采用启发式算法来搜索满意解。启发式算法程序流程框如图6-9所示。

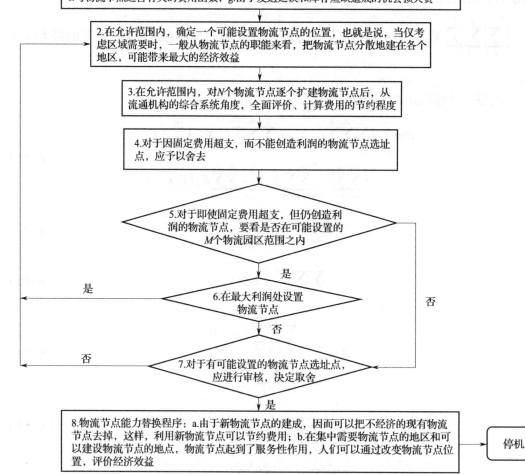

图6-9 启发式算法程序流程框

项目小结

物流空间布局规划与优化是物流管理中的战略层次的决策，物流节点空间布局和物流空间网络是否合理关系到整个物流系统的运行效率。本项目首先从物流节点空间布局类型、物流节点布局方法以及物流空间网络结构特征等关键概念出发，分析了物流节点空间网络规划的基本要素。最后，对物流节点空间布局优化过程、模型的方法进行详细描述。本项目所提供的理论知识和实践经验，可以为读者实际进行物流节点空间布局和物流节点空间布局优化提供重要的理论依据和实践指南。

思 考 题

1. 对以于物流节点选址问题：
（1）可以从哪些角度分为哪些主要类型？
（2）有哪些主要优化模型和算法？
2. 比较单一设施选址问题和多设施选址问题的区别。
3. 请用网络测度比较点对点式网络、轴辐式网络和复合式网络的结构特点。
4. 如何评价物流空间网络的效率和可靠性？

实 训 题

某公司由两个工厂向仓库供货，由仓库供应三个市场。已知产品A由P_1负责供应，产品B由P_2供应，这些产品随后从仓库再被运到市场M_1、M_2、M_3。地点、产品、货物运输量、运输费率和坐标值数据见表6-16。试用重心模型寻找使运输成本最小的单一仓库的位置。

表6-16　地点、产品、货物运输量、运输费率、坐标值数据

地点 i	产品	货物运输量 v_i	运输费率（元/kg·km）	坐标值 x_i	y_i
P_1	A	2 000	0.050	3	8
P_2	B	3 000	0.050	8	2
M_1	A/B	2 500	0.075	2	5
M_2	A/B	1 000	0.075	6	4
M_3	A/B	1 500	0.075	8	8

案例分析

雅芳物流网络设计

雅芳公司有上百年的历史，曾是世界上最大的美容化妆品公司之一。雅芳中国有限公司于1990年成立，总部设在广州，经营护肤品、化妆品、个人护理品、香品、流行饰品、内衣、健康食品等，雅芳中国在大中城市设有74个分公司。雅芳公司从其战略角度考虑，取消了分公司仓库，在广州、北京、上海、重庆、武汉、郑州、沈阳、西安、乌鲁木齐建立九大物流中心，并将仓储、运输（配送）等物流服务外包，通过第三方物流服务商（中国邮政物流、大通国际运输有限公司、共速达和心盟物流运输）将雅芳产品直接配送至专卖店。物流运作方式改变为"总部工厂—区域物流中心——送达经销商"。雅芳生产出的货物由工厂运送到各物流中心，订货方式转变为经销商网上向总部订货，总部将订货信息处理后传给区域物流中心，区域物流中心根据订货信息拣货、包装，并由第三方物流在48h内进行"门到门"的送货服务。在将物流外包到物流公司以后，雅芳开始专注于企业产品的生产和销售方面的业务，各分公司也从过去的烦琐事务当中摆脱出来，专注于市场开拓，市场份额不断扩大。雅芳通过重新规划设计物流网络，顺利完成了商流、物流的分离，成功地实现了其物流重构。

案例思考题

1. 雅芳在设计物流网络时运用了哪些物流规划原理？
2. 有哪些优化模型可以应用？

项目七 物流系统控制与仿真

 学习目标

知识目标

- 理解物流系统控制的基本概念、分类和内容。
- 掌握物流系统的建模方法和技术，如离散事件系统建模、连续系统建模、混合系统建模等。
- 学会使用物流系统仿真软件，如AnyLogic、Arena、FlexSim等。
- 掌握物流系统的性能评价指标和方法，如成本、时间、质量、服务等。

能力目标

- 能够分析系统中存在的问题和瓶颈并提出改进措施解决问题。
- 能够运用离散事件系统仿真知识解决实际物流系统问题。

素质目标

- 加强团队合作与沟通技能。
- 培养创新意识和能力。

导入案例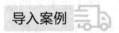

亚马逊的物流控制与仿真模型优化策略

亚马逊是全球最大的电子商务公司之一，其物流系统的效率直接影响到公司的运营效率和客户满意度。亚马逊通过建立复杂的物流系统控制与仿真模型，对物流中心、配送路线、库存管理等进行优化，实现了快速准确的配送服务。例如，亚马逊利用大数据和人工智能技术，预测客户的购买行为，提前将商品配送到离客户最近的物流中心，大幅缩短了配送时间。此外，亚马逊还通过仿真模拟不同的物流策略，找出最优的解决方案。

案例思考题

1. 为什么物流系统控制与仿真对于亚马逊这样的大型电商公司来说如此重要？
2. 在物流系统控制与仿真过程中，亚马逊是如何确定最优解决方案的？
3. 亚马逊是如何利用大数据和人工智能技术来优化其物流系统的？

任务一 认识物流系统控制

一、物流系统控制的基本概念

系统控制是指在外部条件变化的情况下，保证系统实现目标的行为。这要通过该系统的必要组织来实现，而必要组织指的是系统结构及其要素的运行方式。

在系统形成时，其受控要素组合成受控部分，它叫作受控客体；控制要素的总体构成控制部分，称为控制系统。控制系统有开环控制系统和闭环控制系统。若系统中具有反馈环节则构成闭环控制系统。

所谓控制，就是按照预定的条件和预定的目标，对其过程施加某种影响的行为。

反馈，指一个系统把输入（激励）经过处理之后输出（响应），又将其输出的结果反馈回来与输入加以比较的过程。将控制理论应用于物流系统，则称物流控制论。

物流系统控制将研究的物流系统作为被控对象，而后研究它的输入与输出的关系，以通过反馈使被控对象（系统）达到人们所期望的较好的物流效益。

❓ 小思考

1. 什么是物流系统控制？
2. 物流系统控制的主要组成部分有哪些？
3. 物流系统控制中常见的问题有哪些？如何解决这些问题？

二、物流系统中控制的分类

1.反馈控制

反馈控制是一种常见且重要的管理控制方式。它通过检测物流系统的实际输出，并将这些检测结果与预期目标进行比较，然后根据比较结果对系统进行调整，以优化未来的输出。反馈控制的主要特征在于它的滞后性，即在实际结果产生偏差后再进行纠正。这种控制方式通常用于成本控制、质量检查和财务分析等方面，可以帮助企业更准确地掌握物流系统的运行状况，并及时采取必要的措施来纠正偏差。

2.超前控制

超前控制，也称为前馈控制，是一种更为复杂且具有前瞻性的控制方式。与反馈控制不同，超前控制是在物流系统运行过程开始之前，通过对输入进行监视和预测，以确保其符合特定的标准或要求。一旦发现输入不符合标准，超前控制会立即采取措施调整运行过程，以预防未来可能出现的问题。这种控制方式能够克服反馈控制的滞后性，使物流决策人员能够及时采取行动，纠正偏差，确保物流系统按照预期目标顺利运行。

3.非预算性控制

非预算性控制是指生产经营活动中，预算外的临时矫正行为。非预算性控制是物流系统控制中的另一种重要方式。它主要关注预算外的临时矫正行为，以应对物流系统运行过程中可能出现的突发情况或意外事件。非预算性控制主要包括以下几种方法。

1）物流批量控制法，通过利用库存费和订购费的边际点原理，对仓库管理进行优化控制，以确保库存水平既满足生产需求，又避免过多的库存积压。

2）盈亏平衡控制法，利用盈亏平衡点分析的方法，对企业的经营决策进行控制。这种方法有助于企业在面对市场变化时，做出更加明智的决策，以确保企业的盈利稳定性。

3）专家控制，依靠有经验的专业人员或专家对物流系统的运行提出建议和解决方案。这种控制方式能够充分利用专家的知识和经验，提高物流系统的运行效率和准确性。

？小思考

1. 物流系统中的控制可以分为哪几类？
2. 描述一下物流系统中的反馈控制和前馈控制。
3. 什么是物流系统的自适应控制？请给出一个例子。

三、物流系统控制的基本内容

1. 物流系统控制的基本内容

（1）库存控制

库存控制是物流系统控制的核心内容之一。它主要关注对原材料、零部件、协作外购件等物料的数量、种类和存放状态进行有效管理。通过合理的库存控制策略，企业可以确保物料供应的连续性和稳定性，避免库存积压和浪费，降低库存成本。库存控制还涉及对库存水平的监测和预测，以便根据市场需求和生产计划调整库存量，实现库存的优化。

（2）产品成本控制

产品成本控制是物流系统控制的重要方面。它涵盖了原材料消耗、动力使用、厂房和设备折旧以及各项费用的有效控制。通过精细化的成本管理，企业可以降低生产过程中的物料浪费和能源消耗，提高设备利用率，减少不必要的开支。同时，产品成本控制还涉及对供应链各环节的协同管理，通过优化采购策略、降低运输成本等方式，进一步降低产品成本，提高企业竞争力。

（3）工序质量控制

工序质量控制是确保产品质量的关键环节。它关注产品在各个关键工序中的质量控制，包括原材料检验、生产过程监控、成品检验等。通过对工序质量的严格控制，企业可以确保每个生产环节都符合质量标准，降低产品不合格率，提高客户满意度。此外，工序质量控制还涉及对生产设备的维护和保养，确保设备处于良好状态，提高生产效率。

（4）人员素质控制

人员素质控制是物流系统控制中不可忽视的一部分。它关注提升员工的专业技能、职业素养和责任意识，以确保物流过程的顺利进行。通过定期的培训、考核和激励机制，企业可以增强员工的工作效率和质量意识，降低人为失误率。

（5）产品进度控制

产品进度控制也是物流系统控制的重要方面。它关注对生产计划、生产进度和交货期的有效管理，确保产品能够按时交付给客户。通过合理的进度安排和监控机制，企业可以及时发现和解决生产过程中的延误问题，提高生产效率和客户满意度。

综上所述，物流系统控制的基本内容涵盖了库存控制、产品成本控制、工序质量控制以及人员素质和产品进度控制等多个方面。这些控制措施共同构成了物流系统管理的核心框架，有助于实现物流过程的优化和成本控制，提高企业的竞争力和市场地位。

2.进行物流系统控制时应注意的问题

（1）总目标与分目标的关系

明确企业的总目标是至关重要的，因为它不仅是企业战略的体现，也是各项分目标的基准。在物流系统控制过程中，各个分目标，如库存控制目标、成本控制目标等，都应与总目标保持一致，并服务于总目标的实现。同时，要确保分目标的制定是科学合理的，避免与总目标产生冲突或偏离。

（2）强调管理者和劳动者的自我控制

物流系统控制不仅仅是管理层的工作，更需要全体员工的参与和配合。因此，强调管理者和劳动者的自我控制是至关重要的。通过制定明确的职责和权限，以及建立相应的激励机制，企业可以激发员工的积极性和责任感，使他们能够主动参与到物流系统控制中来，共同实现企业的目标。

此外，自我控制也是实现目标管理特点的关键。通过自我控制，员工可以更加自主地管理自己的工作，提高工作效率和质量，推动企业逐步由人治走向法治的管理轨道。

（3）注意人的因素与物流系统的指标信息关系

在物流系统控制中，人的因素是不可忽视的。员工的技能水平、工作态度、沟通协作能力等都直接影响到物流系统的运行效果。因此，要注意分析人的因素与物流系统指标信息之间的关系，及时发现和解决员工因素在物流系统控制中引发的问题。

同时，管理层应建立完善的信息反馈机制，确保物流系统的运行数据能够及时、准确地反映到管理层，为决策提供有力支持。通过对指标信息的分析，企业可以评估物流系统的运行状况，发现潜在的风险和问题，从而采取相应的措施进行调整和优化。

综上所述，进行物流系统控制时，需要注意总目标与分目标的关系、强调管理者和劳动者的自我控制，以及注意人的因素与物流系统的指标信息关系。通过综合考虑这些因素，企业可以确保物流系统控制的有效性和高效性，为自身持续发展提供有力保障。

？小思考

1.物流系统控制的基本内容是什么？

2.物流系统控制应注意的问题有哪些？

3.如何理解物流系统的输入、处理和输出？

任务二　认识物流系统仿真　

一、系统仿真

系统仿真是一种基于模型的活动，它利用系统模型在特定的仿真环境和条件下对系统进行深入的研究、分析和试验。这种方法的核心在于人为地控制环境条件，调整特定的参数，然后仔细观察模型的反应，以此来研究真实系统的各种现象或过程。

系统仿真在现代企业科学管理技术中扮演着重要角色，它被视为工程师、经理和决策人进行方案试验、评估以及视觉化的工具。通过这种技术，人们可以在系统实际装配运行之前进行试验，从而避免不必要的损失和开支。此外，系统仿真在减少损失、节约开支、缩短开发周期、提高生产效率、提高产品质量等方面都起着不可或缺的作用。

从更深层次的角度来看，系统仿真的目的在于通过研究模型来揭示实际系统的形态特征和本质。这种方法可以帮助人们更好地认识实际系统，并预测其未来的行为。同时，系统仿真也是一种基于置信度的活动，其置信度很大程度上取决于模型对真实系统描述的完备程度。

系统仿真的基本方法包括建立系统的结构模型和量化分析模型，并将其转换为适合在计算机上编程的仿真模型。根据连续系统和离散（事件）系统的数学模型的不同，系统仿真方法主要分为连续系统仿真方法和离散系统仿真方法。此外，还有一些特殊而有效的方法，如系统动力学方法、蒙特卡罗法等，这些方法在某些特定的系统（特别是社会经济和管理系统）仿真中表现出色。

总的来说，系统仿真是一种强大的工具，它可以帮助人们更深入地理解系统的运作方式，预测系统的行为，并据此做出更好的决策。随着网络技术的不断完善和提高，分布式数字仿真系统将更加广泛地应用于各种领域，从而实现更高效、更经济的仿真分析。

？ 小思考

1. 什么是系统仿真？
2. 系统仿真的主要目的是什么？

二、系统仿真的特点

系统仿真主要有以下特点。

1）复杂系统的抽象化和解决问题能力：系统仿真能够将复杂的现实系统抽象化，通过构建仿真模型来反映系统的关键特性和行为。这种抽象化有助于我们深入理解系统的可行性和可靠性，从而检验相关理论的正确性。同时，仿真模型还可以作为实验平台，帮助我们寻求解决复杂问题的途径，为系统的优化和改进提供有力支持。

2）节省资源和时间：相较于在实际系统上进行试验，系统仿真具有显著的时间优势。仿真模型可以在短时间内模拟系统长时间的运行过程，从而大幅缩短试验周期。此外，系统仿真还可以避免在实际系统中进行试验时可能产生的人力、物力浪费，降低研究成本。

3）解决复杂系统问题的唯一有效方法：在某些情况下，复杂系统既无法通过实际试验方法进行研究，也无法用解析方法进行分析。这时，系统仿真便成为唯一有效的解决方法。仿真模型能够模拟系统的动态行为，揭示系统内部的相互作用和变化规律，从而帮助我们深入理解系统的本质和特性。

4）避免破坏性和危害性实验：在实际系统中进行实验有时可能会对系统造成破坏性或危害性影响。系统仿真可以避免这种情况的发生，保护实际系统的完整性和安全性。这在一些高风险、高成本的领域尤为重要，如航空航天、核能等。

5）研究单个变量或参数变化对系统的影响：系统仿真允许我们单独研究某个变量或参数变化对系统整体的影响，而无须改变其他条件。这种能力使得我们可以更加精确地分析系统的敏感性和稳定性，为系统的优化提供有力支持。同时，仿真还可以进行多次重复试验，以获得更加稳定可靠的结果，这在真实系统中是难以实现的。

此外，系统仿真还具有结果直观、易于理解的特点。通过仿真，我们可以直观地观察到系统的运行状态和变化过程，从而更容易地理解系统的特性和行为。这使得仿真方法成为检验理论分析所得结果正确性和有效性的有力工具，同时也使得仿真结果更易于被非专业人士理解和接受。

综上所述，系统仿真具有抽象化复杂系统的抽象化和解决问题能力、节省资源和时间、解决复杂系统问题的唯一有效方法、避免破坏性和危害性实验以及研究单个变量或参数变化对系统的影响等特点。这些特点使得仿真在多个领域得到广泛应用，为系统的分析、设计和优化提供了有力支持。

? 小思考

1. 系统仿真的主要特点是什么？

2. 请描述一下系统仿真在解决复杂问题方面的优势。

3. 在系统仿真中，如何确保模型的有效性和准确性？

三、物流系统仿真的分类

物流系统仿真就是借助计算机仿真技术，对现实物流系统建模并进行实验，得到各种动态活动及其过程的瞬间仿效记录，进而研究物流系统性能的方法。其仿真方法可以分为以下几类。

（1）物流过程的仿真研究

物流过程的仿真研究目的包括：在时间的过程中，运输、仓储、包装等物流的功能过程是如何推进的；推进过程发生了哪些事件；这些事件引起系统状态发生了哪些状态变化等。利用仿真工具研究这类物流的问题，可以称之为为物流过程的仿真研究。

例如，通过公路运输系统过程的仿真研究，可以分析运输过程中公共运输的规划与效率、交通事故的影响、迂回线路的选择等问题。通过自动化物流过程的仿真，可以分析自动化物流系统设备布局的合理性、设备运行的效率、系统的生产率、系统中设备的利用率等。

（2）物流管理的仿真研究

物流管理的仿真研究是为物流管理决策服务的。例如，交通运输网络的布局规划、自动化系统的策略运用、物流园区的规划、供应链库存控制策略等。

（3）物流成本的仿真研究

在物流管理中，有物流成本的管理法，即以降低物流成本为评价指标，不断改进物流流程和物流管理的方法。可见准确的物流成本计算对于改进物流作业与管理十分重要。物流成本计算有许多方法，运用系统仿真方法主要是在物流系统运行过程中动态地记录物流成本的消耗量，最终准确统计各项物流作业的成本。

❓ 小思考

1. 物流系统仿真可以分为哪几类？

2. 配送中心仿真、仓库存储系统仿真、拣货系统仿真以及运输系统仿真之间的区别是什么？

四、物流系统仿真的主要内容

物流系统仿真的主要内容有以下3个方面。

（1）物流系统中流的仿真

物流系统是一个复杂的网络，涉及多种流的交互和转换。这些流包括货流、车流、船流、商流和信息流等。每种流都有其独特的产生、流动、消失、积累和转换规律。为了准确模拟这些过程，需要采用动态仿真方法。动态仿真能够实时模拟物流系统中各种流的动态变化，帮助研究者了解流的运动规律，从而优化物流系统的设计和运行。

（2）物流系统中的排队仿真

排队是物流系统中常见的现象，特别是在运输、仓储和配送等环节。例如，船舶在锚地等待靠泊码头泊位、车辆在运输途中等待装卸货物等。这些排队现象对物流系统的效率和服务质量有着重要影响。通过排队仿真，可以模拟不同服务台数量、服务时间分布和顾客到达率下的排队情况，从而评估系统的性能指标，如等待时间、服务时间和系统吞吐量等。

（3）物流组织中人的因素仿真

物流系统的运行不仅依赖于硬件设备和流程设计，还受到人的因素的影响。人的决策、操作习惯和协作方式等都会对物流系统的效率和质量产生影响。因此，在物流系统仿真中考虑人的因素是非常重要的。通过模拟人的思维过程、决策机制和行为模式，可以更真实地反映物流系统的运行情况，从而得到更准确的仿真结果。同时，这也有助于发现物流组织中存在的问题，提出改进方案，优化物流组织。

❓ 小思考

1. 物流系统仿真的主要内容有哪些？

2. 如何建立有效的物流系统模型？

五、连续系统和离散事件系统的仿真

在系统仿真的分类中，最重要的是按照连续系统和离散事件的系统来划分。连续系统仿真是系统的状态随着时间连续变化的系统的仿真。多数工程系统属于连续系统，如电力系统、机电工程系统、航空发动机系统、液压系统等。

离散事件系统是指那些系统状态变量随着时间呈离散状态变化的系统。一个模型的形式描述见下式。

$$M=\{T,\ U,\ X,\ Y,\ \Omega,\ \lambda\}$$

式中　T——时间；

U——输入变量；

X——状态变量；

Y——输出变量；

Ω——状态转移函数；

λ——状态空间。

1.连续系统与离散事件系统的异同

（1）时间值

连续系统的时间值是一个确定的值。离散事件系统的时间基则是可变的，而且随着时间值的变化，仿真结果也各不相同。这两种仿真系统的初始状态不同，仿真的结果也不相同。这是因为离散事件系统仿真的结果是一个统计结果，它与统计的区段大小有关。

（2）输入变量

连续系统的输入变量通常是一个确定性变量。而离散事件系统的变量往往带有随机性。因此，离散事件系统的模型也被称为随机模型，输出变量与输入变量状况相同。

（3）状态变量

连续系统的状态变量一般也是一个连续变量。而离散事件系统的状态变量则可能是非连续的。例如，仓库货位的状态是空或非空的。

（4）状态转移函数

在连续系统中，存在一个状态转移函数，可通过其推算出状态变量的变化过程。而离散事件系统则不存在状态转移函数，人们无法找到一个函数来表达状态变量的变化规律。

（5）状态空间

状态空间是状态变量的集合所表示的空间。对于一个被研究的连续系统，引进不同组合的状态变量，可以构造不同的状态空间模型。这一点与离散事件系统是相同的。

从上面的分析可知，连续系统与离散事件系统最主要的区别在于离散事件系统的输入、输出变量的随机性以及状态变化的不确定性。由此，连续系统与离散事件系统仿真在方法上有很大区别。连续系统仿真借助数字积分和离散相似算法等来求解表征系统变量之间关系的方程；离散事件系统仿真则是建立系统的概率模型，采用数值方法"执行"仿真模型。系统的变量是反映系统各部分相互作用的一些确定或者随机事件，系统模型则反映这些事件和状态值的集，仿真结果，也就是"执行"的结果，是产生处理这些事件的时间历程。

由于物流领域的大多数系统为离散事件系统，因此，本书主要介绍离散事件系统仿真方法。

2.离散事件系统的基本要素

描述一个离散事件系统需要5个基本要素，即实体、属性、事件、活动、进程。下面分别做简单介绍。

（1）实体

在离散事件系统中实体（单元）分为临时性实体和永久性实体两类。凡是在系统仿真期间流经系统、在仿真结束时已经离开系统的实体称为临时性实体。凡是在系统仿真期间自始至终停留在系统中的实体称为永久实体。显然，流经系统的临时性实体是系统活动的外部驱动，有了这些实体源源不断地流入，系统才能被激活。

（2）属性

实体所有的特性称为实体的属性。这里需要强调的是，实体可能具有若干特征，但是并不是所有的特征都会成为仿真系统的实体属性。只有那些与系统仿真相关的特征，才称为属性。

（3）事件

在离散事件系统仿真中，事件有两类：一类是引起系统状态变化的行为，可以看出这一类事件是系统所固有的，是系统变化的主要驱动力；另一类事件是所谓的程序事件，程序事件并非系统所固有的，而是根据需要设定的。

（4）活动

事件与事件之间的过程被称为活动。显然事件是系统状态转变的起因，而活动则是系统状态转移的标志。例如，仓储物品的到达是一个事件，由于这一事件的发生，仓储系统的货位可能从"空闲"变为"非空闲"状态。从物品到达事件直至这一物品从该货位取出，物品都是处于在货位存储的状态，也可以说是处于"存储"活动中。存储活动开始或结束标志着物品的到达和离去，也标志着货位的空闲与非空闲状态的转变。

（5）进程

进程是指有序的事件与活动组成的过程。进程描述了其中的事件、活动的相互逻辑关系和时序关系。例如，一种物品进入仓库，经过在货位的存储，直到从仓库中被出库，物品经历了一个进程。

事件、活动、进程的概念关系如图7-1所示。可以看出，事件是发生在某一时刻的行为，活动和进程则是发生在某个时间段的过程。

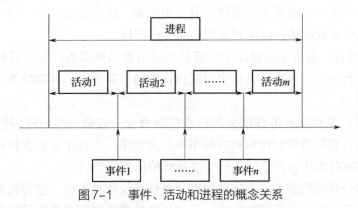

图7-1　事件、活动和进程的概念关系

3.离散事件系统仿真模型的组成与构造

仿真可以用来研究千差万别的现实世界，应注意，不同实际系统的离散事件仿真模型，往往具有一些相同的组成部分，并且这些组成部分之间的逻辑组织关系也相同。对于大多数采用变步长时钟推进机制的离散事件系统仿真模型，通常包含以下几个组成部分。

1）系统状态：在离散事件仿真中，系统状态是一组必要的状态变量，用于描述系统在特定时刻的状况。这些状态变量可能包括队列长度、库存水平、资源利用率等，它们随着事件的发生而不断更新，反映了系统的动态行为。

2）仿真钟：仿真钟是一个变量，它提供了当前仿真时刻的信息。与真实时间不同，仿真钟可以根据仿真模型的需要进行推进，这使得仿真能够在可控的环境下模拟系统的行为。

3）事件列表：事件列表是一个记录当前或下一时刻将要发生的各种类型事件的列表。这些事件可能包括订单到达、货物离开、机器故障等。事件列表通常按照事件发生的时间顺序进行排序，以便仿真模型能够按顺序处理这些事件。

4）统计计数器：统计计数器是一组用来记录系统运行统计信息的变量。这些统计信息可能包括平均等待时间、服务率、吞吐量等，它们对于评估系统性能和改进系统设计至关重要。

5）初始化程序：初始化程序是在系统时间为0时运行的子程序，用于设置仿真模型的初始状态。这包括为状态变量赋值、初始化事件列表等，以确保仿真模型从一个已知且合理的起点开始运行。

6）时间推进程序：时间推进程序根据事件列表确定下一时刻将要发生的事件，并将仿真钟推进到该事件的时刻。这样，仿真模型就能够按照实际发生事件的顺序来模拟系统的行为。

7）事件处理程序：某类型的特定事件发生时，事件处理程序会根据事件的类型进行相应的系统状态更新。例如，如果事件是订单到达，处理程序可能会增加队列长度并更新相关统计信息。

8）随机观测生成程序库：由于许多实际系统中的事件和行为都具有随机性，因此，随机观测生成程序库对于离散事件系统仿真至关重要。这个库包含了一组子程序，用于根据概率分布产生随机观测值，以模拟系统中的不确定性。

9）报告生成器：报告生成器用于计算并生成仿真结果报告。它可以根据某种方法对系统运行绩效进行评估，并在仿真结束时提供详细的仿真报告，帮助决策者了解系统性能并做出改进决策。

10）主程序：主程序是仿真模型的核心控制部分。它负责唤醒时间推进子程序来确定下一发生事件，然后将控制转向相应的事件处理程序。主程序还负责检查仿真的终止条件，并在仿真结束时激活报告生成器以生成最终的仿真报告。

这些组成部分共同构成了一个完整的离散事件系统仿真模型，使得我们能够在一个可控的环境下模拟和分析实际系统的行为。通过调整仿真模型的参数和设置，我们可以对系统进行优化和改进，以提高其性能和效率。

❓小思考

1. 连续系统和离散事件系统的定义和区别是什么？

2. 在连续系统仿真中，如何处理时间的离散化？

3. 在离散事件系统仿真中，如何模拟系统的随机性和不确定性？

六、离散事件系统仿真的基本步骤

离散事件系统仿真的基本步骤如下。

1.确定仿真目标

在进行系统仿真时，首先要确定仿真的目标，也就是仿真要解决的问题。这是系统调研和建模的依据。

（1）系统调研

系统调研的目的是深入了解系统的总体流程、跟踪建模参数，以便建立系统模型。系统调研是了解系统运行状况和采集系统数据资料的过程。系统调研所期望获得的资料一般有以下几类。

系统结构参数：系统结构参数是描述系统结构的物理或几何参数。

系统工艺参数：系统工艺参数是系统进行的工艺流程参数，揭示各流程之间的相互逻辑关系。

系统动态参数：系统动态参数是描述系统在运行过程中动态变化的一些参数。

系统逻辑参数：系统逻辑参数描述了系统运行过程中各种流程和作业之间的逻辑关系。

系统状态变量：系统状态变量是描述系统状态变化的变量。

系统输入、输出变量：系统仿真的输入变量分为确定性变量和随机变量。如果是随机变量则需要确定其分布和特征值。系统输出变量是根据仿真目标设定的，仿真目标不同，输出变量也不同。

事件表：事件表列举了系统运行过程中所发生的各种事件的类型与描述、事件发生的时间及其相关属性。

（2）系统建模

系统模型由模型和模型参数两部分组成。其中，模型参数是对系统调研结果的调整。系统模型的形式可以是多样的，有文字叙述、流程图、图表、数学表达式等形式。离散事件系统仿真模型最常用的极力系统的流程图模型也被称为流程模型。流程模型中应包含临时实体到达模型、永久实体服务模型和排队规则。

2.确定仿真算法

确定仿真算法是系统仿真过程中至关重要的一步，因为算法的选择直接决定了仿真钟的推进方式以及仿真的效率和准确性。目前，最为常用的仿真算法主要有三种：事件调度法、活动扫描法和进程交互法。

事件调度法以事件为驱动，根据事件发生的顺序和时间来确定仿真钟的推进。在仿真过程中，系统会维护一个事件表，并按照事件的发生时间进行排序。仿真钟根据这个事件表来推进时间，每次推进到下一个事件的时间，并处理该事件。这种方法适用于那些事件驱动型系统，能够精确地模拟事件之间的时间关系和依赖关系。

活动扫描法则是按照一定的时间间隔或周期来推进仿真钟，并检查在这段时间内是否有活动发生。如果有活动发生，则进行处理；如果没有，则继续推进仿真钟。这种方法适用于那些活动周期性发生或者时间间隔较为固定的系统。活动扫描法相对简单，但可能无法精确地模拟某些复杂事件的时间关系。

进程交互法则更侧重于模拟系统中多个进程之间的交互和协作。它将系统划分为多个进程，每个进程有自己的执行逻辑和时间推进方式。进程之间通过消息传递或共享内存等方式进行通信和协作。仿真钟的推进由这些进程之间的交互来决定。这种方法适用于那些需要模拟并发、并行或分布式系统的场景。

在选择仿真算法时，我们需要根据系统的特点、仿真目标以及计算资源等因素进行综合考虑。不同的算法有不同的适用场景和优缺点，因此，选择最适合的算法对于提高仿真的准确性和效率至关重要。

此外，随着仿真技术的不断发展，还出现了一些新的仿真算法和技术，如基于Agent的仿真（基于主体的仿真）、基于云计算的仿真等。这些新技术为系统仿真提供了更多的选择和可能性。因此，在确定仿真算法时，我们也可以考虑这些新技术和新方法的应用。

3.建立仿真模型

建立仿真模型是一个复杂且系统的过程，涉及多个关键组件的设计和实现。这些组件包括初始化模块、输入模块、仿真钟、随机数发生器、状态统计计数器、事件表、事件处理子程序和输出模块等。下面是对这些主要部件的简要描述。

1）初始化模块：该模块负责在仿真开始之前设置模型的初始状态。这包括为各种变量和参数赋予初始值，以及为仿真环境设定初始条件。

2）输入模块：此模块负责接收和处理外部输入数据。这些数据可能包括系统参数、控制指令、外部事件等，用于驱动仿真模型的运行。

3）仿真钟：仿真钟是仿真模型中的核心组件，用于模拟时间的推进。它根据仿真算法和事件调度机制来更新当前时间，并控制仿真过程的进度。

4）随机数发生器：在仿真模型中，随机数通常用于模拟不确定性因素。随机数发生器负责生成这些随机数，以满足模型中的随机性需求。

5）状态统计计数器：该组件用于记录和统计仿真过程中的各种状态信息。这有助于分析系统的性能、行为以及可能的瓶颈。

6）事件表：事件表用于存储和管理仿真过程中发生的事件。每个事件都包含其发生的时间、类型和相关数据。事件表在事件调度法中起到关键作用，确保仿真钟按正确的时间顺序推进。

7）事件处理子程序：当某个事件被触发时，相应的事件处理子程序会被调用以执行相应的操作。这些操作可能包括更新系统状态、计算输出结果等。

8）输出模块：最后，输出模块负责将仿真结果以适当的形式呈现给用户，具体可能包括图表、报告或其他可视化工具，以便用户能够直观地了解系统的性能和行为。

在建立仿真模型时，我们需要根据具体的仿真目标和系统特点来选择和配置这些组件。同时，我们还需要考虑计算机运行的特点，以确保仿真模型的准确性和高效性。值得注意的是，建立仿真模型是一个迭代和优化的过程。在实际应用中，可能需要根据仿真结果和实际需求对模型进行调整和改进，以获得更准确的仿真效果。

4.仿真模型验证与确认

对建立的仿真模型必须进行验证，保证通过仿真软件或者仿真语言所建立的仿真模型准确地反映了所描述的系统模型。模型的验证主要检验所建立的仿真模型是否被准确地描述成可执行的模型。

仿真模型的确认则是考察所建立的模型及模型的运行特征，是否能够代表所要研究的实际系统。

5.运行仿真模型

运行仿真模型时需要确定终止仿真的时间。一般有两种终止方法：一种是确定仿真时间的长度，另一种是确定仿真事件的数量。

（1）确定仿真时间的长度

在仿真开始前，可以根据实际需要设定一个固定的仿真时间长度，例如10s、20min或几个小时等。这要求仿真模型在达到这个预设的时间点后自动终止；在设定仿真时间长度时，需要综合考虑系统的动态特性、期望观察的系统行为变化时间以及计算机的计算能力等因素。如果仿真时间太短，可能无法充分展示系统的行为特性；而如果仿真时间太长，则会增加计算负担和等待时间。

（2）确定仿真事件的数量

另一种终止仿真的方法是基于仿真事件的数量。也就是说，当仿真中发生的事件数量达到某个预设值时，仿真模型会终止运行。这种方法适用于那些以事件驱动为主的系统，特别是当关注特定事件的数量或频率时。例如，在物流仿真中，可能关注货物到达仓库的次数或订单处理的数量，当这些事件的数量达到预设值时，仿真即可终止。

6.仿真结果分析

关于仿真结果可以有两种角度的分析：一种是从系统优化的角度考虑问题，即对照仿真目标考虑仿真结果是否满意，如果满意，表明系统的参数无须再做改动；另一种是从仿真结果是否可信进行分析，也就是说仿真结果以多大的可信度和精度能够反映所研究的真实系统。

7.仿真结果输出

仿真结果输出有实时在线输出和在仿真结束时输出两种方式。当对系统进行动态分析时，往往需要了解各种中间变量或输出变量的实时变化情况。对于这些变量可以设定在仿真钟推进的每一或某一时刻输出该变量的瞬时值，实现实时在线结果输出，输出的是仿真阶段性的结果。最后在仿真结束后，需要输出最终的仿真结果。

？ 小思考

1. 离散事件系统仿真的基本步骤是什么？
2. 如何确定离散事件系统的输入和输出？
3. 如何建立离散事件系统的模型？

任务三 了解物流系统仿真技术与常用软件

一、系统仿真相关技术

系统仿真的核心步骤包括模型的构建、实验的实施以及对结果的深入分析。在这一领域中，建模工作通常依托于控制理论、相似性原理和统计学的数学框架。通过计算机技术和专门的物理效应设备，我们可以创建出代表真实或假设系统的多个模型，并通过这些模型来开展实验。分析实验数据并据此做出决策时，我们需要综合运用统计方法、领域专家的知识以及与系统相关的信息资源。由此可见，系统仿真是一个融合了多种学科知识和实验技术的综合性研究领域。

下面简要介绍几项物流系统仿真技术的相关技术。

1. 计算机仿真技术

计算机仿真技术利用电子计算机来模拟系统的结构、功能和动态行为，同时也模拟人类在系统控制中的思维过程和行为。这种技术既是一种描述性的手段，也是一种定量的分析方法。它通过构建特定过程或系统的模型来对其进行详细的描述，并通过一系列有针对性的计算机仿真实验来揭示系统的特性，进而提供定量的指标。这些结果为决策者提供了关于过程或系统的定量分析，作为制定决策的理论支撑。

计算机仿真技术特别适用于处理那些系统结构复杂、包含众多随机因素，且难以通过传统定量方法解决的问题。它能够全面且准确地描述复杂系统和过程，并通过不同的运行分析，提供近似但可靠的解答。

2. 计算机仿真语言

不存在一种通用的仿真语言能够适应所有类型的仿真系统。不同的仿真系统由于其特定的形式和需求，通常需要使用与之相匹配的特定语言。目前，针对连续系统和离散事件系统的仿真，主要有以下几种语言。

1）DYNAMO（Dynamic Model，动态模拟）语言：这种语言适用于使用线性微分方程来描述对象系统，并通过差分法近似来进行仿真的情况。它基于系统动力学方法构建模型，并利用数字计算机进行仿真。

2）CSMP（Continuous System Modeling Program，连续系统建模程序）语言：适用于那些可以用一阶微分方程表示的系统。这种语言允许使用方块图来描述系统，并且设计用于在数字计算机上避免使用积分解析方法来求解系统。

3）GPSS（General Purpose Simulation System，通用模拟系统）语言：这种语言特别适用于处理排队问题的仿真，它为离散事件仿真提供了一种有效的工具。

每种仿真语言都有其独特的特点和适用范围，选择合适的仿真语言对于精确模拟特定系统的行为至关重要。

3.建模与仿真方法学

（1）仿真算法

仿真算法是用于将系统模型转换成仿真模型的一类计算方法。这些算法已经从传统的串行形式发展到更高效的并行形式。目前，针对连续系统和离散时间系统的非实时串行仿真算法已经相当成熟，涵盖了处理线性、非线性、刚性以及具有间断右函数特性的连续系统算法，分布式参数系统算法，多种随机统计方法，以及基于系统分割、方法分割和时间分割的部分并行算法。

当前的研究重点转向了实时连续系统算法、各类系统的并行处理算法，以及定性系统算法。特别是，并行系统算法的效率成为推动并行仿真计算机技术发展的关键。这些算法的发展不仅提高了仿真的效率，还为处理更加复杂和大规模的系统提供了可能性。

（2）仿真软件

在过去几十年中，仿真软件领域经历了快速的发展，这得益于对仿真方法学、计算机科学、网络技术、图形处理、多媒体技术、软件工程、自动控制以及人工智能等多个学科最新成果的整合与利用。这些技术的融合推动了仿真软件的进步，使其在功能和性能上都有了质的飞跃。

（3）仿真计算机/仿真器

现代仿真技术主要依赖于配备了问题特定仿真软件的高性能通用微机、工作站以及并行计算机。这些设备已经成为仿真技术的主流平台。目前，超级计算机、工作站和先进微机的计算能力已经有了显著提升。高速、宽带、异步的网络通信技术和分布式计算的发展，使得分布式计算环境成为仿真硬件平台的重要发展趋势。高性能仿真计算机的研究重点包括处理器技术、网络结构、并行编程模型和编译技术，以及支持自动并行化的新框架和概念。

（4）虚拟现实技术

虚拟现实技术融合了系统仿真、计算机图形、传感器技术和显示技术等多种学科，它通过仿真技术让人体验到身临其境的虚拟世界。虚拟现实的三个核心特征是沉浸感、交互性和想象力，它允许用户沉浸在计算机生成的虚拟环境中，与虚拟环境互动，并感受到与真实世界相似的体验。虚拟现实技术的进一步研究涉及分布式虚拟环境、虚拟环境建模、分布式交互式环境数据库、虚拟环境显示、虚拟测试、分布式多维度人机交互和标准化等方面。

（5）分布式仿真技术

分布式仿真技术是仿真技术领域的最新进展，它建立了高层体系结构（HLA），为不同地理位置上的仿真系统提供了一个实现互操作性和重用的框架和规范。分布式仿真技术经过 SIMNET、DIS2.X 和 ALSP 等阶段的发展，提出了高层体系结构。HLA的核心思想是采用面向对象的方法，设计和实现不同层次和粒度的对象模型，以获得仿真组件和系统在高层次上的互操作性和重用性。进一步的研究包括仿真组件和系统在高层上的互操作性和重用性、系统整体结构和体系结构、标准和规范、协议、虚拟环境、支持平台和工具、人类行为建模、实时决策和演练管理、仿真管理、安全管理和网络管理。

随着仿真技术在物流领域的广泛应用，相关技术在这一领域也得到了进一步的发展。

小思考

1. 物流系统仿真是什么？为什么我们需要使用相关技术进行物流系统的仿真模拟？

2. 除了文中提到的计算机仿真技术、计算机仿真语言、建模与仿真方法学、虚拟现实技术和分布仿真技术，还有哪些其他的物流系统仿真技术？它们各有什么特点和优势？

3. 有哪些实际的物流系统仿真案例？这些案例是如何利用物流系统仿真技术进行优化和改进的？

4. 物流系统仿真技术的未来发展趋势是怎样的？会遇到哪些挑战？如何应对这些挑战？

5. 物流系统仿真与其他相关技术如人工智能、大数据、物联网等之间有何联系？如何结合这些技术进行物流系统的优化和管理？

二、物流系统仿真常用软件

为了深入理解和展现物流系统的复杂性与动态变化，物流系统仿真技术在规划、设计、模拟、展示和数据分析等多个方面得到了广泛的运用。一系列功能丰富的物流系统仿真软件已经成为物流系统设计师和经营决策者的重要工具，它们不仅促进了仿真技术的进步，还拓宽了其应用范围。接下来，我们将探讨其中的一部分软件。

1. Simulink

Simulink是由美国MathWorks公司推出的一款基于MATLAB的数学软件，它是一个用于动态系统建模、仿真和综合分析的集成化软件包。Simulink能够处理包括线性、非线性、离散、连续以及混合系统在内的多种系统类型，同时也支持单任务和多任务离散事件系统。

在Simulink提供的图形用户界面（GUI）上，用户可以通过简单的鼠标拖放操作构建出复杂的仿真模型。这不仅使用户能够了解具体环节的动态细节，还能够清晰地展示各组件、子系统以及整个系统之间的信息交互和相互影响，从而帮助用户全面掌握系统各部分之间的相互作用。

（1）Simulink的特点

图形化建模：Simulink提供了一个直观的、基于块的建模环境，用户可以通过拖放的方式构建模型，这些块代表数学运算、逻辑操作、系统组件等。

模块库丰富：Simulink拥有庞大的模块库，涵盖了连续时间系统、离散时间系统、非线性系统、线性系统等，以及各种特殊用途的模块，如信号处理、控制系统、电力系统等。

仿真和分析：Simulink可以执行连续和离散时间的仿真，支持固定步长和变步长仿真。用户可以分析系统的稳态、暂态响应，以及进行时域和频域分析。

代码生成：Simulink可以将模型自动转换为可执行的C/C++代码，这为嵌入式系统的开发提供了便利。

与其他工具集成：Simulink可以与MATLAB的其他工具箱无缝集成，如Control System

Toolbox（控制系统工具箱）、Signal Processing Toolbox（信号处理工具箱）等，增强了其功能和适用性。

可定制性和扩展性：用户可以创建自己的模块，也可以使用S–函数来扩展Simulink的功能。

多领域应用：Simulink不仅可以用于控制系统的设计，还可以用于机器人、航空航天、汽车、生物医学工程等多个领域。

（2）Simulink的应用

自动化物料搬运：Simulink被用于设计、仿真和测试自动化控制系统，例如用于提升机、输送带和其他物料搬运设备的控制算法。

运营、物流和供应链管理：Simulink的应用包括数学建模、仿真、统计分析和优化。通过这些高级分析方法，企业可以简化物流和供应链的管理，增强决策过程，并提高整体效率。

2. Arena

Arena是由美国Systems Modeling 公司开发的仿真建模工具，专为Windows操作系统设计，提供了更加便捷的操作界面。该软件与Word、Spreadsheet和CAD程序完全兼容，具有一个通用且直观的可视化仿真环境。Arena的应用范围极为广泛，可以用于仓储、交通运输、物流等供应链环节，以及全球供应链的仿真分析。此外，Arena也适用于制造业系统的分析，为用户提供复杂的服务和管理模拟。

（1）Arena的特点

Arena软件提供了丰富的建模层次和资源，确保用户能够灵活地在其所需的任何层面上进行仿真建模。用户可以选择从底层语言（如VB、C/C++等）开始，构建复杂系统模型，也可以利用高级模板来开发模型，甚至可以创建新的模板用于商业用途。Arena提供了近20个模板和近300个预封装的逻辑模块，这些模板和模块覆盖了多个领域，能够满足用户在不同层次上的建模需求。

（2）Arena的应用

Arena软件在学术领域有着广泛的应用，它深入地体现了系统仿真的相关理论，并提供了专业的分析和优化功能。输入分析器用于拟合输入数据的概率分布函数，过程分析器则用于比较模型参数，并以图表形式展示结果。输出分析器具备多样化的数据显示功能和强大的数理统计分析，确保了输出分析的准确性。优化工具OptQuest采用Tabu搜索算法和遗传算法对仿真模型进行优化，增强了Arena在复杂问题决策支持方面的能力。Arena的仿真报告全面且详细，数据报告的粒度足以让客户深入研究仿真模型的任何细节。

Arena与其他技术和系统资源实现了良好的整合。它与Microsoft Office无缝集成，支持与Office的数据交换，丰富了Arena的输入输出形式。Arena还包括与Visio的内部接口，允许用户使用Visio过程模拟器绘制流程图，并将其直接转换为Arena模型。此外，Arena支持DXF文件格式，并与AutoCAD及其他图形设计软件兼容，包括对XML格式文件的读写能力。在实时仿真和HLA仿真中，Arena通过Real Time Factor提供了强大的支持，使其适用于高层体系结构HLA仿真以及与其他模型的同步处理。Arena还提供VBA接口，支持与其他支持定制技术的软件的集成，并且可以被其他开发环境调用。

Arena提供了"VBA Block"模块，该模块可用于构建仿真模型，并包含事件接口。每当实体通过该模块时，就会触发相应的事件，执行模块中的特定代码。因此，客户可以在模型的任何需要位置加入"VBA Block"，以实现定制目的。Arena支持外部定制、内部定制以及混合定制来构建模型。

3. Witness

Witness是由英国Lanner集团凭借数十年的系统仿真专业知识开发的一款软件，专注于工业和商业系统流程的动态建模与仿真。它是全球领先的仿真软件之一。Lanner集团总部设在英国奥克斯，并在欧洲、美洲、亚洲的多个国家设立了分支机构和合作伙伴。全球有超过3500家企业采用Witness作为其核心仿真工具，包括AENA公司、空客公司（Airbus）、法国航空公司、BAA公司、BAE系统公司和维珍航空公司等知名企业。

Witness软件是Lanner集团多年经验积累的成果，是一个专为生产系统规划和运营设计的仿真平台。它广泛应用于生产和物流系统的运营管理、优化、流程改进、工厂物流模拟与规划、供应链建模与优化等领域。使用Witness进行仿真模拟，可以评估设备与流程设计的多种方案，提升工厂和资源的运营效率，降低库存水平，缩短产品上市时间，增加生产线产量，以及优化投资。

（1）Witness的功能

Witness的功能主要体现在工业（商业）系统流程的动态建模与运行仿真等方面。

Witness是一款功能强大的仿真软件，它提供了丰富的模型元素，用于描述工业系统，包括生产线上的加工站点、传送带、缓冲存储设备等。同时，它也提供了逻辑控制元素，如班次管理、事件时间序列、统计分布等，使用户能够轻松构建工业系统的运行逻辑模型。借助内置的仿真引擎，Witness能够迅速执行模型仿真，揭示流程的运行特性。

在建模与仿真的各个阶段，用户可以根据仿真结果不断调整系统模型，包括添加或移除模型元素，以提升模型的精确度。Witness还支持用户方便地设计和测试新的工厂及流程方案，平衡服务与成本水平，简化班次安排，并评估不同的设计方案。

Witness软件具备强大的流程动态仿真演示功能，能够以动画形式直观展示流程的运行状态，让用户能够清晰地观察和理解系统的运作过程。利用其FastBuild功能，用户可以迅速创建系统模型元素的三维视图，从而在三维空间中展现系统模型的运行效果，进一步增强了用户对模型运行逻辑的理解和分析。

流程环节的灵敏度分析。Witness内置强大的仿真引擎，以及模型元素运行状态的多种表示方法，如饼图、柱图等，可使用户实时看到系统模型各个部分的运行状态，清楚地展示出流程中的拥堵环节，找出问题所在，为系统的优化设计提供重要的依据。

图形界面操作功能，如多窗口显示，"Drag & drop"便捷的拖拉建模方法，多种仿真结果的报表及图示。

建模功能模组，层次建模策略，可定制的模型组件库。Witness提供的系统建模元素主要有：属性（Attributes）元素，缓冲（Buffer）与库存元素，运送（Carrier）设备元素，传送（Conveyors）设备元素，描述时间发生规律的统计分布（Distributors）元素等30多个。进一步地，Witness还允许用户定制自己领域独特的建模元素。

Witness采用面向对象的建模方法，为了便于用户更加便捷和详尽地构建和阐述自己的系统模型及其行为，该软件提供了大量的模型运行规则和属性描述函数库。Witness包含了超过1 000个用于描述模型运行规则和属性的函数，这包括通用系统函数、与建模元素行为相关的规则和属性函数，以及与仿真时间触发特性相关的函数等。为了适应不同用户特定领域的需求，Witness还特别加入了用户自定义函数的功能，使用户能够轻松地定义和定制自己的系统模型。

由于用户的流程数据往往存储在数据库或其他文件系统中，为了能方便地引用这些数据，Witness提供了与其他系统相集成的功能，如直接读写excel表，与ODBC数据库驱动相连接，输入描述建模元素外观特征的多种CAD图形格式文件，如jpg、gif、wmf、dxf、bmp等。

与FactoryCAD系统的集成。在FactoryCAD中以SDX（Simulation Data eXchange）的文件格式输出系统工艺流程的属性数据，如加工中心的加工循环时间、物料搬运设备的使用效率经济性指标等。Witness的SDX功能可使用户从FactoryCAD系统里输出的信息转化为Witness仿真模型，包括在Witness里自动建立布局图表，使用这些数据建立Witness路径选择，选项包括部件类型图标的设置，机床类型和传送带表示以及改变颜色、缩放比例、改变位置和许多其他选项等，这个重要的预设置也允许一套自动报告选项位置被定义。因此，通过SDX文件，一个完整的工作模型被建立。

（2）Witness的结构

Witness仿真基本包。Witness平台适用于制造业和服务业，能够构建精确的仿真流程模型，这些模型真实地反映了工厂或流程的运作。通过仿真实验，用户可以对工厂或流程的未来表现进行精确预测。Witness仿真系统向用户提供详尽的流程数据，帮助他们做出更精确的实际系统决策。该平台能够有效地处理复杂随机系统的仿真和优化问题，包括生产线、车间、整个工厂，以及供应链系统中的库存管理、瓶颈分析、流程优化、协作机制和信息共享等方面。利用仿真技术，用户可以迅速地对系统流程逻辑和决策数据的敏感度进行分析和优化。

Witness OPT——优化模块。Witness OPT优化模块可以为仿真模型搜索出最优的解决方案。通过完全定制的系统绩效指标，设定系统控制参数的取值范围和约束规则。Witness OPT使用当前最先进的优化算法来获取最优的系统配置方案，该智能模块可以有效地帮助系统决策者改善和优化绩效指标。

Witness OPT与Witness平台无缝集成，用户可以直接通过Witness的菜单访问Witness OPT模块。Witness OPT的向导界面设计简洁直观，能够迅速引导用户获得系统流程的最优化方案。通常，运营系统的关键绩效指标可能包括服务水平、生产率或利润率等。

Witness DOC——归档器模块。Witness DOC是Witness平台的一个完整集成插件，它能够为仿真模型的结构、细节和逻辑生成多种报表。这些报表涵盖了从基本的元素名称和类型，到设备故障和调整的详细信息，再到物料和信息流的追踪，甚至是活动设计等各个方面。生成的报表以.rtf格式保存，方便用户使用各种文字处理软件进行编辑和格式调整。

Witness VR——生产场景虚拟现实模块。Witness VR是Witness平台的一个虚拟现实模块，它融合了最新的3D图形和仿真技术，能够创造出极为逼真的虚拟环境。这个模块使得Witness的二维工业流程仿真模型，能够迅速转换成具有高度真实感的三维生产场景。在Witness强大的仿真引擎支持下，场景中的各个元素可以按照设计好的运行流程在三维空间中实时移动，从而实现生产现场的全虚拟化再现。

在Witness中，用户可以为工业对象分配动态状态。例如：一个车床的卡盘或钻头在工作循环中可以持续旋转，或在发生故障时断裂；工业机器人可以沿着预定的工作路径移动，工人可以坐在椅子上等待任务，一旦系统发出请求，工人就会沿着指定路径准时到达工作位置。所有这些动作和行为都可以通过Witness VR模块的对象动作模型来模拟，就像真实生产场景中发生的事件一样。

Witness VR模块配备了丰富的三维模型库，这些模型带有纹理和预定义的动作，使用户能够快速从Witness的二维逻辑模型创建出三维虚拟现实场景。此外，Witness VR还提供了专业的三维场景建模和动作定义功能。用户可以轻松地创建场景中的三维形状，并为其添加真实感的纹理和动作状态定义，或者从其他流行的三维建模软件（如AutoCAD、Microstation、3DS Max或VRML）导入所需的模型。在Witness VR模块中，用户还可以自由定义观察场景的摄像机路径，以动态控制场景的显示规模，确保显示精度和速度的平衡。

4. AnyLogic

AnyLogic是由俄罗斯圣彼得堡国立科技大学开发的一款综合模拟（仿真）建模工具，它集成了多种模拟理论，为用户提供了一个专业的虚拟原型环境。该工具适用于设计包括离散、连续和混合行为在内的复杂系统。

（1）AnyLogic的特点

专业虚拟原型环境：AnyLogic用于设计包括离散、连续和混合行为的复杂系统，允许用户快速构建仿真模型和系统的外围环境。

多种建模方法：支持基于UML（统一建模语言）的面向对象的建模方法、基于方图的流程图建模方法、Statechart（状态机），包括普通的和混合的，以及微分和代数方程。

动画和可视化：可以将流程图转换为具有3D和2D图形的交互式影像，使用广泛的图形化对象进行可视化。

特定行业库：提供特定行业的工具库，例如流程建模库、流体库、轨道库、行人库、道路交通库、物料搬运库等。

基于智能体的专业仿真软件：允许对以前难以应用仿真的领域进行建模，如市场营销、社会进程、医疗/传染病等。

GIS（地理信息系统）地图集成：在仿真模型中使用GIS地图的功能，适用于需要考虑位置、道路、路径、区域等信息的情况。

（2）AnyLogic的应用

供应链和物流网络优化：通过仿真建模帮助应对供应链挑战，降低成本，并改善客户服务。

交通运输仿真：包括运输采集、运输规划、车队维护和调度等方面的决策支持。

物流中的最优决策：例如，优化运输成本，创建中期和短期计划工具，评测运营计划的解决方案。

仓储运作优化：仿真模型帮助分析仓库/终端位置的选项，评估终端对于交通增长的响应，确定优先发展的终端。

5. FlexSim

FlexSim是由美国FlexSim公司开发的一款全窗口化的3D专业仿真软件，它能够在多种操作系统平台上运行，用于构建数字虚拟企业的仿真模型。这款软件支持建立涉及经营、管理和制造等多种模型，为工程师、经理和决策者提供了一种在动态三维虚拟环境中直观地测试新提出的操作流程或系统的工具。对于设计复杂系统，以避免潜在的崩溃、中断或瓶颈问题，FlexSim的应用至关重要。

通过构建系统模型，用户可以在不干扰实际系统运行的情况下，探索和评估各种假设情景。FlexSim的应用领域广泛，不仅包括工业自动化、物流中心配送、交通运输、交通流量控制、医疗管理和医院布局规划等民用工程项目，还涉及国防战略仿真、航空航天工艺仿真等大型研究项目。

FlexSim是一款功能强大的仿真软件，它结合了离散事件和连续过程建模的能力。虽然该软件主要用于离散事件仿真，但它也提供了专门的流体组件库，支持连续生产过程的建模，并已在炼钢、涂料生产和石油输送等领域取得成功应用。

FlexSim提供了平面和三维建模环境，用户可以直接将AutoCAD的平面图导入建模窗口，根据平面图的距离关系建立模型。在平面模型建立的同时，软件同步生成对应的三维模型，反之亦然，实现了二维、三维建模的完全同步关联。

FlexSim的组件具有高度灵活性，适应不同层次的用户需求。对于新手，软件提供了制造业和物流业常见的策略模板，用户只需选择和修改数据即可实现多种出入库策略。对于高级用户，可以直接使用C++编程，以实现更复杂的策略。每个组件都提供了C++编程接口。

建立模型时，FlexSim采用拖放式图形界面，拥有丰富的组件库，包括固定类、执行类、流体类组件，以及用户自定义组件库。用户可以开发自己的组件并建立组件库，熟练用户还可以通过编写代码来建模。

FlexSim完全基于C++面向对象技术，其所有模型均在鲜明的彩色3D环境中建立和运行，采用了与最新视频游戏相同的虚拟现实技术。用户可以通过简单地单击和拖动，从任何角度查看模型，并通过"飞行漫游模块"在模型中自由漫游。在多个窗口可以设置不同的视角，以便同时观察系统的不同部分。

FlexSim支持包括最新虚拟现实图形在内的所有PC（个人计算机）可用图形技术。用户可以直接导入3DS、VRML、DXF和STL等格式的3D模型文件，并且可以替换模型中的任何组件或背景图像。通过单击和拖动，用户可从任何角度观看模型。

FlexSim是世界上唯一在图形的模型环境中应用C++ IDE和编译程序的仿真软件。定义模型逻辑时，可以直接使用C++，并立即编译到FlexSim中。由于FlexSim具有高度的开放性和灵活性，因此能够为几乎所有行业定制特定的模型。

FlexSim 3.0有中文版本，但最新版本只有英文版。不过，软件支持中文字符的输入，并在仿真运行环境中可以显示中文信息。

FlexSim虽然支持同时打开多个窗口，但所有模型都是在集成统一的开发环境中构建的，该环境具有3D/2D视图和树结构文本两种表现形式，便于建模和调试。FlexSim的建模环境同时支持仿真模型的运行和调试功能。

FlexSim的所有模块都在Windows操作系统上运行，包括Windows 2000、Windows XP、Windows Server 2003以及Windows Vista等版本。软件的操作风格符合Windows的典型风格，具备菜单、工具栏以及复制、粘贴等操作。

FlexSim提供了详细的HTML格式技术帮助文件，并在软件中设有帮助菜单和查询功能。

开放性和互联性是FlexSim架构的一大特点。与C++的紧密结合使用户可以随时根据特定需求修改FlexSim，而无须学习专有代码。FlexSim能够与任何ODBC（开放数据库互连）数据库（如Oracle或Access）和常见的数据结构文件（如Text、Excel或Word）进行连接，并提供与用户异构平台的仿真接口。

6. AutoMod

AutoMod是美国Brooks Automation公司开发的一款成熟的三维物流仿真系统，它为物流行业的专业仿真提供了强大的支持。AutoMod包含了多个内置的系统模块，这些模块简化了配送中心等物流设施的仿真建模过程。例如，用户可以直接调用立体仓库、叉车、输送带等模块，并根据需要调整相应尺寸来获得理想的模型。

AutoMod在国外物流领域已经得到了广泛的应用，许多国家的物流仿真项目，包括德国的许多案例，都采用了AutoMod来完成。然而，在国内市场，AutoMod的应用相对较少。

（1）AutoMod的特点

多功能性：AutoMod能够模拟包括仓储、物料搬运、企业内部物流、港口、车站、空港、配送中心等多种物流系统。

高度灵活性：AutoMod提供了极高的灵活性，能够模拟多种应用场景，从手工操作到复杂的自动化系统。

精确的统计报告：AutoMod能够自动输出详尽的统计报告和图表，为用户提供关于系统性能的详细信息，如设备利用率、库存水平等。

三维建模和可视化：AutoMod支持三维建模，能够创建逼真的三维虚拟现实动画，帮助用户更好地理解和展示仿真模型。

实验设计和优化分析：AutoMod支持多种实验设计方法，包括单变量分析、多变量分析和单场景分析，用于评估和优化仿真目标。

（2）AutoMod的应用

仓储物流领域：AutoMod被用于优化配送中心、企业内部仓储、邮政仓储分拣以及立体库和堆垛机的优化。

汽车制造物流领域：AutoMod在汽车制造行业中用于模拟和优化车身立体仓库、机械化输送系统等，以实现高效的生产和物料管理。

仿真模型的构建：AutoMod支持构建复杂的三维模型，包括输送带、叉车系统、立体库和龙门起重机系统等。

仿真模型的实验和优化：AutoMod支持进行各种仿真实验，以优化调度方案、设备配置，并分析仓储和出货能力。

7. Extend

Extend系统仿真软件是由美国ImagineThat公司开发的通用仿真平台，全球用户超过13 000个，是市场上使用最广泛的系统仿真软件之一。ExtendSim在银行、金融、交通、物流、制造、军事等多个行业中都有广泛的应用，并且在国际知名企业和学术机构中也有显著的客户基础，如IBM、宝洁、通用电气、摩托罗拉、埃森哲、花旗集团和哈佛商学院等。ExtendSim不仅被全球500强公司广泛采用，还服务于众多政府机构、学术机构和新兴企业，帮助他们验证和规划未来的发展战略和执行方案。

Extend仿真环境为不同水平的建模者提供了多样化的工具，这些工具能够帮助用户高效地构建精确、可靠和实用的模型。Extend的设计理念旨在简化仿真项目的每个阶段，从建模、验证、确认到用户界面开发，确保过程的便捷性。开发者可以使用Extend内置的编译语言MODL（类似于C语言）来创建可重用的建模模块，所有这些操作都在一个集成的环境中完成，无须外部接口、编译器或代码生成器。

Extend提供了现代仿真软件所需的特性，包括可重用的建模模块、终端用户界面开发工具、灵活的自定义报告图表生成机制，以及与其他应用系统的集成能力。此外，Extend还包含一个基于消息传递的仿真引擎，提供快速的模型运行机制和灵活的建模方式。Extend的模块设计使得它们可以轻松地组装和组合，这使得Extend在通信、制造、服务、卫生、物流和军事等多个行业中得到了广泛的应用。

Extend的动画功能、有效的调试工具和模型的透明性有助于验证和确认模型的准确性。Extend的透明性使得建模者能够直观地看到模型的运行过程，包括交互式模型运行方法、显示模块间关系的调试工具。开放的源代码使建模者能够查看模型的每一个细节，包括事件触发和资源分配。这些工具显著减少了模型确认所需的时间。

通过拖放操作，建模者可以轻松创建完全交互式的界面模块，并将其保存到自定义模块库中，以便在未来的建模项目中重复使用。Extend提供了超过1 000个系统函数，支持与数据库、Excel和其他数据源的集成，充分利用Windows操作系统的资源，并支持与Delphi、C++ Builder、Visual Basic、Visual C++等代码的链接。

Extend拥有许多独特特点和功能，包括交互性、可重用性、扩展性、可视性、连接性和第三方开发支持等，这些特点使得建模者能够专注于建模过程，快速建立易于理解和沟通的模型。

8. RaLC

RaLC系列物流系统仿真软件是由日本人工智能服务株式会社开发的一款三维动画物流系统仿真工具，它以快速建模和科学数据分析为特色，旨在满足用户在三维动画物流系统仿真领域的快速建模和数据分析需求。RaLC系列软件的名称源自"Rapid Virtual Model Builder for Logistics Center Verification",即"物流中心仿真验证模型快速建模工具"。

该软件采用三维动画系统仿真模块,对物流仓储配送中心系统进行全面的仿真规划设计、分析和验证。通过对物流设备、控制系统、作业人员和业务信息数据的系统仿真,RaLC为物流生产管理和物流工程规划与设计提供经过仿真验证的科学数据,从而为物流中心及工厂提供各种最佳解决方案。

RaLC软件通过三维动画仿真形象化展示、可视化信息分析和讨论、一体化人员沟通和业务交流,为用户提供了一个数字化系统仿真和方案验证的平台。通过这一平台,用户能够更加直观地理解和交流物流系统的设计和运行情况,从而提高物流系统的效率和效果。

(1)RaLC的特点

RaLC系列物流仿真软件通过一系列标准化的基本模块,允许用户在不编写代码的情况下快速构建模型。这些模块支持直接调整设备规格、功能、运动和逻辑等参数,从而实现基本的系统仿真和分析。RaLC软件能够按照仓库管理系统(WMS)的原理,对物流数据进行抽象运算,提供仿真结果,为管理和规划提供科学依据。

RaLC软件具有高度交互性,支持即时修改和即时模拟。它能够导入多种格式的图片、DXF文件以及3DS文件,并支持以图片、录像和特有的可执行文件形式展示设计结果。模块的功能属性与现实设备相对应,使得模型设备之间的逻辑关联能够快速建立。3D动画直观地展示了设备的布局、人员的配置、作业区的分布以及基本的工作流程。

此外,RaLC软件还提供了丰富的系统仿真建模命令和高度智能化的作业管理器模块。这些功能包括编辑作业人员的作业内容、控制设备的复杂逻辑等,能够全面展现物流配送中心的各种作业流程。作业人员的行为智能化包括障碍物绕行、自动识别最短路径、接收命令指示行动路线,以及实现多人协同工作。

RaLC软件利用真实的物流数据制作了一系列仿真数据文件,包括商品的进货、入库、库存、拣选、分类、包装、补货和出库等,以驱动模型并动态实现完整的仿真,再现物流场景。商品信息管理文件包含了详细的商品信息,如名称、代码、包装形式、数量、货位、颜色、条码、配送路线和处理耗时等。仿真产生的基础数据记录和统计图表为改善设备布局、人员配置、作业流程和提高系统效率提供了重要的分析依据。

(2)RaLC的功能

RaLC系列仿真软件集成了一系列功能,涵盖了仓库和配送中心所需的所有设备。这包括常规的货架、叉车、手推车等,以及更先进的自动智能设备,如自动码垛机、自动导引运输车(AGV)、自动轨道车、升降机、自动立体仓库、移动货架和旋转货架等。这些设备模块只需单击按钮即可添加,且面向对象开发,拥有与自身结构和功能特点相对应的参数属性表,使用时只需调整相应属性,无须复杂的编程。

软件采用窗口操作界面,用户可直接单击按钮添加使用物流设备及功能模块。设备间的逻辑关系可以通过双击鼠标建立连接,无须烦琐的编程。在建模过程中,用户可以随时调整和修改设备参数,并且可以将个性化的设备组保存为设备库文件,便于重复调用。

RaLC软件特别重视工作人员的动作和作业任务的模拟，定义了作业管理器这一虚拟设备，并通过其与实际设备的连接，实现物流中心的工作。软件内置了300多条命令语句，灵活调用这些命令语句，可实现复杂的动作内容。作业员具有高度的智能化，能够识别最短路径和避开障碍物。

软件中的设备模块根据现实物流设备原型开发，具有真实设备对应的功能，并可以通过模块属性调整尺寸、颜色、形状以及机械参数等。设备模块在仿真模型系统中既具有独立性，又在逻辑上相互关联，能够完成对离散事件的独立处理，有效展现物流配送中心的局部和整体作业流程。

RaLC软件能够使用物流仿真数据驱动模型运行，实现生动形象的3D动画演示，并涵盖商品进货、入库、初始库存、拣选和出库等作业内容。软件采用日志文件方式，详细记录每个商品、设备和工作人员在仿真模型运行过程中的数据，为后期分析提供可靠的基础数据。

软件自带数据分析工具，能够解析模型日志，生成设备能力图、作业时间分布图、作业内容分布图等数据图表，反映物流配送中心的整体运行情况，为决策者进行决策改善提供参考。特别地，软件能够详细分析作业人员的工作情况，改善作业人员的行为方式和工作方法。

RaLC软件支持从AutoCAD、3DS Max、Photoshop等外部程序导入3DS、DXF格式图形和BMP格式图像，丰富模型的3D视觉效果。软件还具有将仿真模型制作成FAN可执行文件、AVI录像文件、高像素BMP图片输出的功能，便于模型的展示和演示。FAN可执行文件是独立于RaLC软件的EXE文件，封装了设备属性，不能修改，但可以操作控制，提供良好的演示效果。

小思考

1. 物流系统仿真常用的软件有哪些？请列举其中的五个。

2. 请简要介绍Simulink的功能和特点。

3. Arena与其他仿真软件相比有何优势？

4. Witness的主要应用领域是什么？它有哪些特点使其适用于这些领域？

5. 如何选择适合自己需求的物流系统仿真软件？请列举选择的因素。

任务四　了解物流系统仿真实践

本任务用一个基于Excel的实例来说明物流系统仿真的原理及应用。

江南AK鞋业股份有限公司（以下简称AK公司）是中国领先的皮鞋品牌企业之一，主要从事设计、开发、制造、分销和零售皮鞋与皮具。宁波AK分公司属于零售型企业，在宁波地区有上百家店面，由于所处地段不同，面向的消费群体不一样，店面内所畅销的鞋款也不一样，经常会出现库存与畅销款鞋子不符的情况。为了提高客户满意度，全力以赴做好销售，对鞋款进行调剂显得至关重要。AK公司现有的货物请调流程为：门店A有畅销款缺货，需要先向公司发出补货申请，若公司仓库没货，则需要向该款鞋子销量不好的门店B调入库存，经过整合分配后再发货给缺货门店。

AK公司设有物流部，门店的货物要经过物流部总仓，这给物流计划员和仓库员带来很多压力，而且也增加了物流运输成本和库存成本。更重要的是，在这种集中物流管理模式下，门店对货物的调剂很消极被动。

一、问题定义

AK公司现有的配送体系缺乏协调，导致系统效率低下。为此，需要从纵向和横向两个维度设计合适的配送体系策略，包括纵向协调和横向调剂，等批量订货还是同步订货，利润分享系数取多少等。

二、模型设置

为寻找有效的策略，简化供应链，仿真模型中仅考虑两个零售门店（如果要考虑更多的零售门店、多产品类别或更复杂的需求，则需要借助专业仿真软件），简化供应链图如图7-2所示。

图7-2　简化供应链图

三、环境参数描述

零售门店：晚上向配送总仓电话订货，价格为120元/双，次日晚收货。若配送总仓缺货，则需等待来自生产基地的发货或者零售商退回的货物（退货历时2天）。零售门店A和零售门店B的历史销售数据表明，售价为200元/双，需求服从正态$N(400, 60^2)$分布，即平均每天销量为400双。如果缺货，则失销。A和B库存持货成本为0.2元/双天，订货成本为250元/次。

配送总仓：历史销售数据表明，平均每天销量约为800双。如果缺货，则延期交货。接到零售门店订单后，配送总仓经过理货作业、发货、运输次日送到，每次送货批量（1面包车）为1 000~2 000双，运费为4 000元。配送总仓持货成本为0.1元/双。向生产基地电话订货，提前期为4天以上。

生产基地：鞋厂生产成本为70元/双，配送成本为5元/双。接到配送总仓订单，根据库存发货，运输时间为4天，但备货时间随机，生产基地备货时间概率分布见表7-1。

表7-1　生产基地备货时间概率分布

备货时间/天	0	1	2	3	4
概率	0.5	0.2	0.15	0.1	0.05

四、各节点供应策略

各节点供应策略比较见表7-2。表中 (s, Q) 表示定量订货控制策略，s 表示再订货点，一旦库存水平小于 s，立即发出定单，其定货量为 Q。(T, S) 表示周期检查补货策略，每隔一段固定时间间隔 T 检查一次库存并订货，使得库存量达到最大库存水平 S。β 表示门店之间根据销售利润来进行货物调剂时的利润分享比例。

表7-2　各节点供应策略比较

供应策略	节点企业	订货策略	策略参数	
非合作策略，分别配送	零售门店	(s, q)	$s=800$	$q=1\,000$
	配送总仓	(s, Q)	$s=3\,200$	$Q=10\,000$
合作策略，同步订货，统一配送，横向调剂，利润分享	零售门店	(T, S)	$T=2$	$S=1\,450$
	配送总仓	(T, S)	$T=12$	$S=5\,300$
	零售门店之间	利润分享	$\beta=0.2, 0.3, 0.4$	

非合作策略，是指零售门店各自分别向配送总仓订货，配送总仓接到订单后向该零售门店根据库存发货。合作策略，是指零售门店统一订货步调，同时向配送总仓订货，配送总仓按时统一配送，同时为多家零售门店送货，有利于零售门店实行小批量订货，降低成本。且配送总仓实行级联订货，订货的步调也保持和门店合拍。

五、供应流程

1.零售门店

1）非合作策略（零售门店实施定量订货策略）：白天面对客户，接受客户下单，交付库存商品。如果缺货，记录缺货数量，以作衡量绩效之用。晚上如果有到货，先接收货物，盘点库存，若库存点低于订货点，发出订货单，订货批量为1 000。

2）合作策略（零售门店实施定期订货，每两天订货一次，订货时间同步）：白天面对客户，接受客户下单，交付库存商品。若缺货，向另一门店申请调剂，或接收调剂申请，根据自有存货和利润分享系数决定调剂对方一定数量。晚上如果有到货，先接收货物，盘点库存；根据策略向总仓发布订单，订到目标值1 450。

2.配送总仓

1）非合作策略（定量订货）：接到零售门店订单后，配送总仓经过理货作业、发货、运输次日送到。若缺货，查看其他门店是否有货多，再转发。晚上向生产基地电话订货，订货批量10 000。

2）合作策略（定期订货，每隔12天订货一次，级联订货）：接到零售门店订单后，配送总仓经过理货作业、发货、运输次日送达。晚上向生产基地电话订货，订到目标值5 300。

六、仿真运行

用Excel进行表单作业，利用Excel内嵌的随机数发生器产生随机数，表征零售门店的需求和生产基地的理货时间。随机数发生器产生门店的500期需求数据如图7-3所示。

图7-3　500期需求数据

设置的仿真运行表头见表7-3。

表7-3　设置的仿真运行表头

日期	总仓期初库存	总仓需求	总仓发A	总仓发B	总仓期末库存	总仓订货	总仓收货	A期初库存	B期初库存	A需求	B需求	A销售	B销售	A期末库存	B期末库存	A订货	B订货	A收货	B收货	调剂

根据前述业务流程，逐项填写，其中门店的需求为随机产生。其他各项可以输入公式，如门店A实施定量订货时，"A订货"栏输入公式为逻辑函数 $IF(P4<1\,000,1\,000,0)$。

此外，我们可以通过改变参数，设置门店需求的动荡期（A需求放大，B需求缩小）来更好地比较两种策略的效果。

运行数据截图如图7-4所示。

日期	总仓期初库存	总仓需求	总仓发A	总仓发B	总仓期末库存	总仓订货	总仓收货	A期初库存	B期初库存	A需求	B需求	A销售	B销售	A期末库存	B期末库存	A订货	B订货	A收货	B收货	调剂
50	10681	2239	1099	1140	8442	0	0	1289	1220	428	400	428	400	861	820	1099	1140			
51	8442	0	0	0	8442	0	0	861	1546	376	414	376	414	1584	1546	0	0	1099	1140	
52	8442	0	0	0	8442	0	0	1584	1546	354	378	354	378	1230	1168	0	0			
53	8442	2292	1156	1136	6150	0	0	1230	804	426	345	426	345	804	824	1156	1136			
54	6150	0	0	0	6150	0	0	804	804	408	328	408	328	1552	1632	0	0	1156	1136	
55	6150	0	0	0	6150	0	0	1552	1182	387	369	387	369	1166	1263	0	0			
56	6150	2274	1151	1123	3876	10000	0	1166	584	357	426	357	426	809	837	1151	1123			
57	13876	0	0	0	13786	0	0	809	584	343	404	343	404	1617	1556	0	0	1151	1123	
58	13876	0	0	0	13786	0	0	1617	1546	432	377	432	377	1185	1179	0	0			
59	13876	2415	1263	1152	11461	0	0	1185	1546	488	371	488	371	697	808	1263	1152			
60	11461	0	0	0	11461	0	0	697	1546	578	166	578	166	1382	1794	0	0	1263	1152	0
61	11461	0	0	0	11461	0	10000	1382	1508	534	187	534	187	848	1607	0	0			0
62	11461	2374	1794	580	9086	0	0	848	472	682	227	682	227	1380	1728	1794	580			
63	9086	0	0	0	9086	0	0	166	1504	546	232	546	232	1794	1728	0	0	1794	580	380
64	9086	0	0	0	9086	0	0	1794	1504	555	221	555	221	1239	1508	0	0			
65	9086	1885	1259	627	7201	0	0	1239	1504	538	175	538	175	701	1333	1259	627			
66	7201	0	0	0	7201	0	0	701	1504	614	246	614	246	1346	1512	0	0	1259	627	0
67	7201	0	0	0	7201	0	0	1346	1504	597	213	597	213	748	1502	0	0			0
68	7201	2481	1809	672	4719	10000	0	748	1504	597	214	597	214	151	1288	1809	672			
69	14719	0	0	0	14719	0	0	151	1504	548	216	548	216	1809	1744	0	0	1809	672	397

图7-4　运行数据截图

七、绩效与评价

计算各节点的库存、周转率、缺货率、服务率、利润、成本、牛鞭效应等，并比较合作策略与非合作策略的差异。结果表明，与非合作策略相比，合作策略的效益要显著优越。

❓ 小思考

1. 在这个案例中，采用了哪种策略来解决库存调剂问题？优缺点是什么？

2. 为什么说合作策略比非合作策略的效益显著优越？如何解释这种优越性？

3. 如何理解库存持货成本、订货成本和配送成本的概念？在物流系统仿真中如何计算这些成本？

4. 在物流系统仿真中，如何设置环境参数，如零售门店和配送总仓的需求、库存和销售数据等？这些参数对仿真结果有何影响？

5. 在物流系统仿真中，如何评估各节点的绩效指标？如何比较不同策略下的绩效差异？

6. 在物流系统仿真中，如何应对需求的浮动期？如何调整参数来比较不同策略的效果？

7. 在物流系统仿真中，如何考虑物流系统的协调性和效率问题？如何设计合适的配送体系策略？

8. 在物流系统仿真中，如何利用数据分析和统计方法来发现物流系统的潜在问题和优化机会？如何利用仿真结果来指导实际物流系统的改进？

项目小结

物流系统控制与仿真是物流工程的一个重要分支，它通过对物流系统的建模、仿真和优化，提高物流系统的效率和可靠性。其核心是对物流系统的运行状态进行实时监测和控制，以保证系统的平稳运行。在物流系统控制与仿真中，通常会使用数学模型来描述物流系统的各个组成部分，包括运输工具、仓库、物流中心等，以及它们之间的关系。通过对这些模型的仿真，可以预测物流系统的运行情况，并根据实际情况进行调整和优化。物流系统控制与仿真的应用非常广泛，包括生产物流、供应链管理、电子商务物流、国际物流等领域。通过对物流系统的控制和优化，可以提高物流系统的效率和可靠性，降低物流成本，提高客户满意度，从而为企业带来更大的商业价值。

物流系统控制与仿真是现代物流管理领域的重要研究内容，对于提高物流效率、降低成本具有重要意义。本项目主要介绍了物流系统控制的基本概念、分类和内容，以及物流系统仿真的技术、特点、分类和常用软件。对物流系统控制与仿真的案例也进行了详细讨论，并对其绩效与评价进行了分析。通过学习本项目，读者能够全面了解物流系统控制和仿真的基本概念、分类、内容、特点以及技术和软件的应用。

首先，本项目从物流系统控制的基本概念入手，对物流系统中控制的分类进行了详细说明。在物流系统中，控制可以分为反馈控制、超前控制、非预算性控制等。这些控制方法旨在协调和优化物流系统中的各个环节，提高物流整体运作效率和效益。

其次，本项目还介绍了物流系统控制的基本内容。物流系统控制的基本内容包括库存控制、产品成本控制、工序质量控制、人员素质控制等。通过对这些基本内容的分析和讨论，读者可以深入了解物流系统控制的核心问题和关键技术。

另外，本项目详细介绍了物流系统仿真技术的应用。仿真是一种重要的研究手段，它通过建立物流系统的模型，并进行仿真运行，可以帮助研究人员预测和评估物流系统的性能，找出系统中存在的问题，并提出改进方案。在物流系统仿真中，常常使用连续系统仿真和离散事件系统仿真这两种方法。这些仿真方法和技术的应用，对于物流系统的优化和改进具有重要的实际意义。

此外，本项目还介绍了物流系统仿真常用软件。目前，市场上有许多物流系统仿真软件，如AnyLogic、Arena、Simio、Simulink、Witness、FlexSim等。这些软件提供了强大的仿真功能和工具，可以帮助研究人员进行物流系统的仿真建模和分析，提高研究工作的效率和准确性。

最后，本项目通过一个物流系统仿真案例的分析，将之前介绍的理论知识与实际应用相结合。通过对问题定义、模型设置、环境参数描述、各节点供应策略等的详细描述，读者可以更好地理解和掌握物流系统仿真的方法和过程。

本项目内容丰富、实用性强。通过对物流系统控制和仿真技术的介绍，读者可以了解物流系统的控制方法和仿真技术的应用，并通过案例分析更好地理解和应用所学知识，有助于读者将这些知识在实际的物流系统优化和改进中应用，提高物流系统运作效率和效益，促进物流行业的可持续发展。当然在未来，随着科技的不断发展和物流行业的不断变革，物流系统控制与仿真的发展趋势也在不断变化。以下是一些预测中的发展趋势。

1）智能化：随着人工智能技术的不断发展，物流系统控制与仿真将越来越智能化。例如，通过深度学习算法，可以实现对物流系统的自动化控制和优化。

2）大数据化：随着物联网和大数据技术的应用，物流系统控制与仿真将越来越依赖于数据分析。通过对大量的物流数据进行分析，可以更好地预测物流系统的运行情况，并做出相应的调整和优化。

3）绿色化：随着环境保护意识的不断提高，物流系统控制与仿真将越来越注重绿色化。通过对物流系统的优化，可以减少能源消耗和环境污染，实现可持续发展。

4）国际化：随着全球化的不断推进，物流系统控制与仿真将越来越国际化。通过对跨国物流系统的控制和优化，可以更好地适应全球化的物流需求。

物流系统控制与仿真的发展趋势将越来越智能化、大数据化、绿色化和国际化，这些趋势将为物流行业的发展带来更大的机遇和挑战。

思 考 题

1. 在物流系统中，控制的基本概念是什么？请举例说明不同控制方法在物流系统中的应用情况。

2. 物流系统控制中的任务分配是什么意思？请说明任务分配在物流系统中的重要性，并举例说明如何设计合理的任务分配策略。

3. 为什么物流系统仿真是优化控制的重要手段？请列举物流系统仿真在实际应用中的优势和重要性。

4. 在物流系统仿真中，连续系统仿真和离散事件系统仿真有何区别？请分析这两种仿真方法的特点和适用场景，并列举实际案例加以说明。

5. 物流系统仿真常用软件有哪些？请比较不同软件的优缺点，并针对某一具体仿真案例，选择合适的软件进行仿真建模和分析。

6. 性能评价在物流系统控制与仿真中扮演着重要角色。请列举物流系统性能评价的指标，并说明如何根据性能评价结果提出系统的改进措施。

7. 在物流系统控制与仿真中，异常情况处理是一项重要的任务。请设计一套异常情况处理策略，并说明如何在仿真模型中验证该策略的有效性和可行性。

8. 物流网络优化是物流系统控制与仿真中的一个重要方向。请探讨如何利用物流系统仿真技术优化物流网络布局，提高整体供应链的效率和效益。

实 训 题

虚拟物流仓库系统的优化设计

背景：

某电商公司拥有多个物流仓库，用于存储和分配商品。为了提高物流仓库的运作效率和加强成本管理，该公司希望设计一个虚拟物流仓库系统，能够优化仓库货物存储、出入库流程和供应链管理。

要求：

1. 设计一个虚拟物流仓库系统，包括仓库布局、货物存储规则、出入库流程、供应链管理等关键要素，并考虑系统的可扩展性和灵活性。

2. 基于仿真技术，建立物流仓库系统的仿真模型，模拟系统运行过程，包括货物存储、出入库、供应链协调等环节。

3. 基于实际数据，进行仿真运行，并评估系统在不同场景下的性能指标，如货物周转时间、库存成本、服务水平等。

4. 分析评估结果，提出优化建议和改进方案，以提高仓库系统的运营效率和成本控制能力。

5. 在实验过程中，要注意保证物流系统的稳定性和安全性，确保数据的真实性和保密性。

提示：

1. 考虑仓库中的不同商品种类、存储要求和容量限制，设计合理的货物存储规则，如ABC分类、按区域存储等。

2. 考虑仓库出入库流程的优化，如批量处理、优先级排序、拣货路径优化等，以减少时间和资源的浪费。

3. 考虑与供应链的协调，如订单管理、供应商配货、运输协调等，以提高整体供应链的效率和响应能力。

4. 在仿真模型的建立和运行过程中，可以使用专业的仿真软件，如AnyLogic、Arena、Simio等，以支持模型的建立和结果的分析。

案例分析

哈尔滨DH公司物流系统控制仿真

随着现代科学技术的进步和先进科学管理方法的日益普及，通过降低产品生产的物料消耗和减少人力消耗而增加利润的潜力越来越小。在企业利润日减的困境中，人们逐渐发现通过研究物流系统控制仿真并改善企业物流系统会给企业带来可观的利润。因而，在中小型制造企业中进行生产物流系统的现代化设计和改造，逐渐成为众多制造企业关注的焦点。

哈尔滨DH公司是从事汽车零部件、铁路编组站用加、减速顶和铸造产品为主导产品的股份制企业，黑龙江省高新技术企业。公司始建于2002年，2006年改制为民营的有限责任公司，拥有土地面积45 000m²，厂房面积12 000m²，现有员工数百余人，有汽车零件车间、加减速顶生产车间、加减速顶装配车间三个车间。汽车零件车间主要生产离合器的分离叉、控制轴组件、倒挡换挡臂三种汽车零件。公司具有以铸造、机械加工、热处理为一体的研发和制造体系，拥有多项国家专利，可与顾客同步开发，公司通过了汽车行业ISO/TS 16949质量管理体系认证。哈尔滨DH公司以"诚信、团结、拼搏、创新"为企业精神，以"满足顾客需求"为质量方针，产品远销美国、俄罗斯、波兰等国家，是国内最大的生产基地之一。

近几年，为适应市场的需求，企业不断扩大生产规模，而且不断开发新产品，公司结合生产需求不断进行车间设备布置改进工作，汽车零件车间也引进了一些新的加工能力较强的设备。但是由于没有足够的经验和专门的设计人员，这些新引进设备仅是根据生产的需要直接摆放在空闲的空间里，而没有通过精确计算和全面的考虑，其科学性、合理性有待进一步探讨。

哈尔滨DH公司应用Witness仿真软件对整个物流控制系统流程进行了仿真，通过仿真的结果发现了系统的"瓶颈"问题。针对该问题提出设计了改进方案，并对其进行仿真研究。新旧方案对比分析证明了新方案可有效解决原方案存在的具体问题，同时最大限度地挖掘了改进系统的运输能力。

该物流系统是由设备、原料或在制品以及操作工人组成的离散事件系统，离散事件系统的仿真就是按照实际的工作流程，在规定时间内按顺序地改变实体或设备的状态。仿真模型不是全部现实系统的重复或预演，因此，必须对模型进行合理的简化和假设。对汽车零部件生产物流系统的仿真模型做如下假设。

1）在模型里每个工序都定义为一个机器（Machine）；各工序的具体操作都抽象为时间延迟，时间参数按实际操作时间及其分布规律设置。

2）一次仿真过程中，原料供给是按企业的实际生产规模定义的，加工后的成品是及时运出的，原料及产成品不影响仿真过程。

3）把生产加工区周转箱都抽象为缓存区，并根据企业实际情况设置缓存区的容量。如果工序间的物理运输距离比较短，工件在前一工序加工完成后直接进入下一工序的缓存区，物理运输距离比较长的则在工序间定义两个缓存区，缓存区间物料采用运载小车搬运。

4）不考虑有残次件出现的情况。

5）假设机器不发生故障，而且人力资源总能满足生产要求。

6）车间实行8h工作制，每个月工作30天。

具体物流控制仿真研究步骤如下。

1）模型中元素的生成与定义。

2）模型中元素的可视化设置。Witness软件是一套优秀的可视化建模与仿真工具，它可以将被仿真系统的可视实体以二维或三维的图形显示出来。

3）模型中各个元素的实体参数、细节设置。本步骤详细定义模型基本元素工作参数以及各元素之间的逻辑关系，如系统结构等。

4）运行模型。通过试运行和修改模型，重复前三步得到正确的计算机仿真模型后，对仿真模型进行一定时间范围的运行，并在屏幕上动画显示系统运行的过程。

5）仿真结果分析。通过对物流系统的控制仿真，找出系统的"瓶颈"问题，并从视觉上观察分析并解决问题。

物流系统分析

项目八 物流系统绩效评价

 学习目标

知识目标

- 认识物流系统评价的概念和目的。
- 理解物流系统评价体系的建立过程，包括物流系统评价指标的建立和处理。
- 理解并掌握物流系统评价的三种方法，包括线性加权和法、层次分析法和模糊综合评价法。

能力目标

- 能够建立完整的物流评价体系。
- 学会物流系统评价的方法，能够根据案例对物流系统进行评价，并且能够灵活应用。

素质目标

- 培养学生理性思考问题的能力。
- 充分发挥学生的主观能动性，培养学生运用所学知识进行科学分析问题的能力。
- 培养学生的创新思维，让学生在学习理论方法的基础上充分发挥创新精神。

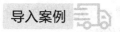 导入案例

沃尔玛：零售商主导物流模式下的物流绩效评价

作为沃尔玛中国东北地区的门店之一，沃尔玛沈阳店的物流运作充分体现了沃尔玛物流的典型特征。沃尔玛沈阳店的物流业务分为两大部分：一是自营部分，主要针对所有的非食品类商品，由位于天津的配送中心并进行统一配送，占其物流业务量的80%；第二部分是D to D（Door to Door，门对门）即由供应商负责的物流部分，主要针对所有的食品类商品，在沈阳及其周边地区采购，即"地采"，由签约供货商负责配送，占其物流业务量的20%。

沃尔玛有着规范而完整的物流绩效评价系统，该系统的设计和运作由公司总部相关职能部门的专业团队负责。与上述物流模式相适应，沃尔玛沈阳店的物流绩效评价也分为两个部分。第一个部分是对自营物流业务的绩效评价，该部分评价以改善公司内部管理为目的，以月度和年度为评价周期，每次评价的形式是由门店的相关负责人，通常是售货

部主管，根据公司总部统一发放的评价表格，按要求认真填写。评价内容涉及人员服务质量、送货及时性、对订单的满足程度以及货柜安排的合理性等方面。物流绩效评价的第二个部分是对供应商的物流绩效评价。由于供应商所负责配送的为食品类商品，所以对其物流绩效进行评价的主要内容是时间和质量，具体包括送货的及时性、提供的商品质量是否符合要求以及是否存在欺诈行为等。对于一些保鲜要求较高的商品，除了有时间方面的评价指标以外，对运输工具的保鲜性能和卸货速度也有具体要求。此外，在本部分评价中，门店还要接受供应商对其态度的评价。根据沃尔玛的经营理念，供应商被视为其"内部顾客""合作伙伴"，所以，公司也通过供应商对各个门店进行监督。在与门店的接触过程中，供应商要评价其合作态度如何、是否存在歧视行为、对供应商的评价是否公正等。上述两部分的评价信息会通过信息系统传递到总部，由总部统一汇总后生成最终的评价结果。

在进行评价时，无论我们采用何种方法进行评价，都要充分尊重事实和证据，在分析问题的过程中，我们要用理性思维工具，基本的科学原理和方法，分析、解决问题。

案例思考题

1. 根据案例，请思考对物流系统进行评价的目的是什么。
2. 对物流系统进行评价时，评价指标可以从哪几个方面进行选取？

任务一 认识物流系统评价

评价是依据明确的目标来对对象系统的属性进行测量的过程，并将这些属性转化为客观的定量价值或主观效用的行为过程。评价过程通常包括三个关键步骤：首先是明确评价的目的、原则和程序；其次是建立评价指标体系；最后是选择适合的评价方法。

系统评价是利用各种模型和数据，按照特定的价值标准，对各种方案进行综合比较分析的过程，以便选择最优方案。系统评价是决策和优化的基础。在物流系统的评价过程中，借助各种模型和数据，可以对不同的物流方案和策略进行综合比较和分析，在确定最佳方案时起到至关重要的作用。

对于物流系统的评价，通过综合调查和整体描述，全面了解物流系统的现状极为重要。这一过程可以为物流系统的决策提供有力的依据，有助于识别现有问题并找出改进的机会。同时，通过系统的评价和描述，可以清晰地了解各个环节的运作情况和性能表现，从而为未来的物流系统规划和发展提供基础，有助于优化决策和行动。

因此，物流系统评价是一个多层次的过程，需要深入了解其目标和原则，建立科学合理的评价指标体系，并选择适当的评价方法，以全面、客观地评价物流系统的运作状况和效能表现，从而为决策提供可靠的依据。

一、物流系统评价的目的

对于物流系统的评价主要涉及对系统功能、目标、要求以及成本等方面的分析和评估，以确定其达成程度，发现问题并提出改进措施。在修改后建立最佳系统方案的过程中，为决策提供科学依据。同时，通过对系统的评估和分析，对系统及其应用进行肯定，并评价其价值。

对物流系统进行综合评价的目的主要有两个方面。

1）优选方案：在明确物流系统目标的基础上，提出技术可行、财务有利的多种方案，然后按照预定的评价指标体系，详细评价这些方案的优劣，选择一个最佳方案实施。物流系统评价的质量将直接影响到物流系统决策的正确程度。

2）定期评价改进：物流系统建立后，定期进行评价是必不可少的。对物流系统的评价，企业可以判断物流系统方案是否达到了预定的各项性能指标，了解环境变化带来的新要求，评估系统能否在特定条件下实现预定目的，以及如何改进系统等。评价有助于企业理解问题的结构，把握改善方向，并找出主要的改进点。

通过这样的评价，企业能够发现物流系统中存在的薄弱环节。例如，如果成本太高，可能意味着需要改进供应链管理或者优化运输路线；如果服务水平不足，可能需要加大信息化建设，提升订单处理效率。只有通过综合评价，企业才能制定出可行的改进建议，从而系统性地提升物流绩效，满足日趋复杂的市场需求。此外，综合评价还是企业应对外部挑战、进行内部调整的有力工具。它不仅有助于及时响应客户需求的变化，优化客户体验，而且还能在宏观经济波动或政策导向调整等外部因素影响下，为企业提供前瞻性的战略调整建议，增强企业的适应能力和竞争力。

因此，物流系统的综合评价对于挖掘物流潜能、推动业务增长以及增强企业的市场适应性等方面都具有重要的战略意义，应被视为企业运营不可或缺的部分。

小贴士

随着尤斯摩尔公司产品销量的不断攀升，公司面临着一个突出问题：工厂的生产能力已不能满足市场的高速增长需求。为了缓解这一状况，管理层决策精准定位，高度重视。他们借鉴先进的物流管理理念，力求打造一个高效、灵活的分销网络。首先，管理者设定了客户服务的目标标杆，确保端到端的服务质量不受影响。接着，他们启动了全方位的成本分析，涵盖从原材料采购到产品交付消费者手中的全链条，逐项审视生产成本、存储成本、搬运成本、订单处理成本、运输成本及库存持有成本，分别对这些成本进行详尽的数据收集、分析，并通过成本-效益分析方法定量比较方案的经济效益。

通过这一系列的评估和改进，尤斯摩尔公司的分销网络更为精准和高效，不仅成功解决了生产力不足的问题，而且整体物流成本得到了有效控制，从而维持了公司产品的市场竞争力，稳固了其行业领导地位。

二、物流系统评价的原则和程序

1.物流系统评价的原则

系统评价是一项复杂的工作，需要借助现代科学和技术的成果，采用科学的方法来进行客观、公正的评价。评价过程中，人们的价值观扮演着重要的角色，因此需要遵循一定的合理原则，以确保评价的有效性和指导性。具体而言，为了对物流系统做出一个正确的评价，应遵循以下原则。

1）客观公正原则：评价的目的在于支持决策，评价质量直接影响决策的准确性。在评价过程中必须确保评价的客观性。这意味着需要确认资料是否全面、可靠和准确，以防止评价人员的主观倾向，并确保评价人员组成具有代表性。

2）系统性原则：评价指标应该反映物流系统的目标，并涵盖各个方面，同时还应考虑到定性问题的适当评价指标，以确保评价的全面性和准确性。物流系统的目标往往是多元的，涉及多个层次和时序。因此，评价指标体系也需要具备多元、多层次和多时序的特点，形成一个有机的整体。

3）整体性原则：整体性原则要求评价指标体系应该从供应链的全局战略角度出发，评价和反映物流系统的整体表现。这意味着我们不能仅仅关注物流系统内部的某个环节或指标，而是要将整个供应链的运作情况考虑在内。因此，评价指标体系应从供应链的全局战略角度来评价和反映物流系统的整体表现，强调协同性、柔性和整体性，尽量避免在优化一个指标的同时牺牲其他指标。只有这样，我们才能全面了解物流系统的绩效，并制定和调整相应的战略方向。

4）科学性原则：科学性原则要求我们在评价过程中采用科学的方法。评价指标体系应该合理地结合定量和定性指标、财务和非财务指标，以尽可能全面地反映物流运作的优劣程度。评价标准应为使用者提供适当的等级和划分标准，以支持决策和改进。通过遵循科学性原则，我们可以得到更准确和更有价值的物流系统评价结果。

5）动态性原则：动态性原则要求评价指标体系应充分反映物流系统管理能力的未来发展趋势和可持续发展的动态特点。评价指标体系需要具备适应未来发展的能力，考虑到物流系统管理能力的不断提升和变化。物流系统中的环境、市场和技术等因素都在不断发生变化，这就需要及时对评价指标进行调整和更新。此外，产品生命周期的变化也可以影响物流系统的评价指标。随着产品生命周期的演进，物流系统可能需要调整运输方式、仓储需求和配送策略等。只有这样，评价指标体系才能具备实时性和适应性，为物流系统的持续改进和发展提供有效的指导和支持。

6）可比性原则：可比性原则要求在评价不同方案时，确保这些方案具有可比性和一致性，并能够实现物流系统的基本功能。评价不同方案时，首先需要确保这些方案具有可比性，即它们应该在评价的前提条件和内容上保持一致。这意味着我们需要明确评价的标准、方法和指标，确保它们能够适用于所有方案，并能提供可比较的结果。只有在严格遵守可比性原则的基础上，我们才能得出准确、全面、公正的评价结果，并为物流系统的优化决策提供可靠依据。

7）充分考虑"效益背反"现象：物流系统中常常涉及不同主体和活动之间的目标和

运作上的冲突，这种情况被称为"效益背反"现象。评价物流系统时，我们需要明确系统评价的目标，并选择适当的考核标准进行综合评价。由于不同主体和活动之间的目标可能存在冲突，例如，在供应链中，供应商可能希望降低成本和提高效率，而客户则关注产品质量和交货时间，这种情况下，我们需要找到一个平衡点，以满足供应商和客户之间的需求，同时确保整个供应链的顺畅运作。另外，我们需要综合考虑各个方面的利益，并找到一个平衡点，以确保整体物流系统的优化。

以上原则能够指导物流系统的综合评价工作，确保评价结果科学、客观、全面，并为改进和优化物流系统提供有效的支持和指导。

2. 物流系统评价的程序

物流系统评价工作通常需要按照一定的步骤进行。

1）确定评价目的和内容：综合评价物流系统的目的是综合全面地了解物流系统的现状，并找出其中存在的薄弱环节，明确改善的方向。为实现这一目标，我们需要将物流系统的各项评价指标的实际值与一定的基准值进行比较。一种常见的基准值是使用目标值作为基准，通过评价物流系统对预期目标的实现程度，来寻找实际目标与预期目标之间的差距。另一种基准值是使用物流系统运行的历史值作为基准，通过比较当前的评价指标与过去的数值，来评估物流系统的发展趋势，并发现其中的薄弱环节。通过这些比较，我们可以全面把握物流系统的现状，找出薄弱环节，并明确改善的方向，确保评价工作有针对性和有效性。

2）设计评价指标体系：物流系统的影响因素有很多，因此，要根据物流系统的目标和功能，选择有代表性的评价指标，设计合理的评价指标体系，使其能够全面反映物流系统的绩效和运行情况。

3）确定指标权重：确定指标权重需要确定各个评价指标在整体评价中的重要性和权重，以反映它们对物流系统绩效的贡献程度。在确定指标权重过程中，我们不仅需要综合考虑多个因素，还需要考虑到不同利益相关者的需求和偏好。通过合理的分析和决策过程，我们可以最终确定各个评价指标在整体评价中的权重，以准确反映它们对物流系统绩效的贡献程度，制定出更具说服力和可行性的改进和优化方案。

4）确定评价方法：确定评价方法涉及选择合适的评价方法和工具，用于对评价指标进行量化和分析。这些评价方法可以包括定性分析、定量分析、模型模拟等多种方式。在确定评价方法时，我们需要综合考虑物流系统的特点、数据可用性、评价目的和资源限制等因素。选择合适的评价方法和工具，能够直观地揭示物流系统的优缺点，将主观判断和客观数据相结合，使评价结果更准确可靠，更好地对评价指标进行量化和分析，这样可以提高评价过程的科学性和准确性，为优化物流系统提供有效的指导和支持。

5）进行单项评价：进行单项评价涉及对各个评价指标进行单独的评估，确认每个指标的实现程度和表现情况。在单项评价过程中，我们需要根据已确定的评价指标，收集相应的数据和信息。然后，根据一定的综合公式或方法，将各个单项指标值进行综合，得出更高层次的指标的价值。这种综合可以是简单的加权求和，也可以是复杂的多维度综合，无论采取哪种方式，都要充分考虑每个指标的权重和重要性，反映出物流系统在各个方面的完成情况，实现对物流系统绩效的全面评价和准确衡量。

6）进行综合评价：利用综合评价算法和分析，综合考虑各项评价指标的结果，得出物流系统的综合评价值，以准确反映其综合运营绩效。这一过程涵盖多个方面，包括但不限于效率、成本、服务水平以及可持续性等要素，从而为全面把握物流系统的表现提供深入的数据支持。

7）接受客户反馈：积极主动地获取客户的反馈和意见，以深入了解他们对物流系统的满意度和需求。这一过程将包括收集和整合客户的意见、建议和投诉，并通过分析这些反馈，为改进和优化物流系统提供有力支持。通过客户的参与和反馈，我们能够更好地满足客户的需求，提高客户满意度，并持续优化物流系统的运作。

在进行物流系统评价时，一方面，评价指标多且涉及多个层次，这使得逐级综合评价成为必然选择。通过逐级的综合评价，可以针对不同的层次逐步综合得出对各部分的评价结果，然后再将这些部分评价进行整合，最终得出系统总体的评价结果。这种逐步综合的方法有助于准确捕捉物流系统各个方面的特点和问题，使得评价结果更具可信度和说服力。因此，在实践中，合理划分和层次化处理评价指标是十分必要的。

另一方面，物流系统评价过程中往往面临评价指标难以精确量化的问题。这可能是由于管理基础工作的不完善，数据收集困难，或者部分指标涉及主观性较强的因素等。同时，物流系统又是一个多属性的复杂系统，各指标之间相互关联复杂，导致用单一数值来表示评价结果不够全面和准确。因此，对各指标进行等级评价时就呈现出一定的模糊性。在这种情况下，采用模糊综合评价法可以更好地应对指标模糊性的问题，充分体现出各指标之间的模糊关系，从而更准确地评价和比较物流系统的综合效能。

因此，物流系统评价需要综合考虑指标的多样性和层次性，并充分认识到指标量化和等级评价中存在的模糊性，以便更科学、全面地进行评价分析。同时，有针对性地采用模糊综合评价法，在处理物流系统复杂性和不确定性方面发挥着重要作用，为决策者提供更可靠的参考依据，推动物流系统的持续改进和优化。

任务二　理解物流系统评价体系的建立过程

在20世纪50—60年代，由于物流业客户需求大于企业供给，企业的核心任务是以最低的成本生产尽可能多的产品，从而以实现利润最大化作为战略目标。在这一时期，企业往往将财务指标作为绩效评价的唯一标准，以衡量企业运营的有效性和成功程度。这种以财务指标为主导的绩效评价体系体现了当时企业管理的优化目标，强调了成本控制和生产效率。

然而，随着20世纪70年代物流业卖方市场向买方市场的转变，市场竞争日益加剧，企业管理的重心也逐步由成本管理向客户关系管理发展。企业不再仅仅关注产品生产的数量和成本，而是开始关注客户需求、产品质量以及与客户的关系。这种转变推动了企业绩效评价体系的发展，使之开始关注更多的非财务指标，如市场份额、客户满意度和品牌价值等，以全面反映企业在市场竞争中的表现和影响。

随着20世纪80年代后期的到来，人们开始对企业绩效指标评价体系进行更综合的评价。企业逐渐意识到，仅凭财务指标无法全面展现企业绩效与竞争力，因此开始将多方面的指标纳入评价体系，包括财务、市场、内部业务流程、学习与成长等各个方面。这种趋势推动了企业管理理念的全面转变，促使企业在业绩评价上更加注重全面平衡发展、可持续性发展和长期竞争力的构建，而非仅仅局限于财务数值。

一、物流系统评价指标的建立

物流系统评价涉及多个因素，包括评价主体的立场、观点和环境等，因此对于评价对象的价值也会因人而异。即使对于同一评价主体和评价对象，随着时间的推移，其价值也可能发生变化。评价对象的价值并非系统本身固有的属性，而是与其所处环境和相互关系相关。因此，在系统评价过程中，采用多种尺度进行比较是必要的，而这些尺度即评价指标。评价指标用于衡量系统总体目标的具体标志，考虑到系统目标通常具有多层次结构，因此评价指标体系应该是一个层次结构体系。

由于物流系统的构成要素既包括定性因素又包括定量因素，因此在物流系统评价指标体系中，既应包含定性指标，也应包含定量指标。确定评价指标体系应综合考虑评价目的和物流系统的特点，这是物流系统评价的一项重要任务。

1.分析传统评价指标

传统的绩效评价指标，多年来广泛应用于各种规模和性质的企业，但近代对企业效能管理理论和实践的探究表明，这些指标存在一系列结构性的不足。

1）鼓励短期行为：传统绩效评价指标偏向于关注短期利润最大化，导致企业决策者推迟资本投资，影响企业长远发展。比如季度利润或年度净收入。这种短期主义鼓励管理者采取追求即时利润最大化的策略，而忽略长期的投资和增长机会。例如，一个企业可能会推迟对技术升级或人员培训的投入，因为这些举措在短期内很难转化为利润，而在绩效考核的压力下，管理者可能为了当期的业绩指标而牺牲企业的未来潜能。

2）缺乏战略性考虑：传统绩效评价指标通常不包括评估企业战略实施的相关方面，诸如产品和服务质量、客户满意度、市场分享扩展、品牌认知度等。在现代商业环境中，这些因素对于企业的持续成功至关重要。缺少对这些长期因素的系统性量化和考量，企业便可能忽视对市场变化的适应和对客户需求的深刻理解。企业缺乏战略性考量可能会导致错失维护客户忠诚度和扩大市场份额的机会。

3）局部优化而非全局优化：针对个别部门或业务单元的传统绩效评价指标往往无法充分反映整个组织的整体绩效，这可能导致不同部门之间竞争而非协作，使得各部门只关注自身目标的达成，而非组织整体利益的优化。如此环境下，企业内部资源的配置可能无法实现最佳效率，整体的组织绩效因此受限。

4）追求最小化标准偏差：当绩效评价指标聚焦于最小化标准偏差等统计量时，它往往无助于推动企业实现持续的改进过程。管理人员可能会花费大量时间在如何让业绩指标符合预设的稳定性上，而非探寻激励创新和提升效率的新途径。而企业环境和市场条件在快速变化，在没有鼓励持续改进和创新的指标的情况下，企业很难维持其竞争优势。

5）报告历史绩效：大部分传统绩效评价指标具有历史性视角，它们强调的是对过去一段时间内绩效的度量和评价。这种回顾性分析虽然对理解已发生事件有一定的帮助，但无法提供有关未来绩效和潜在风险方面的信息。在不确定性日益增加的商业世界，企业如果无法对未来趋势做出合理预测和准备，则可能会面临严重的挑战。

在企业管理中，非财务指标的运用越来越受到重视，这些指标往往能够提供不同于传统财务指标的独特视角和价值。相较于财务指标，非财务指标具有以下优点。

1）及时准确度高：非财务指标的及时性和准确性使得组织能够迅速响应市场变化。对于物流效率、生产质量、客户满意度等非财务因素的度量，通常可以通过信息系统即时获取，而不需要经过繁复的财务处理过程。这样，管理者能够根据最新的操作数据及时做出决策，而非依赖每季度或每年发布的财务报告。

2）与目标和战略一致：非财务指标与组织的长期战略和目标紧密相连。例如，员工满意度的提高可以直接关联到减少人员流失、提升工作效率等长期战略目标。这类指标能够提供如何通过改善非财务因素来推动战略实施的清晰路径，助力企业构建持续改进的文化和机制。

3）具有柔性：财务指标在应对快速变化的市场和环境方面显示出较高的柔性。它们通常涉及的是组织运营的基础要素，如客户忠诚度、品牌力、创新能力等，这些要素不仅可以体现企业当前的经营成效，同样也是企业适应未来变革的关键资产。非财务指标能够帮助组织识别和开发这些潜在的增长点，而非仅仅固守现有的财务成果。

4）全方位描述绩效：非财务指标通过多维度的视角全面描述了企业的绩效。它们不仅包括内部流程效率、员工参与度等内部运营指标，还涵盖了诸如对社会责任的承担、环境保护效率、社会公众的正面评价等外部关系指标。这些全方位的绩效描述，为企业在全球化和社会责任日益凸显的今天树立了一个综合、立体的组织形象。

非财务指标可以多角度、全方位地描述企业的经营状况，可以弥补传统财务指标的不足和突出非财务指标的优势，推动了现代绩效评价体系的建立和完善，形成了一个多维度、全面的标准体系。例如，通过平衡计分卡（Balanced Scorecard）这类工具，组织能够在确保财务成果的同时，也关注员工、客户、内部流程和创新成果等广泛的绩效因素。这个多维度、全面的评价标准体系有助于透过短期的财务表现，洞察企业长期的竞争力与持续发展能力，帮助组织在快速变化的商业环境中找到稳健而高效的发展路径。

2.建立新的评价体系标准

（1）物流系统绩效评价体系构架建立的步骤

建立在绩效评价指标基础上的体系模型，对于精确评价和控制物流系统的绩效至关重要。物流系统的绩效评价是一项比生产型企业绩效评价更为复杂的系统工程，简单的指标组合难以准确反映物流系统的绩效水平，因此需要建立一个合理的体系框架结构。在这个过程中，Bourne（2000）等学者提出了建立和实施完整绩效评价体系的4个关键步骤。

1）设计绩效评价指标：这一步骤包括确定物流系统的关键目标和设计相应的评价指

标，旨在确保这些指标能够全面、准确地反映物流系统的绩效。通过仔细规划和设计，可以建立与物流系统目标密切相关的指标体系。

2）选取评价指标：通过初选、校对、分类/分析和分配等步骤，从设计好的指标中选取最适合的指标，以确保评价体系的准确性和有效性。这一过程需要深入理解每个指标的含义，并与实际情况相结合，以确保所选指标能够真实反映物流系统的绩效状况。

3）评价体系应用：通过评价、反馈和纠偏等活动，应用评价体系对物流系统进行评价和控制，以确保物流系统的绩效持续改进。评价体系的应用需要与实际操作相结合，及时获得评价结果，并基于这些结果采取相应的纠正措施，以推动物流系统的持续改善。

4）验证战略假设：通过反馈机制验证评价体系的有效性，并根据结果进行调整和改进。评价体系应具备适应环境变化的能力，能够灵活应对各种情况，并反映出与实际目标一致的结果。

此外，绩效评价系统是一个动态系统，受到内部影响因素、外部影响因素、过程因素和转换因素的影响（见表8-1）。在建立绩效评价体系时，需要综合考虑这些因素，以确保评价体系能够适应变化，并持续推动物流系统的演进和改进。通过不断迭代和优化，评价体系可以更好地满足市场不断变化的需求和要求，确保物流系统在不断发展的环境中保持竞争优势。

因此，在建立绩效评价体系时，应该注重对每个步骤的细致规划和实施，确保评价体系的完整性和有效性。只有建立起科学、系统的评价体系，才能为物流系统的精确评价和持续改进提供强有力的支持和指导。

表8-1　绩效评价系统的影响因素

内部影响因素	外部影响因素	过程因素	转换因素
力量关系	法律规定	评价实施的态度	高层管理者支持的程度
占优的合作兴趣	市场的多样性	政策过程的管理	因变革导致的损益风险
同等单位的压力	信息技术	创新的饱和度	组织文化的影响
需求合理性	工作性质	缺乏系统设计	

为了满足不同条件对评价体系不同的要求，Begemann（2000）提出了一套动态绩效评价体系的框架。该框架的三层体系包括以下几个子系统。

1）外部环境控制子系统：利用绩效评价指标连续控制外部环境中关键参数的变化。这个子系统的目的是根据物流系统所处的外部环境变化，通过合适的绩效指标来识别并监控外部因素对物流系统的影响。通过及时做出反应，物流系统可以适应环境的变化，并做出相应的调整和优化。

2）内部环境控制子系统：利用绩效评价指标连续控制内部环境中关键参数的变化。在这个子系统中，物流系统需要将关注点放在内部运营环境中的关键参数上，通过合适的绩效指标来实时监测和控制这些参数的变化。通过提前预警和及时反馈，物流系统可以做出相应调整，以确保系统的效率和效能。

3）反馈控制机制：利用内部、外部控制和绩效信息以及更高层系统设置的目标和优先权，决定内部目标和优先权。这个子系统涉及将不同层次的绩效信息和管理决策相结合，通过反馈机制来调整目标和优先级，以实现物流系统绩效的持续改进和优化。

4）配置子系统：使用绩效评价指标为各经营单位、加工过程等设置修正后的目标和优先权。在这个子系统中，根据实际情况和评价结果，物流系统可以为各个经营单位和加工过程等设置相应的目标和优先级，以实现资源的合理配置和优化利用。

5）简化子系统和保障子系统：在绩效评价体系中，简化子系统和保障子系统起到辅助的作用。简化子系统通过减少冗杂的信息和烦琐的过程，简化了绩效评价的操作和管理。保障子系统则提供了相应的保障措施，确保绩效评价体系的可靠性和稳定性。

（2）物流系统绩效评价体系的难点和不足

尽管动态绩效评价体系框架具有优势，但物流系统绩效评价体系仍存在一些难点和不足之处。

1）缺乏统一的、明确的物流系统绩效定义，导致研究成果存在差异。物流系统绩效评价需要明确定义绩效的含义和度量方法，以确保评价的准确性和可比性。

2）目前的物流系统绩效评价标准缺乏系统性，主要集中在成本和客户满意度等方面，而忽视了其他重要指标，如产品质量和环境影响。建立绩效评价体系时，企业应该充分考虑物流系统的多个维度和利益相关方的需求，以建立全面、综合的评价标准。

3）当前的物流系统绩效研究主要关注优化问题，较少考虑节点企业选择对物流系统绩效的影响。未来的研究应该将节点企业选择和动态变化纳入考虑，以更全面地评价物流系统的绩效。

4）面向复杂的集成物流体系，整体绩效受到各子系统的影响和制约，但缺乏综合评价体系。为了更准确地评价整个物流系统的绩效，需要建立一个能够综合考虑各子系统相互影响的绩效评价体系。

5）对物流管理成熟度的理解和认识不足，缺乏基于管理角度的绩效评价体系。对物流管理成熟度的研究可以为评价体系提供更深入的指导和支持，以实现物流系统的精细管理和优化。

6）物流系统评价研究目前主要限于制造业领域，未来应扩大应用范围，以物流系统整体绩效为目标进行研究。物流系统广泛应用于各个行业和领域，因此评价体系的研究应该涵盖更多领域，以不断推动评价体系的实用性和应用范围的拓展。

因此，为了解决这些难点和不足，需要对整个物流系统进行综合评价，并将节点企业选择和动态变化纳入考虑，建立集成化物流系统绩效评价的层次结构模型，从而实现整体绩效和各子系统绩效的改进和提高。此外，还需要进一步探讨物流管理成熟度，并为评价体系提供更全面的指导。绩效评价的研究应该覆盖更多领域，并不断拓展评价体系的应用范围和实用性。通过不断完善和优化绩效评价体系，可以更好地支持物流系统的发展和改进。

二、物流系统评价指标的处理

1.评价指标的选取

评价指标的选取是建立物流系统综合评价指标体系的关键步骤。从系统的角度来看，物流系统的评价指标体系是由多个单项评价指标组成的有机整体。该指标体系应能够全面、合理、科学、实用地反映评价目的和要求。

在建立物流系统综合评价指标体系时，需要选择具有代表性的物流系统特征值指标，以便从整体上反映物流系统的现状，发现主要问题，并明确改善方向。由于物流系统的结构和执行的服务功能各不相同，目的也存在差异，因此评价对象、评价标准、考虑的指标因素、使用的方法和评价过程都会多样且不一致。

一般来说，物流系统的评价指标应满足以下3个条件。

1）可查性：指标应相对稳定，能够通过一定途径和方法观察得到。考虑到物流系统的复杂性，其中的指标并非都容易获取。同时，由于物流系统管理和核算基础工作的薄弱，可能导致一些重要指标难以掌握。因此，这些易变且难以获取的指标不应列入评价指标体系。

2）可比性：不同方案之间的相同指标应具有可比性，以使指标具有代表性。评价指标应具备比较和对比的能力，能够进行跨时间、跨范围的数据比较和分析。

3）定量性：评价指标应可定量描述，只有定量的指标才能进行分析和评价。定量性还应适应建立模型进行数学处理的需求。当然，在物流系统的评价指标中，难免会有一些定性指标。对于缺乏数据的指标，要么放弃使用，转而使用其他相关可计量的指标，要么利用专家意见进行软数据的量化处理。

绩效评价指标不仅仅是将各个节点企业的功能性指标简单汇总，而应成为透视整个物流系统、从综合角度反映整个物流系统绩效的评价体系具体见表8-2。绩效评价指标体系应能够全面衡量物流系统的效率、质量、成本、服务水平、可靠性、灵活性等方面，确保绩效评价的准确性和实用性。

表8-2 物流系统绩效评价指标

类型		评价指标	
选择的指标体系	用户满意度	产品质量	保修率
			退货率
		服务水平	用户投诉率
			用户抱怨解决时间
		承诺水平	准时交货率
			失去销售百分比
		产品价格	—
	供应	可靠性	—
	交通安全	订单完成率	—
		运输天数	—
	需求管理	物流系统总库存成本	—
		总周转时间	—
	客户服务质量	可信性	—
		服务态度	—
		可靠性	—
		与客户沟通能力	—
	信息技术	可变性	—
		整合性	—

综上所述，评价指标的选取应综合考虑评价可查性、可比性和定量性等因素。基于文献研究、专家访谈、实地调研和统计数据等方法，选取合适的评价指标，并建立一个全面、准确、可操作的物流系统综合评价指标体系，以实现对物流系统绩效的全面评价和持续改进。这将促进物流系统的高效运作和不断优化。

2.评价指标的标准化处理

所有的指标从经济上可以分为两大类：一类是效益指标，如利润、产值、货物完好率、配送及时率等，这类指标都是越大越好；另一类是成本指标，如物流成本、货损货差率、客户抱怨率等，这些指标都是越小越好。

一个多指标评价决策问题往往由下面3个要素构成。

1）有 n 个评价指标，f_j（$1 \leq j \leq n$）。

2）有 m 个决策方案，A_i（$1 \leq i \leq m$）。

3）有一个评价决策矩阵 $A=(x_{i+j})_{m \times n}$（$1 \leq j \leq n$，$1 \leq i \leq m$）。其中，元素 x_{i+j} 表示第 i 个方案 A_i 第 j 个指标上 f_j 的指标值，评价决策矩阵是一个具有 m 行 n 列的矩阵。由于评价决策矩阵中的各个指标量纲不同，给指标体系的综合评价带来了一定的难度。评价指标标准化的目标，就是要将原来的决策矩阵 $A=(x_{i+j})_{m \times n}$，经过标准化处理后得到量纲相同的决策矩阵 $\boldsymbol{R}=(r_{i+j})_{m \times n}$。

3.定量指标的标准化处理

（1）向量归一化

$$r_{i+j} = \frac{x_{ij}}{\sqrt{\sum_{i=1}^{m} x_{ij}^2}} \tag{8-1}$$

这种标准化处理方法的优点表现在

$$0 \leq r_{ij} \leq 1,（1 \leq j \leq n，1 \leq i \leq m）$$

对于每一个指标 f_i，矩阵 $\boldsymbol{R}$ 中列向量的模为1，因为

$$\sum_{j=1}^{m} r_{ij}^2 = 1 \quad（1 \leq j \leq m）\tag{8-2}$$

（2）线性比例变换

令 $\overline{f} = \max x_{ij} > 0$，$\underline{f} = \min x_{ij} > 0$，（$1 \leq j \leq n$，$1 \leq i \leq m$）

对于效益指标，定义

$$r_{ij} = \frac{x_{ij}}{\overline{f}} \tag{8-3}$$

对于成本指标，定义

$$r_{ij} = \frac{\overline{f}}{x_{ij}} \tag{8-4}$$

这种标准化方法的优点体现在以下方面。

1）$0 \leq r_{ij} \leq 1$，（$1 \leq j \leq n$，$1 \leq i \leq m$）。

2）计算方便。

3）保留了相对排序关系。

（3）极差变换

对于效益指标，定义

$$r_{ij} = \frac{x_{ij} - \underline{f}}{\overline{f} - \underline{f}} \tag{8-5}$$

对于成本指标，定义

$$r_{ij} = \frac{\overline{f} - x_{ij}}{\overline{f} - \underline{f}} \tag{8-6}$$

这种标准化的优点如下。

1）$0 \leq r_{ij} \leq 1$，（$1 \leq j \leq n$，$1 \leq i \leq m$）。

2）对于每一个指标，总有一个最优值为1和最劣值为0。

> **小贴士**
>
> 在多指标评价中，我们要注意，由于各个评价指标的单位不同、量化不同和数量级不同，因此会影响到评价的结果，甚至会造成决策的失误。为了统一指标，必须进行预处理，即对所有的指标进行标准化处理，把所有指标值转化为无量化、无数量级差别的标准指标，然后进行评价和决策。

对于定性模糊指标，在物流系统的多指标评价和决策中，很多评价指标只能以定性方式进行描述，例如服务质量好、物流设施性能一般、可靠性高等。针对这些定性模糊指标，需要进行量化处理，将其赋予具体的数值。一般而言，对于模糊指标的最优值可赋值为10，而最差值可赋值为0。定性模糊指标可以分为效益指标和成本指标两类。对于效益指标和成本指标的定性模糊指标的量化得分见表8-3，可对定性模糊指标进行如下量化处理。

表8-3　效益指标和成本指标的定性模糊指标的量化得分

指标状况		—	很低	低	一般	高	很高	—
模糊指标量化得分	效益指标	0	1	3	5	7	9	10
	成本指标	10	9	7	5	3	1	0

1）效益指标的量化处理：效益指标是描述系统有益程度的指标，对于这类指标，可以根据其模糊指标的描述，将其量化为一定范围内的数值。例如，模糊指标为"服务质量很好"可以量化为7，模糊指标为"可靠性高"可以量化为9。通过对效益指标的量化，可以将更多主观的意见转化为客观的数值，便于评价和决策的比较和分析。

2）成本指标的量化处理：成本指标是描述系统所需资源投入的指标，对于这类指标也可以进行类似的处理。根据模糊指标的描述，将其量化为一定范围内的数值。例如，模糊指标为"成本较低"可以量化为7，模糊指标为"成本较高"可以量化为3。通过对成本指标的量化，可以将成本的大小和优劣程度进行比较，为评价和决策提供具体的依据。

通过对定性模糊指标的量化处理，可以将主观描述转化为客观数值，有助于评价指标的比较和分析。同时，量化处理也便于进行综合评价和决策，使其更加具有科学性和可操作性。然而，值得注意的是，在进行量化处理时，需要遵循一定的规则和标准，以保证量化结果的准确性和可靠性。

综上所述，定性模糊指标在物流系统的评价和决策中是一种常见的情况。通过对定性模糊指标的量化处理，可以将其转化为可比较和可分析的标准指标，提高评价和决策的准确性和可靠性。然而，量化处理过程需要遵循一定的规则和标准，以确保量化结果的科学性和可操作性。

4.评价指标标准化处理案例

案例1：下面考虑一个货主企业选择仓储服务供应商的问题。现有4家候选供应商，决策者根据自身的需要，考虑了6项决策评价指标，见表8-4。

表8-4　选择仓储服务供应商问题的决策评价指标

候选供应商	决策评价指标					
	客户满意度 f_1（%）	资产规模 f_2（万元）	货物周转率 f_3（次/年）	收费标准 f_4（%）	人员素质 f_5（高—低）	行业经验 f_6（高—低）
A_1	80	1 500	20	5.5	一般（5）	很高（9）
A_2	100	2 700	18	6.5	低（3）	一般（5）
A_3	72	2 000	21	4.5	高（7）	高（7）
A_4	88	1 800	20	5.0	一般（5）	一般（5）

首先，要将其中第5个指标（人员素质）和第6个指标（行业经验）进行定量化处理。这两个指标都是效益指标，依据模糊指标量化方法，这两个指标的量化结果数值见表8-4。下面就利用量化指标的标准化处理方法对上述决策评价指标矩阵进行标准化处理。

1）采用向量归一化处理方法，得到标准化决策指标矩阵如下

$$
\begin{array}{ccccccc}
 & f_1 & f_2 & f_3 & f_4 & f_5 & f_6 \\
\boldsymbol{R}= & \begin{bmatrix}
0.4671 & 0.3662 & 0.5056 & 0.5053 & 0.4811 & 0.6708 \\
0.5839 & 0.5691 & 0.4550 & 0.5983 & 0.2887 & 0.3727 \\
0.4204 & 0.4882 & 0.5308 & 0.4143 & 0.6736 & 0.5217 \\
0.5139 & 0.4392 & 0.5056 & 0.4603 & 0.4811 & 0.3727
\end{bmatrix} & \begin{matrix} A_1 \\ A_2 \\ A_3 \\ A_4 \end{matrix}
\end{array}
$$

2）采用线性比例变换公式，可以得到标准化决策指标矩阵如下

$$
\begin{array}{ccccccc}
 & f_1 & f_2 & f_3 & f_4 & f_5 & f_6 \\
\boldsymbol{R}= & \begin{bmatrix}
0.8000 & 0.5600 & 0.9500 & 0.8200 & 0.7200 & 1.0000 \\
1.00 & 1.00 & 0.86 & 0.6900 & 0.43 & 0.56 \\
0.72 & 0.74 & 1.00 & 1.00 & 1.00 & 0.78 \\
0.88 & 0.67 & 0.95 & 0.90 & 0.71 & 0.56
\end{bmatrix} & \begin{matrix} A_1 \\ A_2 \\ A_3 \\ A_4 \end{matrix}
\end{array}
$$

3）采用极差变换方式，可以得到标准化决策指标矩阵如下

$$R = \begin{matrix} f_1 & f_2 & f_3 & f_4 & f_5 & f_6 \\ \begin{bmatrix} 0.2860 & 0.0000 & 0.6700 & 0.5000 & 0.5000 & 1.0000 \\ 1.00 & 1.00 & 0 & 0 & 0 & 0 \\ 0 & 0.42 & 1.00 & 1.00 & 1.00 & 0.5 \\ 0.571 & 0.25 & 0.67 & 0.75 & 0.50 & 0 \end{bmatrix} & \begin{matrix} A_1 \\ A_2 \\ A_3 \\ A_4 \end{matrix} \end{matrix}$$

在上述标准化决策评价指标矩阵的基础上，可以通过建立相应的数学评价模型进行物流系统的整体量化评价。

任务三　掌握物流系统评价方法并应用

物流系统的评价与决策往往具有多目标的特点，需要从多个方面进行综合分析。不同的评价指标需要用不同的准则、不同的尺度来衡量，在得到这些指标值之后，需要进一步计算每个方案的综合评价值，以便对方案进行优劣排序。下面将介绍几种常用的评价指标综合方法，如线性加权和法、层次分析法和模糊综合评价法，可以根据实际情况选择合适的方法进行综合评价和决策。这些方法能够帮助决策者更好地理解和分析物流系统的多个方面，并进行全面、准确的评价和决策，以推动物流系统的优化和提升。

一、线性加权和法

1.线性加权和法的基本思路

线性加权和法是在标准化决策评价矩阵 $R=(r_{ij})_{m \times n}$ 的基础上进行的，它先对 n 个标准化指标构造如下线性加权评价函数

$$U(A_i) = \sum_{j=1}^{n} w_j r_{ij} \quad (i=1,~2,~\cdots,~m) \tag{8-7}$$

式中　w_j——指标的权重系数，$w_j \geqslant 0$，$j=1,~2,~\cdots,~n$，$\sum_{j=1}^{n} w_j =1$。

然后按如下原则选择满意方案 A^*：

$$A^* = \{A_i | \max[U(A_i)]\} ~(1 \leqslant i \leqslant m) \tag{8-8}$$

如本项目任务二案例1中仓储服务供应商的选择，对6个指标分别取重要性权重系数为 $w_1=0.2$，$w_2=0.1$，$w_3=0.1$，$w_4=0.1$，$w_5=0.2$，$w_6=0.3$，这里选择按线性比例方式变换得到标准矩阵来进行方案的评价，则可以分别计算4个候选公司的线性加权评分

$U(A_1)=0.835, U(A_2)=0.709, U(A_3)=0.852, U(A_4)=0.738, \max[U(A_1), U(A_2), U(A_3), U(A_4)]=\max[0.835, 0.709, 0.852, 0.738]=0.852$

所以，最优方案就是 A_3。

2.评价指标权重系数的确定

（1）专家法

专家法是一种常用的评价决策分析方法，它通过邀请相关领域的专家，征求他们对各评价指标权重系数的意见来确定权重。专家法被广泛应用于国际评价和决策分析领域，其在确定权重方面具有一定的科学性和有效性。通过引入专家意见，可以充分利用专家的经验和知识，从而提高权重确定的准确性和客观性。专家法的优点在于能够综合考虑各个专家的观点和意见，避免了个别专家的主观性和偏见对权重确定的影响。通过专家的全面讨论和交流，以及其对指标偏差的意见，可以促使专家们达成对各评价指标重要性的一致认识。在这个过程中，首先让意见偏差较大的专家发表意见，通过透彻的讨论，使各专家对各目标的重要性进行比较，以达成共识。

（2）二项系数加权法

当评价指标的重要性优先顺序较容易确定，但具体的权重系数难以确定时，可以采用二项系数加权法。该方法通过对指标的重要性进行比较，以确定各指标的权重系数。它将指标的重要性分为两个枚举类别，根据指标是否优于其他指标进行排序。通过计算和比较不同指标的优越性，可以获得各指标的权重系数，进而确定评价指标的权重。

（3）相对比较法

相对比较法是另一种常见的方法，适用于决策者相对容易确定各指标之间的相对重要程度的情况。该方法基于对指标之间相对重要性的评估，通过比较来确定各指标的权重系数。通过比较指标之间的重要程度，决策者可以根据其相对重要性为指标分配适当的权重。相对比较法的优势在于其简单性和易于使用，特别适用于决策者较好地判断指标的相对重要性。

综上所述，在确定评价指标的权重系数时，可以结合多种方法和技术。引入专家的意见是一种常见且有效的方法，在专家法中，通过专家的讨论和交流，可以达成一致的权重确定结果。同时，二项系数加权法和相对比较法也是常用的方法，可以根据具体情况选择最合适的权重确定方法。通过合理和科学地确定评价指标的权重系数，可以提高评价和决策的准确性和可信度，为物流系统的绩效评价提供可靠的依据。

3.线性加权和法的应用

下面介绍一个利用线性加权和法来筛选物流服务供应商的例子，主要介绍具体的步骤。

（1）初选

首先列出可选的物流服务商，并根据自己的物流要求，在这些物流服务商中，选出一定数量的企业作为备选方案。初选没有绝对不变的原则，可以由决策者或决策机构确定。比如，选择物流企业的信誉、物流企业的服务水平等。以 $S=\{S_1, S_2, \cdots, S_m\}$ 表示 m 个备选物流企业构成的集合。

（2）确定评价指标体系集合

常见评价方法中，在指标体系集合中可以包括：服务总体价格、赔付率及可得性、交货周期和服务水准及信息传递等。以 $P=\{P_1, P_2, \cdots, P_n\}$ 表示 n 个指标属性构成的集合。

（3）确定每个指标的权重系数——主观赋权法

这里采用的主观赋权法的基本思路是：假设有 L 个决策者给了属性权重的偏好信息，即已经分别给出了属性权重向量为 $W_k^0 = (W_{k1}^0, W_{k2}^0, \cdots, W_{kn}^0)^T$，其中，$\sum_{j=1}^{n} W_{kj}^0 = 1$，$W_{kn}^0 \geqslant 0$，$k=1$，2，$\cdots$，$L$。设 L 个决策者的重要程度向量为 $C = (C_1, C_2, \cdots, C_2)^T$，其中，$\sum_{K=1}^{L} C_k = 1$，$C_k \geqslant 0$。通过优化方法可以得到综合权重为

$$W_j = \sum_{K=1}^{L} C_k W_{kj}^0 \quad (j=1, 2, \cdots, n) \tag{8-9}$$

显然 $W_j \geqslant 0$。

（4）得到决策矩阵

以 $A = [a_{ij}]_{m \times n}$ 表示决策矩阵，其中 a_{ij} 是物流企业 S_i 对应于属性 P_j 的一个数值结果。

（5）决策矩阵的标准化

由于进行评价的指标是各种不同的量纲的指标，难以进行相互比较。因此可以将评价指标标准化。这里采用如下规范方法将决策矩阵 $A = [a_{ij}]_{m \times n}$ 转化为规范化的矩阵 $B = [b_{ij}]_{m \times n}$。

当 P_j 为效益型属性时

$$b_{ij} = \frac{a_{ij} - a_j^{\min}}{a_j^{\max} - a_j^{\min}} \tag{8-10}$$

当 P_j 为成本型属性时

$$b_{ij} = \frac{a_j^{\max} - a_{ij}}{a_j^{\max} - a_j^{\min}} \tag{8-11}$$

$$a_j^{\max} = \max\{a_{ij}\} \quad (i=1, 2, \cdots, m; j=1, 2, \cdots, n) \tag{8-12}$$

$$a_j^{\min} = \min\{a_{ij}\} \quad (i=1, 2, \cdots, m; j=1, 2, \cdots, n) \tag{8-13}$$

（6）计算加权和，选择最优服务商

按下面的公式计算综合评价值，并以从大到小的顺序排序，最后选择最优的物流服务供应商。

$$f(S_j) = \sum_{j=1}^{n} W_j b_{ij} \quad (i=1, 2, \cdots, m) \tag{8-14}$$

至此，评价和筛选完毕。决策者的目的就是从集合 S 选出一个子集 $S^* \subset S$，使

$$f(S_j) \geqslant f(S_i), \forall S_j \in S^*, \forall S_i \in S - S^*$$

二、层次分析法

1.层次分析法的定义

层次分析法是一种常用的评价和决策方法，其基本思想是将复杂的系统分解成不同层次的目标、准则和方案，通过两两比较各个层次的重要性来确定权重。通过计算权重和综合评价，可以最终确定备选方案的相对重要性顺序。层次分析法具有思维清晰、系统化、

数学化和模型化的特点。

层次分析法通过层次化分解和比较的方式，使复杂问题变得清晰可行。逐级分解问题，明确每个层次的要素和关系，有助于分析人员厘清思路，准确把握不同层次要素的相互关系。并且将评价和决策问题转化为一种数学化和可计算的过程。通过建立判断矩阵和进行各层次元素的比较，可以量化问题要素的重要性和关系，使评价和决策过程更具客观性和可重复性。

相较于其他方法，层次分析法在数据需求方面相对较少。虽然需要准确的问题要素和相关关系数据，但重点在于元素之间的相对关系，而非具体的数值。这降低了数据收集和分析的难度。层次分析法适用于复杂问题的评价和决策，尤其适合多准则、多目标的情况，可以应用于评估经济发展、技术成果、资源规划和人员素质等方面。层次分析法能够有效解决多目标权衡和决策任务，提供全面和科学的支持。

总而言之，层次分析法通过分解、比较和综合的思维特点，将评价和决策问题进行系统化和数学化处理，具有清晰的思维过程、数学化的分析和适应复杂问题的特点。层次分析法在评价和决策领域被广泛应用，为复杂问题的评价和决策提供科学的支持和指导。

2.层次分析法的步骤

在运用层次分析方法进行评价和决策时，大体可分为以下5个步骤进行。

1）分析评价系统中各基本要素之间的关系，明确问题，建立系统的递阶层次结构。一般为三层结构，即目标层、准则层和方案层，如图8-1所示。对于复杂的系统可采取目标层、准则层、方案层的三层结构，必要时还可建立子准则层。

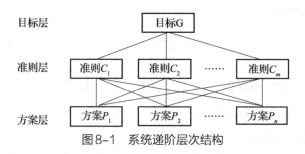

图8-1 系统递阶层次结构

目标层：这一层次中只有一个要素。一般它是分析问题的预定目标或期望实现的理想结果，是系统评价的最高准则，因此也称目的层或总目标层。

准则层：这一层次包括了为实现目标所涉及的准则。一般是一层，复杂的系统可以包含多层，即准则层、子准则层。

方案层：表示为实现目标可供选择的各种方案、措施等，是评价对象的具体化。

2）确定评价基准或判断标度。对同一层次的各元素关于上一层次中某一要素的重要性进行两两比较，构造两两比较判断矩阵A如下

$$A = \begin{bmatrix} a_{11} & a_{12} & \cdots & a_{1n} \\ a_{21} & a_{22} & \cdots & a_{2n} \\ \vdots & \vdots & \ddots & \vdots \\ a_{n1} & a_{n2} & \cdots & a_{nn} \end{bmatrix} \quad (8-15)$$

其中，a_{ij} 表示要素 i 与要素 j 相比的重要性标度。判断矩阵标度定义见表8-5。

表8-5 判断矩阵标度定义

判断矩阵标度	含义
1	两个要素相比，具有同样重要性
3	两个要素相比，前者比后者稍重要
5	两个要素相比，前者比后者明显重要
7	两个要素相比，前者比后者强烈重要
9	两个要素相比，前者比后者极端重要
2、4、6、8	上述相邻判断的中间值
倒数	两个要素相比，后者比前者的重要性标度

选择1~9之间的整数及其倒数作为 a_{ij} 取值的首要原因是：它符合人们进行比较判断时的心理习惯。实验心理学表明，普通人在对一组事物的某种属性同时作比较，并使判断基本保持一致时，所能够正确比较、辨别的事物最大个数在5~9之间。

3）由判断矩阵计算被比较要素对于上层某要素的相对权重。判断矩阵 $A=(a_{ij})_{n\times n}$ 的最大特征值相应的特征向量 $W=(w_1, w_2, \cdots, w_n)$ 的近似方法，可以用根法或和法。

①根法。根法是通过判断矩阵计算要素相对重要度的常用方法，其计算步骤如下。

A 的元素按行相乘得一新向量

$$A_i = \prod_{j=1}^{n} a_{ij} \qquad i=1, 2, \cdots, n \qquad (8-16)$$

将所得向量的每个分量开 n 次方

$$W_i = \sqrt[n]{A_i} \qquad i=1, 2, \cdots, n \qquad (8-17)$$

将所得向量归一化即为权重向量

$$W_i = \frac{M_i}{\sum_{i=1}^{n} M_i} \qquad i=1, 2, \cdots, n \qquad (8-18)$$

则 $W=(W_1, W_2, \cdots, W_n)$ 即为所求的优先级向量。

②和法。先将判断矩阵 A 的每一列归一化，得到矩阵 $B=(b_{ij})_{n\times n}$，然后按 B 的行求和，即

$$\omega_i = \sum_{j=1}^{n} b_{ij} \qquad i=1, 2, \cdots, n \qquad (8-19)$$

$$b_{ij} = \frac{a_{ij}}{\sum_{j=1}^{n} b_{ij}} \qquad i, j=1, 2, \cdots, n \qquad (8-20)$$

无论是根法还是和法，作为权重，均应将 W 进行归一化处理。

4）进行一致性检验，倘若通过一致性检验，说明该矩阵的精确度合乎要求，转入下一步；否则，转入上一步。

一个矩阵若满足：① $a_{ii}=1$；② $a_{ji}=\dfrac{1}{a_{ij}}$，即 A 为正互反矩阵；③ $a_{ij}=\dfrac{a_{ik}}{a_{jk}}$，则该矩阵为完全一致性的矩阵。由于客观世界的客观性和人主观认识的局限性，对高阶矩阵，无法满足一致性的要求，并且矩阵的阶数越大，两两重要性的比对越困难，矩阵的精确性也越差。为了确保矩阵的精确性在一个较合理的水平，提出一致性指标这个概念。一致性检验方法如下：

第一，计算一致性指标CI

$$CI=(\lambda_{\max}-n)/(n-1) \tag{8-21}$$

$$\lambda_{\max}=\frac{1}{n}\sum_{i=1}^{n}\frac{(AW)_i}{W_i}=\frac{1}{n}\sum_{i=1}^{n}\frac{\sum_{j=1}^{n}a_{ij}W_j}{W_i} \tag{8-22}$$

式中　CI——一致性指标；

　　　A——判断矩阵；

　　　W——判断矩阵优先级向量；

　　　W_i——向量 W 的第 i 个分量；

　　　$(AW)_i$——向量 AW 的第 i 个分量。

显然，当 $\lambda_{\max}=n$ 时，CI=0，为完全一致性。CI的值越大，判断矩阵的完全一致性越差，且矩阵的复杂程度和矩阵的阶数有关，矩阵的阶数越大，判断的矩阵一致性越差，故应放宽对高阶矩阵一致性的要求，于是引进平均随机一致性指标。

第二，查找相应的平均随机一致性指标RI（Random Index）：

平均随机一致性指标RI是同阶随机判断矩阵的一致性指标的平均值（见表8-6），其引入可在一定程度上克服一致性判断指标 n 增大而一致性越差的弊端。

表8-6　平均随机一致性指标

n	1	2	3	4	5	6	7	8	9	10	11	12	13	14
RI	0	0	0.52	0.89	1.12	1.26	1.36	1.41	1.46	1.49	1.52	1.54	1.56	1.58

第三，计算一致性比例CR（Consistency Ratio）：

CR=CI/RI<0.1，即要求一致性比例应在0.1以内。如果不满足这个条件，判断矩阵需要重新给定。

5）计算各层要素对系统目的（总目标）的合成（总）权重，并对各备选方案排序。

有了各准则对目标的权重以及各方案对某一准则的权重，就可以计算各方案对目标的总权重，其中，权重最大的方案是最优方案，总排序表见表8-7。

表8-7　总排序表

项目	B_1	B_2	...	B_j	...	B_n	V_i
	W_1	W_2	...	W_j	...	W_n	
C_1	V_{11}	V_{12}	...	V_{1j}	...	V_{1n}	$V_1 = \sum\limits_{j=1}^{n} W_j V_{1j}$
C_2	V_{21}	V_{22}	...	V_{2j}	a	V_{2n}	d
d	b	e	h	e	b	c	$\vdots$
C_i	V_{i1}	V_{i2}	...	V_{ij}	...	V_{in}	$V_i = \sum\limits_{j=1}^{n} W_j V_{ij}$
$\vdots$	$\vdots$	$\vdots$	...	$\vdots$	...	a_3	a_2
C_m	V_{m1}	V_{m2}	...	V_{mj}	a_1	V_{mn}	b_2

注：b_j为第j个准则，$j=1$，2，…，n；W_j为第j个准则对目标的权重；C_i为第i个方案，$i=1$，2，…，m；
V_{ij}为第i个方案对第j个准则的权重；V_i为第i个方案的总权重。

3. 层次分析法的应用

案例2：假定某地区发生突发性自然灾害，有3个事先拟定的应急物流预案，虽然这些预案都是针对此类突发性自然灾害而拟定的，但从物流成本、服务、准时、安全等方面各有其特点。本案例要求从这3个应急预案中确定一个最终方案，使得效率最高同时兼顾效益。

第一步：建立递阶层次结构，如图8-2所示。

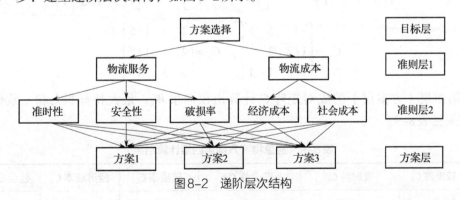

图8-2　递阶层次结构

第二步：经认定，构造成对比较矩阵A，进行层次单排序及其一致性检验。

1）构造第二层（准则层1）对第一层（目标层）的比较矩阵A。

$$A = \begin{bmatrix} 1 & 5 \\ 1/5 & 1 \end{bmatrix}$$

用求和法计算权向量$W = (0.833, 0.167)$，进行一致性检验得

$$CI = \frac{2-2}{2-1} = 0, \quad CR = \frac{CI}{RI} = 0 < 0.1$$

通过了一致性检验，于是W可作为准则层1对目标层的权向量。

2）构造第三层（准则层2）对第二层（准则层1）的每一准则的比较矩阵 B_k。

$$B_1 = \begin{bmatrix} 1 & 1 & 5 \\ 1 & 1 & 5 \\ 1/5 & 1/5 & 1 \end{bmatrix}, \quad B_2 = \begin{bmatrix} 1 & 1/3 \\ 3 & 1 \end{bmatrix}$$

由第三层的成对比较矩阵 B_k 计算出权向量 W_k，最大特征根 λ_k 和一致性指标 CI_k，结果见表8-8。

表8-8　应急物流方案第三层计算结果

成对比较矩阵 B_K	物流服务 B_1	物流成本 B_2
W_k	0.455	0.25
	0.455	
	0.091	0.75
λ_k	3	2
CI_k	0	0

显然，表中的 CI_k 都通过了一致性检验。

3）构造第四层（方案层）对第三层（准则层2）的每一准则的比较矩阵，矩阵如下

$$C_1 = \begin{bmatrix} 1 & 3 & 5 \\ 1/3 & 1 & 3 \\ 1/5 & 1/3 & 1 \end{bmatrix}, \quad C_2 = \begin{bmatrix} 1 & 1/3 & 1/7 \\ 1 & 1 & 1/3 \\ 7 & 3 & 1 \end{bmatrix}, \quad C_3 = \begin{bmatrix} 1 & 1 & 3 \\ 1 & 1 & 3 \\ 1/3 & 1/3 & 1 \end{bmatrix},$$

$$C_4 = \begin{bmatrix} 1 & 3 & 5 \\ 1/3 & 1 & 1 \\ 1/5 & 1 & 1 \end{bmatrix}, \quad C_5 = \begin{bmatrix} 1 & 1 & 1/5 \\ 1 & 1 & 1/5 \\ 5 & 5 & 1 \end{bmatrix}$$

由第四层（方案层）的成对矩阵 C_k 计算出权向量 W_k，最大特征根 λ_k 和一致性指标 CI_k，结果见表8-9。

表8-9　应急物流方案第四层计算结果

成对比较矩阵 C_k	准时性 C_1	安全性 C_2	破损率 C_3	经济成本 C_4	社会成本 C_5
W_k	0.633	0.088	0.429	0.656	0.143
	0.261	0.243	0.429	0.187	0.143
	0.106	0.669	0.143	0.158	0.714
λ_k	3.04	3.008	3	3.029	3
CI_k	0.02	0.004	0	0.015	0

第三步：层次总排序及其一致性检验。经计算，结果见表8-10。

表8-10　层次总排序计算结果

准则层1		B1			B2		方案层总排序权重
		0.833			0.167		
准则层2		C_1	C_2	C_3	C_4	C_5	
		0.455	0.455	0.091	0.25	0.75	
方案层	D_1	0.633	0.088	0.429	0.656	0.143	0.351
	D_2	0.261	0.243	0.429	0.187	0.143	0.249
	D_3	0.106	0.669	0.143	0.158	0.714	0.462

结果表明，方案3的权重大于方案1和方案2，方案3应作为决策选择的方案。

三、模糊综合评价法

1.模糊综合评价法的定义

模糊综合评价（Fuzzy Comprehensive Evaluation）法是一种广泛用于处理模糊信息和不确定问题的方法，特别适用于物流系统这类涉及多因素、复杂关联的领域。在物流系统中，评价指标众多且相互关联，且很难用确定的数值描述其特征。因此，模糊综合评价法的应用为物流系统决策提供了一种有效的手段，能够更全面地评估各项影响因素，减少决策时的信息不足和不确定性带来的困扰。

通过模糊综合评价法所进行的综合评价，不仅能够更充分地反映出物流系统各指标间的模糊性和模糊关系，还能够避免因单一指标评价而导致的片面性和不准确性。同时，它也提供了一个可靠的决策依据，从而为物流系统的改进和优化提供了有力支持。因此，模糊综合评价法在物流系统中的应用具有重要意义，可以为物流管理者提供更有效的决策工具，帮助他们更好地应对复杂的物流环境和市场挑战。

2.模糊综合评价法的主要步骤

1）邀请有关专家组成评价小组。

2）根据专家的经验或通过如层次分析法等方法，确定评价因素集U及其权重向量，这里评价因素集U是评价因素（即评价指标）的集合。设有n个评价因素，且这n个因素均在同一个层次上，则评价因素集U为

$$U = \{ U_1,\ U_2,\ \cdots,\ U_n \} \qquad (8-23)$$

评价因素集可以是一个多级（即具有两个或两个以上的层次）递阶结构的集合。权重向量P是各个评价因素的相对重要性权值。对应于上述n个评价因素的权重向量为

$$P = (P(U_1),\ P(U_2),\ \cdots,\ P(U_n)) = (P_1,\ P_2,\ \cdots,\ P_n) \qquad (8-24)$$

3）确定评价尺度集B。评价尺度集是在评价打分时采用的评分等级。设有m个评分等级，则有

$$B = \{ b_1,\ b_2,\ \cdots,\ b_n \} \qquad (8-25)$$

4）构造模糊评价矩阵$\widetilde{R}$。模糊评价矩阵$\widetilde{R}$反映从评价因素U到评价尺度集B之间的模糊评价关系，这种评价是种模糊映射，它可以通过专家投票等方法获得。

$$\tilde{R} = \begin{bmatrix} r_{11} & r_{12} & \cdots & r_{1j} & \cdots & r_{1m} \\ r_{21} & r_{22} & \cdots & r_{2j} & \cdots & r_{2m} \\ \vdots & \vdots & & \vdots & & \vdots \\ r_{i1} & r_{i2} & \cdots & r_{ij} & \cdots & r_{im} \\ \vdots & \vdots & & \vdots & \ddots & \vdots \\ r_{n1} & r_{n2} & \cdots & r_{nj} & \cdots & r_{nm} \end{bmatrix} \tag{8-26}$$

式中 r_{ij}——第 i 个评价因素，等级为 h_j 的专家票数百分比。

5）计算各评价对象方案的综合评定向量 $\tilde{S}$，并对其归一化，得到向量 $\tilde{S}'$。

综合评定向量 $\tilde{S} = (S_1, S_2, \cdots, S_m)$ 是根据评价因素的权重 P 对 $\tilde{R}$ 加权后得到的各评价因素的综合向量评价，然后对向量 $\tilde{S}$ 进行归一化处理（对向量归一化就是使向量中各元素之和为1），得到向量 $\tilde{S}'$。向量 $\tilde{S}'$ 的含义是：认为方案的综合评价得分为各评价得分等级的专家票数百分比。

根据模糊集理论的综合评定概念，$\tilde{S}$ 的计算公式如下

$$\tilde{S} = P\tilde{R} \tag{8-27}$$

上式的运算是一种模糊映射过程，应采用模糊关系的合成运算。模糊关系合成运算方法如下：设 $A = BC$ 为模糊关系的合成运算，B 与 C 为矩阵或向量，其算法与一般矩阵乘法规则相同，但要将计算式中的普通乘法运算换为取最小的运算，记为∩；将计算式中的普通加法运算换为取最大的运算，记为∪。对 $\tilde{S}$ 归一化

$$\tilde{S}' = \left\{ \frac{S_i}{\sum_{i=1}^{m} S_i} \right\} \tag{8-28}$$

6）计算各评价对象方案的综合评价得分 $\tilde{W}$。

综合评价得分为

$$\tilde{W} = \tilde{S}' \cdot B^{\mathrm{T}} \tag{8-29}$$

按上述步骤可计算出所有可行方案的综合评价得分，根据得分的大小，即可对各可行方案进行优先顺序的排列，为决策者提供依据。

3. 模糊综合评价法的应用

案例3：某物流公司打算购买一台大型装卸设备，现有两种设备可供选择。关于装卸设备的评价因素有"技术性能""可靠性""维护""成本"四项，它们的相对重要性排序权值分别为0.4、0.3、0.1、0.2。设评价尺度有100分、70分、40分三个等级。试用模糊评价法确定应选用哪种方案。

解：由题意可以得到，评价因素集 $U = \{U_1, U_2, U_3, U_4\}$，其中 $U_i(i=1, 2, 3, 4)$ 分别表示技术性能、可靠性、维护和成本四个评价因素；权重向量 $P = (0.4, 0.3, 0.1, 0.2)$；评价尺度 $B = (100, 70, 40)$。

通过专家投票方法得到两种设备的模糊评价矩阵如下。

第一种设备的模糊评价矩阵为 $\tilde{\boldsymbol{R}}_1 = \begin{bmatrix} 6/8 & 2/8 & 0 \\ 4/8 & 4/8 & 0 \\ 0 & 3/8 & 5/8 \\ 0 & 3/8 & 5/8 \end{bmatrix}$

第二种设备的模糊评价矩阵为 $\tilde{\boldsymbol{R}}_2 = \begin{bmatrix} 5/8 & 3/8 & 0 \\ 0 & 7/8 & 1/8 \\ 3/8 & 5/8 & 0 \\ 4/8 & 4/8 & 0 \end{bmatrix}$

1）计算综合评价向量 $\tilde{\boldsymbol{S}}$ 并将它归一化。

根据式（8-27）可以得到第一种设备的综合评价向量为

$$\tilde{\boldsymbol{S}}_1 = P\tilde{\boldsymbol{R}}_1 = (0.4,\ 0.3,\ 0.1,\ 0.2) \cdot \begin{bmatrix} 6/8 & 2/8 & 0 \\ 4/8 & 4/8 & 0 \\ 0 & 3/8 & 5/8 \\ 0 & 3/8 & 5/8 \end{bmatrix}$$

再根据式（8-28）归一化处理后得到

$$\tilde{\boldsymbol{S}}_1' - (4/9,\ 3/9,\ 2/9)$$

同样道理，第二种设备的综合评价向量为

$$\tilde{\boldsymbol{S}}_2 = P\tilde{\boldsymbol{R}}_2 = (0.4,\ 0.3,\ 0.1,\ 0.2) \cdot \begin{bmatrix} 5/8 & 3/8 & 0 \\ 0 & 7/8 & 1/8 \\ 3/8 & 5/8 & 0 \\ 4/8 & 4/8 & 0 \end{bmatrix}$$

归一化后得到：$\tilde{\boldsymbol{S}}_2' = (4/9,\ 5/12,\ 5/36)$

2）计算各可行方案的综合评价得分 $\tilde{\boldsymbol{W}}$。

由式（8-29）可以得到第一种设备的综合评价得分为

$$\tilde{\boldsymbol{W}}_1 = \tilde{\boldsymbol{S}}_1 \boldsymbol{B}^{\mathrm{T}} = (4/9,\ 3/9,\ 2/9) \cdot \begin{bmatrix} 100 \\ 70 \\ 40 \end{bmatrix} = 76.67$$

同理可以得到第二种设备的综合评价得分为

$$\tilde{\boldsymbol{W}}_2 = \tilde{\boldsymbol{S}}_2 \boldsymbol{B}^{\mathrm{T}} = (4/9,\ 5/12,\ 5/36) \cdot \begin{bmatrix} 100 \\ 70 \\ 40 \end{bmatrix} = 79.17$$

很显然，计算结果表明第一种设备的综合评价得分小于第二种设备的综合评价得分，所以应该选择第二种设备。

小贴士

在进行物流系统评价时，首先要进行指标的确定和处理，其次进行权重的确定，确定权重的方法有专家法、二项系数加权法和相对比较法，在确定权重之后，就可以根据相应的方法进行方案和决策的评价。

项目小结

在当今社会，物流系统评价不仅仅关乎企业的经济效益和竞争力，更直接关系到整个社会经济的运转和国家的发展。物流系统评价的主要目的在于全面了解和评估物流活动的运作效率、成本控制、服务质量以及环境友好程度，从而更好地促进社会经济的发展和提升国家的竞争力。

物流系统的绩效评价是一个涉及多个方面的复杂过程。它涵盖了运输成本、库存管理、订单处理效率、交货准时率、客户满意度等多个指标，旨在评估物流系统在各个环节的表现以及整体的运作效果。通过对物流系统绩效的评价，企业可以发现问题、改进流程，提高运作效率，降低成本并提升客户满意度。

在进行物流系统绩效评价时，关键是选择合适的评价指标，并确保这些指标与企业的战略目标和客户需求相一致。评价指标的选择应该与企业的运作策略相匹配，以确保评价的准确性和可靠性。为了辅助评价过程，可以采用多种方法，如线性加权法、层次分析法和模糊综合评价法等，以提供更全面、准确的物流系统绩效评价。

线性加权法是一种常用的方法，它通过对指标赋予不同的权重，将多个指标综合考虑，以得出综合评价的结果。层次分析法是另一种常用的方法，它将评价指标分层次地进行比较和确定权重，从而得出最终的绩效评价结果。模糊综合评价法则考虑到指标之间的模糊性和不确定性，采用模糊逻辑来处理评价指标，以得出更全面和准确的绩效评价结果。

综合来说，有效的物流系统绩效评价是实现物流系统持续改进的关键环节。通过对物流系统的评价，企业可以优化物流运作、提高运作效率、降低成本，并最终提高整体竞争力。物流系统绩效评价的科学性和可操作性对于企业的发展至关重要，它不仅影响着企业自身的运作效果，还对整个社会经济的发展产生深远影响。因此，企业应充分重视物流系统绩效评价，不断改进评价方法和体系，以适应不断变化的市场需求和环境要求，实现可持续发展和优势竞争。

思 考 题

1. 为什么要进行物流系统评价?
2. 为了对物流系统做出一个正确的评价，应遵循哪些基本原则?

3. 具体而言，物流系统评价包括哪几个步骤？

4. 试描述物流系统指标体系的选定原则。

5. 试描述物流系统评价的方法有哪几种并解释。

实 训 题

湖南长运物流有限公司（以下简称长运物流）是湖南发展较快、服务迅捷的物流运输公司，专业从事公路运输、航空货运、铁路运输、国际物流等服务。长运物流从2001年成立开始，就从事以公路为主要运输工具的物流运输，早已形成以物流配送、大件运输、零担专线、货物仓储、物流信息服务五大领域为核心的综合型物流企业。

1. 思考湖南长运物流评价指标可以考虑哪些方面。

2. 分组讨论建立一个完整指标体系的步骤有哪些。

案例分析

蒙牛物流管理：打造快速物流系统

目前，蒙牛的产品的运输方式主要有两种：汽车和火车集装箱。蒙牛在保证产品质量的原则下，尽量选择费用较低的运输方式。对于路途较远的低温产品运输，为了保证产品能够快速送达消费者手中和产品的质量，蒙牛往往采用成本较为高昂的汽车运输。例如，北京销往广州等地的低温产品，全部走汽运，虽然成本较铁运高出很多，但在时间上能有保证。为了更好地了解汽车运行的状况，蒙牛还在一些运输车上安装了GPS，GPS可以跟踪了解车辆的情况，比如是否正常行驶、所处位置、车速、货箱内温度等。蒙牛管理人员在网站上可以查看所有安装此系统的车辆信息。GPS的安装，给物流以及相关人员包括客户带来了方便，避免了有些驾驶员在途中长时间停车而影响货物及时送达或者产品途中变质等情况的发生。而像利乐包、利乐砖这样保质期比较长的产品，则尽量依靠内蒙古的工厂供应，因为这里有较好的奶源。产品远离市场的长途运输问题就依靠火车集装箱来解决，与公路运输相比，这样更能节省费用。在火车集装箱运输方面，蒙牛与中铁集装箱运输公司开创了牛奶集装箱"五定"班列这一铁路运输的新模式。"五定"即"定点、定线、定时间、定价格、定编组"，"五"班列一站直达有效地保证了牛奶运输的及时、准确和安全。由呼和浩特至广州的牛奶集装箱"五定"班列将来自内蒙古的优质牛奶运送到了祖国大江南北，打通了蒙牛的运输"瓶颈"。目前，蒙牛销往华东华南等地的牛奶80%依靠铁路运输到上海和广州，然后再向其他周边城市分拨。现在，通过"五定"列车，上海消费者在70h内就能喝上草原鲜奶。

此外，蒙牛的每一次运输活动都经过了严密的计划和安排，运输车辆每次往返都会将运进来的外包装箱、利乐包装等原材料和运出去的产成品做一个基本结合，使车辆的使用率提高了很多。

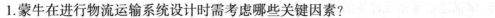

案例思考题

1.蒙牛在进行物流运输系统设计时需考虑哪些关键因素？

2.巴氏奶保质期仅 10天，酸奶也不过 21天左右，而且对冷链的要求最高。从奶挤出运送到车间加工直到运到市场销售，全过程巴氏奶都必须保持在0~4℃，酸奶则必须保持在2~6℃储存，这对运输的时间和温度控制提出了更高的要求。为了能在最短的时间内、有效的存储条件下，以最低的成本将牛奶送到商超的货架上，请为蒙牛企业制订一个运输巴氏奶和酸奶的物流方案。

项目九 运输系统决策

学习目标

知识目标

- 掌握物流运输系统相关概念、原理与作用、特点与结构、系统规划与协调。
- 重点掌握物流运输系统的优化模型与方法。

能力目标

- 在掌握运输系统的基本概念和运输系统优化模型与方法的基础上，使物流运输系统得到优化，提高运输系统效率，优化物流运输系统结构。

素质目标

- 培养学生团队协作、创新能力。
- 培养学生科学的思维方式和创新管理意识。

导入案例

京东商城物流运输决策

京东集团自2007年开始自建物流，并于2017年4月正式成立京东物流集团。2021年5月，京东物流于香港联交所主板上市，是中国领先的技术驱动的供应链及物流服务商，以"技术驱动，引领全球高效流通和可持续发展"为使命，致力于成为全球最值得信赖的供应链基础设施服务商。

近年来，京东物流聚焦"互联网+物流"，技术上专注于无人设备、应用软件、物流技术研发及应用，致力于对外提供供应链技术和服务赋能，打造着眼未来的智能仓储物流系统，为客户提供供应链数字化、智能化解决方案。京东物流运输系统决策的主要目标是实现配送路径的优化、仓储管理的智能化和"最后一公里"配送的创新，以提升物流效率、降低成本并提高客户满意度。

一体化供应链服务：一体化供应链物流服务是京东物流的核心赛道。目前，京东物流主要聚焦于快消品、服装、家电家具、3C、汽车、生鲜6个行业，为客户提供一体化供应链解决方案和物流服务，帮助客户优化存货管理，降低运营成本，高效分配内部资源，实现新增长。同时，京东物流将长期积累的解决方案、产品和能力模块化，以更加灵活、可调用与组合的方式，满足不同行业中小客户的需求。

高效物流网络： 京东物流建立了仓储网络、综合运输网络、配送网络、大件网络、冷链网络及跨境网络6个高度协同的网络，具备数字化、广泛化和灵活化的特点。截至2021年9月底，京东物流运营着约1300个仓库，包含管理的云仓面积在内，仓储总面积约2300万 m²。京东物流服务范围覆盖了我国大部分的地区、城镇，不仅建立了电商与消费者之间的信赖关系，还通过211限时达等时效产品和上门服务，重新定义了物流服务标准。2020年，京东物流助力京东平台约90%的线上零售订单实现当日和次日达，客户体验持续领先行业。

技术创新应用： 京东物流还通过大数据和人工智能技术，对消费者购物行为和销售数据进行了分析，以指导库存管理和配送优化。人工智能技术还被用于预测消费者需求、智能推荐商品和自动化订单处理，进一步提高了物流运作的效率，基于5G、人工智能、大数据、云计算及物联网等底层技术，持续提升自身在自动化、数字化及智能决策方面的能力。通过自动搬运机器人、分拣机器人、智能快递车、无人机等，在仓储、运输、分拣及配送等环节大幅提升效率；通过自主研发仓储、运输及订单管理等系统，支持客户供应链的全面数字化；通过专有算法，在销售预测、商品配送规划及供应链网络优化等领域实现智能决策。凭借这些专有技术，京东物流已经构建了一套全面的智能物流系统，实现服务自动化、运营数字化及决策智能化。京东物流现在已经拥有及正在申请的技术专利和计算机软件版权超过4400项，其中与自动化和无人技术相关的超过2500项。截至2021年9月底，京东物流"亚洲一号"大型智能仓库在全国已运营41座。

协同共生体系： 京东物流构建了协同共生的供应链网络，全球各行业的合作伙伴都参与其中。2017年，京东物流创新推出了云仓模式，将自身的管理系统、规划能力、运营标准、行业经验等应用于第三方仓库，通过优化本地仓库资源，有效增加闲置仓库的利用率，让中小物流企业也能充分利用京东物流的技术、标准和品牌，提升自身的服务能力。截至2021年6月底，京东云仓生态平台运营的云仓数量已超过1600个。通过与全球合作伙伴的合作，京东物流已建立了覆盖超过220个国家及地区的国际线路，拥有约50个保税仓库及海外仓库。

基于上述能力，随着人工智能、无人技术等技术战略的不断深化，京东物流在无人机、智能快递车、无人仓、服务机器人等一系列智能物流设备以及WMS、TMS（运输管理系统）、BMS（客户管理系统）、OMS（订单管理系统）等一系列系统管理软件方面加大开发和应用力度，为客户提供了供应链一体化的智能仓储解决方案，致力于创建出更丰富的应用场景，满足复杂多变的用户需求，实现了运营效率和用户体验的提升。

任务一　认识运输系统

一、运输原理与作用

1.运输原理

运输原理，是指在运输生产经营活动中，如何在效率、效益间取得适当平衡的基础规律。通常，运输原理包括规模原理、距离原理、速度原理、直达原理、适度集结原理。

1）规模原理：是指在运输生产经营活动中，就某一次运输而言，随着运输量的增大，物品的单位质量运输成本将下降。由于在一次运输活动中，尽管可变成本随运输量的增长而同步增长，但相关固定成本却基本固定，从而使分摊到单位质量物品的运输成本降低。

2）距离原理：是指在运输生产经营活动中，就某一次运输而言，随着运输距离的增大，物品的单位距离运输成本将下降。其原因与规模原理相似。

3）速度原理：是指在运输生产经营活动中，就某一次运输而言，随着运输速度的增大，物品的单位运输成本将上升。一般来说，运输速度越高，运输过程中消耗的能源越多，对运载工具及运输组织工作的要求越高，从而使运输成本增加。

4）直达原理：是指在运输生产经营活动中，就某一次运输而言，随着装卸次数的减少，物品的单位运输成本将下降。直达运输可以减少中转换装和货损、货差，从而提高送达速度，节省装卸费用。在条件（运输规模、运输距离等）许可情况下，应优先考虑直达运输。

5）适度集结原理：是指在运输生产经营活动中，就某一次运输而言，对物品进行适度集结，可以获得较好的效率与效益。由于运输具有规模经济的特点，在实际生产经营中，运输经营者通常倾向于大量集结以降低成本，而这种大量集结的现象会增加集结成本和客户费用，尤其会降低服务水平，并可能导致客户总成本的增加，从而影响客户对运输方式的选择。

2.运输的作用

从国民经济的角度来看，运输是确保国民经济正常运行的重要基础之一，其作用如下。

1）运输是社会物质生产顺利进行的必要条件。在当今社会分工越来越精细的情况下，社会物质生产的顺利进行高度依赖于运输生产的顺利进行。无论是工业企业还是商业企业，每天都有大量物资的进出。如果某些重要的交通线路无法正常运转，将对国民经济产生重大影响。

2）运输是物流的主要功能要素之一。物流是"物"的物理性移动，它改变了"物"的时间和空间状态，而这种空间状态的改变主要依赖于运输来完成。

3）运输实现了货物的空间位移，创造了"场所价值"。物流是物品在时空上的移动。运输主要承担着改变物品空间位置的作用，是实现物品价值增值的主要技术手段。随着社会的发展，社会分工迅速增加，生产与供应的关系日益紧密。现代生产的基本要求是生产过程平稳、各环节节奏一致，但生产、供应、消费等社会行为在空间上的联系却日益分散。因此，运输的作用显得尤为突出。

4）运输决定了物流的速度。物流的速度受到多个环节的影响，但一般来说，在物品从供应方向需求方转移的过程中，尤其是在空间距离较大、运输过程组织难度较大、运输条件基础较差的情况下，运输起到了决定物流速度的主要作用。

5）运输决定了社会生产规模与社会联系水平。社会生产规模需要与运输能力相适应。在现代化生产中，如果没有高速、大运输能力和合适的运输体系支持，供应与销售能力、范围和规模将受到很大限制，甚至无法实现。现代社会的高度社会分工和顺畅的商品流通的前提是良好的运输支持。

运输原理和运输的作用对于实现高效、高效益的物流配送具有重要意义。通过理解运输的规模、距离、速度等原理，以及适应适度集结的需求，企业可以更好地运营和管理物流系统，提高运输效率和满足消费者需求。

二、运输系统的特点与结构

运输系统是一个庞大而复杂的系统，它由各种固定设备和移动设备组成，通过相应的组织工作来实现运输功能。固定设备包括线路、航道、桥梁、隧道、港口、码头、车站和航空港等，它们提供了运输的基础设施。移动设备则包括机车、车辆、船舶、飞机等，它们用来搬运和运输货物或人员。

在运输系统中，所有这些设备都是相互关联的，任何一个设备单独存在都无法完成运输任务。例如，一辆货车需要道路和桥梁来进行行驶，一艘货船需要航道和港口来进出，一架飞机需要机场和航空港来起降。固定设备提供了运输的基础设施和连接，而移动设备则是实际执行运输任务的工具。

此外，为了使运输系统协调运作，还需要相应的组织工作。这包括交通规划、调度管理、货物装卸、运输信息管理等各项任务。这些组织工作确保了设备的高效利用，协调了不同设备之间的运行，以及保障了货物或人员的准时运输。

综上所述，运输系统是一个复杂而庞大的系统，需要固定设备和移动设备的有机结合，并通过相应的组织工作来实现其运输功能。只有在这种协调和合作的模式下，运输系统才能高效、可靠地运行，满足人们对于货物和人员的运输需求。

1. 运输系统的特点

运输系统具有以下特点。

1）目的性：建设和发展运输系统的主要目的是满足社会、企业和个人的运输需求。货物运输和旅客运输是运输系统的两大任务。建设高效的运输系统，可以让货物快速、安全地运输，提供便捷的出行方式，促进经济发展和人民生活水平的提高。

2）综合协调性：现代运输系统由铁路、水路、公路、航空和管道五种独立存在的运输方式组成。这些运输方式相互协调合作，共同应对国民经济发展和运输任务需求。每种运输方式内部也由各种设备组成，通过协调和适应来发挥各自的运输功能。例如：铁路系统包括铁轨、车辆和车站等设备；水运系统包括航道、港口和船舶等设备。它们在综合协调中相互补充、连接和配合，形成一个完整的运输网络。

3）层次性：运输系统具有不同层次的组织和管理。从全国交通运输网到枢纽、港口和公路线，每个层次都扮演着特定的角色。全国交通运输网是整个国家运输系统的骨干，连接各地区和城市。枢纽、港口和公路线则起到集散和分配的作用，实现货物和旅客的转运和流通。

4）关联性：运输系统中的各个子系统相互关联，其"元、部件"之间存在紧密的相关性。例如，交通运输设备子系统中的固定设备（如线路、港口）和移动设备（如车辆、船舶）之间需要协调配合，以确保运输任务的顺利完成。各个协调运作的子系统，形成了一个有机的整体。

5）环境适应性：运输系统受外部环境和内部环境的影响。外部环境包括社会经济环境、交通建设的自然环境、城市建设和人口分布等。内部环境包括交通资源分布、经营管理状况等。运输系统的建设和发展需要充分考虑与环境的适应性，如在环境保护方面采取相应措施、根据城市规划进行交通网络的布局等。

6）连续性：运输系统是一个连续的过程系统，涵盖了货物运输和旅客运输。它由多个环节组成，包括货物的装载、运输和卸货，以及旅客的乘坐、转接和到达目的地。因此，任何一个环节出现故障都会直接影响整个系统的功能实现。例如，一列火车的延误可能导致旅客无法按时到达目的地，也无法将货物按计划交付，从而影响到整个供应链的运转。

7）多环节、多功能、超区域：运输系统的生产过程涉及多个环节的联合作业。货物运输环节包括集装、运输和卸载等，而旅客运输环节则包括乘坐、转接和到达等。这些不同环节的协调和顺畅进行，是确保运输系统正常运作的关键。

8）网络特性：运输系统的生产不仅仅是车辆在轨道、道路上的移动，还是在复杂的运输网络上进行的。这个网络由各种交通运输设施和线路组成，如铁路、公路、航运和航空等。良好的运输系统需要合理布局和与内部、外部交通运输网络的协调。

9）动态性：运输系统是国民经济大系统的组成部分，随着时间的推移，运输任务也会发生变化。经济的发展和人们日益增长的需求，对运输系统提出了新的挑战和要求。同时，运输系统本身的各个要素，如人流、物流、车流、船流和飞机流等，也是处于不断流动和变化的状态。因此，运输系统需要灵活适应这种动态变化，通过合理的规划和管理来满足不断变化的需求。

2.运输系统的结构

按照系统理论和运输经济学的观点，建立合理的运输结构需要科学地确定各种运输方式在运输系统中的地位和作用，并根据全国范围内的运输方式合理分工和社会经济发展对运输的需求，实现铁路、公路、水路和航空等运输方式的协调发展，逐步建立一个经济协调、合理发展的综合运输系统。运输系统的结构因国家和地区而异，主要有以下几种形式。

（1）并联结构

并联结构指各运输子系统间为一个并联关系，如图9-1所示。

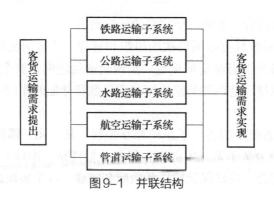

图9-1　并联结构

这种结构通常在地域辽阔、经济发达的国家或地区出现，可以采用两种、三种、四种甚至五种运输方式的并联方式。

（2）串联结构

串联结构如图9-2所示。

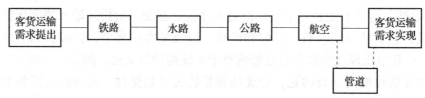

图9-2　串联结构

当然，串联的运输方式可以是两种、三种、四种甚至五种，其中具体的运输子系统也可能各不相同，例如铁路—公路—水路、公路—铁路—水路或水路—铁路—公路等。

（3）串并联结构

一个国家或地区的交通子系统的组成结构通常是串并联关系，如图9-3所示。当然，串并联的运输子系统可能会有不同的组合形式。

图9-3　串并联结构

在串并联结构中，不同运输子系统之间既存在串联关系，又存在并联关系。这种结构能够更好地满足不同地区的多样化运输需求。企业可以根据具体情况，合理安排和协调各种运输方式，提高运输系统的效率和运输能力。

建立合理的运输结构有助于提高运输系统的效益和质量，促进经济社会的可持续发展。通过科学的运输方式分工和综合运输系统的建设，可以实现资源的优化配置，提高各种运输方式的利用率。同时，合理的运输结构也能够降低运输成本，提高运输服务质量，满足不同地区的运输需求。

总之，建立合理的运输结构对于实现运输系统的高效运营有着重要意义。科学地确定各种运输方式和作用，并根据社会经济发展的需求，以及对全国范围内的运输方式合理分工，可以实现不同运输方式的协调发展。通过并联结构、串联结构和串并联结构的合理组合，逐步建立一个经济协调、合理发展的综合运输系统。这将为国家和地区的经济社会发展提供有力支持，促进物流和贸易的繁荣。

三、运输系统规划与协调

1.运输系统规划的内容

目前，我国的综合运输系统正处于全面建设阶段，因此有望通过整体规划工作，避免在运输方式上重复建设，配置运输能力，并以尽量少的投资建立一个具备协调发展、合理结构、高效线网以及环境友好和资源节约特点的综合运输系统。

当前，我国综合运输系统规划理论的主要研究任务包括以下4个方面。

1）从宏观层面研究综合运输系统内不同运输方式的合理结构和运输能力的配置问题。这包括确定各种运输方式在综合运输系统中的地位和作用，并通过适当的运输能力配置来实现协调发展。例如，在城市交通规划中，可以综合考虑地铁、公交、自行车道等不同运输方式的结构，以提供多元化的出行选择和高效的交通服务。

2）从中宏观层面研究综合运输系统内不同运输方式的合理结构和运输能力的配置问题。这包括确定各种运输方式在综合运输系统中的地位和作用，并通过适当的运输能力配置来实现协调发展。

3）从微观层面研究综合运输系统网络的节点和线路配置。这涉及运输通道网络的规划和综合运输系统枢纽的布局。通过科学的规划和设计，可以建立起高效的运输网络，实现运输需求的畅通和便捷。

4）在操作层面，研究组织和管理客货运输过程的运输组织管理问题。这包括制定运输路线和时间表、优化运输安排、提高运输效率和服务质量等。通过合理的运输组织和管理，可以提高运输系统的运行效率，实现安全、高效、经济的运输服务。

2.运输网规划方法

综合运输网规划是一个复杂而系统的工作，需要运用多种方法和技术手段进行研究和分析。以下是综合运输网规划中常用的方法和技术。

1）调查研究：通过对交通运输情况和运输需求的调查与研究，了解国家的国情和交通状况，确定规划问题、进行运输需求分析和预测，并进行技术经济计算和运输系统分析。调查研究是基于事实和数据的，为规划决策提供依据。

2）系统分析：在综合运输网规划中，需要以系统的观点进行思考，运用系统工程的方法进行分析。例如，需要准确预测运输需求和供给，揭示交通运输未来发展的问题，提出战略目标，合理分配运输量，进而确定运输网络的发展规模和布局。系统分析有助于综合考虑各要素之间的相互关系和影响，提出可行的方案。

3）技术经济计算：综合运输网规划是技术和经济相结合的科学。在对运输网络发展方案进行技术经济计算时，需要进行财务评价和国民经济评价、静态和动态计算，以及价值量和实物量的分析等。技术经济计算是评选运输网络发展方案的重要依据之一，可以评估不同方案的经济效益和可行性。

4）综合平衡：在前面的工作基础上进行综合平衡。例如，平衡运力和运量，平衡运输网络发展所需的资金、技术和物资的供需，并将定量研究与定性研究相结合，对政治、经济、社会和环境等因素进行综合研究，提出接近实际的、准确的综合运输发展规划方案和策略。综合平衡能够在运输系统规划中综合考虑多个因素，实现系统性和可持续性的发展。

3.运输系统协调的内容

为了实现综合运输系统的协调发展，需要在多个方面进行协调工作。

（1）作业程序的协调

在运输系统中，不同运输方式的比例协调发展是它们能够相互协作和互相取长补短的必要条件。为实现货物联运的协同一致和合理利用不同运输方式，需要采取联合作业程序，合理组织货源和车船的联运，并在各个换装站场采用统一的作业程序，使货物运输实现直达化。作业程序的协调可以极大地改善运输工作，压缩运输工具的停留时间，提高运输质量，缩短货物运输时间，保证不同运输方式的合理利用，从而降低运输总费用，加速货物周转，提高宏观效益。每一批货物送到消费者手里，平均需要换装3~4次，而货物换装作业需要大量人力和物力，费用相当于将同样数量的货物运输几百千米所需费用。因此，组织货物全程的合理运输是非常必要的。例如，在货物运输过程中，可以采用集装箱化的方式，利用标准化的集装箱，实现不同运输方式之间的无缝衔接，提高运输效率。

（2）技术的协调

参与货物联运的不同运输方式需要在技术上相互协调，包括运输线路、桥下净空、车辆和船舶技术参数的相互配合、统一化和标准化，铁路车站、换装港口、码头能力的相互适应，以及货物的成组化和集装箱化等。不同运输方式的相互协作主要体现在运输枢纽上，因此，运输枢纽布局的协调非常重要。合理的布局和作业组织有利于减少装卸和换装作业量，降低这些作业的费用。例如，在公路和铁路线路的相交处，可以采用集装箱转运方式，将货物从货车转移到火车，实现不同运输方式的衔接和补充，提高运输效率和资源利用率。

（3）经济的协调

经济的协调包括不同运输方式之间运输量和基建投资的分配，运输管理计划指标和工作评价指标的协调，以及对不同运输方式发展比例的协调研究。通过经济的协调，可以实现资源的合理配置，提高运输系统的经济效益和整体绩效。例如，在运输规划中，可以根据不同运输方式的特点和优势，合理确定投资分配的比例，以实现系统性的经济效益。同时，还要考虑运输管理的因素，如运输成本、运输时间、货物损耗等，进行综合评估和控制，以实现最优化的运输效果。

（4）货物流向流量和运输线路的协调

货物运输量的产生主要取决于国家资源和生产力的布局。我国的大宗物资资源大多位于北部和西部地区，而加工工业大部分位于东部和南部地区，这决定了大宗货物的流向是由北向南、由西向东的。在考虑运输方式分工时，首先要研究国民经济对运输需求的总运量与通道上总运输能力之间是否协调；其次要研究具体货物的流向和流量与运输方式之间的协调；最后还要对能承担运载任务的不同运输方式进行技术经济比较，既要考虑适应需求，也要考虑不同运输方式的物资消耗、建设投资费用、运营费用、货物在途时间和损耗等因素。例如，在货物流动较大的地区，可以考虑增加铁路和水路运输方式的占比，以减轻公路运输的压力，提高运输效率和交通安全性。

（5）地区间不同运输方式的协调

我国各地区间和地区内部的运输联系和运输方式发展布局不同，西北和西南地区为内地大陆区，以陆上运输为主，东部和沿海地区的运输方式相对完善。在研究各种运输方式分工时，除了研究地区间的主通道运输联系外，还要研究地区内部与主通道相联系的支线运输方式，两者密切相关，只有协调发展，才能实现合理分工。例如，在西南地区，可以加强内河水运的发展，与铁路和公路相结合，形成多元化的运输网络，以满足该地区的货物运输需求。

综合运输系统的协调发展是一个复杂而长期的任务，只有通过调查研究、系统分析、技术经济计算和综合平衡等各种手段和方法，全面考虑不同因素之间的相互关系和影响，才能制定出科学合理的综合运输规划和发展策略。通过协调不同运输方式、优化资源配置、提高运输效率和服务质量，可以实现综合运输系统的协调发展，为经济社会的可持续发展提供强有力的支持。

任务二　了解简单运输系统决策优化模型和方法

在当今物流与运输行业飞速发展的潮流中，每一个微小的决策都可能成为企业胜败的关键。无论是快递的精准投递，还是大型货物的跨洋运输，运输系统已不仅仅是简单的工具，而是涉及供应链、物流、路线规划等多个方面的复杂系统。为了在激烈竞争的市场中脱颖而出，就需要掌握简单运输系统决策优化模型与方法，学习如何运用数学模型和算法对运输系统进行优化，其中包括运输可靠程度决策、运输方式决策等。

通过掌握简单运输系统决策优化模型与方法，企业可以更好地应对竞争和挑战，进行运输规划和决策制定。运用数学模型和算法进行优化，可帮助企业精确地评估各种决策方案的优劣，并选取最佳方案实施。这种系统化的决策方法能够提高运输系统的效益和竞争力，帮助企业实现更高水平的服务质量和顾客满意度。

一、运输可靠程度决策

运输可靠程度决策是评估不同交通方式在既定条件下的可靠程度，以便在交通项目中做出科学、合理的决策。常见的运输可靠程度决策方法包括层次分析法、粗糙集等。

粗糙集是一种基于信息不完备性的决策方法，它通过对数据进行属性约简和决策规则的提取，帮助决策者分析和评估不同交通方式的可靠程度。通过粗糙集的分析，企业可以识别出影响不同交通方式可靠性的关键因素，从而进行运输决策。

在运输可靠程度决策中，主要研究运行时间、费用、安全性、舒适性等方面的可靠性评估。运行时间可靠性评估主要关注运输工具的准点率和到达时间的稳定性。费用可靠性评估则考虑到运输成本的波动和可控性，以确保运输成本的稳定性和可控性。安全性可靠性评估注重交通事故率和运输工具的安全性能，以确保运输过程的安全可靠。舒适性可靠性评估涉及乘客或货物在运输过程中的舒适度和保护程度。

通过运输可靠程度决策的研究和评估，企业可以科学参考各种交通方式间可靠性的差异和优势，从而选择最适合的交通方式来实现运输目标。这有助于提高企业或组织的运输效率、降低运营成本，并确保货物或乘客的安全与舒适度。综合评估运输可靠程度的决策，是运输系统规划和运营管理中的重要一环。

二、运输方式决策

在两个节点之间，经常存在多种可选择的运输方式。运输方式选择模型旨在基于运输能力、费用、距离等因素，分析如何选择最佳的运输方式来完成特定的运输任务。在这个模型中，需要考虑以下几个重要因素：服务的频率、速度、中转时间、中转时间的波动性、费用、可利用性、安全性、准确性，以及顾客服务满意度。

1.各种运输方式的比较

（1）各种运输方式的优缺点

不同运输方式具有各自的特点和优势。例如，公路运输具有灵活性和快速性的优势，适用于短距离运输和小规模货物的快递；铁路运输具有较大运输能力和稳定性的特点，适用于大批量货物的长距离运输；水路运输具有低运输成本和大运输能力的优势，适用于大型货物的运输和国际贸易等；航空运输速度快，适用于急件和高价值货物的运输。通过对各种运输方式优缺点的比较评估，企业可以综合考虑不同因素，选择最适合的运输方式。企业可按各自的实际情况，参考表9-1所示内容有选择地进行运输决策。

表9-1 各种运输方式优缺点比较

运输方式	优 点	缺 点
铁路运输	大批量运输、远距离运费便宜、事故少、安全性好	近距离运费高、无法应急运输
公路运输	门到门的联合运输服务、受外力冲击小、包装可简化、适合近距离运输	远距离运费高、不适合大宗运输
水路运输	大量运输散装货物、装卸作业合理化、适合大型货物运输	码头装卸费用高、受天气影响大、安全性差、准时性差
航空运输	运输速度非常快、小批量、适合远距离运输、包装比较简单	不适合廉价商品、质量和尺寸受到限制
管道运输	可连续运输、不受气候影响、送达货物可靠性高、运输量大、安全性高	仅限于某些商品、灵活性差

（2）各种运输方式的成本结构

各种运输方式的成本结构比较见表9-2。

表9-2　各种运输方式的成本结构

运输方式	固定成本	变动成本
铁路运输	高	低
公路运输	高	适中
水路运输	适中	低
航空运输	低	高
管道运输	最高	最低

如果将固定成本和变动成本加以折中，那么运输成本最低的应该是水路运输。因此，远距离大宗产品的运输，大多采用水路运输，如国际运输中的远洋运输。其次是管道运输和铁路运输，但因管道运输只限于某些特殊商品，如石油、煤炭、液状和粉末产品，而铁路运输限于包装便利、直达性能、运输网络等原因，国内运输大多还是采用公路运输，除非是距离过长才采用铁路运输而放弃公路运输门到门的便利。

（3）各种运输方式的速度、成本、便利性和运载能力综合比较

按速度、成本、便利性和运载能力来比较各种运输方式并加以排列，可得到表9-3。

表9-3　各种运输方式速度、成本、便利性和运载能力综合比较

比较项目	排列1	排列2	排列3	排列4	排列5
速度（快→慢）	航空	公路	铁路	水路	管道
成本（低→高）	水路	管道	铁路	公路	航空
便利性（方便→不方便）	公路	铁路	航空	水路	管道
运载能力（强→弱）	水路	铁路	管道	公路	航空

（4）各种运输方式综合特征比较

对表9-3进一步排列，可得出表9-4。从运输方式的综合因素考虑，公路运输是首选，其次是铁路、航空、管道和水路。因此，企业除了进出口大宗货物只能采用水路运输外，一般都将公路运输作为其货物运输的首选运输方式，除非距离较远，才采用铁路运输，而价值高、体积小、易腐烂、客户要求迅速交货的产品才采用航空运输。

表9-4　各种运输方式综合特征评分表（分数越低越好）

比较项目	铁路	公路	水路	航空	管道
速度	3	2	4	1	5
可行性	2	1	4	3	5
可靠性	3	2	4	5	1
能力	2	3	1	4	5

（续）

比较项目	铁路	公路	水路	航空	管道
频率	4	2	5	3	1
总分	14	10	18	16	17

通过对各种运输方式的比较和分析，企业可以综合考虑多个因素，选择最合适的运输方式来实现最佳运输效果。运输方式选择模型为企业提供了科学的决策工具，能够帮助企业在复杂的运输环境中做出明智的决策，提高运输系统的效率和竞争力。

2.选择运输方式的方法

（1）简单比较的方法

在选择运输方式时，通常需要考虑两个基本因素：速度和费用。速度是交通运输服务的基本要求，但速度快的运输方式通常费用较高。然而，在考虑经济性时，不能仅仅以运输费用为依据，还需要考虑通过加快速度来缩短备运时间，减少物品的必要库存和保管费等因素。因此，在选择运输方式或工具时，需要综合考虑以上因素，寻求运输费用和保管费用合计最低的方式或工具。图9-4就显示了这种关系。

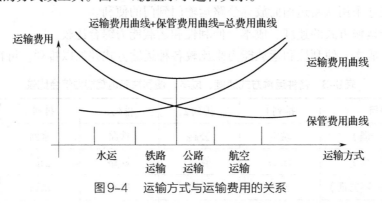

图9-4　运输方式与运输费用的关系

为了更清楚、更形象地说明运输方式的选择决策，我们可以仔细观察运输数量与运输距离的函数关系决策模型，如图9-5所示。

图9-5　运输数量与运输距离的函数关系决策模型

（2）运输成本比较法

运输成本比较法是一种用于量化分析运输方式决策的方法。它将运输服务作为竞争手段，并比较服务成本与服务水平所导致的间接库存成本之间的比例。如果能够实现平衡，即达到最佳服务方案，也就是说运输的速度和可靠性会影响托运人和买方的库存（订货库存和安全库存）水平，以及在途库存水平。

如果选择速度较慢、可靠性差的运输服务，交通运输渠道中就需要更多的库存。这可能导致库存持有成本的增加，抵销了运输服务成本的降低。因此，最合理的方案应该是既满足顾客需求，又能使总成本最低。

另外，企业可以利用数学模型和决策工具进行运输方式选择的优化。通过建立数学模型，考虑不同运输方式的服务速度、费用、可靠性等多个因素，并运用决策工具如层次分析法、模糊综合评价法等方法，给出权重和评价指标，进行优化决策。这样可以量化不同运输方式的优劣，并找到最佳的运输策略。

此外，企业还可以考虑相关的运输要求和特殊因素。运输要求如货物特性、安全性要求和目的地要求，以及特殊因素如环境保护、可持续性等，也会影响运输方式的选择。企业还应考虑市场需求、竞争对手的策略以及自身资源和能力等因素，来选择最适合的运输方式。

综合利用上述方法，企业就能够更科学地进行运输方式的选择，优化运输成本，提高运输效率和满足顾客需求。运输方式选择的决策是一个复杂的过程，企业需要综合考虑多个因素，结合实际情况，进行合理的权衡和优化，以实施最佳的运输方案。

案例1：某公司欲将产品从坐落于位置A的工厂运往坐落于位置B的公司的自有仓库，年运量 D 为700 000件，每件产品的价格 C 为30元，每年的存货成本 I 为产品价格的30%，各种运输服务的有关参数见表9-5。

表9-5　各种运输服务的有关参数

运输服务方式	运输费率 R(元/件)	运达时间 T(天)	储存点存货量 Q(件)
铁路	0.10	21	100 000
驮背运输	0.15	14	50 000
货车	0.20	5	50 000
航空	1.40	2	25 000

解：在途运输的年存货成本为 $ICDT/365$，两端储存点的存货成本各为 $ICQ/2$，I 为年存货成本，C 为产品单价，D 为年运输量，T 为运达时间，Q 为储存点存货量。但其中的 C 值有差别，工厂储存点的 C 为产品的价格，购买者储存点的 C 为产品价格与运费率之和。运输服务方案比较结果见表9-6。

表9-6　运输服务方案比较结果

（单位：元）

成本类型	计算方法	运输服务方案比较结果			
		铁路	驮背运输	货车	航空
运输	$R \times D$	$0.10 \times 700\,000=$ 70 000	$0.15 \times 700\,000=$ 105 000	$0.2 \times 700\,000=$ 140 000	$1.4 \times 700\,000=$ 980 000

（续）

成本类型	计算方法	运输服务方案比较结果			
		铁路	驮背运输	货车	航空
在途存货	ICDT/365	（0.30×30×700 000×21）/365 =362 466	（0.30×30×700 000×14）/365 =241 644	（0.30×30×700 000×5）/365 =86 301	（0.30×30×700 000×2）/365 =34 521
工厂存货	ICQ/2	（0.30×30×100 000）/2 =450 000	（0.30×30×50 000×**0.93**）/2 =209 250	（0.30×30×50 000×**0.84**）/2 =189 000	（0.30×30×25 000×**0.80**）/2 =90 000
仓库存货	ICQ/2	（0.30×30.1×100 000）/2 =451 500	（0.30×30.15×50 000×**0.93**）/2 =210 296	（0.30×30.2×50 000×**0.84**）/2 =190 260	（0.30×31.4×25 000×**0.80**）/2 =94 200
总成本		1 333 966	766 190	605 561	1 198 721

注：黑体字是考虑运输服务改进，年发运批量增加的因素。

由表9-6的计算结果可知，在4种运输方式的方案中，货车运输的总成本最低，因此，应选择货车运输方案。

（3）竞争因素决定法

如果运输方式的选择直接涉及竞争优势，应该考虑采用竞争因素决定法。当买方需要从多个供应商处购买商品时，交通运输服务和价格会影响买方对供应商的选择。同时，供应商也可以通过选择供应渠道的运输方式来控制交通运输服务的要素，从而影响买方。

对于买方来说，良好的运输服务（即较短的运送时间）意味着可以保持较低的库存水平和确定的运作时间表。为了获取期望的运输服务并降低成本，买方会鼓励从供应商那里获得更多的采购量。买方的行为是将更多的采购份额转向那些能够提供更好运输服务的供应商，供应商可以通过增加交易额获取更多利润，以支付由于提供更好运输服务而增加的成本。这种刺激促使供应商寻求更适合买方需求的运输方式，而不仅仅追求低成本。因此，运输方式的选择成为供应商和买方共同决策的一部分。

当然，当一个供应商为了争取买方而选择更好的运输方式时，其他参与竞争的供应商也可能做出回应。这个例子说明了在不考虑供应商竞争对手反应的情况下，买方向能够提供更好运输服务的供应商转移更多交易份额的程度。本任务案例2演示了供应商的竞争对手反应对买方向能够提供更好运输服务的供应商转移更多交易份额的影响。

案例2：某制造商分别从两个供应商处购买了合计3 000个配件，每个配件单价100元。目前，这3 000个配件是由两个供应商平均提供的，如供应商缩短运达时间，则可以多得到交易份额，每缩短一天，可从总交易量中多得5%的份额，即150个配件。供应商可从每个配件中赚得占配件价格（不包括运输费用）20%的利润。

　　于是供应商A考虑，若将运输方式从铁路运输转到货车运输或航空运输是否有利可图。

　　解：各种运输方式的运费率和运达时间见表9-7。

表9-7　运费率和运达时间

运输方式	运费率（元/件）	运达时间（天）
铁路	2.50	7
货车	6.00	4
航空	10.35	2

　　显然，供应商A只是根据它可能获得的潜在利润来对运输方式进行选择。表9-8所示的是供应商A使用不同运输方式可获得的预期利润。

表9-8　供应商A使用不同运输方式可获得的预期利润

（单位：元）

运输方式	配件销售量	毛利	运输成本	净利润
铁路	1 500	30 000	3 750.00	26 250.00
货车	1 950	39 000	11 700.00	27 300.00
航空	2 250	45 000	23 287.50	21 712.50

　　按照制造商对能提供更好运输服务的供应商给予更多交易份额的承诺，供应商A应当选择货车运输。当然，与此同时，供应商A要密切注意供应商B可能做出的竞争反应，如果出现这种情况，则可能削弱供应商A可能获得的利益。如果供应商和买方对彼此的成本有一定了解或有过合作的基础，将会促进双方进一步有效合作。这里没有考虑运输方式的决策对供应商存货的间接作用、运输费率、产品种类、库存成本的变化和竞争对手可能采取的应对措施等。

　　在选择运输方式时，应综合考虑运输的各种目标要求，将定性分析与定量分析相结合，选择出合理的运输方式，根据不同的目标，选择的方法也不同。常用的方法还有层次分析法，通过建立货物运输方式选择的综合评价模型为运输决策者提供决策方法，避免了决策者盲目决策的现象，保证了决策的科学性和合理性，具有一定的实用价值。

　　通过考虑竞争因素，运输方式选择的决策过程变得更加复杂。除了速度、成本和服务水平外，供应商还需要考虑其他竞争对手可能做出的反应，并制定相应的策略。这种竞争因素决定法强调了企业在选择适当的运输方式时，需要考虑市场竞争环境和竞争对手的行动，以便制定出能够满足买方需求并保持自身竞争优势的策略。

　　综上所述，运输方式的选择不仅仅受到速度和成本等因素的影响，还受到竞争因素的影响。通过综合考虑买方需求、竞争对手的行动和企业的竞争优势，供应商可以制定相应的运输方式选择策略，以满足市场需求并保持竞争优势。这种综合考虑竞争因素的方法有助于企业制定出更具竞争力的运输策略，并在竞争激烈的市场中取得成功。

任务三　理解复杂运输系统决策优化模型和方法

一、车辆路径优化模型

车辆路径问题（Vehicle Routing Problem，VRP）最早由 Dantzig 和 Ramser 在 1959 年提出，是一类经典的组合优化问题。该问题简单来说就是在一定的限制条件下（如车辆容量限制、取送货时间限制等），确定从车场出发的每辆车以何种顺序处理顾客需求，使得总成本最小（包括用车成本、行驶成本等）。VRP 应用广泛，并存在许多变种问题。常见的约束条件包括车辆容量限制、顾客的时间窗限制、最大里程限制等。VRP 还可以与其他组合优化问题结合，如装箱问题、选址问题等。

目前对 VRP 的研究趋势体现在以下几个方面。

1）随着社会经济的快速发展，消费者对服务质量的要求越来越高。作为生产性服务产业，物流的作用日益突出。车辆路径问题作为物流系统优化中的关键环节，也受到了更高的要求。然而，市场竞争越来越激烈，企业之间的竞争不仅限于企业与企业的竞争，还转变为联盟与联盟之间的竞争，企业面临着更大的压力和挑战。因此，提高物流效率、降低物流成本、提升物流服务质量已成为企业面临的重要课题，车辆路径问题在此方面的研究变得尤为重要。

2）信息技术和互联网技术的突飞猛进，尤其是电子商务的快速发展，使得联盟车辆调度问题成为车辆路径问题的一个新的应用研究领域。通过组建联盟并利用互联网技术，企业可以有效整合资源，合理调度各个配送企业的车辆资源，从而提高配送效率和服务质量。例如，菜鸟网络科技有限公司和重庆市农业电子商务产业发展联盟等通过互联网技术，将不同企业的物流资源进行整合，实现了配送网络的优化调度。

3）降低成本、提高服务质量一直是企业面临的重要问题。为了提高服务质量，引入顾客时间窗的概念成为 VRP 中最常见的问题之一。顾客时间窗是指顾客对于货物取送的时间范围要求。特定的服务时间窗要求增加了路线计划的复杂性，使得运输方案需满足时间窗要求的同时尽量降低总成本。然而，服务质量的提高往往伴随着成本的增加，因此平衡服务质量和成本成为企业关注的焦点之一。为此，将车辆时间窗的概念引入车辆路径问题中，可能成为 VRP 未来的一个新的研究方向。

此外，还有其他相关的研究方向，如考虑环境影响的 VRP、多目标 VRP 等，这些问题的研究可以更加贴近实际应用需求，提高物流效率和可持续发展。由此见得车辆路径问题是一个重要的组合优化问题，在物流和配送领域具有广泛的应用。随着社会经济的发展和技术的进步，VRP 的研究正呈现出新的趋势。通过综合考虑服务质量、成本、时间窗等因素，结合信息技术和互联网技术的应用，可以进一步优化车辆路径规划，提高物流效率和服务质量，应对日益激烈的市场竞争和日趋多元的消费者需求。

1.问题描述

从配送中心（物流据点）用多辆汽车向多个需求点（顾客）送货，每个需求点的位置和需求量一定，每辆汽车的装载量一定，要求合理安排汽车路线，使总运距最短，并满足以下条件。

1）每条配送路径上各需求点的需求量之和不超过汽车装载量。

2）每条配送路径的长度不超过汽车一次配送的最大行驶距离。

3）每个需求点的需求必须满足且只能由一辆汽车送货。

设配送中心有 K 辆汽车，每辆汽车的装载量为 Q_k（$k=1$，2，$\cdots$，K），其一次配送的最大行驶距离为 D_h，需要向 L 个需求点送货，每个需求点的需求量为 q_i（$i=1$，2，$\cdots$，L），需求点 i 到 j 的运距为 d_{ij}，配送中心到各需求点的距离为 d_{0j}（$j=1$，2，$\cdots$，L）。再设 n_k 为第 k 辆汽车配送的需求点数（$n_k=0$ 表示未使用第 k 辆汽车），用集合 R_k 表示第 k 条路径，其中 r_{ki} 表示需求点 r 在路径 k 中的顺序为 i（不包括配送中心），令 $r_{k0}=0$ 表示配送中心，则可建立如下物流配送路径优化问题的数学模型

$$\min Z = \sum_{k=1}^{K}\left[\sum_{i=1}^{n_i} d_{r_{k(i-1)}r_{ki}} + d_{r_{k(i-1)}r_{k0}}\mathrm{sign}(n_k)\right] \tag{9-1}$$

$$\mathrm{s.t.} \quad \sum_{i=1}^{n_i} q_{r_{ki}} \leqslant Q_k \tag{9-2}$$

$$\sum_{i=1}^{n_i} d_{r_{k(i-1)}r_{ki}} + d_{r_{k(i-1)}r_{k0}}\mathrm{sign}(n_k) \leqslant D_k \tag{9-3}$$

$$0 \leqslant n_k \leqslant L \tag{9-4}$$

$$\sum_{k=1}^{K} n_k = L \tag{9-5}$$

$$R_k = \{r_{ki} \mid r_{ki} \in \{1, 2, \cdots, L\}, \ i=1, 2, \cdots, n_k\} \tag{9-6}$$

$$R_{k1} \cap R_{k2} = \phi \ (\forall k_1 \neq k_2) \tag{9-7}$$

$$\mathrm{sign}(n_k) = 1 \ (n_k \geqslant 1); \ 0 \ (其他) \tag{9-8}$$

上述模型中：

式（9-1）为目标函数。

式（9-2）保证每条路径上各需求点的需求量之和不超过汽车的装载量。

式（9-3）保证每条配送路径的长度不超过汽车一次配送的最大行驶距离。

式（9-4）表明每条路径上的需求点数不超过总需求点数。

式（9-5）表明每个需求点都得到配送服务。

式（9-6）为每条路径的需求点的组成。

式（9-7）限制每个需求点仅能由一辆汽车送货。

式（9-8）为当第 k 辆汽车服务的客户数 ≥1 时，说明该辆汽车参加了配送，则取

sign (n_k) =1；当第k辆汽车服务的客户数<1时，表示未使用该辆汽车，因此取 sign (n_k) =0。

2. VRP求解算法分析

车辆路径问题不仅仅是设计对应于最短距离或最小成本的运输路线那么简单。它涉及一系列复杂的物流策划与决策问题，包括货物分配、运输工具调度、路径设计等。理解和求解VRP对于物流、分销和供应链管理具有重要意义，它可以显著减少运输成本并提升服务效率，因此它在学术和工业界引起了广泛关注。

VRP基于数学、计算机科学和运筹学的方法，试图找到最优化货物送达的方法。它通常包括以下几个基本要素：配送中心（通常是起讫点相同的VRP）、客户点（需要送货的地点）、车队（用来运输货物的车辆）、路网（车辆行驶的道路网络）、需求（每个客户点的货物需求量）以及各种运输约束（车辆容量、客户服务时间窗口、路线长度限制等）。

车辆路径的选择对于运输设备和人员的利用十分重要。选择合理的路径可以降低运输成本并提高运输效率，因此车辆路径选择是运输决策中的关键环节。车辆路径选择问题可以分为两种基本类型，即起讫点相同的车辆路径决策和起讫点不同的车辆路径决策。

起讫点相同的车辆路径优化。车辆从一个设施点出发，经过一定数量的顾客后返回原出发点的线路确定问题。对于起讫点相同的VRP，合理规划车辆的行进路线，使得车辆在满足特定约束条件下，例如不超过最大里程数、在一定时间内完成配送等，实现路径长度最短或成本最低。在实际生活中，存在许多类似的物流运输问题，例如配送车辆送货、邮递员送报、送奶工送牛奶、垃圾车辆收集垃圾等。这些问题的求解目标是确定顾客的访问顺序，并使得运行时间最少或距离最少。起讫点相同的车辆路径问题可以归结为运筹学中的中国邮递员问题和旅行商问题，两者有不同的求解思路和方法。

中国邮递员问题可以表述为"一个邮递员每次送信，从邮局出发，必须按顺序经过他负责投递范围的每一条街道，完成任务后回到邮局，那么他应该如何选择投递路线，使得所走的路程最短？"该问题求解的基本思路是：如果一个邮递员负责范围的街道中没有奇点（即街道连接形成的端点为偶数），那么他可以从邮局出发，经过每条街道一次，最后回到邮局，这样所走的路线就是最短路线；对于有奇点的街道，邮递员则必须重复走某条街道，但应该使重复街道的总行驶距离最少，以保证所走的路线最短。

旅行商问题（TSP）可以表述为"一个旅行者从某城市出发，依次经过所有目的地城市后返回出发地，那么他该如何选择路径，使得总路程最短（或费用最少，时间最短）？"中国邮递员问题和旅行商问题的区别在于后者要求经过一组城市，每个城市只访问一次，然后返回起点。TSP有多种求解方法：经典的运筹学方法如分支定界、线性规划，启发式算法如模拟退火、禁忌搜索，以及元启发式算法如遗传算法、粒子群优化等。其中，节约法（也称为节约里程法或C-W法）是一种较为常用的方法，可以灵活处理许多实际约束条件，例如同时确定车辆数和车辆经过各站点的顺序。由于其简单性和一定程度的实用性，节约法成为广泛使用的VRP模型的近似求解算法之一。

由配送中心A向两个用户M、N送货，A至M、N的最短距离分别为I_1和I_2，M、N之间的距离为I_3，用户M、N对货物的需求量分别为q_1和q_2，如图9-6所示。

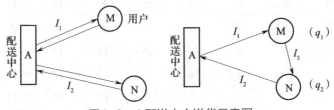

图9-6　A配送中心送货示意图

若用两辆汽车分别对M、N两个用户所需货物，各自往返送货时，汽车直行总里程为

$$I = 2 \times (I_1 + I_2)$$

如果改为有一辆汽车向M、N两个用户巡回送货（设$q_1 + q_2 <$ 汽车额定载质量），则汽车走行里程为

$$I = I_1 + I_2 + I_3$$

后一种送货方案比前一种送货方案节约的汽车走行里程为

$$\triangle I = [2(I_1 + I_2)] - (I_1 + I_2 + I_3) = I_1 + I_2 - I_3$$

车辆路径问题的求解既是理论上的挑战，也是实践上的需求。每个新增解决方案都可能带来运输成本的削减和运输效率的提升。随着物流行业自动化和智能化水平的提高，算法的集成和优化，新的解决方案将对未来的物流和运输产生深远影响。

案例3：有一配送中心（P）具有如图9-7所示的配送网络，其中，A-J表示收货站，括号内数字表示发送量（t），路线上的数字表示道路距离（km）。问题为使行走距离尽量小，应该如何选择配送线路？假设能够利用的车是2t车（即最大载质量是2t）和4t车两种，并限制车辆一次运行的初步距离是30km。

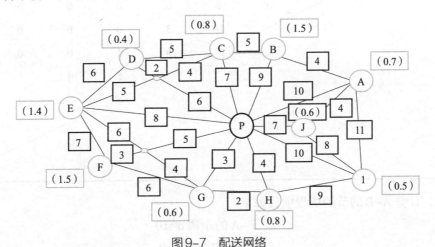

图9-7　配送网络

步骤1：作出最短距离矩阵，首先从配送网络图中计算出配送中心与收货点之间以及收货点相互之间的最短距离矩阵，见表9-9。

表9-9　最短距离矩阵

（单位：km）

	P	A	B	C	D	E	F	G	H	I	J
P		10	9	7	8	8	8	3	4	10	7
A			4	9	14	18	18	13	14	11	4
B				5	10	14	17	12	13	15	8
C					5	9	15	10	11	17	13
D						6	13	11	12	18	15
E							7	10	12	18	15
F								6	8	17	15
G									2	11	10
H										9	11
I											8
J											

步骤2：根据节约里程表中节约里程的顺序，由大到小排列，编制节约里程顺序表，具体见表9-10。

表9-10　节约里程顺序表

（单位：km）

	A	B	C	D	E	F	G	H	I	J
A		15	8	4	0	0	0	0	9	13
B			11	7	3	0	0	0	4	8
C				10	6	0	0	0	0	1
D					10	3	0	0	0	0
E						9	1	0	0	0
F							5	4	1	0
G								5	2	0
H									5	0
I										9
J										

例如，计算A-B的节约里程项目如下

$$P-A的距离\ a=10$$

$$P-B的距离\ b=9$$

$$A-B的距离\ c=4$$

节约里程项目为

$a+b-c=10+9-4=15km$

步骤3：对节约项目进行分类，再按节约项目由大到小的顺序排列，具体见表9-11。

表9-11 节约里程项目分类表

（单位：km）

顺位	连接线	节约里程	顺位	连接线	节约里程
1	A–B	15	13	F–G	5
2	A–J	13	13	G–H	5
3	B–C	11	13	H–I	5
4	C–D	10	16	A–D	4
4	D–E	10	16	B–I	4
6	A–I	9	16	F–H	4
6	E–F	9	19	B–E	3
6	I–J	9	19	D–F	3
9	A–C	8	21	G–I	2
9	B–J	8	22	C–J	1
11	B–D	7	22	E–G	1
12	C–E	6	22	F–I	1

步骤4：绘制配送线路，从节约里程项目分类表中，按节约里程大小的顺序，组成了初次解后的线路图，如图9-8所示。

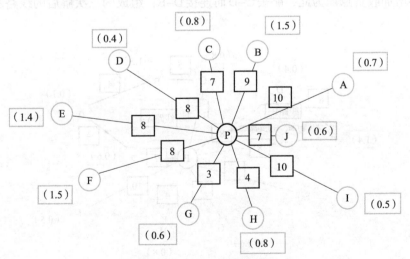

图9-8 初次解后的线路图

1）初次解。

线路数：10

总行走距离：（10+9+7+8+8+8+3+4+10+7）×2=148km

车辆数量：2t车10辆

2）二次解。按节约里程由大到小的顺序，连接A–B、A–J、B–C连接线，组成的二次解后的线路图如图9-9所示。

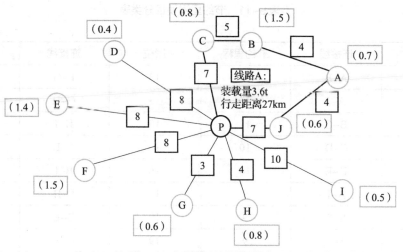

图9-9 二次解后的线路图

线路数：7

总行走距离：148–15–13–11=109km

车辆数量：2t车6辆，4t车1辆

3）三次解。其次节约里程最大的是C–D和D–E。

C–D、D–E两者都有可能与二次解的线路A连接，但由于A的车辆载质量与行走距离有限，不能再增加收货点。为此，略去C–D而连接D–E，组成的三次解后的线路图如图9-10所示。

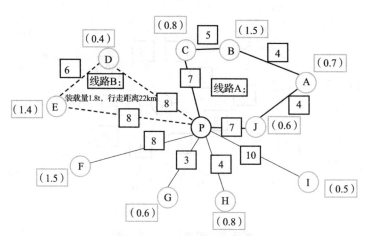

图9-10 三次解后的线路图

线路数：6

总行走距离：109–10=99km

车辆数量：2t车5辆，4t车1辆

4）四次解。接下来节约里程大的是A-I和E-F。

由于A已组合在完成的线路A中，所以略去，不能再增加收货点。为此，略去A-I而将E-F连接在线路B上。组成的四次解后的线路图如图9-11所示。

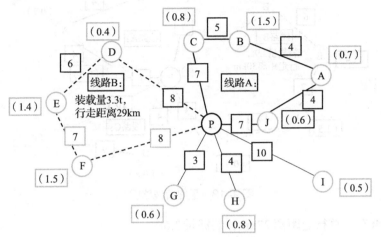

图9-11　四次解后的线路图

线路数：5

总行走距离：99-9=90km

车辆数量：2t车3辆，4t车2辆

5）五次解。再继续按节约里程由大到小排出I-J、A-C、B-J、B-D、C-E。由于同一组总有一头或两头包含在已完成的线路A中，不能再作出新的线路。只考虑把下一组F-G组合在完成的线路B中。组成的五次解后的线路图如图9-12所示。

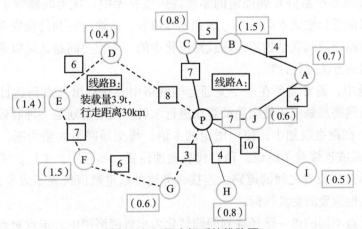

图9-12　五次解后的线路图

线路数：4

总行走距离：85km

车辆数量：2t车2辆，4t车2辆

6）最终解。其次是G-H。由于受车辆载质量与行走距离的限制，它不能组合进线路

B中，故除去。连接H–I，作出线路C。组成的最终解线路图如图9–13所示。

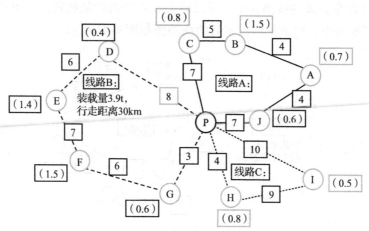

图9–13　最终解线路图

线路A：4t车，总行走距离27km，装载量3.6t。

线路B：4t车，总行走距离30km，装载量3.9t。

线路C：2t车，总行走距离23km，装载量1.3t。

这样整个配送线路完成，共3条线路总行走距离80km，必要车辆是2t车1辆，4t车2辆。

起讫点不同的车辆路径决策。在物流运输中，由于运输时间、运输条件等影响，在运输过程中可能出现起讫点不同的情况。当车辆的起点和终点不同，即配送中心分散或服务地点固定时，路径策略的制定就涉及从各个不同的起点派送到固定地点的优化问题。比如，各个生产基地将产品分发到固定的零售商店或仓库中。这类问题常见于供应链管理中，需要在确保最低运输成本的同时考虑到地理位置、运输时间和货物安全等因素。起讫点不同的运输线路决策问题是物流运输线路优化中的一个重要问题，可以采用运筹学中求解最短路径问题的方法进行计算。

在这类问题中，通常需要在一个交通运输网络中寻找从出发点到达目的地的最短路径，这可以使用网络规划中的最短路径算法进行求解。网络规划是一种有效管理和规划这些路径的方法。在网络规划中，使用图论的术语，将交通网络抽象为图，这个图由顶点（节点）和边（弧或连接线）组成。顶点代表地理位置，如仓库、工厂、零售店或顾客位置，而链接表示这些位置之间的道路，连接线旁边的权重数值代表了成本，可能是距离、时间、金钱或其他重要的物流指标。

通过将起讫点不同的单一路径规划问题转化为求解网络图中特定点对点之间的最短路径问题，可以采用网络规划的方法来解决。在网络规划中，节点通常被称为顶点或节点，而连接顶点的弧称为弧，弧旁标注的数字称为权重。

在规划时，找到成本最低的路径至关重要。Dijkstra算法是解决在所有弧权非负的情况下，求解给定点到网络中任一点最短路径的最佳方法。也就是在非负权重的图中，从单一源点到其他所有点的最短路径。它以一个顶点作为源点，通过迭代对网络中的顶点集进

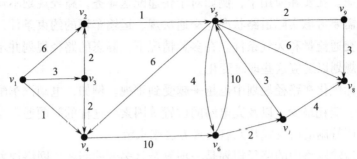

行扩展，直到到达目的地。在每次迭代中，算法都会寻找成本最低的顶点，并考虑从源点到该顶点的路径是否比当前已知的路径更短。如果是，就更新该顶点的最短路径。

案例4：图9-14所示为单行线交通网，每条弧旁的数字表示通过这条路线所需要的距离，求从v_1到v_8的最短路线。

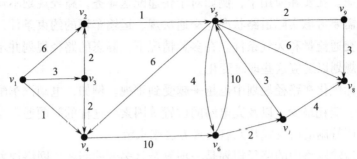

图9-14　单行线交通网

运用Dijkstra算法的步骤如下：

1）从起点v_1，到其他各点的距离中，最小的为点v_1到点v_4的距离，从而首先确定点$v_1 \rightarrow v_4$的最短路线为$v_1 \rightarrow v_4$，距离为1。

2）修改点v_1到点v_6的路线为$v_1 \rightarrow v_4 \rightarrow v_6$，距离为1+10=11；其他各点不变。

3）确定点v_1到点v_3的最短路线为$v_1 \rightarrow v_3$，距离为3。

4）修改点v_1到点v_2的最短路线为$v_1 \rightarrow v_3 \rightarrow v_2$，距离为3+2=5；其他各点不变。

5）确定点v_1到点v_2的最短路线为$v_1 \rightarrow v_3 \rightarrow v_2$，距离为5。

6）修改点v_1到点v_5的最短路线为$v_1 \rightarrow v_3 \rightarrow v_2 \rightarrow v_5$，距离为3+2+1=6；其他各点不变。

7）确定点v_1到点v_5的最短路线为$v_1 \rightarrow v_3 \rightarrow v_2 \rightarrow v_5$，距离为3+2+1=6。

8）修改点v_1到点v_6的最短路线为$v_1 \rightarrow v_3 \rightarrow v_2 \rightarrow v_5 \rightarrow v_6$，距离为3+2+1+4=10。

9）修改点v_1到点v_7的路线为$v_1 \rightarrow v_3 \rightarrow v_2 \rightarrow v_5 \rightarrow v_7$，距离为3+2+1+3=9。

10）修改点v_1到点v_8的路线为$v_1 \rightarrow v_3 \rightarrow v_2 \rightarrow v_5 \rightarrow v_8$，距离为3+2+1+6=12；其他各点不变。

11）修改点v_1到点v_7的最短路线为$v_1 \rightarrow v_3 \rightarrow v_2 \rightarrow v_5 \rightarrow v_7$，距离为3+2+1+3=9。

12）点v_1到其他各点的距离不变。

13）确定点v_1到点v_6的最短路线为$v_1 \rightarrow v_3 \rightarrow v_2 \rightarrow v_5 \rightarrow v_6$，距离为10。

14）点v_1到其他各点的距离不变。

15）确定点v_1到点v_8的最短路线为$v_1 \rightarrow v_3 \rightarrow v_2 \rightarrow v_5 \rightarrow v_8$，距离为3+2+1+6=12。

至此，本问题已求出点v_1到点v_8的最短路线及最短距离。

从本案例的求解过程中还可以看出，点v_1到点v_9的道路是不存在的。

最短路的Dijkstra算法非常适合利用计算机进行求解。把网络中弧和顶点的资料都存入算法数据库中，选好某个起点和终点后，计算机可以很快地算出最短路线。

不过，Dijkstra算法也有局限性，不适用于图中存在负权边的情况。当图中包含负权边时，通常选用贝尔曼-福特算法（Bellman-Ford Algorithm）来求解。尽管其执行效率比

Dijkstra算法低，但它能处理包含负权边的图，并能检测出图中的负权环。

在运输线路规划中，除了考虑距离以外，还需要考虑通过交通网络的时间长短问题，在配送业务中，时间是非常关键的服务指标。单纯的最短路线并不能说明穿越网络的最短时间，因为该方法没有考虑各条路线的运行质量，因此在设定权数时，通常要对运输时间和距离都加以考虑。在实际应用中，例如对于快递配送业务，路径规划不仅需要考虑距离最短的要求，还需要考虑实际道路状况、交通法规、运输车辆的约束条件，并且必须考虑动态因素，例如交通流量和天气条件。在多数情况下，静态的路径规划并不理想，所以必须采用动态路径规划以适应这些即时变化。

此外，多目标优化在路径规划中也越来越受到重视。例如，电动汽车配送问题需要同时考虑最短路径、能耗最少，以及充电站的位置等因素。这样的问题通常需要更复杂的优化算法，或者利用特制的启发式与元启发式方法来求解。

总之，交通运输网络中的路径规划是一项复杂且多变的问题，网络规划提供了一组工具和框架，帮助规划者在众多决策变量和约束条件中做出最优选择。随着技术的发展和计算能力的提高，这些算法和方法将逐渐演变，以解决日益复杂的运输问题。

二、集装箱空箱调度优化模型

随着全球经济一体化的深入发展，国际贸易的频繁交流已使得集装箱运输成为国际货运的重要组成部分。集装箱以其高效、便捷和可标准化的特点，成为海上以及陆地跨国运输的主要方式。集装箱运输量的不断攀升，成为衡量全球贸易活动繁忙程度的一个重要指标。但在海量的货物周转中，集装箱的空箱调度问题也由此产生，已成为物流管理中的一个重要课题。

空箱调度，简而言之，就是指集装箱在未装载货物时的调配过程。全球贸易的不均衡发展导致了某些地区出现空集装箱过剩，而另一些地区则面临空箱短缺的局面。这种不平衡状况要求物流公司必须有效调配资源，将这些空集装箱从供过于求的地方转移到短缺地区。由于空箱本身不直接产生运费收益，如何最小化空箱调度成本，并快速响应市场需求，便成了企业在市场激烈竞争中争取优势的关键。

在具体的空箱调度模型设计中，若干个车站的空箱紧缺情况和空箱过剩情况构成了这个模型的基本背景。为了形成一个有效的调度方案，我们必须综合考虑各车站关于集装箱到发时间的具体要求，包括集装箱的供需时间窗口、调度路径选择、空箱堆存成本、运输成本以及调度时间等。

在当今市场经济条件下，各种运输方式之间的竞争越来越激烈，顾客对运输时间的要求也越来越高。因此，集装箱运输企业在满足顾客需求的前提下，如何尽量降低运输成本，成为一个需要思考的问题。基于以上考虑，下面给出了一个集装箱空箱调度模型。该模型可以配置为一个多目标优化问题，在满足所有车站对空箱需求的前提下，追求调度成本的最小化和运输时间的最小化。

在路网中，设有 n 个车站急需空箱，有 m 个车站有多余的空箱，各车站对集装箱的到发时间有一定的要求，利用模型做出在带有时间约束情况下合理的空箱调度方案。

1.符号说明

a_i^k表示假设路网中有n个车站急需要空箱，且需要k类型空箱的数目为a_i^k（$i=1$，2，3，…，n）。

b_j^k表示假设路网中有m个车站有多余的空箱，且多余的k类型空箱的数目为b_j^k（$j=1$，2，3，…，m）。

c_{ij}^k表示i车站（需方）到j车站（供方）的单位运量k类型集装箱的运输成本。

x_{ij}^k表示i车站可以从j车站所得到的k类型空箱的数目。

I表示需要的空箱数目的集合，$I=\{1, 2, …, n\}$。

J表示多余的空箱数目的集合，$J=\{1, 2, …, m\}$。

K表示集装箱种类的集合，$K=\{1, 2, 3, …, l\}$。

t_i^{kd}、t_i^{kf}分别表示在i车站第k种类型的集装箱的到发时间。

t_{ij}^k表示i车站到j车站的运输时间（运输时间与箱型k无关）。

α表示单位时间单位数量集装箱的场地占有费用。

β表示单位时间单位数量集装箱的延误费用。

M_{ij}^k表示i车站和j车站之间第k类空箱的运输能力限制。

2.模型的建立

当空箱过早到达目的车站，会产生一定的场地积压费用，若空箱太晚到达车站则会丧失货源（有些货主可能会选择其他运输方式），因而产生一些无形的机会成本。基于上述考虑，提出下述带时间窗$[e_i^k, l_i^k]$的调度模型。

$$\min Z = \sum_{i=1}^{n}\sum_{l=1}^{m}\sum_{k=1}^{l}c_{ij}^k \times x_{ij}^k + \alpha\sum_{k=1}^{l}\sum_{j=1}^{m}\max\left[e_j^k - t_j^{kd}\right] + \beta\sum_{k=1}^{l}\sum_{j=1}^{m}\max\left[t_j^{kd} - l_j^k, 0\right] \qquad (9-9)$$

$$\sum_{j=1}^{m}x_{ij}^k \leqslant a_i^k \quad (i \in I, k \in K) \qquad (9-10)$$

$$\sum_{i=1}^{n}x_{ij}^k \leqslant b_j^k \quad (j \in J, k \in K) \qquad (9-11)$$

$$t_i^{kf} + t_{ij}^k = t_j^{kd} \quad (i \in I, j \in J \quad k \in K) \qquad (9-12)$$

$$x_{ij}^k \leqslant M^k \quad (i \in I, j \in J \quad k \in K) \qquad (9-13)$$

目标函数[式（9-9）]由三部分组成：第一部分表示不考虑时间约束的运输成本最少，第二部分表示因过早到达而产生的场地占有费用，第三部分表示迟于最晚时间到达而产生的延误费用。

在约束条件中：

式（9-10）表示要满足缺少空箱车站的需求。

式（9-11）表示有多余空箱车站可提供的空箱数目。

式（9-12）表示发送时间与到达时间的关系。

式（9-13）表示要满足运输能力约束。

3.求解算法分析

求解带有复杂的约束条件的运输问题，比较理想的求解算法是遗传算法（Genetic Algorithm，GA），它是一种借鉴生物界自然选择和自然遗传机制的随机化搜索算法，其主要特点是群体搜索策略和群体中个体之间的信息交换，搜索不依赖梯度信息，它尤其适用于处理传统算法难以解决的复杂优化问题和非线性问题。对于带有时间窗的集装箱空箱调度模型，可利用改进遗传算法搜索其最优解。

在实际操作过程中，空箱调度还会受到诸多偶然因素的影响，如天气变化、海关政策、货物类型及安全要求等，这些都要求物流企业在制定调度方案时必须有较强的适应性和灵活性。与此同时，由于空箱调度对资源的调配和再利用能力有很高的要求，它也推动了信息技术在物流行业的应用，比如物流企业越来越多地依赖于物联网技术来追踪集装箱的实时位置，使用大数据分析来预测集装箱的需求趋势，采用云计算来优化资源分配和决策支持。

总的来说，空箱调度是一个涉及多方面考量因素的复杂问题。集装箱运输企业要想在激烈的市场竞争中站稳脚跟，就必须在确保服务质量的同时，通过有效的空箱调度模型降低成本，提高运营效率。这不仅对于单个企业的盈利至关重要，对于全球物流运输网络的优化和贸易的顺畅进行，也发挥着不可或缺的作用。

三、多式联运优化模型

多式联运是全球化发展的必然要求，它能提高货物运输服务质量，实现运价合理化，提升货物运输能力，减少货物延迟等，多式联运即联合多种运输方式，如水路运输、铁路运输、公路运输和航空运输等，将货物从起始地通过一至多个转运点运送至目的地。这种运输模式是全球化进程中一种高效的货物运输形式，它通过整合不同的运输优势，实现了运输过程的优化。在构建多式联运优化模型时，我们需要综合考虑各种实际因素，旨在实现多维度目标，这些目标包括但不限于减少运输时间、降低成本、提高服务质量和确保运输的可靠性。但在进行多式联运时需要考虑以下问题。

1）减少中转时间和换装费用。在货物到达中转站时，应尽量缩短中转时间和换装费用，同时要考虑时间窗的约束和多条路径的选择问题。

2）运输费用。多式联运涉及多种运输方式，会产生中转费用。中转费用包括固定费用和可变费用，不同运输工具的换装费用也不同。

3）中转费用。与服务水平和货物类型有关。若顾客对服务水平要求较高，选择航空运输会比汽车运输更合适。货物类型对选择运输方式和多式联运方式有重要影响。例如，易腐货物对保温和速度有较高要求，同时还需要考虑运输法律法规的因素。

4）多式联运优化模型的复杂性。在进行多式联运系统建模时，需要考虑许多因素，不同的因素会对模型的复杂性产生不同的影响。例如，路径的选择是单路径还是多路径，费用的变化是呈线性关系还是非线性关系，运量如何分割等。此外，多式联运建模时通常需要考虑多个目标函数，如总时间、总费用和总服务水平等。

综上所述，多式联运能在全球化背景下有效提升货物运输效率，但在实施过程中需要充分考虑以上问题并通过优化模型进行决策。

1.多式联运优化模型建模影响因素

模型的复杂性：进行多式联运系统建模时应考虑许多因素，而不同因素对模型的复杂性有不同的影响。

1）单路径、多路径。多路径比单路径的建模复杂度大得多。运输路线的选择对模型的复杂性有重要影响。单路径操作简单，但缺乏弹性；而多路径选择虽然复杂，却能够提供更加高效和灵活的运输保障。

2）费用的变化呈线性还是非线性关系。在实际操作中，费用通常是非线性的，距离和质量的不同会导致不同的费用关系。非线性模型的复杂性比线性模型的复杂性大得多，但非线性关系（如平方、指数函数等）更接近现实。例如：A与B之间的距离为100km，B与C之间的距离为100km，在线性关系中，运价为0.2元/t，则单位质量的货物从A运到C的运费为200×0.2=40元。而在非线性变化中，前100km（A到B）是0.2元/t，但随着距离的增加，运价会减少。后100km（B到C）可能是0.15元/t。则A到C的运费=100×0.2+100×0.15=35元。

3）运量的分割。运量的可分割性是多式联运建模时需要考虑的因素。运量分割虽提高了运输的灵活性和可选性，但也增加了模型的复杂性，需要平衡各种运输方式的可用性及成本效应。可以把一批货物进行运量分割：一部分由一种运输工具运输，剩下的由其他运输工具运输。比如，从广州运送200t货物到哈尔滨，可以分割为两部分，100t货物由铁路运输完成，另100t货物由公路运输完成，货物在起始站分开，然后在终点站汇合。

运量分割主要考虑运输载重、体积的约束，它大大提高了运输可选择性。但有些货物是不能进行运量分割的，如一辆汽车。

4）多目标。在多式联运中，通常要同时考虑时间、成本与服务水平的综合优化，这就要应用到多目标优化技术，寻找最佳的综合运输策略。

2.多式联运模型举例

假设我们构建了一个以总费用最小化为目标函数的多式联运模型，在模型中，我们假设所有运量不可以分割，在同一城市对之间只能选择同一种运输工具。这种模型虽然在现实操作中过于理想化，但它为我们提供了一个剖析最关键因素的基础。

各种变量说明如下。

$C_{i,i+1}^{k}$ 表示从城市 i 到城市 $i+1$ 选择第 k 种运输工具的费用。

t_i^{kl} 表示在城市 i 从第 k 种运输工具转换到第 l 种运输工具的换装费用。

$$X_{i+1}^{i}=\begin{cases} 1, & \text{在城市 } i \text{ 和城市 } i+1 \text{ 中间选择第 } k \text{ 种工具} \\ 0, & \text{其他} \end{cases}$$

$$r_i^{kl}=\begin{cases} 1, & \text{在城市 } i \text{ 货物从第 } k \text{ 种交通工具转化到第 } l \text{ 种交通工具} \\ 0, & \text{其他} \end{cases}$$

目标函数：

$$\min Z = \sum_i \sum_k X_{i,\ i+1}^k C_{i,\ i+1}^k + \sum_i \sum_k \sum_l r_i^{kl} t_i^{kl}$$

$$\text{s.t.} \begin{cases} \sum_k X_{i,\ i+1}^k, & \forall i \\ \sum_k \sum_l r_i^{kl}, & \forall i \\ X_{i-1}^k + X_{i,\ i+1}^l \geqslant 2r_i^{kl}, & \forall i,\ k,\ l \\ r_i^{kl},\ X_{i,\ i+1}^k \in \{0,1\}, & \forall i,\ k,\ l \end{cases}$$

目标函数中第一部分表示将一批货物从出发地送至目的地的总运费，第二部分表示中转换装费用。

第一个约束条件表示在城市 i 与 $i+1$ 之间只能选择一种运输工具。

第二个约束条件表示在城市 i 只发生一次换装。

第三个约束条件表示确保运输的连续性。如果在 j 城市货物由第 k 种运输方式转换到第 l 种运输方式，即从 i 到 j 选择 k，从 j 到 m 选择 l，如图 9-15 所示。

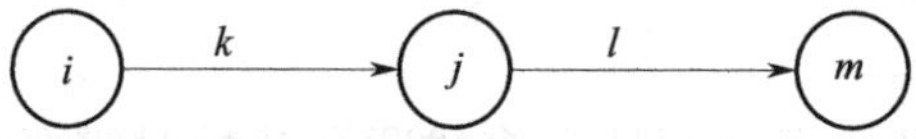

$$(i) \xrightarrow{\quad k \quad} (j) \xrightarrow{\quad l \quad} (m)$$

图 9-15　运输示意图

第四个约束条件表示决策变量 $X_{i,\ i+1}^k$、r_i^{kl} 为 0、1 变量。

3.求解算法

对于有 n 个城市，每个城市对之间有 m 种运输方式可供选择的多式联运问题，共有 m^{n-1} 种交通组合方式，用枚举法求最优解的计算量很大。下面用动态规划法求其最优解。

每个城市相当于动态规划中的一个阶段。

从第 $n-1$ 个城市开始，其总费用可用下列式子表示

$$P_{n-1}(t, l) = t_{n-1}^{kl} + qC_{n-1,\ n}^l \quad, \forall k \tag{9-14}$$

$P_{n-1}(t, l)$ 表示运输总费用，t_{n-1}^{kl} 为中转费用，q 为运量。

$$P_{n-1}(k, \text{m}^*) = \min\{P_{n=1}(k, l)\}, \forall k \tag{9-15}$$

上式表示假如输入运输方式为 k，在城市 $n-1$ 点选择最优方式为 m^*，最优方式满足 $P_{n-1}(k, \text{m}^*) = \min\{P_{n=1}(k, l)\}$，$\forall k$ 式。

从第 2 个城市到 $n-2$ 个城市，按照下列等式选择最优方式

$$P_i(k, l) = t_i^{kl} + qC_{i,\ i+1}^l + P_{i+1}(l, \text{m}^*) \quad, \forall k \tag{9-16}$$

$$P_i(k, \text{r}^*) = \min\{P_i(k, l)\}, \forall k \tag{9-17}$$

其中 r^* 为城市 i 所选择的最优交通方式。

对于第 1 个城市，选择最优的运输方式到第 2 个城市，由于下列式子决定

$$P_1(S^*) = \min\{qC_{1,\ 2}^k + P_2(k, \text{r}^*)\} \tag{9-18}$$

在同一条路线上有 n 个城市，每个城市有 m 种运输方式可供选择，用动态规划法总共需要 $m(n-1)$ 次计算。具体求解步骤如下。

步骤1：对于第 $n-1$ 个城市按照式（9-14）和式（9-15）确定最优的运输方式。

步骤2：按照式（9-16）和式（9-17）两式确定第2个城市到第 $n-2$ 个城市的最优运输方式。

步骤3：按照式（9-18）计算 $P_1(S^*)$。

总之，多式联运模型的构建和优化是一个动态复杂的过程，它要求企业不断地评估和优化自身的运输方案，以更高的效益应对全球化带来的挑战。在这个过程中，准确的数据分析、先进的算法设计、灵活的策略执行和持续的流程优化，是推动多式联运向更深层次发展的关键因素。通过这些努力，企业能够在这个竞争激烈的领域中占据优势，为客户提供高效、经济和可靠的货物运输服务。

4.案例举例

案例5：假设一条运输线路上有5个城市，每个城市对有3种运输方式可供选择，即铁路、公路和航空。每个城市对之间的运输费用和中转费用见表9-12、表9-13。

表9-12 各城市对之间的运输费用

运输方式	城市对			
	1-2	2-3	3-4	4-5
铁路	3	4	3	6
公路	2	4	5	5
航空	4	1	6	4

表9-13 各城市对之间的中转费用

运输方式转换	从铁路到			从公路到			从航空到		
	公路	航空	铁路	公路	航空	铁路	公路	航空	铁路
中转费用	2	1	0	0	1	2	1	0	2

假设运量 q 为20单位，试确定最优交通组合方案。

运用上述动态规划的思想求解如下。

步骤1：对于第4个城市，若以铁路作为到达的运输方式，则在第4个城市和第5个城市之间各种方式总运费计算如下。

$$P_4（铁，航）= t_4^{铁，航} + qC_{4,5}^{航} = 1 + (20 \times 4) = 81$$

$$P_4（铁，公）= t_4^{铁，公} + qC_{4,5}^{公} = 2 + (20 \times 5) = 102$$

$$P_4（铁，铁）= t_4^{铁，铁} + qC_{4,5}^{铁} = 0 + (20 \times 6) = 120$$

因此，若到达第4个城市的运输方式为铁路，则在第4个城市与第5个城市之间的最佳运输方式为航空。

同理，对于到达为其他的运输方式，其相应的出发的运输方式容易确定。

步骤2：对第3个城市，若以铁路作为到达的运输方式，则有

P_3（铁，航）$= t_3^{铁,航} + qC_{3,4}^{航} + P_4$（航，航）$= 1 + (20 \times 6) + 80 = 201$

P_3（铁，公）$= t_3^{铁,公} + qC_{3,4}^{公} + P_4$（公，航）$= 2 + (20 \times 5) + 81 = 183$

P_3（铁，铁）$= t_3^{铁,铁} + qC_{3,4}^{铁} + P_4$（铁，航）$= 0 + (20 \times 3) + 81 = 141$

步骤3：针对城市2，计算方法如步骤2，可以得到最佳运输方式组合和对应的总运费。

步骤4：计算第1个城市与第2个城市的最优运输方式。

P_1（铁）$= qC_{1,2}^{铁} + P_2$（铁，航）$= (20 \times 3) + 164 = 224$

P_2（航）$= qC_{1,2}^{航} + P_2$（航，航）$= (20 \times 4) + 163 = 243$

P_1（公）$= qC_{1,2}^{公} + P_2$（公，航）$= (20 \times 2) + 164 = 204$

综上所述，计算结果见表9-14。

表9-14 计算结果

	城市4			城市3			城市2		
输入方式	铁	公	航	铁	航	公	铁	航	公
输出方式	航	航	航	铁	铁	铁	航	航	航
总运费	81	81	80	141	143	143	164	163	164

从步骤3可知，第1个城市选择公路为最优运输方式。

第2个城市以公路为输入方式，最优输出方式为航空。

第3个城市以航空为输入方式，最优输出方式为铁路。

第4个城市以铁路为输入方式，最优输出方式为航空。

因此，得到最优交通组合方案见表9-15。

表9-15 最优交通组合方案

城市对	1-2	2-3	3-4	4-5
方式	公路	航空	铁路	航空

总的费用为204。

项目小结

现代物流运输体系保障着商品的流动和交付，为经济社会活动提供了有力支撑。无论是跨国跨洲的长途运输还是城市内的最后1km配送，物流运输系统都在无数货物的流动中发挥着关键作用。物流运输体系连接起全球各地的生产地和消费地，通过高效的运输方式，实现了货物快速、准时地送达目的地。

如今，现代物流已经依靠信息技术和智能化管理来推动其进一步发展。企业通过运用先进的技术手段，其物流运输过程可以实现实时监控和优化，从而提高了运输效率，降低了成本。物流运输体系不仅仅是货物流通的载体，更是经济社会发展的重要推动力。

要对物流运输系统进行优化，就需要根据不同的情况和需求来制定有目标的优化方案。简单运输系统决策优化模型主要包括运输可靠程度决策和运输方式决策。在运输可靠程度决策中，物流管理者需要考虑如何确保货物能按时准确地到达目的地，可以采取加强运输保障措施、提高货物跟踪技术等手段来提升可靠性。而在运输方式决策中，需要综合考虑货物的性质、运输距离、成本等因素，选择最佳的运输方式，例如公路运输、铁路运输、航空运输或海上运输等。

对于复杂的物流系统，优化决策就更加复杂多样。其中包括车辆路径优化、集装箱空箱调度优化和多式联运优化等模型。在车辆路径优化中，通过合理规划车辆的行驶路线，可以最大限度地减少行驶时间、降低能耗和交通拥堵情况，从而提高运输效率。而集装箱空箱调度优化则着眼于如何合理安排集装箱的装卸和调度，避免空箱滞留和货物滞销的情况，从而提高资源利用率。多式联运优化则通过在不同的运输方式之间进行无缝衔接和协调，实现运输链条的高效连接，提高运输效率。

总而言之，物流运输体系是现代经济的重要组成部分，其发展离不开信息技术和智能化管理的支持。针对不同的情况和需求，企业需要采取合适的优化决策模型和方法，进一步提升物流运输系统的效率和服务质量，为经济社会的发展创造更大的价值。

思 考 题

1. 物流运输系统具有什么特点？
2. 运输系统的结构有哪些，你认为我国运输系统属于哪种结构？
3. 具体而言，综合运输系统规划理论的主要研究任务包括哪几个层面？
4. 试述车辆路径优化模型分为哪几种情况，以及怎么进行优化。
5. 进行多式联运时需要考虑哪些问题？

实 训 题

假设一条运输线路上有6个城市，每个城市对有3种运输方式可供选择，即铁路、公路和航空。每个城市对之间的运输费用和中转费用分别见表9-16、表9-17。

表9-16 城市对之间的运输费用

运输方式	城市对				
	1-2	2-3	3-4	4-5	5-6
铁路	3	1	5	5	5
公路	1	3	6	3	2
航空	6	4	2	4	3

表9-17　城市对之间的中转费用

运输方式转换	从铁路到			从公路到			从航空到		
	公路	航空	铁路	公路	航空	铁路	公路	航空	铁路
中转费用	2	1	0	0	1	2	1	0	2

假设运量q为30单位，试确定最优交通组合方式。

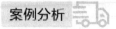案例分析

高效物流配送解密"戴尔现象"

在40多年的时间内，戴尔科技公司（以下简称戴尔）的创始人迈克尔·戴尔，白手起家将公司发展到了令人瞩目的地位，并且仍在快速发展。目前，戴尔个人计算机业务市场份额占全球总量的15%以上，是全球最大的个人计算机制造商之一，并且已成功开拓出数据中心、云计算等业务，是全球领先的计算机科技公司。

戴尔公司的成功被归结为物流配送系统的卓越运作。该公司曾分管物流配送的副总裁迪克·亨特一语道破天机："我们只保存可供5天生产的存货，而我们的竞争对手则保存30天、45天，甚至90天的存货，这就是区别。"物流配送专家詹姆斯·阿尔里德在其专著《无声的革命》中也提到，通过提高物流配送在竞争中的作用，物流正在悄然改变着商业世界。那些看清这一点的企业和管理人员才是未来竞争中的弄潮儿，否则，一个企业将可能在新的物流配送环境下苦苦挣扎，甚至被淘汰出局。

戴尔公司的物流配送系统，特别是供应链方面的创新，使其成为物流配送时代的领军者。分析戴尔成功的诀窍，迪克·亨特曾表示："戴尔总支出的74%用于材料配件购买。如果我们能在物流配送方面降低0.1%，就相当于我们的生产效率提高了10%。物流配送对企业的影响之大由此可见一斑。"

当今时代，特别是在高科技领域，材料成本随着竞争日益激烈而迅速下降。以计算机工业为例，材料配件成本每周下降1%。根据戴尔公司的经验，它们的材料库存只保留5天，而竞争对手保留4周的库存。这意味着戴尔在材料配件开支方面比竞争对手保持着3%的优势。当产品最终投放市场时，物流配送优势可转化为2%~3%的产品优势，竞争力的优劣不言而喻。

在提高物流配送效率方面，戴尔与50家材料配件供应商保持着紧密、忠诚的联系。作为庞大的跨国集团，戴尔的95%的材料配件都由这50家供应商提供。每天通过网络进行协调沟通，分享发展情况，并及时发布新的要求供所有供应商参考，从而提高透明度和信息流通效率，刺激供应商之间的相互竞争。供应商也随时向戴尔通报自己的产品发展、价格变化、库存等信息。

几乎所有工厂都会出现过期、过剩零部件的问题。然而，高效的物流配送使戴尔的过期零部件比例保持在材料开支总额的0.05%~0.1%之间，2000年全年在这方面的损失仅为

2 100万美元（约合17 388元人民币）。而这一比例在戴尔的对手企业中通常高达其他工业部门的4%~5%。即使面对如此高效率的物流配送，戴尔的亨特副总裁仍然不满足。有人问亨特5天的库存量是否为戴尔的最佳物流配送极限，他回答道："当然不是，我们能够将其缩短到2天。"

案例思考题

1. 与竞争对手相比，戴尔公司的配送系统带给了戴尔什么样的竞争力？
2. 戴尔公司配送系统的特点是什么？
3. 结合本任务内容，我们从戴尔公司的配送案例中获得了什么启示？

物流系统分析

项目十 仓储系统规划及优化

 学习目标

知识目标

- 了解仓储设施布局的基本概念、原则和方法。
- 掌握拣选策略和拣选方式。
- 掌握补货成本和持货成本的概念及计算方法。
- 掌握三种库存管理优化方法。

能力目标

- 能够对给定的仓库进行仓储设施布局。
- 能够运用ABC分类法进行库存管理优化。
- 能够阐述对仓储设施进行布局在现实生活中的实际意义。

素质目标

- 培养学生团队协作、创新能力。
- 培养学生科学的思维方式和创新管理意识。

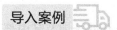 **导入案例**

迅捷仓储的仓储设施布局

在当今高度竞争的物流领域中，仓储设施的布局策略对于实现高效物流运作、有效控制成本，并确保客户满意度具有决定性的意义。一个精心设计和执行的仓储布局体系，能够最大限度地减少货物在仓库内部的周转时间，提高空间利用率，同时确保货物的精准定位与快速存取，这对于应对不断增长的订单量和缩短交货周期至关重要。

以迅捷仓储公司的发展历程为例，公司在起步阶段为了抢占市场份额，急于扩大业务规模，而对仓储设施的基础布局规划投入不足，导致随着业务量的迅速攀升，原有的仓库结构和空间安排无法满足日益复杂的物流需求。仓库内货物堆放杂乱无章，拣选流程效率低下，错误频发，这不仅延迟了订单处理速度，损害了客户服务品质，还直接提高了劳动力成本、库存成本以及因差错带来的额外费用。

为解决这一系列问题，迅捷仓储公司启动了全面的仓储设施布局优化项目。首先，聘请专业团队进行仓库的空间重构与功能区划分，充分考虑货物种类、体积、质量、流通频率等特性，科学设置了存储区域，采用 ABC 分类法将商品分为快速流动品、一般流动品和慢速流动品三类，对应采取不同的存储策略和货架系统，如采用穿梭车货架或自动化立体仓库来存放快速流动品，而对于慢速流动品则合理利用平面堆垛空间。

此外，通过先进的路径优化算法还可以改进拣选人员的工作流程，可以设计出最高效的拣选路线，避免无效行走和交叉作业，从而显著减少了员工的体力消耗与等待时间，提升了整体工作效率。同时，引入智能仓储管理系统，实时监控库存状态和操作流程，确保信息流的准确性和及时性，进一步降低了人为错误发生的概率。

经过这一系列改革措施后，迅捷仓储公司的运营效能得到了显著改善。仓库内部流转顺畅，货物滞留现象大幅减少，拣选错误率降至历史低位，这些成果直接反映在订单履行速度的提升以及运营成本的有效控制上。不仅如此，优化后的仓储布局增强了该公司的灵活性和扩展性，为其未来适应市场变化、拓展新业务、整合供应链资源奠定了坚实的基础。

案例思考题

1. 什么是仓储设施布局？
2. 对仓储设施进行布局需要遵循哪些原则？
3. 对仓储设施进行布局有哪些方法？

任务一　认识仓储设施布局

一、仓储设施布局概述

仓储设施布局设计是指为了适应企业生产运营的特定需求，对各类仓储场地及其内部的各类设备、设施进行科学合理配置的过程。这一布局的核心目标在于确保货物存储的安全性、高效性，以及搬运、分拣、管理等作业流程的流畅性，从而最大化提升仓库运营效能，实现成本的有效管控。

一般情况下，仓储场地可以分为存储区、辅助区和行政区 3 个主要区域。

1）存储区：存储区是仓库内用于存放物料的区域。该区域的规划与配置应紧密围绕物料属性、存储需求及进出库活动的频次进行精细化设计与布局。常见的存储设施包括货架、堆垛机、托盘等。

2）辅助区：辅助区是仓库内用于支持物料存储和搬运的区域。常见的辅助区包括货物装卸区、叉车存储区、包装区、测量和检验区等。这些辅助区的布局应考虑到物料流向和操作的便利性。

3）行政区：行政区是指仓库内用于行政管理和办公的区域，包括仓库办公室、会议室、员工休息室等。布局合理的行政区可以提供良好的管理环境，并增进员工福利。

除了对仓库进行功能性区域划分外，对仓库内部设施与建筑物进行系统化命名与编码同样至关重要，此举旨在提升日常管理和作业操作的精确度与效率。具体而言，涵盖对诸如货架系统、通道、办公区域等各类设施进行逻辑清晰且易于识别的标识命名与有序编号，可以确保物料储位信息的无误传达与仓库管理活动的精准执行。

总体而言，仓储设施布局的好坏直接影响到货物的存储和搬运是否方便，从而影响整个仓库的运作效率和成本。因此，在规划仓储设施布局时，企业需要充分考虑物料的特性和需求，合理安排设备和设施的位置和路径，以提高仓库的运作效率和管理的便利性。

二、仓储设施布局的原则

在当前竞争激烈的市场环境中，仓库作为供应链的重要环节，其作业效率和物流通畅程度对企业的竞争力至关重要。一个合理的仓储设施布局可以提高仓储作业的效率和物流通畅度，进而提升企业在市场上的竞争力。

在进行仓储设施布局设计的过程中，涉及一系列多元且复杂的目标诉求。这些目标诉求包括但不限于提高空间利用率、优化作业流程、降低物流成本、提升运营效率、确保库存准确性和满足未来业务扩展需求等。然而，在实际设计操作中，各个目标之间并非总能实现理想的均衡与同步优化，它们有时可能会存在相互制约或冲突的情况。例如，追求极致的空间利用率可能导致拣选路径过长，影响工作效率；而过于强调缩短拣选时间，则可能需要增加设备投入，从而增加了运营成本。

因此，对仓储设施进行全面而深入的布局规划，是一项细致入微且需权衡多重要素的工作。它首先要求依据企业自身的业务特性及运作模式，精准地划定各类功能区域，如入库区、存储区、分拣区、包装区和出库区等，并确定每个区域应有的空间规模和适宜的形状布局。在此基础上，设计者还需精心设计各区域之间的相对位置关系，以便于货物顺畅流动，减少搬运距离和等待时间。

同时，布局过程中要充分考虑各区域内部及其相互间设施设备的配置与协调，如货架类型与高度、输送设备的选择与布置、拣选系统的构建等，力求通过合理的设施设备集成与联动，既能满足当前业务运行的需求，又能为未来的业务发展预留足够的灵活性和扩展性。

总的来说，仓储设施布局规划旨在通过对上述众多要素的深度整合与综合考量，实现从局部到整体、从现在到未来的全方位优化，以期在一系列相互关联又可能存在矛盾的目标诉求中找到最佳平衡点，从而达到整个仓储系统性能的最大化和最优化。

通过大量的仓库布置实践发现，仓库的合理布置应遵循以下基本原则。

1）流线性原则：仓库布置应考虑物料的进出流程和作业流程，尽量减少物料的搬运距离和时间，并确保合理流线的安全和无阻碍。

2）空间利用效率原则：仓库布置应充分利用空间，通过合理设计货架和储物设备的位置，以及合理规划堆放物料的高度和方式，最大化储存空间，降低储存面积，提高效率和经济性。

3）安全性原则：仓库布置应符合安全要求，例如合理设置消防设施、安全通道和应急出口，确保库内设施和设备的安全可靠性。

4）可操作性原则：仓库布置应考虑到人员和设备的操作便利性，使得作业人员能够方便地进行物料的存取、搬运等操作，同时使其减少疲劳和提高工作效率。

5）灵活性原则：仓库的布置要根据企业的发展、产品的种类和数量的改变而相应调整，并为将来的发展预留一定的存储空间。随着公司规模的扩大，货品的种类与流动也将逐步增多，因此，储存设施的布置要兼顾企业将来的发展与方向，以利于将来的扩充与调整。

综上所述，仓库的合理布置需要考虑到物流作业流程的流线性、空间利用率、安全性、操作性和灵活性等原则。这些原则能够提高仓库的工作效率、降低成本，进而提升企业整体的物流管理能力。

❓ 小思考

在繁华喧嚣的工业区腹地，艾米丽家族经营的"艾米丽物流"企业正面临一场严峻的内部变革挑战。随着业务规模的持续扩张和市场需求的不断变化，公司原有的仓库布局已显得捉襟见肘，无法满足日益复杂的物流需求。作为企业的领导者，艾米丽深谙一个科学合理的仓储设施布局对于提升整体运营效率、降低成本并增强市场竞争力的重要性。

首先，艾米丽亲临一线，深入剖析了物料从入库到出库的每一个环节，细致入微地观察了货物流动过程中的痛点与瓶颈。她发现，当前的布局导致了搬运路径冗长和操作流程复杂化问题。于是，她果断启动了仓库布局的重构计划，以优化物料流转为核心目标，精心设计了一套简洁高效的物流线路系统，有效地减少了物料搬运的时间消耗和距离成本，同时充分考虑了货物流动线的安全性和无障碍通行性。

其次，艾米丽针对货架系统的高度和排列形式进行了大刀阔斧的调整，通过增加高层空间利用率，将原本闲置的上层空间转化为宝贵的存储资源。她还引入了先进的可调节货架技术，使得不同规格、质量的货物都能存放到合适的位置，最大化利用存储空间的同时，也大大降低了单位面积内的储存成本。

接着，为了保障员工的生命安全和工作环境质量，艾米丽在仓库各个区域安装了完备的消防设施，并严格按照消防安全规范设置了清晰易辨的安全通道和应急出口。此外，她严格审查了所有储物设备的质量和安全性，确保每一件设备都符合行业标准，为员工营造了一个既高效又安全的工作氛围。

最后，艾米丽对工作站的位置布局进行了合理调整，确保员工能够快速、准确地存取物料，减少无效行走和等待时间。另外，她运用人体工程学原理，专门定制了适合员工操作习惯的工作台和工具设备，极大地减轻了员工劳动强度，提高了工作效率，同时也提升了他们的工作满意度。

着眼未来，艾米丽在仓库设计中巧妙预留了足够的扩展空间，并选择了灵活多变、易于调整的储存系统。这样一来，当企业引进新产品线或业务进一步扩大时，新的仓储需求可以无缝融入现有的仓库布局之中，从而确保公司的物流体系始终保持与时俱进，具备良好的适应性和成长性。

经过艾米丽一系列精心策划和实施的改革措施，"艾米丽物流"的仓库面貌焕然一新，无论是物料的存取效率还是员工的工作状态，都展现出了显著的提升。客户对于订单处理速度的大幅提升赞不绝口，这也直接提高了企业市场竞争力，为其在激烈的市场竞争中稳占一席之地打下了坚实的基础。

问题：

艾米丽在改变仓储设施布局时遵循了哪些原则？

三、仓储设施布局的方法

对仓储设施布局的过程中有许多目标，在实际应用中，这些目标往往难以同时达到最优，甚至在某些情况下会出现冲突的情形。对仓储设施布局进行规划，就是在确定各个功能区域的空间定位的基础上，确定各个区域的形状与相对位置，并确定各个区域的设施设备之间的相对位置，从而对总目标的综合评估达到最佳的效果。对仓储设施布局进行规划有如下5种方法。

1.传统图解法

传统图解法在仓储设施布局设计中占据了重要的地位，其主要涵盖了摆样法和图解法两种方法。摆样法是一种通过在二维平面图上以一定比例缩小的方式将实际的仓储设施、物流作业活动以及各个功能区域进行实物模拟的方法。设计者会采用模型、图形或者简易符号来代表实际的设备、物料流动路线及工作区，并根据实际运作需求，在平面图纸上进行物理布局的排列与组合。

此过程中，设计人员会不断地调整模型间的位置关系、流线走向等关键因素，通过对这些模型元素之间的相互作用、依赖性以及潜在冲突的深入分析和细致推敲，力求找到最优的布局配置方案。然而，摆样法存在明显的局限性。由于这种设计方式高度依赖于设计者的直观判断和个人经验，因此，主观因素在排样决策中占据了相当大的比例，这可能导致布局方案缺乏客观性和准确性。

此外，摆样法在面对大规模、复杂度高的仓库布局问题时，往往会消耗大量的时间资源，从构思到实施，每个微小改动都需要耗费不少精力去重新摆放、验证和优化模型。尤其是在处理涉及多个变量和约束条件的问题时，摆样法的灵活性和效率往往难以满足现代高效、精准的仓储布局要求。

因此，尽管摆样法作为一种传统的图解设计技术在一定程度上有助于直观理解和初步探索仓储设施布局的可能性，但其受制于主观性过强、耗时较长以及对于复杂问题的处理能力有限等固有缺陷，使其在现代工业环境下对仓储设施布局优化的需求面前显得力不从心。

2.数据建模法

数据建模法在解决系统布局问题时展现出了显著的优势，它通过量化处理和算法优化，能够以更为精确和科学的方式分析并确定设施的最优配置。然而，面对极为复杂且变量众多的仓储布局问题时，单纯依赖数学模型可能会遭遇瓶颈，由于实际操作中存在诸多无法完全量化的因素，如设备的具体尺寸、物流动线的动态变化、工作人员的操作习惯等，仅依靠数学模型可能难以挖掘出与实际情况完美匹配的理想解。

与此同时，仓储平面布置设计的核心目标在于制定一份详尽而实用的设计图纸，直观展示各个区域的功能划分、物料流动路径以及设施设备的摆放位置。这一过程并非单纯的数据计算或逻辑推理所能实现的，而是需要结合空间规划、人机工程学及运营流程优化等多种知识体系进行综合考量。

因此，在实际的仓储设施布局设计实践中，通常会采取计算机辅助设计（CAD）技术与数学建模手段相结合的方法。一方面，利用计算机强大的图形处理能力和模拟仿真功能，将抽象的数学模型转化为直观可视的三维立体图，并能灵活调整设计方案；另一方面，通过对各类数据进行深度分析和建模运算，为决策提供科学依据，确保布局方案既符合数学上的最优性，又能适应实际运作中的多种复杂情况。这种融合了现代科技与理性分析的综合方法，有助于提升仓储设施布局设计的精准度和效率，从而更好地满足企业的运营需求和长远发展。

3. 计算机辅助设施布置

在计算机辅助设施布置过程中，首要步骤是对各个待布置的设施之间存在的关联性和相互依赖关系进行全面分析与量化界定。这包括但不限于考虑设施间的功能流、物流走向、空间共享、服务范围以及潜在的协同效应等因素，并通过科学合理的评估体系对这些相关性进行量化计算，从而得出一个综合反映所有设施间联系紧密程度的关系总和。

基于上述关系分析及计算结果，设计者将生成一个设施顺序矢量，这个矢量反映了设施按其逻辑关系和优化目标排列的优先级序列。依照此序列，设计人员逐个地将设施整合到布局区域之中，确保每个新加入的设施都能够按照预设的最优次序嵌入整体布局方案中，尽量减少无效的空间距离和时间成本，提高设施之间的协作效率和运行流畅度。

在确定每项设施的具体位置时，尤其注重使新设施与已布置好的设施之间形成最为密切和高效的关系网络。这意味着不仅要关注单个设施自身的优化布局，更要兼顾它们与周边设施的互动影响，确保整体布局既满足了功能性需求，也实现了资源利用的最大化。

最后，在整个设施布置方案完成之后，为了确保方案的有效性和可行性，必须对其进行一系列的质量指标评估。这些评估指标可能涵盖空间利用率、操作便利性、能源消耗效率、安全性能以及未来扩展适应性等多个维度，通过对各项指标进行严谨的计算与分析，不断迭代和完善布局设计方案，最终实现计算机辅助设施布置过程的精准化和最优化。

4. 自动布置设计程序法

自动布置设计程序法则以关系图为起点，通过算法探寻能够最大化相邻设施之间关系总和的最优布局方案，从而实现整个系统功能的协同效应最大化以及资源利用效率最优化。

在量化处理设施间邻接关系的过程中，该程序特别强化了不同关系等级间的数值差异，以此来凸显各个设施间的亲疏程度和依赖联系。这种差异化处理策略有助于确保在布局过程中优先考虑那些对整体效能影响至关重要的设施组合。

为了达到最佳布局效果，自动布置设计程序采取了一种开放而灵活的选择策略，其搜索范围广泛且不拘泥于预设模式。初始设施的位置选择并非固定不变，而是采用随机选取的方式，这为探索多种可能的优质布局打开了空间。后续设施的添加遵循一种基于关系权重排序的原则：每一个待布局设施会根据它与已选中首个设施的紧密关系进行排列，并非简单的线性或序列式添加，而是体现出动态调整的逻辑顺序。

在具体实施布局时，该程序采用了一种创新的蛇形蜿蜒排列法，即按照各设施按选定顺序及其相对关系所确定的排布权重，按照单位面积数以设定的宽度蛇形蜿蜒排列，直至所有设施布置完毕。这样的排列方式既能保证每个设施与邻近设施保持强连接，又能在有限的空间内最大限度地减少冲突和浪费，最终形成一个既科学合理又兼顾美学的综合布置方案。

5.系统设施布局法

系统设施布局法（SLP方法）是一种逻辑性强、清晰明了的布局设计方法，结合了物流和相互关系的分析。它可以用于新建或扩建场地布局的分析，也适用于现有生产场地、仓库场地等的布局分析。

在采用SLP方法进行布局设计时，首先需要对各作业单位之间的相互关系进行分析，包括物料流和信息流的相互关系。通过综合分析得到作业单位之间的相互关系表（也称为相关图）。然后根据相关图中作业单位之间的关系密切程度，确定各作业单位之间的距离远近，并安排它们的位置。通过绘制作业单位位置相关图，将实际占地面积和作业单位之间的关系结合起来，形成作业单位面积相关图。

通过对作业单位面积相关图的修正和调整，可以得到多个可行的布局方案。最后，采用加权因素对各个方案进行评价，将每个因素量化，得出得分最高的布局方案即为最佳布局方案。

总的来说，SLP方法通过对作业单位之间的相互关系进行分析和评估，结合实际占地面积，得出最佳的布局方案。这种方法有助于优化物流流程，在减少距离和时间上能够提高效率，并提供最佳的工作环境和条件。

任务二　分拣作业优化

一、分拣系统与分拣作业方法概述

1.分拣系统

合理规划分拣作业区对仓储作业是非常重要的，它可以提高分拣作业的效率和准确性，提高服务水平。以下是规划分拣作业区的一些原则。

1）易于出库和拣选：将常出库的货物放在距离出口较近的地方，可以缩短取货时间，提高出库效率。

2）减少拣选错误：拣选作业中产生错误是难以避免的，但可以通过机械化和自动化拣选、优化拣货作业流程和策略来减少拣选错误。

3）平衡作业量：合理规划分拣作业区，均匀分布出货量较大的品种，避免作业不平衡现象，提高作业效率。

4）协调配合物流和信息流：调整物流和信息流，使物流和信息流两个环节的作业没有等待时间，提高作业效率。

5）与配送路线顺序一致：拣货作业的安排和配送路线的顺序一致，考虑拣货顺序的同时也要考虑装载方便，提高车辆的装货效率。

总的来说，合理规划分拣作业区需要考虑易于出库和拣选、减少拣选错误、平衡作业量、协调配合物流和信息流、与配送路线顺序一致等原则，以提高分拣作业的效率和准确性，提高仓储作业的服务水平。

2.分拣作业方法

（1）"人到货"分拣方法

"人到货"分拣模式是一种传统且广泛应用的物流操作方式，其特点在于维持货架货物固定不动，而由分拣作业人员携带集货装置至指定的分拣区域进行挑选和分配工作。待分拣完成后，工作人员会将所选货物转移至固定的集货区。此方法的优势在于系统构造简单，对硬件设施和技术要求较低，具有较高的灵活性，能够适应多品种、小批量的分拣需求，无须复杂的机械设备或全面的计算机自动化支持。

然而，这种分拣方式也存在一定的局限性，如所需的空间占用相对较大，补货过程可能不够便捷高效；另外，由于主要依赖人力完成繁重的移动与拣选任务，劳动强度较高，容易导致工作效率受限及员工疲劳度增加。

为改进"人到货"分拣效率和准确性，现代仓储管理中常常引入电子标签技术作为辅助工具。通过在货架上安装电子标签系统，可以实时动态地指导分拣员精准定位目标商品，显著减少查找和识别物品的时间消耗，并有效防止人为错误的发生。这样一来，不仅降低了分拣员的工作强度，还提高了整个拣选流程的准确性和速度，从而优化了仓库运营效能。

（2）分布式的"人到货"分拣方法

分布式的"人到货"分拣策略是一种将静态分拣货架与输送机系统相结合的作业模式，其核心特点是保持货架静止不变，而通过布局输送机来分割并优化分拣工作区域。在这一过程中，分拣员分别在输送机两侧进行货物挑选，并将选出的物品直接投递至输送机上的集货点，或者先临时存放于容器中，再统一送至输送机以集中转运至集货中心。

这种分拣方法的一大优势在于利用了输送机技术大大减少了分拣员的行走距离和劳动强度，从而显著提升了单个分拣员单位时间内的处理能力，提高了整体分拣效率。然而，该系统的灵活性相对较弱，当分拣任务在货架两侧分布不均时，可能会造成两边分拣人员的工作节奏难以同步，进而影响整个系统的协调性和补货便利性。同时，为了容纳输送机及相应的作业空间，这种方法往往需要较大的仓库占地面积。

为了解决上述问题，可以引入电子标签等先进的辅助工具，它们能够精确指导分拣员在不同分区内的操作，有效平衡各区域的工作量，从而改善作业流程中的不均衡状况，进一步提升分拣的准确性及工作效率。通过智能化手段，即使面对复杂多变的分拣需求，也能确保整个分布式"人到货"分拣系统的稳定高效运行。

（3）"货到人"的分拣方法

"货到人"分拣技术是一种创新的物流操作模式，其中，工作人员固定在一个位置上，而待拣选的货物则通过托盘或自动化货架系统移动至分拣人员的工作区域。在这一过程中，货物被精确地运送到分拣员面前以便进行快速且准确的挑选，之后分拣员将已拣选的物品放置于集货点的托盘上，并借助搬运设备将其迅速移出工作区。这种设计显著提升了分拣效率，因为员工无须在仓库内频繁走动，同时也有利于保持作业区域的紧凑和整洁，便于及时补给库存、清理空箱及空托盘，从而优化了员工的工作环境与条件。

尽管如此，采用"货到人"分拣系统的初期投入成本相对较高，并可能伴随着较长的物料周转时间。此外，该方法对于大型、高速运行的自动化仓储系统来说更为适宜，而在处理小容量或低复杂度的存储需求时，由于其硬件设施和技术特点，通常不推荐结合电子标签等辅助分拣手段使用。主要原因在于：在"货到人"流程中，货物是随载具流动的，而电子标签系统往往需要固定的电源供应，这在动态环境下难以实施，特别是在货物短暂经过分拣员工作区域时，实现即时读取和识别会面临技术和实践上的挑战。目前来看，这样的集成方式在实际应用中还存在一定局限性。

（4）闭环的"货到人"的分拣方法

在闭环的"货到人"分拣流程中，载货托盘（即集货点）被系统化地固定放置于特定的地面位置或货架上。这一模式的核心是通过自动化输送设备将带有货物的分拣货架或托盘精确递送至指定的集货区。在此区域，拣货员根据预设的拣货清单从货架上挑选所需商品，并将其整齐地码放到载货托盘上。完成一次拣选后，装载了部分货物的分拣货架会沿着预定路线移动到下一个分拣工位，供其他员工继续执行拣选任务。而空置的分拣货架则会被另一套输送系统自动收回仓库内部。

该方法的优势体现在多个方面：首先，缩短了拣选路径，显著提升了拣选效率；其次，其灵活性较高，能便捷地进行空箱和无货托盘的整理与清理；最后，整个作业面积得到了有效控制，整体布局简洁且易于管理。然而，实施闭环"货到人"分拣技术需要较大的初期投资，包括购买和安装先进的仓储设施、复杂精密的输送机系统以及配套的智能控制系统。此外，由于此流程遵循严格的顺序性操作原则，可能会导致整体作业周期较长。

值得注意的是，同非闭环的"货到人"分拣方式一样，闭环系统也不太适宜采用电子标签等辅助分拣技术。这是因为电子标签通常依赖电源供电，而在"货到人"模式下，随着货架频繁流动，提供稳定的电力供应以支持电子标签实时显示和识别信息变得尤为困难，从而限制了这类技术在实际应用中的可行性。

（5）活动的"人到货"的分拣方法

活动的"人到货"分拣方法是指分拣人员、分拣机器人或高架堆垛机带着集货盘或集货篮来到货物堆垛架前进行拣选。在搬运机械的帮助下，按照订单的要求拆取货物，并将其放置在集货盘或集货篮中。当集货盘或集货篮装满之后，可以直接将其运送至指定的集货点下方的码货区域待命。

通常情况下，机器人负责拆取货物的任务。然而，机器人在取物和装载方面的柔性较差，无法同时满足箱状货物、球状货物和柱状货物的拣选需求，这限制了该方法的应用范围。这种系统通常适用于物流流量较大且需求频繁的场合。

与之前提到的闭环的"货到人"的分拣方法不同，这种活动的"人到货"的分拣方法可以采用电子标签等辅助分拣工具，以极大地提高工作效率。

（6）分拣货架与集货点合一的分拣方法

这种分拣方法是将分拣货架与集货货架合二为一，在运输过程中，将其一起移动到分拣人员或分拣机前进行分拣操作。然而，由于控制和输送技术的限制，这种方法在实际中并不可行。

相对而言，传统的分拣方法以人为中心，采用人工分拣方式。然而，人工分拣效率较低，需要大量劳动力，并且出错率较高。为了提高分拣效率、准确性和仓储服务水平，缩短分拣时间，自动化分拣系统成为较好的选择。

自动化的分拣系统采用先进的技术和设备，如输送机、机器人等，可以实现高效、准确的分拣操作。通过自动化系统，可以最大限度地提高分拣效率、降低人力成本，并减少分拣错误。

? 小思考

在繁忙的工业园区里，有一家闻名遐迩的配送中心——"迅达分拣"。这里的分拣作业曾是行业标杆，但随着时间的流逝，效率逐渐下滑，错发、延误的情况屡见不鲜。这一切责任，都落在了分拣主管乔治的肩上。

乔治是个中年人，他的眼睛里充满着对分拣作业的热爱和对效率的追求。然而，面对现状，他感到了前所未有的挑战。

一天深夜，乔治在配送中心巡视。他看着分拣员们在满是包裹的巨大仓库中忙碌的身影，心中涌起了一股决心：他要改变这一切，要让分拣作业焕发新生。

乔治开始深入研究分拣作业的流程。他观察每个环节，记录下时间和动作，发现了问题所在——分拣作业的效率被冗长的步骤和重复的动作拖累。而且，分拣员们经常需要来回走动，以寻找正确的分拣区域，这大大浪费了他们的时间和精力。

乔治决定采取行动。他引入了先进的分拣技术，使用自动分拣系统替代手工操作，加快了分拣进度，还减少了人为错误。他还重新设计了分拣区域，将物品按照目的地和优先级进行预分类，这样分拣员就能在一个固定的位置完成大部分工作。

几个月后，改变带来了显著的效果。不但分拣速度提高了一倍，而且错误率降至历史最低。分拣员们也感到了成就，他们不再是重复劳动的机器，而是高效系统的重要组成部分。

乔治的故事传遍了整个物流行业，成了一个励志的范例。他让人们看到，分拣作业优化不仅仅要提高速度和减少错误，更重要的是关于改善工人的工作条件，提升整个行业的标准。

问题：

1.规划分拣作业区需要遵循哪些原则？

2.分拣作业的方法有哪些？

二、分拣物流方式

对于现代的分拣方法，有4种主要的物流方式可供选择，而且与传统的分拣方法有很大的差异。

1.分拣货架的运动方式

在现代分拣系统中，分拣货架的运动方式主要分为动态方式和静态方式。动态方式是指分拣货架随着物料的分拣需求而移动，这种方式不太适合采用电子标签等辅助分拣方法。静态方式是指分拣货架保持固定不动，可以是独立的单体货架或组合式的货架群。该方法的优点在于能够明确区分拣选作业区与补货区域，然而，为了保证补货行为的顺畅执行，往往需要额外设立专用的补货通道，且通道的宽度需依据补货单元尺寸以及所选用的补货技术来合理设定。

当拣选区与补货区合并共用同一空间时，虽然能节省仓库建筑的空间占用率，但可能会牺牲一定的分拣效率，因为无法实现即时补货和自动化、连续性的拣选与补货过程。不过，通过灵活运用随机货位安排策略和并排轮换补货的方法，可以在一定程度上弥补这一不足，使得静态分拣系统在节约空间的同时仍能保持相对高效的运营水平。

2.拣货运动方式

拣货运动方式是指在分拣过程中工人或自动化设备的移动方式。常见的拣货运动方式包括以下几种。

1）分拣人员带着手推车步行拣货：分拣人员根据订单需求，手持拣货清单，步行到达指定货位，进行拣货。这种方式需要分拣区域内设置合适的通道，以便人员行走和操作手推车。

2）拣货机械如堆垛机在水平方向和垂直方向同时运动：堆垛机是一种能够同时在水平和垂直方向进行运动的机械设备，它可以根据指令到达指定的货位，并通过人工操作进行货物的取放。

相比于人员行走拣货，使用堆垛机进行拣货能够更充分地利用仓储空间，并且可以缩小拣货通道的宽度和长度，从而提高仓储效率。

3.拣货和备货方式

拣货和备货方式是指在分拣过程中，如何将需要分拣的商品和备货区的商品进行配对。在实际操作过程中，为了提高效率和准确性，出现了多种先进的拣货与备货方式，如"Pick to Light""Put to Light"以及"Pick and Pass"等。

"Pick to Light"技术是一种智能型拣选解决方案，该方案通过在货架上的每个储位安装电子指示灯设备，当需要从某一储位拣选出商品时，对应位置的灯光会亮起，并可能伴有数字或字母显示具体的数量信息。拣选人员根据灯光指引按顺序快速定位并取出所需商品，从而极大地减少了查找时间，提高了拣选速度和精准度。

"Put to Light"则是另一种利用灯光指示来指导操作的仓储作业方式，但其应用是在集货区或者容器上。在这一模式下，每一种商品被指定一个特定的发光点位，工作人员根据发光指示灯的提示，将拣选出的商品放置到正确的位置上，以确保货物能够按照订单要求精确归类和组合，避免了混淆和错放现象的发生。

而 "Pick and Pass" 工作流程则是一种更为灵活的接力式拣选方式，它通常应用于大型或复杂仓库环境中。在这个流程中，首先由第一线的拣选员从存储区获取指定的商品，然后传递给下一个工位或集货区。接收到商品的工人进一步核对、整理并将商品暂时存放于集货区，会有其他工作人员负责对这些商品进行复核、打包及装载等后续步骤。这种方式虽然增加了人工交接环节，但却能适应多品种、小批量、频繁变动的订单需求，有助于实现整个分拣过程的有序化和高效性。

4.集货系统方式

集货系统是指集货地点、集货容器和集货输送系统的组合。这一系统中，集货地点被精心设计为货物汇聚的核心区域，而集货容器如托盘、料箱等则扮演着临时存储和搬运的角色，尤其对于那些无须额外包装或散装物料，可直接放入容器内进行集中管理，从而有效减少了对传统包装材料的需求，降低了整体的分拣成本。

在实际操作过程中，集货系统的灵活性尤为关键，其中，一种常见做法是将货物直接放置在高效的输送机上，通过输送机将货物从各个存储位置自动运送到指定的集货点。这样不仅避免了由于容器体积限制导致的分拣作业中断或受限问题，还确保了整个分拣流程能够连续、顺畅地进行。

针对大规模物流中心或仓储设施，集货系统的设计还可以进一步优化。比如采用蜂窝状结构布局，以容纳多个并行工作的托盘站或容器存放区。这种布局模式下，每个"蜂房"可以独立处理较小规模的分拣任务，各部分之间互不影响，大大提高了同时处理多个订单的能力，进而显著提升了分拣效率与仓库空间利用率。通过这样的多线程作业方式，即便面对高峰时段的大批量分拣需求，也能保持快速响应与高效率运作，满足现代供应链中对速度和准确性的严格要求。

这些现代的分拣方法与传统的以人力为主的分拣模式形成了鲜明对比，它们凭借先进的技术和智能化的解决方案，在效率、处理能力及分拣精确度等方面展现出了显著优势。同时，现代分拣系统的处理容量远超传统方式，能够应对大规模、高频率的订单需求。通过合理的布局设计和动态调度策略，可以实现24h不间断运作，并且在高峰时段也能保持稳定高效的处理能力，这对于快速响应市场变化、满足日益增长的物流配送需求至关重要。

现代分拣方法的精准度也是其一大亮点。自动化分拣设备几乎不会出现人为错误，并且对于每一件商品都能进行准确无误的识别和分类，从而有效降低了出错率和退货率，提升了客户满意度，并有助于企业节省纠错成本，优化库存管理。

总之，现代分拣方法适应了快速发展的物流行业对高效、准确、大容量分拣服务的需求，通过不断的技术革新与实践应用，为整个供应链体系带来了革命性的改变和优化。

三、拣选策略

拣选策略是根据物流中心的实际情况和客户订单需求，设计和规划拣货作业系统中的重要环节。以下是关于拣选策略的一些主要因素和相关措施。

1）分区设计：在物流中心中，拣选区域和储存区域应根据实际需要进行合理划分。

拣选分区的设计应考虑到电子标签和非电子标签物品的区域划分，以确保整个系统的配合和协作效率。

2）订单分割：当一个订单上的货品项目较多或需要及时快速处理时，可以将订单分割成若干子订单，分配到不同的拣选区域进行同时拣选。订单分割的大小范围可以根据拣选分区的结果来决定，以配合系统的整体运作。

3）订单分批：将多张订单集合成一批，进行批次拣选作业，旨在缩短拣选时的平均行走搬运距离和时间，提高拣选效率。订单可以按照总量、时间窗、固定量等原则进行分批处理，也可以通过智慧型分批策略，根据拣选路径最优化来确定订单分批。

4）分类：在采用批量拣选作业方式时，拣选完成后还需要进行分类。分类可以在拣选后进行集中分类，由分类输送机或人工方式完成；也可以在拣选时进行分类，通过计算机辅助拣选台车来实现。分类策略应与订单分批方式和拣选系统配合，以提高分类效率。

总的来说，拣选策略的设计和规划应该充分考虑物流中心的特点、订单需求、拣选区域划分和分类等因素，以实现高效、准确、快速的拣选作业，满足客户需求，并降低作业成本。

四、拣选方式

摘果法、播种法和复合拣选法是常见的拣选方式，可根据实际情况选用适当的方法，以提高拣货效率。

1.摘果法

摘果法是指由拣货员根据订单上列出的货物种类和数量，把货物从存储区或分拣区拣出，并进行集中存放的一种拣货方法。这种方法的核心特点在于其操作过程直观、直接且灵活，一旦接收到新的订单信息，拣货员即可立即执行拣选任务，无须过多的前置准备工作，从而确保了快速响应的能力和员工职责的清晰性。

然而，摘果法的有效性和效率与货物种类的数量密切相关。若仓储环境中的商品品类繁多且分散存储，那么拣货员在执行摘果式拣选时就需要频繁地在不同的货架之间穿梭移动，导致拣选路径变长，进而可能影响整体的工作效率。特别是在面对众多小批量、多品种、差异化的订单时，这种较长的行走距离会成为制约拣货速度的关键因素。

尽管如此，摘果法也在应对订单结构复杂、单个订单中商品种类及数量变化幅度较大，以及产品特性各异的情况下具有明显的优势。它能够显著提升拣选作业的精确度，减少由于人为疏忽导致的拣选错误，同时也有助于提高订单处理速度，满足客户对于订单交付时间的要求。通过合理规划仓储布局，优化拣选路线，结合电子标签、智能推车等辅助工具的应用，摘果法能够在保持灵活性的同时，有效克服其固有的局限性，从而更好地满足多样化的仓储物流需求。

2.播种法

播种法是一种创新且高效的物流分拣策略，尤其适用于处理仓库内商品种类繁多，而单次订单需求相对集中的场景。在该方法中，首先会将来自多个不同订单的商品按照其种类和数量，预先混合放置于同一指定区域，这个区域通常被称为播种区或暂存区。

操作过程中，分拣人员不再像摘果法那样根据每个订单逐一从存储区选取商品，而是依据订单清单，一次性从播种区内取出所有符合当前批次订单需求的商品。也就是说，分拣员一次性的行动可以同时满足多个订单的部分或全部需求，大大减少了频繁往返于不同货架之间的移动路径，从而显著提升了分拣效率。

此外，播种法的另一个显著优点在于：它能够充分利用仓库空间和员工工作效率。当订单种类较少但每种商品的数量较大时，通过集中分拣的方式，不仅可以节省时间成本，还能有效避免单一订单因分散存放造成的物流瓶颈问题。

然而，播种法也有其适用范围和局限性，如果订单数量极其庞大或者订单结构极为复杂，每单包含的商品种类过多且各不相同，那么使用播种法可能会增加后期分类打包环节的难度。因此，在实际应用中，需要结合仓储环境特点、订单特性以及资源优化目标，灵活选择适合的分拣方法，以确保整体物流流程的顺畅高效运作。

3.复合拣选法

复合拣选法是一种灵活的物流策略，它巧妙地融合了摘果拣选与播种拣选两种主要拣选模式的优点，并根据实际订单的需求特征、商品属性和仓库运营状况等因素进行动态调整。在实际操作中，复合拣选法旨在通过对不同订单的特点进行细致分析，选择最适合当前情况的拣选方式来执行作业，从而最大限度上提升拣选效率，降低错误率，并确保货物快速准确地送达客户手中。

在冷链物流中心的市场环境下，由于其日常处理的客户订单数量通常较大，且涉及的商品种类繁多但规格相对固定，如各种冷藏食品、生鲜产品等，这就要求拣选系统具备高效处理大批量、多样化订单的能力。此时，复合拣选法的优势得以显现：对于包含大量同种商品的订单，可以采取类似播种拣选的方式，预先将同类商品集中在一起，分拣员一次性完成多个订单的同类型商品拣选，大大减少了行走路径；而对于含有少量多品种商品的订单，则可采用摘果拣选模式，直接从存储区逐一选取所需商品，保证了拣选的精准性。

通过这种方式，复合拣选法不仅充分利用了现有资源，降低了人工成本，提高了空间利用率，还能够在复杂的冷链物流环境中有效应对订单波动，确保整个分拣流程流畅、迅速且准确无误，最终提升了冷链物流中心的服务质量和整体运营效率。

在选择拣选方式时，需要考虑仓库的特点、订单类型和数量以及分拣人员的能力。通过合理选择拣选方式，可以提高拣选效率，减少人力和时间成本。

任务三　掌握库存管理优化

一、库存管理任务

库存管理对于不同类型的企业而言，无论是生产型企业、流通型企业还是服务型企业，都是决定其运营效率和盈利能力的关键因素。在供应链管理和企业内部运作中，库存系统扮演着至关重要的角色，它涉及从原材料采购到最终产品交付的全过程控制。

从系统的全局视角来看，一个基础且完整的库存管理系统涵盖了三个核心环节：补货环节、仓储环节以及市场（或销售）环节。如图10-1所示，这三个环节紧密相连，相互影响，共同构成了库存动态管理的核心链条。

首先，在补货环节，这一过程可以是来自外部供应商向企业提供的物料补给，也可以是企业内部不同车间或工序间的物资流转，目的是确保仓储环节有足够的库存量以满足生产和市场需求。补货策略通常基于实时需求预测、安全库存水平、订单周期等因素综合制定，以避免过度库存导致的资金占用和过少库存引发的供应中断风险。

其次，仓储环节作为整个库存管理的中心节点，负责接收补货环节输送来的货物，并对其进行妥善保管与分类存储。在此阶段，先进的仓库管理系统能够实现对入库、出库、库存盘点、空间优化等操作的精细化管理，保证货物能够在需要时快速准确地找到并移至下一个环节。

最后，市场环节是库存流转的终端目的地，包括了直接面向终端消费者的零售点，分销给下游合作伙伴的企业客户，或是提供给企业内部后续加工或组装流程的生产车间。在这个环节，库存转化为实际的销售或进一步加工的产品，完成了其价值创造和传递的过程。

通过科学合理的库存管理，企业能够有效地平衡供需关系，降低运营成本，提高客户满意度，进而增强企业的竞争力和盈利能力。同时，随着信息技术的发展，现代库存管理系统更倾向于采用自动化、智能化手段，结合大数据分析和云计算技术，为各类型企业提供更为精准、高效的库存解决方案。

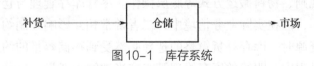

图10-1　库存系统

在实施库存管理时，必须全面考量并整合整个库存体系的各个环节。补货作为一项策略性操作，其主动性取决于管理者基于市场预测、销售数据和成本效益分析所做出的决策，旨在适时适量地补充库存以满足未来需求；而出货活动则表现为一种反应性的行为，它紧跟市场需求的步伐，仅在实际订单出现或预期需求显现时才会启动发货流程。

补货行为中蕴含着各种成本要素，包括但不限于采购成本、运输费用及因批量选择而可能影响的单位成本变化。同时，仓储环节本身也构成了显著的成本中心，存储货物不仅需要支付直接的仓储空间租赁费、维护费等，还可能导致间接成本增加，如资金占用成本、存货折旧和风险成本等。此外，出货活动同样涉及一系列成本支出，从拣选打包、物流配送到客户服务等相关作业环节都会产生一定的运营成本。

因此，在整个库存管理过程中，无论是主动的补货决策还是被动响应的出货行动，都需要精心计算与权衡，并确保所有相关成本控制在合理范围之内，从而实现整体供应链效率的最大化与企业经济效益的最优化。库存系统中的两个重要因素，即货物补充时机和补货批量，直接影响各项成本。

在补货管理中，成本效益与补货批量紧密相关：补货批量越大，往往能够实现规模经济效应，从而边际成本显著降低。理论上，企业倾向于增大补货批量以降低成本。然而，在实践中，补货决策还需权衡其他因素，如库存周转率和资金占用。对于出货活动而言，其直接关联于市场需求响应能力。及时的出货确保了销售收入，并维持良好的客户服务水平；反之，若因补货不及时导致缺货，不仅会丧失销售机会，还可能带来额外的缺货损失或罚款成本。这些成本的高低很大程度上取决于补货时机的选择是否恰当。通过监控库存水平，可以适时决定补货时间点。例如，当库存降至预设的安全阈值时，立即触发补货行动。合适的补货时机对保障客户服务品质至关重要，如果能在库存充足的情况下进行补货，将有利于保持高水平的客户满意度和较低的缺货成本。

此外，补货的时机及批量大小也直接影响仓储环节的存储成本。然而，此处需澄清一点：尽管大补货批量可能减少单位补货成本，但较高的库存量实际上会导致储存成本上升而非下降。因此，选择恰当时机补货并合理控制补货批量，旨在平衡减少存储成本与避免缺货风险之间的矛盾，力求达到整体库存成本最优化的目标。

在库存控制的核心任务中，通过精心设计最优补货时间和最适宜的补货数量策略来有效调控运营成本是至关重要的目标。这一目标旨在最大限度地缩减库存系统的总体持有与运作成本。

为了确保这一战略目标的成功实施，关键决策聚焦于两个基本点：一是精准识别何时进行最佳补货操作的时机；二是确定能够最大化经济效益的补货批量大小。库存管理（Inventory Management）与仓储管理（Warehousing Management）是两个不同层面的内容，虽然它们是相关的。库存管理属于上层决策范畴，而仓储管理涉及库房规划与设计、货架设置、进出货规则、物料搬运方式等底层操作。尽管库存管理与仓储管理在日常操作中可以相对独立运作，但在实际业务情境中，二者常常相互影响和制约。例如，在面临有限的仓库物理空间资源时，库存补货策略的选择必然受到存储容量的约束；反之，在设计和优化仓库设施的过程中，明智的库存管理策略应当被纳入考量，以确保仓储条件与库存周转需求相匹配，从而达到整体供应链及库存成本的有效管控。

小贴士

补货活动不仅仅是一个简单的实体商品补充过程，更是一种涉及多维度成本分析、批量优化和时机精准把握的复杂策略制定过程。在实践中，虽然通过实施大批量补货行为可以借助规模经济效应来降低单个商品的采购或生产成本，但这种做法若不加节制，将导致库存总量大幅度增加，进而占据宝贵的仓储空间资源，并由此引发一系列间接成本，如储存费用、资金占用成本以及因过期、损坏等因素造成的潜在损失。

出货活动表面上看似是对市场需求被动响应的过程，实则可以通过对企业内部运营与市场趋势的精确预测及对补货时间点的严谨控制，显著减少由于缺货而引起的销售机会丧失以及可能伴随的违约金、客户满意度下降等额外支出。企业可利用先进的数据分析技术，深入洞察市场需求波动规律，以此为基础制定准确的补货计划，确保既满足服务水平的要求，又能最大限度地削减库存持有成本。

库存管理和仓储管理虽各自独立成体系，但在实际操作中却相互交织，形成了一种紧密联动的关系。例如，仓储容量的物理限制会直接影响到库存水平的理想设定，当库存策略因市场环境变化或业务发展需求而调整时，可能需要对仓库布局进行相应的改造或优化，以实现更高的空间利用率和库存周转效率。因此，在全面审视企业的物流运作过程中，应充分认识到库存管理与仓储管理之间的内在联系，并努力寻求两者间的协同优化，从而驱动整个供应链管理效能的不断提升。

二、库存成本

1.补货成本

当进行货物补充时，会发生两项费用。一是补货启动费用（Set-up Cost），它是与进行补货工作有关的初期费用，不同的行业可表现出不同的形式，用K表示补货启动费用（单位：元/次）。另一项费用是补货可变费用（Variable Cost），它与货物补充的量成正比例，用c表示单位货物的生产费用或进货费用，可看成单位货物的价值，称其为补货单价（单位：元/单位货物）。

当货物补充批量为x时，以上费用之和就构成了一次补货的补货成本（Ordering Cost），可用以下函数式表示

$$O(x)=\begin{cases} 0 & x=0 \\ K+cx & x>0 \end{cases} \tag{10-1}$$

图10-2描绘了补货成本与补货批量之间的关系。

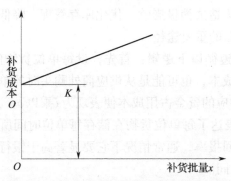

图10-2　补货成本与补货批量之间的关系

在实际商业运作中，补货启动成本这一因素有时会被无意忽视或难以进行精准的经济计量。当企业着手进行商品补充采购时，常规的关注点通常集中于单位购买价格和购买总量上，而较少直接考量到补货启动成本的存在。然而，在实际情况中，此类成本却扮演着不可小觑的角色。

每当需要重新进货时，如果订购数量过少，供应商可能基于经济效益考虑，不愿意为此单独启动生产流程，或者不愿意承担较低批量下的配送成本，这就凸显了补货启动费用

的重要性。通常情况下，一旦启动生产流程，企业倾向于规模化生产以借助规模效应来压低单位成本、提升效益。

另一方面，补货启动费用的量化具有一定的复杂性和不确定性。即使对于相同的操作任务，不同企业在核算补货启动成本时也可能会得出不同的数值。因此，在交易双方之间明确划定该费用应由哪一方承担并非易事。在真实交易场景中，尽管补货启动成本并未直接体现在交易价格中，但它可能被隐含地包含在供应商报出的单价之内。例如，制造商根据采购量设定的价格策略，实际上有可能是将补货启动成本平均摊派到了每一件产品的售价上。此外，如果补货启动成本主要来源于物流配送环节，供应商会依据是否由自己承担送货责任而给出不同的报价。

在构建和分析库存管理系统模型时，应当独立计算并区分补货启动固定成本与补货变动成本，假定二者互不干涉，各自独立作用，这样能够更准确地把握补货活动的整体成本结构，进而为制定科学合理的补货决策提供有力的数据支持。

2.持货成本

当货物储存在仓库中时，就会带来各种费用。

首先，考虑资金占用成本这一关键因素。在企业的日常运营中，从供应商处采购货物时通常会预先支付货款，而这些货物存放在仓库直至销售出去的期间，并不会立即转化为收益。换言之，在支付进货款项与实现销售回款的时间差里，资金以库存的形式被暂时锁定和占用。如果这部分被束缚的资金用于其他可能产生回报的投资渠道，理论上讲，企业可以获取额外收益。

因此，有效控制和减少资金占用成本对于任何企业都是至关重要的任务。资金占用成本的上升意味着企业可动用资金的减少，限制了其进行其他投资或支持主营业务发展的能力。这种状况可能导致企业面临资金使用效率低下、财务风险累积加剧等问题，进而对企业的盈利能力及市场竞争力造成消极影响。优化库存管理，降低资金占用成本，是提升企业整体经济效益和稳健经营的重要途径。

资金占用成本的计算遵循以下逻辑：首先，设每单位货物的价值或补货单价为 c 元，这可能是单个商品的生产成本，也可能是从供应商处购买时的单价。进一步假设单位时间内资金的回报率为 I，则对应的资金占用成本便表现为 I 乘以 c，其计量单位为元/（单位货物·单位时间），直观地表达了每单位货物在储存每单位时间所造成的财务成本。关于资金的机会成本或者说年度回报率，通常情况下它要显著高于银行提供的年化存款利率，一般预估区间在20%~40%之间。

此外，除了资金占用成本外，库存管理过程中还涉及其他多元化的间接成本。其中包括但不限于：存储环节中的实物资源消耗，如水电、仓储空间等；因存储导致的商品损耗，例如物品变质、价值贬损、有效期过期或失窃等情况；以及与货物保管相关的各类费用，诸如搬运、包装、质量检验等操作支出。同时，保险费用和税收也是不可忽视的成本组成部分。

这些多方面的成本可以归并为货物管理费用。计算方法上，如果假定每单位价值的货物，在单位时间内的管理成本为 I'，那么对于价值为 c 的单位货物而言，储存单位时间所产生的管理费用即为 I' 乘以 c。

持货成本（Holding Cost）是上述两类成本之和。对于许多实际的库存系统，资金占用成本远高于管理成本。另外，从计算方法上来看，完全可以将 I' 折算到 I 中。因此，在库存系统的成本计算中，一般可将单位货物储存单位时间所造成的成本表达为

$$h=Ic \tag{10-2}$$

式中　h——持货成本系数。

如果库存系统的平均持货量为 y，则单位时间的持货成本为

$$H=hy \tag{10-3}$$

在实际运营实务中，仓库管理人员必须全面考量诸多关键因素，如货物需求预测的准确性、存货周转速率以及资金回收循环时间等要素，以制定出科学合理的库存控制策略和优化供应链管理流程，从而最大限度地缩减资金占用成本，并确保满足瞬息万变的市场需求。同时，运用先进的现代库存管理技术手段，诸如精细化的库存需求分析与预测机制、定期进行严谨的库存盘点操作，以及及时识别并处理滞销产品问题等措施，同样对降低企业资金占用成本起到了积极的作用。

三、库存管理优化方法

1. ABC分类法

ABC分类法也称ABC分析法，又称重点管理法或分类管理法。它是根据某一类事物已知的数据，运用数理统计方法，对其进行分析、排队与分类，以抓住事物的主要矛盾，进行相应管理的一种定量的科学分类管理技术。它把管理对象按影响因素或事物属性或所占成本比例，划分为A、B、C三部分，根据这三类的不同特点，分别采取重点、次要和一般三种不同程序的管理，以达到最经济、最有效地使用人力、物力、财力的目的。

一般来说，A类物资品种少，一般占全部物资品种数的比例为5%~15%，物资消耗金额占总消耗金额的比例为60%~80%；B类物资介于A、C类物资之间，它们品种数量居中，占全部物资品种数的比例为20%~30%，物资消耗金额占总消耗金额的比例为20%~30%；C类物资品种占全部物资品种数的比例为60%~80%，物资消耗金额占总消耗金额的比例为5%~15%。

2.供应商管理库存

供应商管理库存（VMI）是一种供应链合作模式，通过企业与上游供应商之间的紧密合作，实现库存管理的集成化和优化。

在VMI模式中，企业将自身库存的相关信息通过EDI系统传递给供应商，供应商根据这些信息进行需求分析和预测。根据预测的结果，供应商将所需商品的需求计划整理好，并安排生产。最后，供应商将生产出的商品按照一定的方式送达给企业。

这种模式深刻体现了供应链一体化管理理念，通过供应商对客户需求的精准预见和敏捷响应机制，能够有力地压低库存水平，从而有效规避库存过剩或物料供应不足的风险。同时，采用供应商管理库存策略，能够在优化整个供应链运作效能的同时，削减库存持有成本及订单处理周期，进而提升企业的客户服务品质与效率。

3.经济订货批量模型

经济订货批量（EOQ）模型是当前众多企业广泛采纳和运用的物资采购策略，它以其科学性和实用性在库存管理领域占据着核心地位。该模型适用于整批间隔进货、不允许缺货的存储问题，即某种物资单位时间的需求量为 D，存储量以单位时间消耗数量 D 的速度逐渐下降，经过时间 T 后，存储量下降到零，此时开始订货并随即到货，库存量由零上升为最高库存量 Q，然后开始下一个存储周期，形成多周期存储模型。

根据 EOQ 模型，可以通过优化订货批量来降低库存成本。具体而言，EOQ 模型通过平衡两个成本力面来确定最佳的订货批量。

1）采购进货成本：订货的频率越低，采购成本就越低。因为订货的频率较低，可以减少订货时的固定费用，如订单的处理费用、运输成本等。

2）保管仓储成本：库存水平越高，保管仓储成本就越高。因为库存水平的增加意味着需要更多的仓储空间、更多的库存管理费用以及更多的风险和损耗。

经济订货批量 Q 的公式为

$$Q = \sqrt{2\frac{DS}{H}} \tag{10-4}$$

式中　　D——单位时间的需求量；

S——平均每次订货所需成本；

H——单位商品单位时间存储费用。

通过科学合理地调整和优化订货批量，即经济订货批量（EOQ），企业能够找到采购成本与仓储保管成本的最佳平衡点，从而实现最高效的库存管理水平。在实际运营中，通过深入理解和熟练应用经济订货批量模型，企业能够在复杂多变的市场环境中精准把控库存水平，以最小化库存持有成本，并最大化资源利用效率，最终提升企业的整体经营绩效和竞争力。同时，这种严谨的量化决策方式也有助于企业在波动的市场需求与有限的内部资源之间做出更为理性和长远的战略决策。

项目小结

仓储系统规划和优化是现代物流管理中的重要环节，其质量和效率直接影响物流企业的竞争力和运营成本。

首先，在仓储设施布局方面，要充分考虑产品种类、尺寸、周转率等因素，进行了合理的仓库内部布局规划。通过 ABC 分类法，对不同种类产品进行分类管理，在仓库中设置了不同的存储区域和货架布局，使得商品存储更加清晰和高效。采用高架式设计，充分利用垂直空间，可以提高储存密度和容量利用率，优化仓库储存设施的布局。

其次，分拣作业是仓储和物流领域中非常重要的一环，其目的是将不同类型的货物按照订单、目的地或其他标准分类、分组和放置，以便后续的运输和交付。可以引入先进的自动化技术，例如自动取货机器人和自动运输车等，提高了分拣作业的效率和准确性。通过自动化系统的应用，订单分拣速度得到了显著提升，减少了人工操作过程，降低了分拣错误率和成本，提高了客户满意度。

最后，仓库库存管理的优化是确保库存水平最佳化，同时减少库存成本和最大限度地提高库存周转率。建立精细的库存管理体系，采用先进的库存管理软件进行库存的实时监控和精细化管理。通过精准的需求预测和库存策略的制定，有效降低了库存积压和滞销的风险，提高了库存周转率，减少了库存持有成本和资金周转时间。

思 考 题

1. 仓储设施布局需要遵循哪些原则？
2. 仓储设施布局的方法有哪些？
3. 物流的拣选策略和拣选方式是什么？
4. 简述库存成本的组成。
5. ABC分类法的分类标准是什么？

实 训 题

津德电子商务公司，作为一家蓬勃发展的电子商务行业新锐，其业务规模正以前所未有的速度持续扩张。近期，公司的订单量呈现井喷式的激增态势，同时商品种类的多样化也在迅猛发展，这两者的叠加效应使得公司现有的仓库设施面临着严峻挑战。当前的仓储环境和布局已经无法充分适应这一波澜壮阔的增长势头，导致公司在处理大量涌入的订单以及精细化管理琳琅满目的库存商品时，效率出现了显著下滑。公司希望学生团队能够提出一个新的仓库布局方案，以满足公司快速增长的订单量和商品种类，并提高仓储效率。

学生们需要提出一个新的仓库设施布局方案，包括但不限于存储区域的规划、分拣区域的设立、货物的流通通道规划以及办公区域的设置。在提出方案时，学生需要考虑仓库容量的最大化、订单处理效率的提升、库存管理的便捷性以及安全等方面。最终，学生们需要提交一份详细的布局方案报告，说明他们的设计理念和期望的改进效果。

案例分析

ABC分类法是一种常用于物流管理和库存控制的方法，它将物品或产品按照其重要程度进行分类，以便更有效地进行库存管理。通过ABC分类法，仓储管理者可以更好地了解和掌控库存物品的特点，有针对性地对不同类别的物品采取不同的管理策略。

世华集团作为我国家电制造业的领军企业，近年来，面对日益激烈的市场竞争环境以及全球化趋势的挑战，该集团以国际化视野为战略起点，于1999年启动了一场深远且持续至今的业务流程再造行动。这场变革的核心是围绕供应链管理进行全面而深入的升级与重构，涵盖了物流、商流、资金流和信息流四大关键领域，并对企业组织架构、业务流程以及相关商业模式进行了大幅度改革，从而成功塑造了新的竞争优势，确保了企业在瞬息万变的市场环境中保持领先地位。

对于大型家电制造企业来说，由于产品线丰富多样，涉及物料种类繁多，如何有效管理和控制这些物料成为严峻的考验。对此，世华集团决定采用ABC分类法对零部件进行科学分类管理。ABC分类法基于帕累托原理，通过分析各类物料在生产成本中所占比例及对生产过程的重要性，将物料分为A、B、C三类，分别代表重要程度高、中、低。这种分类方式有助于企业分清物料管理的主次矛盾，集中资源对关键性物料（A类）实施精细化、重点化管理，从而实现人力、物力和财力的高效利用。

运用ABC分类法不仅能够优化仓库内部货物的排列布局，减少货物搬运距离和频次，节省搬运设备的能源消耗，而且在仓库设计与建设阶段，世华集团积极践行可持续发展理念，选用节能环保的建筑材料和仓储设备，优化照明系统和通风设施的设计，减少仓库日常运营中的能源损耗，减轻对周边环境的影响。

此外，ABC分类法的应用也有助于企业改进物品采购策略、避免库存过剩和废品损失，配合绿色环保的物流包装方案、智能化仓储设施和自动化管理系统，进一步压缩包装材料使用量、节约能源资源，推动更高效、环保的物流运作模式形成。

因此，通过ABC分类法对物品存放和管理过程的优化升级，世华集团不仅实现了仓库运营的节能减排，降低了碳排放量，提高了资源利用效率，而且有力地推动了绿色物流理念在企业内部的深入贯彻实施，成功塑造了一种更加环保且高效的仓储运营新范式。

案例思考题

1. 简述ABC分类法的基本原理。
2. ABC分类法有哪些操作步骤？